全融经济实验系列教材

U0791370

商业银行
综合业务实验
（第三版）

王俊籽 编著

中国财经出版传媒集团
经济科学出版社
Economic Science Press

图书在版编目（CIP）数据

商业银行综合业务实验/王俊籽编著．--3版．--北京：经济科学出版社，2023.8
ISBN 978-7-5218-4989-9

Ⅰ.①商… Ⅱ.①王… Ⅲ.①商业银行-银行业务-实验-中国-高等学校-教材 Ⅳ.①F832.33-33

中国国家版本馆CIP数据核字（2023）第140176号

责任编辑：宋 涛
责任校对：王苗苗
责任印制：范 艳

商业银行综合业务实验
（第三版）
王俊籽 编著
经济科学出版社出版、发行 新华书店经销
社址：北京市海淀区阜成路甲28号 邮编：100142
总编部电话：010-88191217 发行部电话：010-88191522
网址：www.esp.com.cn
电子邮箱：esp@esp.com.cn
天猫网店：经济科学出版社旗舰店
网址：http://jjkxcbs.tmall.com
北京季蜂印刷有限公司印装
787×1092 16开 24.5印张 450000字
2023年8月第3版 2023年8月第1次印刷
ISBN 978-7-5218-4989-9 定价：60.00元
印数：0001—2000
（图书出现印装问题，本社负责调换。电话：010-88191545）

金融经济实验系列教材
编写委员会

第三版前言

党的十九大明确提出要“全面贯彻党的教育方针，落实立德树人根本任务”；党的二十大报告进一步提出要“实施科教兴国战略，强化现代化人才支撑”，可见，全面建设社会主义现代化国家，科技是关键，人才是根本，教育是基础。我国已全面开启建设高等教育强国新征程。为达到这一要求，推动高等教育提质增效、内涵式发展，同时也为适应互联网与传统产业深度融合，人工智能、大数据、云计算等数字技术新趋势，创新新金融、新零售、智能制造、数字化管理等新业态，响应“新工科、新医科、新农科和新文科”“四新”建设新要求，高校人才培养需要按照时代发展的全新趋势，跟随国家发展的战略，从单一技能型向复合型转变；从专业素质型向交叉型、综合素质型转变。人才培养将更加关注道德、情商等思政与人文素养、创新精神和创业能力，以及培养具有国际化视野的高级商业人才等方面。

在此背景下，金融实践教学作为实现金融人才培养目标的重要途径，需要在党的二十大精神的指引下，对科教兴国战略下全面落实立德树人的教育方针、培养目标、教学内容和教学模式进行重新审视，通过实践教学改革创新和对专业育人、思政育人等课程目标的重新定位，真正将专业知识、实践技能训练与创新创业精神融入课程设计和专业教学中，真正培养出能够适应时代发展变化和经济社会发展实际需求的金融专业高技能型人才，以满足发展教育强国的基本要求。本教材的修订正是基于这一前提。

本教材的修订延续了第二版的编写框架、内容和特色，着重在以下方面进行了深化与拓展：

1. 体现党的二十大精神对人才培养的更高要求。在本教材修订中，注重突出党的二十大报告中关于高等教育发展的重要指示精神，将党的二十大精神与本教材内容、办学定位、人才培养目标合理融入，并遵循高等教育教学活动的一般规律，以及实验教学对人才培养发挥的重要作用，对部分章节中的“导入案例”做了更新，对部分章节内容做了“知识拓展”，复习思考题也增设了有关党的二十大精神的题目，以体现专业教学与思政教学在人才培养中同等重要的教育理念。

2. 适应金融新业态需求融入“双创”教育。本教材内容突出的特色是以项目任务为载体拓展教学内容，提供适应金融新业态的职业需求、多样性的学习内容，注重学生实践动手能力和银行柜员职业素养的培养，以提高学生的专业认知和职业操守。同时借助于实验操作训练，恰当融入“双创”教育，助推学生提高创新创业能力，引导学生关注国家最新政策，如党的二十大精神，通过关注并参与“双创”，培养学生正确的人文精神和价值观念。

参与本次修订的有：山东财经大学王俊籽教授主编并统纂，本书的第一、四、五、六、七、八章由王俊籽编写；第二、三章由山东财经大学沈杰副教授编写。在本书修订过程中，得到了山东财经大学安军副教授、崔越副教授、张忠宝副教授在资料收集、案例选取与设计等方面的支持和帮助，在此表示衷心的感谢。

本次教材内容的修订展示了最新的国家政策和银行业最新规范，更贴近银行业务实际。修订后，将比第二版内容更加严谨、充实，编者将以更高水准、更专业的态度回馈读者，以不辜负广大读者对本教材的期许与厚爱。

编　者

于2023年5月

第二版前言

党的十八大以来，以习近平同志为核心的党中央制定了科教兴国战略和人才强国战略，党的十九大明确提出要“全面贯彻党的教育方针，落实立德树人根本任务”，为达到这一要求，推动高等教育提质增效，内涵式发展，同时也为了适应互联网时代教学模式和学习方式的新变化，针对高校金融学科人才培养应用型、复合型、高层次的目标定位，以实践教学作为实现培养目标的重要途径，提高学生理论联系实际的水平，以及以培养和提升学生实践能力和综合素质为出发点，山东财经大学金融学院编写组修订了本教材。

本次修订着重突出以下特色：

1. 突出专业知识的应用性。教材是课程内容的主要载体，本教材在内容设计中，既注重作为实践必修课教学内容的完整性与连贯性，又强调课程内容要反映金融新业态下专业知识应用性的需求，因此，设计知识点时重点内容突出介绍，一般内容点到为止。知识点的数量和宽度以“够用”为标准，不求面面俱到，从而使专业知识的阐述更具应用性和针对性。为此，本次修订中，对与实验项目关联性不高的内容做了适度删减，例如，呆坏账核销；抵债资产处置；固定资产与无形资产核算；应付利息、呆账与坏账准备金计提；所得税核算等。

2. 体现人才培养的要求。在本教材修订中，注重突出教材内容与办学定位、人才培养目标的一致性与适应性，遵循高等教育教学活动的一般规律，以及实验教学对人才培养发挥的重要作用，对部分章节中的“导入案例”做了更新，以体现专业教学与思政教学在人才培养中同等重要的教育理念。

3. 体例设计有别于一般实验教材。一般实验教材偏重于实验任务的流程设计和操作步骤，鲜少涉及专业知识点的关联与回顾。本教材在体例设计方面：每章开始有“本章要点”，结束有“本章小结”，前后呼应；每章开始有“导入案例”，中间有“知识拓展”；最后有复习思考题，本次修订根据章节内容特点增设了“实验作业”，以便于学生检验知识掌握、应用的程度。

4. 在教材内容上坚持两个特点：

（1）注重与相关课程的衔接。商业银行综合业务的实验项目以“商业银行经营学”和“商业银行会计”的专业知识为蓝本进行设计，实验流程和实验规则遵循商业银行业务经营的基本政策、法规制度等基本规范，因此，本教材在内容上设计了银行经营业务介绍和会计处理的内容，使实验内容有专业知识点作为支撑。

（2）注重营造开展实验教学的实验环境。本教材将商业银行的业务经营置于虚拟仿真的环境中，根据现实银行工作业务内容、岗位管理、业务流程，结合教学设定的业务规则，使经营模拟与现实工作接轨，进行仿真经营和业务运作。学生分别是综合柜员、会计记账员、客户经理、票据交换员以及顾客等角色，通过在不同业务岗位的工作，能够锻炼学生综合执行力、决策力和创新能力，感悟在复杂经营环境下银行的经营管理，从而培养其全局意识和综合职业素养。

金融市场瞬息万变，商业银行作为金融行业中最重要的金融机构，经营业务也在不断更新，教材内容也要实时贴近银行业务实际，展示最新政策和业务规范。本次教材修订后，将比前一版内容更加严谨、充实，编者将以更高水准、更专业的态度回馈读者，以不辜负广大读者对本教材的期许与厚爱。

编　者

2020 年 12 月

前　言

近年来，随着现代通信技术和网络技术在金融业的广泛应用，以及金融工具的不断创新，金融业务操作的技术含量越来越高，金融行业越来越呈现出专业化、微观化、可视化的特点。这对高等院校金融人才的培养提出了重大的挑战。高等院校金融学科不仅要培养从事理论研究及金融管理的高级人才，而且要培养从事实际业务操作的应用型人才。为了适应这一变化，高等院校金融学本科生的培养目标逐渐倾向于培养金融领域高级应用型、复合型专门人才。根据高等院校“高层次”“应用型”人才培养目标的定位，实践教学成为实现培养目标、提高学生理论联系实际的重要手段，能够极大地提升学生的实践能力和创新能力。

但是，传统的金融实践教学场所主要依赖于银行、证券、保险公司等金融机构提供。鉴于各金融机构的经营逐渐规范化，源于保护自身商业秘密的角度，金融机构的重要岗位不便于让实习生顶岗参与，使学生的专业实习浮于形式，不能深入到金融业务流程的细节方面，不利于提高其专业应用能力。因此，借助网络技术建立现代化的电子金融实验室成为解决学生专业实践的有效途径。金融专业实验室的教学模式就是将真实的金融业务引入校内实验室，从大量的实际业务中选择部分典型业务作为实践内容，在校内实验室环境下完成专业实践的一种实践教学模式。学生可以在设备齐全、功能完善的实验环境下借助于专业软件进行相对真实的仿真实习实训，达到对金融业务操作技能的全面培养。同时，这种模式由于软件模块的标准化和教学内容的统一性，在一定程度上能够较好地控制实践过程和保证实践教学的效果，也为金融专业及相关专业学生走向社会提供了理论结合实际的实习环境，其意义及影响将极为深远。

在此背景下，为满足高等院校培养应用型人才的办学需要，满足在开展金融实践教学时对专业软件模块了解及规范化应用的需要，山东财经大学金融学院组织编写了《商业银行综合业务实验》教材。本书包含了商业银行综合业务的主要实验模块，基本涵盖了目前商业银行所有的柜台业务。在内容安排上，不仅介绍了商业银行核心业务的基础知识，而且着眼于银行综合柜台业务，系统阐述了商业银行综合柜台业务的基本知识与技能实践训练，从而形成了本书知识体系系统全面、技能讲解贴近岗位、案例设计来自一线、操作训练仿真实用的鲜明特色。

本书的中心内容为商业银行综合业务的基础知识、商业银行综合柜台基本知识和业务流程、商业银行综合业务实验系统概述、个人银行业务操作规范及业务实验、对公业务操作规范与业务实验等。全书共分为八章，在基础知识和基本流程介绍的基础上，重点介绍了商业银行个人银行业务与对公会计业务的实验操作，这是商业银行综合柜员日常从事最多，也是最基本的核心业务，如个人银行的储蓄业务、代理业务、查询业务等；对公会计的存款业务、贷款业务、结算业务等。本书立足于基础，重点突出实验操作的编写体例设计，既能使学生实验时对接业务知识，又便于顺利实施实验操作，有助于提高其理论联系实际的水平。

本书的实验内容依托深圳智盛信息技术有限公司开发的“商业银行综合业务仿真实训平台”教学软件。该软件从基本界面到具体实验操作，与目前国内一些商业银行（如工商银行、建设银行、中国银行、农业银行、招商银行等）使用的软件基本相似，其实验操作与真实的银行业务具有较高的参照性，较为真实地展示了国内商业银行实际业务的具体实践，能使学生感受到真实、实用的实践环境，有助于培养和提高学生的业务技能与实践能力。因此，本书既可作为高等院校金融学科各专业、经管类各相关专业的教学用书，也可作为商业银行和其他金融机构的在岗培训教材，还可供金融从业人员自学参考。

本书由山东财经大学王俊籽主编并统纂。本书的第一、四、五、六、七、八章由王俊籽负责编写；第二、三章由山东财经大学沈杰负责编写。在本书编写过程中，参考和研究了大量书籍、杂志、网站等的文献资料、案例，借鉴其成果，摘录其专业知识，吸收其知识精华，特此说明，并向所有的原作者致谢。本书在资料准备、结构安排、内容选取和创新点设计等方面，得到了山东财经大学丛建阁教授、冯玉梅教授、马孝先教授的指导和帮助，在本书编写过程中亦得到了许多金融机构工作的友人提供的行业材料，在此表示衷心的感谢。

由于编者业务知识和所掌握的资料有限，本书可能存在不妥甚或错误之处，敬请广大读者批评指正。

编 者

2017年10月

目　录

第一章
商业银行综合业务基础知识

【知识目标】

◇理解商业银行的含义、职能及性质

◇理解掌握商业银行资产业务种类与风险管理制度

◇理解掌握商业银行负债业务含义及种类

◇理解掌握商业银行中间业务含义及种类

◇理解经济环境对商业银行业务经营的影响

【素养目标】

◇理解商业银行助力实体经济发展的意义

◇掌握商业银行坚持“三性”目标的做法，理解银行从业人员的职业操守

【技能目标】

◇掌握商业银行资产业务管理重点及管理策略

◇掌握商业银行负债业务管理重点及管理策略

◇掌握商业银行中间业务管理重点及管理策略

【导入案例】

金融服务实体经济建新功：银行业人士畅谈立足岗位贯彻党的二十大精神

在2022年10月中国共产党第二十次全国代表大会上，习近平总书记提出要“坚持把发展经济的着力点放在实体经济上”。全国银行业掀起学习宣传贯彻党的二十大精神的热潮。从政策性金融机构到商业银行，在收听收看党的二十大报告之后，银行业干部员工不仅纷纷

用“心潮澎湃”“倍受鼓舞”等词汇表达自己的心情，也积极从自身业务角度思考如何将党的二十大精神落到实处。具体如下：

一是坚定不移服务实体。关于如何进一步支持实体经济高质量发展，多家银行高管作出了表态。平安银行行长胡跃飞表示：将以民族复兴为己任，将服务实体经济、服务国计民生放在首要位置，以高质量党建引领业务高质量发展，不断提升服务实体经济的质效，持续强化金融风险防控。浦发银行党委书记、董事长郑杨表示：将进一步加强党的领导，深刻把握金融工作的政治性和人民性。不断提升金融服务实体经济、科技创新、产业升级的能级，加快推动数字化转型，奋力推进轻型银行、绿色银行、全景银行建设。渤海银行党委书记、董事长李伏安表示：该行将在党的二十大精神指引下，弘扬伟大建党精神，增强志气、骨气、底气，坚定不移服务中心任务、服务实体经济、服务人民对美好生活的向往。

二是助力全面推进乡村振兴。党的二十大报告对全面推进乡村振兴擘画出新的宏伟蓝图，不仅对金融服务提出了更高的要求，也为银行机构的金融创新提供了新空间。邮储银行普惠金融事业部党支部书记、总经理耿黎在接受《金融时报》记者采访时表示：党的二十大报告令人振奋，催人奋进，既是“宣言书”，也是“动员令”。我们将迅速把思想和行动统一到党的二十大精神上来，坚持以创新推动邮储银行普惠金融业务发展，加快推进普惠金融数字化、智能化、集约化转型，持续提升普惠金融服务的覆盖面、可得性和便利性，以实际行动贯彻落实党的二十大精神。

三是支持全面加强基础设施建设。党的二十大报告提出，深入推进环境污染防治，持续深入打好蓝天、碧水、净土保卫战，基本消除重污染天气，基本消除城市黑臭水体，加强土壤污染源头防控，提升环境基础设施建设水平，推进城乡人居环境整治。国家开发银行行业四部员工纪琳、基金管理部朱姝表示：国家开发银行贯彻党中央、国务院决策部署，运用国开基础设施投资基金为60个水利项目投放资本金支持，助力水利行业高质量发展。

（资料来源：中国金融新闻网，2022年10月20日，经整理而成）

第一节　商业银行的性质与经营目标

在多数国家的金融体系中，商业银行依然是最为重要的金融机构。它历史悠久，服务范围广泛，在社会经济生活中发挥着不可或缺的作用，因此，也是各国金融体系的主体。在日益激烈的竞争压力和金融创新的推动下，商业银行的业务活动已经变得越来越复杂化、多样化。

一、商业银行的概念

商业银行是以存贷款为主要业务，以多种形式的金融创新为手段，以获取利润为经营目标，以盈利性、安全性和流动性为经营原则的金融企业。在历史上，由于这类银行主要以吸收活期存款作为发放贷款的资金来源，在资金运用上也以短期性、生产性和自偿性的工商业贷款为主，因而其被称为“商业银行”。随着商品经济和信息制度的演变和发展，商业银行的职能不断丰富，“商业银行”这个称谓已经被赋予了更广泛、更深刻的内涵，逐渐成为综合性、全能性的“金融百货公司”。

二、商业银行的性质

商业银行是特殊的金融企业，对其性质可从以下三个层面理解。

（一）商业银行是企业

商业银行具有一般企业的基本特征：它具有从事业务经营活动所需要的自有资本，按照自主经营、自负盈亏的原则从事经营活动、依法经营，照章纳税，有其经营收入和经营支出，并以获取利润为其经营目标，并以其全部法人财产对外承担责任。

（二）商业银行是金融企业

作为企业，商业银行又有别于一般企业，它的经营对象不是普通商品，而是特殊的商品——货币和货币资金，经营的内容包括货币收付、货币资金借贷以及各种与货币运动有关的金融服务。因此，商业银行是经营货币资金的金融企业。

（三）商业银行是特殊的金融企业

作为金融企业，商业银行与其他金融企业相比具有明显的不同。现代金融体系由多种银行和金融机构组成，其中包括商业银行、投资银行、专业银行、保险公司、证券公司、信托投资公司等。商业银行有别于其他金融企业的两个明显特征：一是业务范围广泛。商业银行除了主要办理存贷款业务以外，还经营证券投资业务、代理业务、咨询业务、外汇业务，等等，西方商业银行还可以经营保险、信托、租赁等业务，成为真正意义上的金融百货公司，为企业、个人，乃至家庭的经济活动和日常生活提供了极大的便利，这是其他金融企业无法替代的，从而使商业银行在整个经济生活中居于特殊地位。二是具有创造存款货币的功能。长期以来商业银行是唯一能吸收活期存款并开设支票账户办理转账结算的金融企业。商业银行一方面经办活期存款和非现金结算业务；另一方面在它发放贷款时，通常不需要或不完全需要支付现金，往往只是把贷款金额记入借款人的活期存款账户，从而通过贷款又可以创造出存款货币。

三、商业银行的职能

商业银行的职能是由商业银行的性质决定的，是商业银行性质的具体体现。商业银行的职能包括：

（一）信用中介职能

信用中介既是商业银行最基本的职能，也是最能反映其经营特征的职能。信用中介是指商业银行通过负债业务，把社会上的各种闲散资金动员并集中起来，成为其重要的资金来源，再通过资产业务，将其投放给需要资金的客户。在这里，商业银行既是借者，又是贷者，在货币资金的初始供给者和资金最终需求者之间充当了中介人，实现资金的融通，并从各项资产业务的收入和各项负债业务的成本的差额中获得利差收入，形成银行的利润。

商业银行在资金融通过程中，资金闲散者和资金短缺者之间并不能形成直接的借贷关系，这是因为：（1）资金需求与资金供给在供需时间上不一致；（2）资金需求与资金供给在数量上不对应；（3）双方互不了解信用状况和经济状况，借贷信用关系也难以确立。而商业银行则能通过自身的信用活动克服上述种种矛盾，成为借贷双方信用关系的中介人。一方面商业银行通过吸收存款的形式将社会各种闲散的资金集中起来，汇聚成巨额资金，以满足不同的借款需求；另一方面，商业银行通过信用形式将小额的、分散的资金转化为生产资本等职能资本，在社会资本总量不变的前提下，提高了资本使用效率，扩大了社会资本整体的增值能力。

（二）支付中介职能

商业银行在经营存款业务的基础上，接受客户的委托代为办理货币收付及其他与货币收付有关的技术性业务时，在收付双方之间充当了中介人的角色，发挥支付中介的职能。

商业银行支付中介职能的发挥，一方面可以极大地减少流通的现金使用量，节约了社会流通费用，加速了结算过程和货币资金周转，促进了社会经济的发展和扩大，也增强了商业银行的社会服务功能。另一方面，支付中介职能的充分发挥，还可以吸引客户，进而促进存、贷业务的扩展，使商业银行的信用中介职能得到更充分的展现。

（三）信用创造职能

商业银行信用创造职能是在信用中介职能和支付中介职能的基础上产生的。

商业银行利用吸收来的存款向客户发放贷款或者从事投资业务，在客户的账户中通过办理货币收付转账手续，新增贷款或投资又形成了新的存款余额（派生存款），商业银行可以据此再发放贷款或投资，从而衍生出更多存款，扩大了社会货币供应量，促进了经济发展。信用创造是商业银行的特殊职能，商业银行以信用的形式，以转账结算为手段，完成了货币收付活动，即商业银行通过创造信用流通工具，执行了货币的流通手段和支付手段。更为重要的是，由于信用流通工具的存在，商业银行的贷款可以通过转账方式直接引起存款的增加，从而创造派生存款。

四、商业银行的经营原则

商业银行作为金融企业，其经营目标是实现利润最大化。然而，商业银行经营的商品是货币这种特殊商品，其商品本身的特殊要求和商业银行在社会经济活动中的特殊地位，又使其在经营过程中必须保持资金安全和流动，在此基础上才能谋求盈利最大化。这就是商业银行经营的“三性”原则，即安全性、流动性和盈利性。

（一）安全性原则

安全性是指商业银行在经营活动中资产免遭损失和风险的可靠程度。可靠程度越高，资产的安全性越强，反之则越弱。商业银行只有注重防范和控制、化解风险，才能实现经营的安全性，安全性越高，商业银行资产免遭风险侵蚀才会越有保障。因此，安全性的相对概念是风险性。商业银行实现安全性原则必须做到：

（1）合理安排资产和负债的规模与结构，识别和控制风险。商业银行应根据资产分散化策略合理安排资产的规模和结构，尽可能地使贷款和投资的期限、对象、种类与负债相匹配，特别是中长期贷款和投资，以保持银行的清偿力，进而分散风险和实现盈利。

（2）提高自有资本在全部负债中的比重，并随着业务的扩大而不断补充。自有资本在保持安全性方面的作用有：一是为自身提供永久性的资金，保证经营的稳定性；二是可以提高银行的信誉，防止挤兑风潮的冲击。

（3）保持适度的流动性资产，增强银行对流动性风险的抵御能力。

（4）加强贷款客户的资信调查和信用分析，提高银行对信用风险的防范和化解能力。

（二）流动性原则

流动性是指商业银行能随时随地地应付客户提存和放贷的能力。它意味着只要客户有急需，商业银行随时能够付出资金（买回负债）和收回资金（卖出资产）。

商业银行的流动性体现在资产和负债两个方面。资产的流动性是指商业银行资产在无损状态下迅速变现的能力；负债的流动性是指商业银行能以较低的筹资成本随时获取所需资金的能力。资产和负债的流动性对商业银行而言同样重要，但随着商业银行业务的发展，负债的流动性显得越来越重要，究其原因，是由商业银行资金来源的性质和业务经营的特点所引起的。从资金来源看，商业银行的资金大部分是存款和借入款：存款是以能够随时提取和随时开出支票支付为前提，而借入款是要按期归还和随时兑付，资金来源都具有不稳定性和流动性，需要银行资金运用时必须保持与之相应的流动性，才能随时满足存款提取和借款归还的资金需求。从业务经营看，银行经营的存款来源是被动负债，客户“存款自愿，取款自由”，而资金运用于贷款和投资大多是中长期限，且客户的资金需求以及到期收回又具有很大的不确定性，“短存长贷”现象十分普遍，极易引发流动性风险，这就要求银行必须保持其资产和负债的流动性，以应付客户提存和贷款的资金需求。

（三）盈利性原则

盈利性是商业银行业务经营活动获取利润的能力，或者说是商业银行实现经济效益最大化所要达到的程度。盈利性越高，商业银行获得利润的能力越强，反之则越弱。追求盈利性是商业银行经营目标的基本要求，只有实现充分的盈利，银行才能有充实的资本，并以此来增强经营实力，巩固信誉，降低风险，提高核心竞争力。

商业银行的利润取决于经营收入和经营成本两个方面，由于银行业务经营的复杂多样性，因此，商业银行确立的经营决策、管理水平、员工素质、客户关系、风控能力、内部运行效率等因素都将影响到最终利润能否实现。归根到底，商业银行实现盈利性不外乎两条途径：一是增加经营收入；二是降低成本，减少支出。

在商业银行的经营活动中，安全性、流动性和盈利性之间存在着既统一又矛盾的复杂关系，商业银行经营管理的核心便是协调"三性"原则之间的关系，保持其有机结合，以利于商业银行的稳健经营。

通常，流动性与安全性之间是正相关关系，流动性越强的资产，其安全性越大；反之，流动性愈差的资产安全性则愈小。如现金资产的流动性最强，也是最安全的；短期证券、短期贷款的流动性和安全性都比较高；而长期贷款和长期投资的流动性最差，风险大，安全性也最弱。而安全性、流动性与盈利性之间呈现负相关关系，一般，期限短的资产，其流动性越强、安全性越高，但是盈利水平也越低；反之，期限长、盈利高的资产，其安全性低，流动性差，"三性"原则之间矛盾性的特点非常突出。

事实上，商业银行的"三性"原则之间客观存在着统一的特性：当商业银行盈利能力提高，就能为商业银行的安全经营创造物质条件，流动性也随之增强。这是因为，银行实现的利润中有相当一部分会转化为银行的资本，从而能够增强商业银行的竞争力和抗风险能力。但是，从短期来看，盈利性与安全性、流动性之间的矛盾也是必然存在的。因此，商业银行经营管理的基本方针就是对三者进行兼顾、均衡和协调：要在保证安全性和流动性的前提下，取得最大限度的盈利——盈利性是最终目标，流动性是实现安全性的手段，安全性是实现盈利性的基础，三者缺一不可。

五、商业银行的经营环境

商业银行的经营环境是指商业银行从事业务活动所依存的基本体系和总体背景，包括宏观经济状况、市场状况和金融管理当局对银行的管制等。商业银行的机构设置、业务种类、运行方式、发展水平等都与商业银行的经营环境有关，并受到环境的制约。因此，商业银行在经营管理过程中，需要顺应环境的变化来调整自身的功能、结构和运行方式，才能最终实现其经营目标。

（一）商业银行经营环境的分类

商业银行的经营环境大致有以下两种划分的标准：

1. 以商业银行自身经营业务和机构设置为标准，经营环境可划分为内部环境和外部环境

内部环境是指商业银行内部各机构、各岗位的运转效率及彼此之间的协调程度、银行员工的业务素质、合作精神等制约商业银行经营活动的内部条件。内部环境是商业银行通过自身努力可以改善的条

件，并以此来吸引客户，提高金融服务，增强竞争力。而外部环境是商业银行经营的外部约束条件，包括政治、法律、经济、地理位置和人文背景等，这些因素通常对商业银行的经营活动产生着极其深远的影响，而通过商业银行自身又无法改变，只能去适应。

2. 以对商业银行业务活动的影响程度为标准，经营环境可分为直接环境和间接环境

直接环境是指对商业银行业务活动、经营行为和中短期决策直接约束和干预的环境。它包括：资金供求状态、利率水平、客户需求及其行为方式、竞争对手的经营策略及其竞争实力、中央银行及上级行的政策干预与计划程度等。商业银行对此需要密切关注，以便经常性地做出政策调整策略。间接环境则影响着商业银行的中长期经营活动和决策行为，它包括经济技术条件、政治和法律环境、社会与文化环境等，商业银行对此需要深入研究，以便稳妥地做出方针战略上的抉择。

（二）对商业银行监管的目的

商业银行虽然具有企业的一般特征，但由于其经营商品的特殊性、经营商品的广泛性和社会性以及在金融体系中的重要性，使商业银行不仅受到各国政府最为严格的监管，而且该行业也受到国际规则或国际惯例的共同管理和约束。

各国政府对商业银行的监督管理的目的，主要有以下几点：

（1）使商业银行按照规定开展各项业务活动，确保其稳健经营，维护整个金融体系的安全和稳定。

（2）保护存款人的合法权益，减少投资者的风险，维护整个经济环境和社会的稳定。

（3）弥补市场机制的不足，确保金融机构有序竞争、安全经营和高效运作。

（4）保护和充分发挥商业银行各项职能作用，保证商业银行体系和金融制度的稳定。

（三）对商业银行监管的基本措施

在健全的商业银行监管制度下，各国政府对商业银行的监管措施包括很多内容，综合起来为三大类：预防性风险监管、紧急救援和存款保险制度。具体如下：

1. 预防性风险监管

对商业银行采取预防性风险监管措施，主要是为了防止商业银行和其他金融机构经营不当、过度竞争破坏金融市场稳定，干预货币政策实施而事先采取的监督管理办法。这是为维护运行安全稳健而设置的第一道防线。主要内容有：

（1）市场准入限制。包括对商业银行设立的审批和银行机构分设与并购的管制。从金融监管的角度看，对新银行设立的审批，主要目的是将那些有可能对存款人利益或银行体系的稳健运行造成危害的金融机构拒之门外。准入的管制要求金融机构必须具备最低注册资本额度、合法的组织章程和健全的内部控制、合格的高管人员、金融服务设施等。对分设银行机构和并购的管制，主要目的在于满足经济生活对商业银行服务的需要，促进竞争，限制银行过度集中，防止垄断。

（2）资本充足管制。资本充足是衡量一家商业银行经营管理是否稳健的一个重要尺度。资本的衡量通常使用资本充足率，通过对银行最低资本充足率的要求，限制用户的资产超过其风险承受能力而盲目扩张。对于商业银行的资本构成，监管当局也相应做出了限定。

（3）资产流动性比率。商业银行必须保持一定比例的流动性资产，即保持一定比例的现金和随时可以变现的资产，以便使其资金能够灵活周转，随时满足流动性需求。为此，各国监管当局明确规定了商业银行持有的具有流动性资产必须要求在其总资产中占有相当的比重，即“资产流动性比率”，以促使商业银行增强支付能力，控制流动性风险。

（4）业务范围的限制。大多数国家商业银行的业务范围在相当长的时间里都受到了限制，即规定商业银行可以经营哪些类型的业务。这种管制与各国金融业务的分工制度相关，主要表现为商业银行能否经营投资银行业务，即银行业务和证券业务是分离还是融合。20世纪70年代以来，不少国家开始放松了对商业银行业务范围的限制，允许商业银行与投资银行、其他金融机构的业务适当交叉，从而从分业经营走向混业经营。

（5）贷款集中程度管制。为了对商业银行的风险集中进行适度控制，避免贷款投放过度地集中于某些企业、行业或单个借款人而可能招致重大损失，促使商业银行分散风险。一般的做法是把单一贷款与该家银行的资本挂钩，规定一个比例，以限制银行发放单一巨额贷款。类似的做法还有，规定对最大的10家客户发放的贷款总额不得超过该家银行资本总额的一定比例。

除上述监管措施外，预防性风险监管还包括对内部人员贷款、国际贷款的管制，对外汇、贵金属交易的监管，以及银行的监督检查等措施，具体视各国监管制度略有差异。

2. 紧急救援

一般而言，当商业银行发生了根本性的清偿能力困难时，如果监管当局不出面提供紧急援助，这家银行就只能面临停业清理，宣告破产，这将影响到整个金融体系的稳定和大众对银行的信心。因此，金融监管当局有责任采取紧急救援措施，以帮助商业银行渡过难关。其措施或工具主要有：中央银行紧急贷款援助，中央银行作为商业银行的最后贷款人而提供紧急流动性救援，以维持该银行继续营业；组织其他商业银行融资救援；安排其他商业银行收购并承担债务；设立特别机构予以接管等。

3. 存款保险制度

存款保险制度是一国金融监管部门为了维护存款者的利益和金融业的稳定和安全，在金融体系中设立存款保险机构，要求本国经办存款的金融机构必须或自愿根据吸收存款多少按一定保险费率向某一保险机构缴纳保险金，当投保存款机构（如商业银行）出现信用危机不能支付存款本息时，由保险机构对存款人进行补偿，以帮助投保人度过危机或者避免危机扩散的一项制度。

存款保险制度是一项事后补救措施，但它却为商业银行的存款人提供了一道安全网。既可使存款人减少损失，增强公众对银行的信心，又能降低因个别银行的倒闭风险而引发整个银行体系的连锁反应。由此可见，存款保险制度是以较低的社会成本使经营失败的银行退出市场，从而使银行体系更加稳定的制度安排。

（四）国际银行监管的发展趋势

次贷危机之后，各国政府普遍采取措施加强了对商业银行的监管，巴塞尔委员会和国际会计准则委员会也相继修改并制定了有针对性的措施，这些措施都将对未来世界银行业的发展和各国银行的监管产生重要影响。近年来，各国政府对商业银行监管呈现以下几种趋势：

1. 从注重传统银行业务监管向注重传统业务和创新业务监管并重转变

进入21世纪以来，国际金融市场呈现更加纷杂多变的局面。金融创新产品层出不穷，金融衍生交易不断增多，金融服务工具和手段更加多样化，极大地提升了商业银行中间业务收入在银行总收入中的占比。网络银行被广泛应用，除银行传统的窗口交易外，不少银行的传统业务都实现了在网上进行交易。互联网金融蓬勃发展，对商业银行的传统业务和市场份额造成了极大的冲击。相较于传统银行业务，创新业务和创新产品在收益增大的同时，风险也极大，且更易扩散，对金融市场造成的冲击和危害也更加直接和猛烈。在此背景下，国际金融监管只注重传统银行业务的监管已经不能全面、客观地反映整个银行业的风险状况，只有将创新业务纳入监管体系，传统业务监管和创新业务监管双管齐下，才能有效防范和化解银行业的整体风险。

2. 从注重合规性监管向注重合规性监管和风险性监管并重转变

合规性监管是指监管当局对商业银行执行有关政策、法律和法规情况所实施的监管。风险性监管是指监管当局对商业银行的资本充足程度、资产质量、流动性、盈利性和管理水平所实施的监管。监管当局一直以来对商业银行的监管重点在于合规性方面，随着银行业的创新和变革，合规性监管的缺点不断暴露，不能及时、全面反映银行的风险，相应的监管措施也滞后于市场的发展，为此，国际监管组织和一些国家的监管机构为了适应银行业的创新和变革，相继推出了一系列以风险监管为基础的审慎规则。风险性监管在识别、度量银行风险的基础上，更注重银行本身的风险控制程序和管理水平，能够及时反映银行经营状况，预测潜在风险，在防范和化解银行风险方面是更加有效的监管措施。

3. 从分业监管向统一监管转变

分业监管始于20世纪初西方国家出现的经济大危机之后。史无前例的经济大危机产生后，普遍认为原因之一是银行在证券市场和房地产市场的过度投资导致了泡沫经济，在金融监管没有达到一定水平的条件下，银行、证券、保险和信托等金融机构的混业经营极易造成银行资金大量流向证券市场，产生经济泡沫。为此，1933 年之后，以美国、英国为代表的西方国家陆续实行了分业经营体制。混业经营起初源自德国、瑞士等国家。自20世纪80年代以来，随着信息技术发展和竞争加剧，银行的传统业务不断受到侵蚀，迫使其业务经营不断向资本市场和保险市场渗透，一些实行分业经营的国家也转向混业经营体制。如美国也于1999年通过《金融服务现代化法案》进入混业经营时代。因此，一些国家陆续调整监管机构，实施统一监管，即由统一的监管主体对从事银行、证券、保险不同类型业务的金融机构实施统一监管。不过，监管模式要依各国的具体国情而定，分业监管和混业监管模式各有优势，一切都要以时间、地点和条件为转移。

4. 从一国监管向跨境监管转变

随着经济一体化和金融全球化的发展，商业银行不断向海外拓展业务，涌现出大批跨国金融集团。银行的海外分支机构越来越多，海外业务也呈现多样性，电子银行的普遍使用使监管当局很难判断其交易是在国内还是境外完成，离岸金融业务的拓展也使得部分银行偏离于监管视野之外。为了有效监管商业银行的境外业务和离岸业务，各国监管当局逐步实施了跨境监管。所谓跨境监管是指一家银行的境内外机构、境内外业务进行并表监管。根据巴塞尔有关文件规定，对一家跨境银行的监管须在母国监管当局和东道国监管当局之间进行合理的分工与合作。大量事实表明，加强跨国监管可以有效地防止出现银行监管的真空。

【知识拓展1-1】

如何理解建设现代中央银行制度？

习近平总书记在党的二十大报告中指出，“建设现代中央银行制度”。这是深化金融体制改革的重要部署。现代中央银行制度，是中央银行为实现币值稳定、充分就业、金融稳定、国际收支平衡等任务而设计和实施的现代货币政策框架、金融基础设施服务体系、系统性金融风险防控体系和国际金融协调合作治理机制的总和。准确理解建设现代中央银行制度的意义、内涵和任务，有利于在实践层面推进这一重要改革。

第一，建设现代中央银行制度是新时代构建现代金融体系的重要任务。一是建设现代中央银行制度是现代国家宏观经济治理的重要内容。二是建设现代中央银行制度助推经济高质量发展。当前我国已转向高质量发展阶段，需要以现代中央银行制度作为重要支撑，既支持经济转型升级，又防止发生严重通货膨胀或通货紧缩以及系统性金融风险，确保我国社会主义现代化顺利推进。三是建设现代中央银行制度是应对国际金融体系变化的必然选择。在世界百年未有之大变局的背景下，要立足中国国情，加快建设现代中央银行制度，主动应对国际中央银行制度的演变和经济金融形势的变化。

第二，建设现代中央银行制度是实现现代金融政策体系服务功能的需要。一是健全现代货币政策框架。要以市场化方式对银行体系货币创造行为进行调控，保持资产负债表的健康可持续，必须实行独立的中央银行财务预算管理制度，防止财政赤字货币化。二是建设金融基础设施服务体系。三是构建系统性金融风险防控体系。四是完善国际金融协调合作治理机制。推动国际货币体系和金融监管改革，推进金融双向开放。

第三，建设现代中央银行制度的重大任务。一是完善货币供应调控机制。增强货币政策操作的规则性和透明度，建立制度化的货币政策沟通机制，有效管理和引导预期。二是构建金融有效支持实体经济的体制机制。在宏观层面搞好跨周期政策设计，以现代化的货币管理促进经济高质量发展。在微观层面引入激励相容机制，创新结构性货币政策工具，引导金融机构优化信贷结构，打通金融向实体经济的传导。三是建立现代金融机构体系。按照市场化、法治化、国际化原则，健全具有高度适应性、竞争力、普惠性的现代金融机构体系。四是推进金融双向开放。五是健全金融风险预防、预警、处置、问责制度体系。维护金融安全，守住不发生系统性风险底线。

（资料来源：中华人民共和国发展与改革委员会官网，《党的二十大报告学习辅导百问》2023年2月24日，经整理而成）

第二节　商业银行的负债业务

商业银行的负债是其筹措资金、借以形成资金来源的业务，它是商业银行资产业务和其他业务的基础。

一、商业银行负债业务分类

（一）按照范围划分，负债分为广义负债和狭义负债

从贷出者角度看，负债是指债权人以货币形式对商业银行表示的要求和权利。商业银行以借贷方式从贷出者获得资金后，虽然能够在其经营范围内自由支配，但只是获得了资金的使用权，而没有所有权，这就决定了商业银行负有偿还义务，从而构成负债行为。广义负债是指商业银行对他人的债务或欠款、银行的自有资本和在途资金占用等，即所有形成商业银行资金来源的业务。而狭义负债仅指商业银行对他人的债务和欠款。

（二）按照取得资金的方式，负债分为被动型负债和主动型负债

被动型负债是商业银行最主要的吸收资金方式，也是最重要的资金来源。通常人们把吸收存款称为被动型负债，因为客户是否将结余的资金存入银行，何时存入，存入多少，期限多长，是否按照约定提取存款等决策，很大程度上都取决于客户的意愿，商业银行始终处于被动地位。但是这类负债却是商业银行负债中成本最低的资金来源，因此，存款负债历来是各商业银行争夺的重点。随着金融市场的发展和金融业竞争的加剧，商业银行为了扩大经营规模，平衡信贷收支，有效利用金融工具筹集资金，开始以主动负债方式从金融市场上发行各种债务凭证，包括发行金融债券、签发银行票据、发行大额可转让定期存单等来获得资金来源，以及向中央银行借款、向同业借款等方式满足短期的资金需要。由于上述负债方式使商业银行处于主动地位，因而被称为主动型负债。

（三）按照负债的形态划分，负债分为存款负债和非存款负债

存款方式是商业银行最重要的资金来源，由居民个人和企事业单

位的结余和代用货币构成；非存款方式包括商业银行为了获得流动性而借入的资金、办理中间业务时合理占用客户的资金等。从本质上讲，存款是被动型负债，借入款是主动型负债。

二、商业银行负债的功能

商业银行的负债业务具有以下功能：

（一）负债业务是商业银行组织业务经营的起点

从商业银行自身经营的特点看，首先要作为“贷出者的集中”筹措资金，才能作为“借入者的集中”运用资金，即负债业务是商业银行开展资产业务、组织业务经营的基础和前提。只有扩大负债业务，营运资金的规模扩大才有保证，商业银行从事贷款、贴现、投资等资产业务才有雄厚的资金实力。所以，商业银行实力的强弱，在很大程度上不是看商业银行资本的多少，而是看商业银行负债和资产的规模，尤其是商业银行存款的规模，存款负债是商业银行的生命线。

（二）负债是商业银行与社会各界联系的渠道

通过负债业务，商业银行一方面为社会各界提供了金融投资的场所及有关服务，增强了货币资金保管的安全性和投资的增值性；另一方面由于社会各类经济单位的闲置资金要流向经营领域，其货币收支必然可以反映在商业银行的存款账户上。商业银行通过为客户的存款账户办理转账结算和划拨资金，既可加速资金周转，减少现金的使用，又可随时掌握客户的资金规模、资金流向和经营活动，使银行在对客户提供金融服务的同时，又可以为宏观金融决策部门和银行自身的营销决策反馈必要的市场信息。所以，负债业务是商业银行与社会各界建立联系、提供金融服务、反馈信息和进行有效监督的重要渠道。

（三）负债业务的变化能够反映货币流通的状况

从货币流通的角度看，商业银行负债业务构成了社会流通中的货币量，依据负债业务的变化，可以反映货币流通的状况。流通中的货币量的基本构成是现金加存款，现金是中央银行的负债，存款是商业银行的负债。存款的规模和结构的变化，直接影响着流通中货币量的变化。对存款规模及其流动性的分析测量，是对通货数量和社会总需求状况加以分析的主要依据。

（四）负债是商业银行聚集闲置和待用货币资金的重要方式

按照一系列《巴塞尔协议》的国际标准，商业银行的负债提供了商业银行90%左右的资金来源，所以负债的性质决定了商业银行经营的特征。作为信用中介机构，商业银行通过负债业务把社会各部门、各单位暂时闲置的货币资金和居民的待用货币积聚起来，成为国民经济发展的雄厚资金力量，不仅变消费基金为生产基金，扩大了社会资金的总规模和商业银行的信贷资金总量，而且通过商业银行的筹集资金和再分配资金的活动，能够充分发挥现有货币资金的作用，还有利于实现国民经济的良性循环和经济结构的调整。

三、商业银行的存款负债

存款是商业银行以信用方式聚集起来的社会再生产过程中暂时的闲置货币资金和货币收入。它以银行为主体，以存款人为对象，以还本付息并提供相关服务为条件，是存款人和银行发生债权债务关系的一种载体。

存款业务是商业银行业务中最基本的业务，存款管理也是银行经营管理的基础环节。鉴于监管制度、市场化程度、历史沿袭等方面的差异，我国银行业的存款分类和存款结构与西方国家银行业的情况存在较多差异，具体介绍如下：

（一）西方银行业的存款种类

1. 活期存款业务

（1）传统的活期存款业务。活期存款是指可由存户随时存入和转让支取的一种银行存款。持有活期存款的存款人可以用各种方式提取存款或用以转账进行经济交易，所以西方国家又把这种存款称为交易账户，在各种取款方式中，最传统的是支票取款，因此，活期存款又称为支票账户存款。由于该类存款存取频繁，手续复杂，经营成本较高，西方国家商业银行一般都不对存款人支付利息，有时甚至还要收取一定的管理费。

当活期存款的存款人用支票提取现款时，它只是普通的信用凭证；当存款人用支票向第三方履行支付义务时，它就成为信用流通工具；并在大量的流动中此存彼取，总有一个稳定的存款余额保留在账户中，供银行用于发放盈利性资产。因此，活期存款不仅具有货币支付手段和流通手段的职能，而且还具有较强的派生能力，所以，商业银行在任何时候都必须把活期存款作为经营的重点。

（2）创新的活期存款业务。存款创新是商业银行为逃避管制、增加同业竞争能力和开辟新的资金来源而不断推出的新型存款类别的活动。活期存款创新的形式主要有：

可转让支付命令账户（negotiable order of withdrawal，NOW），是

一种计息并允许转账支付的储蓄存款账户，最早出现在 1972 年的美国马萨诸塞州的一家储蓄银行，是为了应对 20 世纪 60 年代末市场利率上升和 Q 条例禁止对活期存款付息的限制而创造的新的存款品种。NOW 账户使银行既可为客户提供支付上的便利，又能规避支票账户不能付息的限制。它与活期存款的不同在于，NOW 允许银行对存款余额支付利息，具有储蓄账户的特征；存款人可以每月开出若干次的支付命令用于支付，该支付命令和支票具有同等效力，因此，该账户又具备支票账户的部分功能。

自动转账服务（automatic transfers from savings，ATS），是一种存款可以在储蓄存款账户和支票存款账户之间按照约定自动转换的存款账户。创立于 1987 年，是在电话转账服务账户的基础上发展起来的。通常账户持有人同时在银行持有活期存款账号和储蓄存款账户，银行每日从储蓄存款账户向活期存款账号划拨当天支付的支票款项，使得当天交易结束后，活期存款账号余额为 1 美元，而存放在储蓄存款账户的资金获得利息收入。该账户创新的目的是增加资金来源，同时规避储蓄存款不能开立支票，支票不许支付利息的规定。

以上两类账户都是支票与储蓄相结合的存款账户。在美国，这两类账户多由个人、政府机构和其他非盈利性组织（如宗教组织、慈善机构、教育机构、政治团体等）持有。在此基础上，美国的商业银行继续创新，开发了其他类似的交易账户，如超级可转让支付命令账户（SNOW）、货币市场存款账户（MMDAs）、货币市场共同基金账户（MMMF）、协定账户（agreement account）等，这些账户的创新，极大地方便了客户的存款选择，同时提高了存款收益，因此广受客户欢迎。

2. 定期存款业务

（1）传统的定期存款业务。定期存款是指具有确定到期日才能提取款项的账户。一般而言，存款期限越长，利率越高，通常以固定利率计息，不允许提前取款。存款人在存款到期前提取全部或部分存款都会损失一定的利息收入，银行希望锁定存款期限，稳定资金来源。因此，同活期存款相比，定期存款具有较强的稳定性，且营业成本较低，商业银行为此持有的存款准备金也相应较低，资金的利用率通常高于活期存款。

（2）创新的定期存款业务。其主要创新工具有：大额可转让定期存单（negotiable certificate of deposits，CDs）是一种面额较大，可以流通转让的定期存款凭证。1960 年由美国花旗银行创立并发行。CDs 票面上载明息票利率，利率有固定也有浮动。采用记名和不记名两种方式发行，不记名存单可以在二级市场流通转让，到期前不允许提前支取。该存单兼顾了收益性和流动性，深受存款人的青睐，也为银行增加了长期稳定的资金来源。

为了增加这种存单的吸引力，20 世纪 70 年代美国又陆续推出了“滚动式定期存单”“卷布丁式滚动存单”“货币市场存单”等创新工具。

3. 储蓄存款业务

（1）传统的储蓄存款业务。储蓄存款是一种没有固定期限的小额付息账户，没有到期日，通常不能签发支票对外付款，也称为非交易账户。该账户的持有人可以是个人、非营利性组织、政府和企业。通过持有储蓄账户，存款人既能获得一定的流动性，又能获得利息收入。但由于该账户利率远低于定期存款账户，其平均余额并不高但极为稳定。

（2）创新的储蓄存款业务。随着金融创新的发展，一种具有支票签发权且具有利息收入的存款账户也被归入储蓄存款账户，并发展成为储蓄存款账户的主要部分，这就是货币市场存款账户（MMDAs）。MMDAs 是一种付息并允许转账支付的储蓄存款账户，于 1982 年由美国商业银行推出，目的是以优惠的条件吸引货币市场上的游资。MMDAs 账户也是为了规避 Q 条例限制银行对支票存款支付利息、对定期存款支付的利率不得超过监管上限的规定。该账户的特点是：没有存款最短期限的限制；不设定开户对象，企业也可以持有；可使用若干次的支票，但银行不需对这种存款缴纳准备金。在规定的限额以上，银行按照较高的市场利率计息；但在限额以下，则按 NOW 计息，且会被收取账户管理费。由此可见，MMDAs 的管理成本低于交易账户，使得银行能够为账户的持有人提供更高的利率。

（二）我国银行业的存款种类

我国商业银行的存款主要按照存款人的不同分为个人存款、企业存款和其他存款三大类。

1. 个人存款

个人存款主要以储蓄存款的形式存在，是指个人将属于其所有的人民币或外币存入储蓄机构并获得利息收入的一种存款业务。由于储蓄存款具有较高的稳定性，因此利率较高。在我国，储蓄存款仅限于个人和非营利性团体。近年来，也有允许某些企业、公司开立储蓄存款账户的做法。

个人存款主要包括活期储蓄存款、定期储蓄存款和各种创新的储蓄存款等产品。

（1）活期储蓄存款。是一种没有固定存款期限，存款人随时可存入款项或在账户余额范围内提取现金，存取金额不限的一种个人存款。这是个人最基本、最常用的存款方式，也是存款人进行各项理财活动的基础。实行实名制开户，存款人可凭银行卡或存折在银行柜台或者在自助设备上查询和存取现金。活期储蓄存款存折一般不能转让流通，同城可以通存通兑，但不能透支款项。

活期储蓄存款通常每个季度计息一次，每季度末月的 20 日为结息日，按当日挂牌的活期利率计息，商业银行在这一日将利息转入存款人账户。若存款人在结息日前清户，银行按清户日挂牌公告的活期利率计算利息并连同本金支付给存款人。存期内如遇利率调整不分段计息。

（2）定期储蓄存款。是一种具有固定期限、存款人需一次或按期分次存入本金，整笔或分期、分次支取本金和利息的存款方式。在存期内，如遇利率调整，均按存款人开户时所定利率计息，不分段。我国目前开办的定期储蓄存款主要有整存整取、零存整取、整存零取、存本取息和定活两便等，除定活两便外，其他定期储蓄存款具有固定存期。

由于定期储蓄存款利率高于活期储蓄存款利率，如果存款人提前支取，不仅会受到种种限制，还会损失部分利息。具体规定是：提前支取的部分按支取日挂牌公告的活期存款利率计息；未提取的部分仍按原存款利率计息。若存款人逾期未支取存款，从逾期日开始至到期日为止的利息按支取日挂牌公告的活期存款利率计息。由于定期储蓄存款流动性较差，因而利率较高，成为个人投资取利的重要手段。

（3）储蓄新业务。随着计算机、网络信息技术在银行业的广泛应用和发展，传统的储蓄存款账户增添了许多新的功能，新业务的出现及推广，极大地方便了存款人。常见的储蓄新业务有以下几种：

①储蓄通存通兑。商业银行利用网络和信息技术，将所有的营业网点联结为一个整体，存款人存取款项不再局限于开立账户的开户行，只要在联网的任一网点开户，则可以在所有网点办理转账和存取业务，这不仅为存款人提供了便利，也为银行节约了大量的现金收付业务成本。

②储蓄一本通。商业银行开办的将若干不同种类的存款集中于一本存折上的储蓄存款业务，用来记载个人多个存款账户、不同币种账户（包含人民币存款和外币存款）的资金活动状况。

③储蓄一卡通。商业银行在实现全行大联网和电子银行业务的基础上，继一本通业务之后推出的一项将所有活期、定期、不同币种的储蓄存款用一张银行卡来记录的业务。存款人使用银行卡可以办理所有通存通兑、自动转存、转账、消费、存取款、缴费等一系列银行业务。

④个人通知存款。是指存入款项时不约定存期，支取时事先要通知银行，约定支取存款日期和金额的一种个人存款方式。个人通知存

款需一次性存入，可以一次或分次支取，但分次支取后账户余额不能低于最低起存金额（我国目前规定最低起存金额为人民币 5 万元）。当低于最低起存金额时银行可给予清户，转为活期存款。个人通知存款按存款人选择的提前通知的期限长短分为 1 天通知存款和 7 天通知存款，前者需要提前 1 天通知银行取款，后者需要提前 7 天通知支取。

⑤个人支票。是一种以个人存款为保证，使用支票为支付结算凭证的活期储蓄存款方式。存款人签发支票后，银行要在有效期内见票即付给持票人或指定收款人，所以个人支票的要件和使用也要严格遵循《票据法》的相关规定。通常，个人支票可用于转账、取现及消费，适合收付金额较大或收付次数较为频繁的存款客户。

综上所述，商业银行为个人提供的存款产品十分丰富，与此相应也提供了极其繁多的个人账户，这些账户归纳起来大约有两种最基本的账户类型：

个人储蓄账户。该账户的主要功能是办理现金存取业务，取得利息收入。根据个人存取款项的频率、资金量大小可以分为活期储蓄存款账户和定期储蓄存款账户。通常，该账户不可办理转账结算。

个人结算账户。也称为个人银行结算账户。按照中国人民银行 2003 年公布的《人民币银行账户管理条例》规定：该账户是个人因投资、消费和结算等开立的可办理支付结算业务的存款账户。个人结算账户开立后，个人的借记卡、信用卡及关联账户、个人支票，以及其他具有代收代付和消费功能的活期账户（如银证通、银保通、电话银行、网上银行、手机银行业务等转账结算的活期账户）等自动纳入个人结算账户。该账户的基本功能是办理汇兑、定期借记（代付水、电、煤气等）、定期贷记（代发工资、社保金等）、借记卡转账结算等。

2. 企业存款

（1）企业存款品种。企业存款按照存期不同可分为活期存款、定期存款和其他存款等类型。

①单位活期存款。是一种随时可以支取，按照结息期计算利息的存款，其存取主要通过现金和转账办理。活期存款账户分为基本存款账户、一般存款账户、临时存款账户和专用存款账户。该存款的特点是不固定期限，客户存取方便，随时可以支取。利率按照中国人民银行规定的活期存款利率执行。

②单位定期存款。是一种银行与存款人双方在存款时事先约定期限、利率、到期后支取本息的存款。凡符合规定在银行开立了活期存款账户的企事业单位，均可开立定期存款账户。定期存款的期限通常分为 3 个月、6 个月、1 年、2 年、3 年和 5 年 6 个档次，起存金额 1 万元，在存期内按存入日挂牌公告的定期存款利率计息，遇利率调

整，不分段计息。到期支取时只能以转账方式转入企业的基本账户内，不能用于结算，也不能从账户中提取现金。定期存款利率随着期限长短而高低不等，但总是高于活期存款利率，因而它是存款人获取利息收入的重要金融资产，也是商业银行稳定的资金来源，对满足银行长期贷款和投资的资金需要具有极其重要的意义。

③单位通知存款。是指存款人在存款时不约定存期，支取时需要提前通知银行，约定支取日期和金额方能支取的存款。存款期限按存款人选择的提前通知的期限长短分为 1 天通知存款和 7 天通知存款，前者需要提前 1 天通知银行取款，后者需要提前 7 天通知支取。通知存款为记名式存款，起存金额 50 万元，须一次性存入，存入时不约定期限，可一次或分次支取，每次支取额为 10 万元以上，利随本清，支取的存款本息只能转入存款单位的其他存款户，不得支取现金。

④单位协定存款。当企业在银行的账户上经常留有大额资金时，就可以和银行签订协定存款合同，开立协定存款账户。协定存款账户分为结算户和协定户，结算户视同基本存款账户或一般存款账户使用。企业可以直接和银行约定期限、商定结算户需要保留的基本存款额度，超过基本存款额度的资金将被转入协定户中。企业在结算户的存款金额由银行按结息日或支取日的活期存款利率计息，超过基本存款额度在协定户的资金按人民银行公布的、高于活期存款利率、低于 6 个月定期存款利率的协定存款利率计息。

（2）企业存款账户的管理。按照人民银行《人民币银行结算账户管理办法》规定，存款人以单位名称开立的银行结算账户。分为四类：基本存款账户、一般存款账户、临时存款账户和专用存款账户，不同的账户适用于不同的情况。

①基本存款账户。是存款人办理日常转账结算和现金收付而开立的结算账户，一般只能在注册地或者住所地银行开立。按照规定，一个单位只能开立一个基本存款账户，存款人开立基本账户时，须经人民银行当地分支机构核发开户许可证。基本账户是存款人办理各项业务的主办账户，存款人经营活动的日常现金收付、发放工资、奖金等现金的支取，只能通过基本账户办理。基本存款账户还是存款人开立其他类型存款账户的基础，当存款人向银行申请开立其他类型账户时必须出具开立基本账户的证明文件及其相关文件。

②一般存款账户。是存款人因借款或其他结算需要，在基本存款账户开户行以外的银行开立的结算账户，是存款人的辅助结算账户。用于办理存款人借款转存、借款本息归还和其他结算业务的资金收付，该账户可以办理现金缴存，但不得办理现金支取。通常，开立基本存款账户的存款人都可以开立一般存款账户，开立一般存款账户的数量不受限制。

③临时存款账户。是存款人因临时经营活动（如设立临时机构、异地临时开展经营活动、注册验资等）需要并在规定期限内使用而开立的账户。存款人可以通过临时存款账户办理转账结算并可根据国家现金管理规定办理现金收付。临时存款账户需确定有效期限，但最长不得超过 2 年。注册验资的临时存款账户在验资期间只收不付。存款人若是临时机构，只能在其驻在地开立一个临时存款账户，不得开立其他银行结算账户。存款人在异地从事临时活动时，只能在其驻地开立一个临时存款账户。建筑施工及安装企业在异地同时承建多个项目的，可根据建安合同开立不超过项目合同个数的临时存款账户。

④专用存款账户。是存款人为特定用途资金进行专项管理和使用而开立的银行结算账户，常见的资金用途包括基本建设资金、更新改造资金、财政预算外资金、粮/棉/油收购资金、证券交易保证金、信托基金、金融机构存放同业资金、政策性房地产开发资金、单位银行卡备用金、住房基金、社会保障基金、收入汇缴资金和业务支出资金、党（团、工会）设在单位的组织机构经费及其他特定用途。专用存款账户用于办理各项专用资金的收付，在现金支取方面受到严格限制。

3. 其他存款

（1）同业存款。同业存款即“同业及其他金融机构存放款项”，是其他金融机构将其依法可使用资金存入银行所形成的存款，其目的是获得银行的支付清算服务及其他服务。同业存放可以是活期存款、定期存款或通知存款。定期存放的期限可以是隔夜存放，也可以长达 1 年之上；通知存款的提前通知期限可根据金融机构的需求确定。存放利率可在双方协商的基础上采用固定利率和浮动利率。

（2）单位和个人保证金存款。保证金存款是商业银行在为客户出具具有结算功能的信用工具、提供资金融通和承担第三方担保责任等业务时，为保证客户按约履行相关义务，要求客户将一定数量的资金存入特定账户用作资金保证的存款。在客户违约后，银行有权直接扣划账户资金，以最大限度地减少银行损失。

（3）人民币协议存款。协议存款是商业银行与部分特定机构法人或法人授权机构签订协议，约定存款利率、存款期限、结息和付息方式的存款。目前能够在银行办理协议存款的机构只包括保险公司、全国社会保障基金、养老保险个人账户基金和邮政储蓄银行等法人机构。协议存款期限较长、起存金额较大，利率、期限、结息付息方式、违约处罚标准等均由银行和存款人协商确定。协议存款在存款期内不得提前支取，但存款凭证可用作向商业银行融资的抵押物。

（三）存款业务的经营策略

1. 对企业存款的经营管理策略

企业存款成本低、金额大，是商业银行经营管理和对外竞争的重点。商业银行应以客户为中心，实施业务流程整合，提高产品的创新能力，在管理层、营销层和产品层充分发挥整体优势，构建纵向沟通、横向联合的营销体系。

（1）深入市场调研，奠定营销基础。银行只有进行全面的市场调研，系统地研究市场和公司客户，才能准确及时搜集、筛选和甄别有效的市场信息，从而服务于目标客户。

（2）畅通促销渠道，扩展营销方式。银行可根据产品的不同特征选择促销手段，开拓促销渠道，如利用广播、电视、互联网等大众传媒，银行专业营销人员直接推介、定期回访等，发掘客户对银行产品的需求，主动出击，寻找市场机会和目标客户，并通过优质的营销服务，促使潜在的客户变成现实的客户。

（3）增强产品创新，提高服务质量。银行所提供的配套服务和多样化的创新产品是竞争实力的体现，一些银行为此提出了“全面服务”的理念。全面服务包括：为客户提供存款、贷款、现金管理、汇兑、代理、网上银行、手机银行、投资理财、信息咨询、档案保管、公证服务等多种金融解决方案和诸多服务项目。

2. 对个人存款的经营管理策略

个人存款属于银行的零售业务，营销的关键是通过提高差异化、多样性的服务来提高顾客的满意度和忠诚度。商业银行通过服务营销和延伸客户产品链条，为客户提供优质服务，吸引潜在客户和满足现有客户的储蓄需求，这是银行个人存款业务管理的关键。

（1）转变观念，树立“全面服务”理念。个人储蓄存款的竞争，最终是服务的竞争，银行只有树立全面服务理念，自上而下充分认识到优胜劣汰的市场竞争中，唯有通过优质、高效、快捷的服务才能留住客户，才能在竞争中取得优势。

（2）树立银行形象，增强品牌竞争意识。银行通过经营理念、经营行为和视觉形象的展示，使银行的无形服务得以具体化和形象化，这是顾客识别银行的重要途径，也是银行最具竞争力的品牌资产。银行拥有一流的品牌就意味着高市场占有率和低成本，尤其对于个人存款这种零售业务而言，保持良好的银行形象有助于银行开拓存款源泉，保持负债潜力。

（3）提升内涵服务，实现竞争的差异化和个性化。银行的内涵服务不仅强调银行能够对客户的需求做出快速、全方位、高质量、高效率的反应，也包含银行要做好人才储备和业务培训，才能提供一条龙、差异化、个性化的服务。形式服务和内涵服务要相辅相成，才能体现银行的品牌聚合效应，进一步提高内涵服务的水平。

（4）扩大服务营销，提高柜面服务的水平。在网上银行、手机银行使用日趋普遍的背景下，银行的柜面服务是扩大新业务的基础，也是不容忽视的与客户交流和沟通的重要渠道，银行要不断提升柜面服务水平。同时，在网络服务和电子产品日益丰富的银行营销活动中，作为柜面服务的延伸，银行也要重视服务营销，从而实现客户群体的壮大和存款规模的扩张。

四、商业银行的其他负债业务

在商业银行的负债业务中，存款是最主要的资金来源，但随着商业银行的发展和金融业竞争的加剧，存款负债已经不能满足银行对资金的需求，非存款负债日益增长，已成为商业银行重要的资金来源。

（一）同业拆借

同业拆借是商业银行从其他金融机构获得的短期借款，主要用于支持银行的临时性资金周转、弥补银行暂时的头寸短缺。商业银行在经营过程中需要持有足够的流动性资产以满足客户提存、贷款和日常经营的需要，当银行不能满足上述需求，出现临时性资金不足时，就需要通过同业拆借获取资金；而出现流动性充裕的银行为了减少资金闲置浪费，也可通过同业拆借使资金得以运用，可见，同业拆借正好满足了资金供求双方的需要。在西方国家，由于对商业银行的存款准备金中央银行不支付利息，银行对部分活期存款也不付息，从而促使商业银行将暂时闲置的资金投放到同业拆借市场以获取收益。中国人民银行对商业银行的存款准备金支付利息，商业银行对活期存款也支付利息，因此，商业银行同业拆借的主要目的是补充准备金的不足和保持银行自身的流动性。

同业拆借是一种信用融资方式，借款人一般无须提供任何形式的担保。早期的同业拆借期限都很短，多为一天或隔夜（又称为隔日拆或隔夜拆）。随着银行间同业拆借市场的发展，同业拆借已经成为商业银行的一项主要资金业务，期限也从1天延长到几个月，甚至1年，具体期限可由拆入方和拆出方在同业拆借市场上的实际操作中协商确定。同时，在我国的同业拆借市场上，利率水平和结息办法也由双方自行协商确定。

（二）回购协议

回购协议是商业银行将其持有的有价证券暂时出售出去，并商定于规定日期按照约定价格重新赎回已出售证券，获取即时可用资金的一种交易行为。回购协议分为债券回购和股票回购两种，通常被认为是较为安全和回报较高且较快的方式。回购交易一般在银行同业间进行，但中央银行也会利用公开市场操作进行证券回购以调控商业银行的超额准备金。回购协议主要涉及双方当事人：资金融入方，也称正回购方；资金融出方，也称逆回购方。多数回购协议是隔夜交易，即当天出售证券，次日再将证券购回，也有期限长达 1 年的。回购交易的反向操作就是逆回购，即银行买入证券后约定将来某一天再将证券卖回给证券出售方，是银行的一项资产业务。

回购协议本质上是一种短期抵押融资方式，被资金融入方先出售后又购回的金融资产即是融资抵押品或担保品，它比纯粹以信用为基础的同业拆借方式风险要低很多。同时，对于信用级别相同的金融机构而言，回购协议的利率也低于同业拆借利率。

（三）向中央银行借款

商业银行向中央银行借款主要包括：再贷款和再贴现。由于这一融资活动受中央银行的行为影响，商业银行借款时要特别留意中央银行的政策意图和实施条件。通常，商业银行向中央银行借款是在很难从其他途径借到足够资金时才会选择的权宜之计。而中央银行的这一功能也被称为最后贷款人。

1. 再贷款

再贷款是中央银行向商业银行发放的贷款。再贷款曾是人民银行主要的货币政策工具，随着宏观调控从直接调控转为间接调控，再贷款的结构和投向都发生了重大变化，新增再贷款主要用于促进信贷结构调整、支持“三农”和农村金融的发展等。

2. 再贴现

再贴现是商业银行持未到期的商业票据，为应付短期资金需要而向中央银行办理贴现的行为。再贴现的期限较短，一般为 3 个月，最长不能超过 6 个月；其利率一般低于再贷款利率。再贴现是中央银行的三大传统货币政策工具之一，中央银行通过调整再贴现的利率、票据种类等影响商业银行的筹资成本，发挥影响基础利率的作用。

（四）向国际金融市场借款

当商业银行资金不足时，还可以向国际金融市场借款。目前最具规模、影响最大的国际金融市场是欧洲货币市场，这是一个开放的、富有竞争力的金融市场，市场上借款条件灵活，不限制借款用途，存款利率相对较高，放款利率相对较低，商业银行的国外借款主要来自这个市场。国际金融市场既有短期资金市场（1 年以下），也有中期（1~5 年）和长期资金市场（5 年以上），商业银行通常在前两种市场以吸收固定（或浮动）利率定期存单、欧洲美元存单、发行银行本票和银行债券的方式融通资金。

（五）发行金融债券

金融债券是商业银行及非银行金融机构为筹集中长期资金而向社会公开发行的一种债务凭证。发行金融债券是商业银行获得中长期资金来源的主要方式，与吸收存款相比，这是一种主动融资方式。金融债券可分为资本性金融债券、一般性金融债券和国际金融债券。

商业银行发行金融债券融资具有很多优势，一方面金融债券作为长期资金来源，可供银行长期使用，银行可通过调整所发行的金融债券的期限结构，在一定程度上解决银行资产负债期限结构错配的问题；另一方面，债券的发行价和二级市场的交易价能够反映银行经营管理好坏和风险高低，能够给市场传递一个价格信号。商业银行为了降低金融债券筹资成本，会努力改善经营管理，从而促使该市场传递积极信号。近年来，随着我国金融市场的不断改革完善，债券市场不断发展，债券品种和交易数量不断增加。但是，由于商业银行发行金融债券所承担的利息成本较其他融资方式要高，会促使其不得不去经营风险更高的资产业务，从而总体上会增大银行的经营风险，所以，各国都对发行金融债券进行了法律法规的限制。

（六）其他负债

其他负债是指不包括在银行存款负债和借入负债范畴内的负债，主要包括结算性负债和应付款项。

1. 结算性负债

结算性负债是指商业银行在结算过程中所占用的客户资金，主要包括同业往来占用资金和中间业务占用资金。前者是在同业往来结算交易中，若应付款项大于应收款项，商业银行就占用了其他用户的资金，形成了负债。后者是商业银行在办理汇兑、代客买卖、代收代付等业务时所临时占用的客户资金。

2. 应付款项

应付款项是商业银行按照权责发生制原则应当履行对外支付义务但尚未实际支付，在资产负债表内上反映的有关款项。主要包括应付职工薪酬、应付利息、应付税费、应付债券和应付股利等。

【知识拓展1－2】

商业银行的自有资金

商业银行的自有资金是指其拥有所有权的资本金。从银行资产负债表上显示的账面资本的角度而言，主要包括实收资本（或股本）、资本公积、盈余公积、未分配利润等，许多银行也会在合并会计报表中报告外币资本折算差额和少数股东权益。按照《巴塞尔协议》的规定，商业银行的资本可以实行双重资本管理，即核心资本和附属资本，上述的账面资本都属于核心资本的内容，附属资本主要由一般准备、公开准备、混合资本工具和长期次级债券所构成，但对于银行持有附属资本的种类和数额各国监管当局都有严格规定，以防范资本风险。

根据《巴塞尔协议Ⅲ》的规定，在正常情况下，商业银行的普通股、一级资本和总资本充足率应分别达到7%、8.5%和10.5%的要求，这实际上意味着从资金来源的角度而言，商业银行的自有资本占比很低，占全部资金利用的比重在10%左右，其他资金来源由负债所构成。商业银行的资本金虽然占比较小，但却具有保障功能、维护功能和管理功能，在商业银行的经营管理中承担着十分重要且不可替代的作用。

第三节　商业银行的资产业务

商业银行的资产业务是指由过去的交易或事项形成的、由银行拥有或控制的、预期能为银行带来经济利益流入的业务，它体现着银行对其他经济主体的财产要求权。

一、商业银行资产业务的含义及功能

（一）商业银行资产业务的含义

商业银行的资产业务是银行将吸收的资金加以运用的业务，是银行主要的盈利基础。资产业务主要包括现金资产、贷款、证券投资和其他经营资产。由于商业银行资金来源的特殊性，资金运用需要把盈利性和流动性有机结合。其中，现金资产是流动性最强的资产，但盈利性也是最低的；证券投资的流动性次之，而贷款和固定资产常被认为是流动性最低的资产。

（二）商业银行资产的功能

商业银行的资产主要有以下功能：

（1）资产是商业银行获取收入的主要来源。通常，资产业务按照能否为银行带来利息收入分为生息资产和非生息资产，生息资产以贷款和证券投资为主，而非生息资产则主要包括银行的库存现金、房产、家具设备等。

（2）资产规模既是衡量一家银行实力和地位的重要标志，也是评价银行信用高低和风险大小的必要参照物。

（3）资产结构和资产质量是商业银行经营前景预测的重要指标。资产结构是银行各项资产的构成及其占比，不同的资产结构对应着不同的收益和风险，由于银行的经营活动要注重安全性、流动性和盈利性三者的协调统一，资产结构也要按照“三性原则”协调配置。资产质量的分析评价也要在“三性原则”的前提下，注重其变现能力和创利能力，从而为商业银行的经营前景预测提供重要依据。

（4）资产管理不善将导致银行倒闭和破产，因此要把资产管理放在经营管理极其重要的位置。由于商业银行的资金来源以负债为主，资产是资金运用的结果，所以不能单纯管理商业银行的资产，银行业要从全面管理的角度，进行资产负债的综合管理。

二、商业银行资产的业务类型

商业银行资产的业务类型主要有以下几类：

（一）现金类资产

常见的现金类资产包括银行的库存现金、存放中央银行款项、存放同业款项及托收中现金。这部分资产被认为是银行的一级准备。由于现金类资产不能直接获得收入或只能获得很低的收入，则持有这部分资金机会成本很大，在正常经营环境下，商业银行总是力图持有非常低的现金类资产。

（二）拆放同业和买入返售资产

拆放同业是商业银行净多余的资金头寸出借给资金短缺的银行，以获得利息收入的活动（与负债业务中的同业拆借是一个问题的反面）。买入返售资产即指逆回购协议，在资金融入方（正回购方）将证券出质给资金融入方（逆回购方）融入资金时，双方约定在将来某一日期由正回购方向逆回购方返还资金，逆回购方向正回购方返还原出质证券的融资行为中，对于逆回购方而言，买入回购协议就相当于发放了一笔证券抵押贷款，所以是一笔资产业务。

拆放同业和买入返售资产实质上是银行之间买卖超额准备金的活动。此外类似的还有票据承兑、贴现、转贴现、福费廷等资产业务，这些在短期货币市场上交易工具很适合有短期剩余资金的银行，银行可以在维持较高流动性的同时获得一定的收益，避免了资金的闲置。

（三）证券投资

商业银行的证券投资主要包括各种满足监管规定的超短期债券式证券，银行持有证券投资的目的，通常一是为了满足流动性，二是为了获得盈利，因此，各国中央银行或银行的监管部门都要求商业银行根据持有证券的不同目的，把证券资产按照不同的会计处理方法记账。

我国《商业银行法》规定，商业银行不能购买股票，也不能对非金融机构进行直接投资，商业银行的证券投资以政府债券、中央银行债券和金融债券为主。

（四）贷款和租赁

贷款和租赁是商业银行资产中最大的项目，也是商业银行最主要的收入来源。其中贷款是银行最重要的资产业务，贷款通常有不同的分类方法，比较常见的是按照贷款对象分为企业贷款、个人贷款和其他贷款。租赁业务是由商业银行出资，购买一定的商品租赁给承租人，通过收取租金收回的业务，由于租赁一般要涉及利率、折旧、使用年限、残值估计、分期租金、税率等复杂计算，只有实力强、规模大的银行才经营这项业务。目前商业银行经营的租赁业务主要有融资租赁和经营性租赁两类。

（五）其他资产

其他资产是指未包括在上述资产范围内的银行资产。其数额相对较小，主要有银行的固定资产和设施、商誉和其他无形资产、递延所得税资产、抵债资产和待处理其他资产等。

随着信息技术的迅猛发展和金融业竞争日趋激烈，商业银行的资产业务需要不断推陈出新，在增强竞争实力和扩大盈利的同时，也将对银行的资产管理和风险控制提出新的挑战。

三、现金资产

现金资产是商业银行持有的库存现金及与现金等同的可随时用于支付的银行资产，是所有资产中最具流动性的资产。商业银行在日常经营活动中，为了保持清偿力和获得有利的投资机会，必须持有一定比例的现金等高流动性资产，并对其进行科学管理。

（一）现金资产的构成

1. 库存现金

库存现金是指商业银行保存在金库中的现钞或硬币。商业银行的库存现金来源于客户的现金存入以及从中央银行发行库支取的现金，主要作用是用来应付客户的提现和银行本身的日常零星开支。

2. 在中央银行存款

在中央银行存款是指商业银行存放在中央银行的资金，即存款准备金。在中央银行存款由两部分构成：一是法定存款准备金；二是超额准备金。

法定存款准备金，是按照法定比率向中央银行缴存的存款准备金。在商业银行制度中规定缴存存款准备金的目的，是为了银行备有足够的现金，以应付存款人的提存，避免流动性不足而产生清偿力危机进而导致银行破产。目前，存款准备金已经演变为中央银行调节信用的一种政策手段，商业银行在一般情况下不得动用。缴存规定比率的准备金具有强制性，目前，我国中央银行对商业银行也实行法定存款准备金制度。

超额准备金有两种含义：广义超额准备金是指商业银行吸收的存款中扣除法定存款准备金以后的余额，即商业银行的可用资金；狭义超额准备金则是指在存款准备金账户中超过了法定存款准备金的那部分存款。通常所说的超额准备金是指狭义超额准备金。超额准备金是商业银行的可用资金，其数量多少直接影响商业银行的信贷扩张能力。法定存款准备金之所以能够作为调节信用的手段，是因为法定存款准备金率的变化，会影响商业银行超额准备金的多少。当法定存款准备金率调低时，超额准备金增加，商业银行的信贷能力得以增强；反之，法定存款准备金率提高，商业银行的信贷扩张能力下降。商业银行保持在中央银行的存款，是应中央银行的要求和保证支付的需要，这些存款自身的盈利性很低，可以将其称为低盈利资产。

3. 存放同业款项

存放同业款项是指商业银行存放在代理行或相关商业银行的存款。在其他商业银行保持存款的目的，是为了银行在同业之间开展代理业务和结算收付。由于存放同业的存款属于活期存款性质，可以随时支付，所以将其视同为现金资产。

4. 结算在途资金

在途资金，也称为托收未达款，是指本行通过对方银行向外地付款单位或个人收取的票据款项。在途资金在收妥之前，是一笔占有的资金，对本行而言就是一笔在途资金。

（二）商业银行持有现金的原因和作用

商业银行持有现金的原因主要有：一是为了满足客户日常交易的现金需求。商业银行库存现金的数量和客户提取现金存款、银行发放现金贷款和银行日常经营管理中所需的零星小额控制的数量相匹配。二是为了满足银行监管者对银行监管的法定要求，主要是中央银行的法定存款准备金的要求。三是为了满足日常结算的需要。所有商业银行都要在中央银行开立基本结算户，也要在其他往来银行开立结算往来户，因此需要在这些银行存放足够数量的现金，以保证银行客户对本银行签发的支票、本票等票据能随时得到兑付。

由此可见，商业银行持有一定数量的现金资产，是因为现金资产能够发挥两大作用：一是保持银行清偿力。由于商业银行的经营资金主要来源于客户的存款和各种借入款，银行必须无条件地、随时满足客户提款的要求，以及履行按期还本付息的义务，否则，就有可能影响银行信誉，引发流动性风险，甚至使银行陷入清偿力危机而导致破产。所以，商业银行在追求盈利的同时必须保有一定数量的可直接用于提现和清偿债务的现金资产。二是保持银行流动性。商业银行是高负债运营的金融企业。这就要求商业银行必须保持充足的流动性，以备随时满足客户提存的要求和偿付到期债务。同时，银行持有现金资产储备，还便于其及时应对新增贷款和投资的需求，从而为增加盈利、吸引客户提供条件。

（三）现金资产的管理

现金资产是商业银行流动性最强的资产，持有一定数量的现金资产，能够满足商业银行经营过程中的流动性需要。但现金资产同时又是一种无盈利或微利资产，过多地持有这种资产又会使银行失去许多盈利的机会，因此银行持有的现金资产不宜过多也不宜过少。银行现金资产的管理，就是要在确保流动性需要的前提下，将持有现金资产的机会成本降到最低程度，以达到银行安全性与盈利性的协调配置，以及银行整体经营状况的最优化目标。

四、贷款业务

（一）贷款的含义

贷款是商业银行将所吸收的资金，按一定的利率贷放给客户并约期归还的资金。对多数商业银行而言，贷款业务是银行最主要的资金运用业务，贷款利息收入是其最主要的收入来源。贷款在银行资产组合中对银行风险构成和收益结构都有很大影响，因此，如何在发放贷款的过程中实现最小化风险是决定银行贷款活动是否成功的关键，盈利和风险是银行贷款业务中需要考虑的核心所在，也是贷款业务管理的重点。

（二）贷款的种类

1. 按照贷款的期限分类，贷款可分为活期贷款、定期贷款和透支

活期贷款是贷款时不确定偿还期限，银行可随时发出通知收回，客户也随时可以偿还的贷款。定期贷款又分为短期贷款、中期贷款和长期贷款。透支是指银行的活期存款户依照合同向银行透支的款项，它实质上是一种贷款形式。

2. 按照贷款的保障条件分类，贷款可分为信用贷款、担保贷款和票据贴现

信用贷款是指商业银行以借款人的信用为担保发放的一种贷款。此类贷款无须任何担保品，具有风险大、保障条件弱的特点，商业银行要持十分谨慎的态度评价借款人的信用，并要收取较高的利息。通常商业银行只对那些有良好声誉，在行业中具有重要地位，且实力雄厚的大公司发放信用贷款。担保贷款是指具有一定财产或信用作为还款条件的贷款。该类贷款保障性强，风险性相对较低，是银行贷款的主要形式。担保贷款按照担保方式的不同又分为抵押贷款、质押贷款和保证贷款。担保贷款的利率通常低于信用贷款，但期限往往较长。票据贴现是银行的一种特殊贷款方式，是指商业银行应客户的要求，以现金或活期存款买进客户持有的未到期的商业汇票的方式发放贷款。票据贴现实行预扣利息，票据到期后，银行可向票据载明的付款人收取票款。此类贷款的安全性和流动性都比较好，因此是西方银行传统的，也是最重要的资产业务，也是我国商业银行近年来发展较快的一类贷款。

3. 按照贷款的规模分类，贷款可分为批发贷款和零售贷款

批发贷款也称为企业贷款，是以企事业法人或其他经济组织为贷款对象，主要包括工商业贷款、不动产贷款、农业贷款、对其他金融机构和政府的贷款等。零售贷款即个人贷款，是指银行为消费者个人或其家庭发放的贷款，主要包括住房消费贷款、汽车贷款、耐用消费品贷款、教育贷款、医疗贷款、信用卡透支及其他个人支出等消费贷款。个人贷款和企业贷款具有不同的特征，目前已成为我国许多银行战略转型的重点。

4. 按照贷款的质量（或风险程度）分类，可分为正常贷款、关注贷款、次级贷款、可疑贷款和损失贷款

正常贷款是指借款人能够履行借款合同按期还本付息，银行对于

最终偿还贷款有充分的把握，借款人生产经营情况正常，不存在任何影响到期本息及时偿还的因素。关注贷款是指借款人的本息偿还没有问题，但存在一些潜在不利因素，若继续发展下去，有可能会影响到贷款的偿还。次级贷款是指借款人的还款出现了明显的问题，正常经营收入已经不能保证足额还款，需要通过出售、租赁、变卖资产或对外融资来维持。可疑贷款是指借款人已经无法正常足额偿还贷款本息，即使执行抵押担保和法律诉讼追讨，也肯定会造成损失不可避免。损失贷款是指在采取所有可能的措施或执行法律程序后，本息仍然无法收回，或只能收回极小一部分的贷款。这类贷款银行已经没必要继续保留在资产账面上，应当在履行必要的内部程序后予以冲销。

（三）贷款政策和信贷文化

商业银行发放贷款是一个复杂的、系统的过程，涉及银行多个部门、岗位和人员。为此，银行应首先制定贷款政策，明确不同部门、岗位和人员承担的职能，以保证贷款的质量和效率，以体现相互制衡、审贷分离的原则，保证贷款政策的贯彻和落实。但各家银行由于在机构设置、职能分工、奖惩机制，以及思维模式方面存在一定的差异，体现在贷款政策、贷款程序、审计和控制机制上就有很大的不同，这其中的主导因素就是银行的信贷文化。不同的信贷文化，不仅可以在银行的内部得以传承，还会在银行的贷款政策、贷款文化等方面体现出来。

1. 贷款政策

贷款政策是指商业银行指导和规范贷款业务，管理和控制贷款风险的各项方针、政策、措施和程序的总和。主要包括以下几方面：

（1）贷款业务发展战略。贷款发展战略是首先要明确的，其内容包括：开展贷款业务应当遵循的原则、银行希望开展贷款业务的区域、行业、业务重点、业务品种、业务扩展的规模和速度，以及银行能够承担的风险大小等。

（2）贷款工作规程和权限划分。贷款工作规程是指贷款业务操作的规范化程序，通常包括三个阶段：一是贷前的推销、调查及信用分析阶段，这是贷款科学决策的基础；二是受理后的评估、审查与贷款的发放阶段，是整个贷款过程的关键；三是放款后的监督检查、风险监测即贷款本息收回的阶段，是关系到贷款能否及时、足额收回的重要阶段。为了使贷款的上述各个阶段和相关岗位能够相互制约，我国明确实行了“审贷分离”制度，将上述三个阶段分别交由三个不同的岗位来完成，并相应承担各个环节出现问题的风险责任：贷款调查人员负责贷前调查评估、承担调查失误和评估失准的风险；贷款审查人员负责贷款风险的审查，承担审查失误的风险责任；贷后检察人员负责贷款发放以后的检查和清收，承担检查失误、清收不利的相关责任。

（3）统一授信政策。我国于2007年按照《商业银行内部控制指引》规定："商业银行对集团客户实行统一授信管理，合理确定对集团客户的授信额度、防止多头授信、过度授信和不适当分配授信额度。"在实际操作中，商业银行都会在对客户的资信情况及融资风险进行综合分析与评价的基础上，核定银行对客户意愿和能够承受的最高风险限额，即最高综合授信额度，以此来统一控制银行对客户办理融资业务的风险总量。统一授信一般包括四个方面，即授信主体统一、授信对象统一、授信形式统一和授信币种统一。

（4）贷款的规模政策。银行的贷款规模受诸多因素影响，包括银行的融资能力、资本金状况、风险管理能力、企业的资金需求、宏观经济状况及银行监管规定等。银行应据此确定一个合理的贷款规模，以利于银行制订详尽的年度贷款计划，贷款规模的确定既要符合银行稳健经营的原则，又要最大限度地满足客户的贷款需求。

（5）贷款的定价政策。贷款定价是一个复杂的过程。银行决定对借款人放款后，就需要确定贷款价格及相关的费用。银行的贷款定价需要能够弥补其筹资成本、管理费用、可能出现的违约风险等。因此，银行的贷款定价政策中一般包括：贷款利率、贷款补偿余额、还款方式、银行目标收益率，以及银行和借款人的关系等内容。

（6）贷款的结构政策。贷款结构政策包括银行对贷款的品种结构、期限结构、行业结构和地区结构的统筹规划。银行制定贷款政策时要密切关注国家的产业政策和相关的监管规定，对于国家不支持的产业和项目要谨慎放贷，逐渐减少资金支持；对于国家政策和监管部门明令禁止的产业或项目则需完全放弃支持。贷款结构对于商业银行信贷资产的安全性、流动性和盈利性具有十分重要的影响。

（7）关联交易贷款政策。银行关联交易贷款的管理通常由银行董事会负责，董事会下设关联交易控制委员会负责银行重大关联交易的审批，并通过在贷款政策中制定相应的审批制度，达到管理关联交易贷款的目的，以避免该项贷款给银行带来风险。

（8）贷款的其他政策。除上述贷款内容外，多数银行的贷款政策还包括对贷款的担保、贷款档案管理、日常管理、贷款催收程序以及不良贷款管理等政策。

2. 贷款文化

信贷文化是一家银行从事信贷业务时独有的行为，它不仅包括各种有形的政策制度、信贷程序，更包括了各种无形的观念、传统、技巧、态度、氛围、标准等。在不同的信贷文化下，银行对待贷款风险管理、贷款收益、短期利益与长期目标之间的协调等方面存在较大差异，但往往会通过银行制定的贷款政策、信贷审批程序和信贷管理程序中体现出来。

银行的贷款政策、程序、审计和行为等都是良好信贷文化的基石，它为信贷决策提供了合理的框架。具体而言：贷款政策会指导银行管理层在各种收益目标之间权衡，避免过度关注短期利益而忽视风险管理；贷款程序是贷款政策执行和信贷发放的标准化操作过程，严格和规范的贷款程序才能避免关系贷款、越权贷款等问题的发生；审计是从事后监督检查的角度来保证贷款政策、程序得以贯彻实施。行为所体现的正是银行在日常经营管理中所营造的文化氛围，它与柜员的价值观念、知识和经验相关，而知识和经验则需要在日常工作中累积，这些都是形成银行良好信贷文化的精髓。

（四）贷款流程及管理

在贷款流程中，银行不同部门负责不同的阶段：营销和产品部门作为前台部门，主要负责贷款业务的营销、调查和评估、贷时和贷后的管理工作。后台部门主要负责贷款的审批、风险管理和控制、会计核算和贷款相关的法律事项。具体贷款流程如下：

1. 贷款营销，寻找客户

做贷款营销时，银行需要进行市场调研、细分市场、确定目标客户群；然后通过产品宣传和推广，向目标客户推荐银行的贷款产品。

2. 借款人提交贷款申请

借款人申请贷款时需向银行提出借款申请书，其内容基本包括：借款用途、借款金额、借款币种、借款期限、贷款方式、还款来源及其担保方式等。借款人还需根据银行具体要求提供其他有关资料，如借款人及其担保人的基本情况、经审计的财务报表等。

3. 贷款调查

银行接到客户的借款申请后，应指定专人进行贷款调查。调查内容主要有：一是调查借款人申请书内容，如借款人的基本生产情况和信用状况，进行初步调查，并结合银行的信贷规模和资金状况，决定是否受理。二是借款可行性的调查，主要包括借款人的品行、借款的合法性、借款安全性和借款的盈利性等。

4. 对借款人的信用评估

银行在对借款人全面系统、深入调查研究的基础上，还要对借款人进行信用评估并划分信用等级。信用评估主要是评估借款人的还款意愿和还款能力，传统上称为“5C”原则，即品质、能力、资本、担保和环境等。最后要由信贷员汇总调查、评估结果，通过定性和定量分析法撰写信用评估报告。

5. 借款审批

对经审查符合贷款条件的借款申请，银行应当及时进行审批，作出是否批准的最终决定。各家银行的贷款决策过程并不相同，主要取决于银行的组织结构、规模、员工数量、贷款类型等。银行的贷款政策中包含各部门职责和权限的划分，最终决定应视贷款政策的规定，可由个人作出，也可由独立的审批部门、审贷委员会或几种方式结合作出。

6. 签订借款合同

借款申请经审查批准后，银行和借款人就必须按照《合同法》的相关规定签订正式的借款合同。合同的内容包括：借款种类、期限、用途、金额、利率、还款方式、担保方式、双方的权利义务、违约责任等，以及认定借款人违约的事项，如本息的延时支付、破产宣布等。此外，借款合同中还应写明约定事项，分为积极约定和消极约定等。总之，借款合同的签订既要保证借款人能够宽松地偿还贷款，又要保证银行能对借款人起到约束制衡作用，避免借款人违背借款用途不恰当使用款项，从而使银行承担过度风险。

7. 贷款发放

借款合同生效后，银行应按合同规定的条款办理贷款的发放，这是贷款的贷时管理阶段。主要包括：一是贷款发放前，放款部门要根据相关批准文件及各项贷款管理规定，落实放款前期条件，明确还款计划，办妥放款前的各项手续。二是放款部门要根据借款合同和提款计划，督促借款人按时提款。三是贷款发放时，放款人员要进一步落实对贷款用途的审查，确保贷款不被挪用，并责成财会部门配合做好放款和贷款用途的监督工作。

8. 贷款检查

贷款发放后至借款人完全归还时为贷款的贷后管理阶段。银行要对借款人执行合同的情况即借款人的资信状况进行跟踪调查和检查，密切关注借款人的生产经营状况和财务状况的变化，如发现借款人严重违反借款合同中约定的承诺与相关事项，必须立即上报相关部门，并依据合同采取补救措施，以尽量减少贷款的风险损失。在贷后管理阶段，银行需要对借款人进行定期检查，并通过建立贷款风险检测指标体系和风险预警机制，及时发现有可能影响借款人还款的风险因素并采取纠正措施。

9. 贷款收回

贷款到期后，借款人应主动及时归还贷款本息，一般可由借款人开出结算凭证归还借款本息，也可由银行直接从借款人账户中扣收本息。若贷款到期前，借款人由于客观情况发生变化，经努力后仍不能还清贷款的，应提前向银行提出贷款展期申请。如果银行同意，应在到期前办理展期手续。若银行不同意展期，或展期后到期仍不能还款，即列为逾期贷款，银行应对此进行专户管理，并加大催收力度。

五、证券投资

（一）证券投资的含义与目的

商业银行的证券投资是指在经营过程中，银行为增强收益性和保持相对的流动性而投资于有价证券的行为。由于银行经营的总目标是在保持“三性”目标协调均衡的基础上，追求利润最大化，而进行证券投资业务能为银行提供灵活的流动性并带来丰厚的盈利，所以，商业银行进行证券投资成为必然。

商业银行进行证券投资的目的有以下几点：

1. 获取稳定的收益

商业银行为了实现盈利性目标，以及更好地为了协调“三性原则”之间的矛盾，在业务经营上就需要尽可能地采取多样化的投资策略，在资产结构中不仅要保持传统贷款业务的占比，同时还应配置一定比例的、具有高信用等级的有价证券资产，达到分散风险和锁定收益的目的。此外，在没有合适贷款机会时，商业银行将一部分资金投资于高信用等级的证券，获取稳定的收益，可在增强银行流动性、分散风险的前提下保持或提高盈利水平。

2. 保持流动性

商业银行为了满足存款提存和客户新增贷款的需求，在总资产中必须配置一定比例的现金资产，以保持资产的流动性。然而，由于现金资产是低盈利或无盈利的资产，现金资产的比例不宜过高，这就在流动性和盈利性之间形成矛盾。为了协调二者之间的矛盾，商业银行需要在其资产构成中配置一定比例的具有高信用等级的有价证券资产，一方面因其盈利水平高于现金资产，可以提高总资产的盈利水平；另一方面因其具有高变现能力，可以满足资产的流动性要求。

3. 分散风险

商业银行进行证券投资可以优化资产结构，降低资产组合的整体风险，从而提高资产的质量。在银行的资产中，贷款收益高风险大，但流动性很低，变现能力也较差。相比而言，证券资产可以在市场上买卖，流动性较高，且有一定收益性。同时，银行在证券市场上参与证券买卖，可以作为一般投资者在自身判断的基础上参考发行主体的信用等级、资产状况等信息，从而减少投资的信用风险。从这个角度而言，银行进行证券投资的信用风险往往比贷款的信用风险要低。

4. 合理避税

商业银行投资的证券大多是国债或地方政府债券，而地方政府债券往往具有税收优惠，所以银行可以通过资产组合来达到合理避税的目的，使银行的税后收益进一步提高。

（二）证券投资的种类

1. 西方商业银行证券投资工具

（1）货币市场投资工具。主要包括：国库券、商业票据、大额可转让定期存单、银行承兑汇票等。

（2）资本市场投资工具。主要包括：中长期国债、政府机构证券、市政债券或地方政府债券、公司债券、公司股票等。

（3）创新投资工具。这些工具有的是传统票据、债券的变形，有的是全新的投资工具，如结构票据、证券化资产、剥离证券等。

2. 我国商业银行的证券投资工具

按照相关规定，我国金融业实行分业经营制度。我国商业银行可供选择的证券投资工具较为有限，主要有：国库券、国家建设债券、国家投资债券、国家特种债券、金融债券、企业债券、央行票据、回购协议和银行承兑票据等。

【知识拓展1-3】

商业银行信用分析的“5C”原则

商业银行的信用分析是指在贷款发放前，对借款人的借款申请和所有财务报告的评估，由此可以了解借款人履约还款的可靠性程度，从而可以有针对性地加强管理，以防范各种贷款风险的发生。通常，信用分析重点关注以下五方面，也称为信用分析的“5C”原则。

（1）品质（character）：主要考察借款人的诚信度，这是决定借款人是否愿意还款的关键因素，它体现了一个人的正直、可靠和诚实的内在素质。

（2）能力（capacity）：包括财务能力和法律能力两方面。财务能力是指借款人是否能够通过成功经营创造足够的现金流或其他资金来源可以偿还到期债务的能力。法律能力涉及对借款人法人资格的认定，以及对保证人担保资格、借款人、保证人等签名、抵押物品合法性、有效性的认定等。

（3）资本（capital）：是指借款人财产的货币价值，通常由借款人的资产净值来衡量。资本反映了借款人的财力和承受风险的能力，是决定借款人从银行获得借款资金数量的一个决定性因素。

（4）担保（collateral）：担保是借款人出现违约时的第二还款来源。当借款人无力还款时，通过处置抵押物、质押物，或要求保证人代为还款，由此可以减少银行的损失。但是，担保不能成为银行是否决定放款及放款额度的关键依据。

（5）环境（conditions）：主要是指借款人自身的经营状况和影响借款人还款能力的外部经济环境。借款人的经营状况包括影响其还款的供给、生产、销售、人员素质、竞争能力等因素，这些因素大多数是借款人可以控制的。而外部环境是一个外生变量，如所处地区的经济条件、行业类型和行业风险以及企业的竞争环境等，银行发放贷款时，必须对借款人所处的经济环境及其未来发展前景进行分析，以作出正确的判断，保证银行贷款的安全。

第四节　商业银行的中间业务

随着金融业的迅猛发展和各国经济政策、监管环境的变迁，金融业的竞争日趋加剧，商业银行传统存贷业务的利差逐渐缩小，迫使其不断寻求新的盈利增长点。利率市场化水平的不断推进，互联网金融兴起后对银行业务的蚕食，使得商业银行面临着严峻的考验，在此背景下，高附加值、低风险、收益稳定的中间业务逐步成为商业银行提高盈利水平、改善利润增长结构和提高综合实力的主要途径，并逐渐成为衡量商业银行综合实力的重要标准。

一、商业银行中间业务的含义及性质

按照我国颁布的《商业银行中间业务暂行规定》中的定义：商业银行的中间业务是指不构成银行表内资产、表内负债、形成银行非利息收入的业务。这意味着中间业务是银行不运用或不直接动用自己的资金，也不占用或不直接占用客户资金，而是银行以中间人的身份接受客户委托办理相关事宜，凭借自身专业优势和业务特色提供相关金融服务并且收取服务费的业务。

在商业银行的资产业务和负债业务中，银行是作为信用的一方参与活动；而中间业务则不同，银行不再直接作为参与信用活动的一方，即不直接以债权人或债务人的身份参与活动，其扮演的角色称作“中间人（或中介人）”，这正是中间业务最基本的性质。

由于商业银行办理中间业务时既不形成资产，也不形成负债，因此，中间业务无法在资产负债表中得以反映。但是，中间业务种类繁复，有些中间业务与表内资产业务、负债业务具有密切的联系，有些中间业务本身就是资产业务和负债业务的延伸，在一定的条件下极易转化为资产或者负债业务，因而会在资产负债表上反映出来，对此，

商业银行在编制资产负债表时要把这部分业务另行记载，以便对其进行反映、核算、控制和管理，这就是通常所说的“表外业务”。

二、商业银行中间业务的类型

商业银行的中间业务种类繁多，有传统业务也有创新业务，大体有两大类划分方法：

（一）按照国际银行业通行的方法划分

根据巴塞尔委员会按照是否构成商业银行的或有资产和或有负债的标准，可将中间业分为两大类：

1. 或有债权（或债务）类中间业务

或有债权（或债务）类中间业务是指在一定条件下会转化为现实的资产或负债的业务。该类业务中银行信用会参与其中，即银行会承担一定的风险。一般包括担保类、承诺类和金融衍生工具交易类的业务。

2. 金融服务类中间业务

金融服务类中间业务是指商业银行通过对客户提供金融服务，以收取手续费为目的，不会承担风险，不构成银行或有债权（债务）的业务。此类业务只会为银行带来各种服务收入，即并不会影响银行的表内业务质量的业务。一般包括支付结算类业务、代理类、咨询类业务等。

上述两种划分类型中，第一类实际上就是狭义的表外业务所涵盖的业务类型，第二类实际上就是狭义的中间业务所涵盖的业务类型，这种划分方法把商业银行广义的中间业务划分为很清晰的两种类型。

（二）按照我国银行业现行的方法划分

按照2002年中国人民银行就商业银行开展中间业务的解释，中间业务可分为以下九大类：

1. 支付结算类业务

这是指商业银行为客户办理因债权债务关系引起的与货币支付、资金划拨有关的收费业务。此类业务主要包括银行汇票、银行本票、支票等结算工具和汇款、托收、信用证等结算方式。

2. 银行卡业务

银行卡是由经授权的金融机构（主要指商业银行）向社会发行的具有消费信用、转账结算、存取现金等全部或部分功能的信用支付工具。依据清偿方式，银行卡分为贷记卡业务、准贷记卡业务和借记卡业务。

3. 代理类中间业务

这是指商业银行接受客户委托、代为办理客户指定的经济事项、提供金融服务并收取一定费用的业务。此类业务主要包括代理政策性银行业务、代理人民银行业务、代理商业银行业务、代收代付业务、代理证券业务、代理保险业务、代理其他银行的银行卡收单业务等。

4. 担保类中间业务

这是指商业银行为客户债务清偿能力提供担保、承担客户违约风险的业务。此类业务主要包括银行承兑汇票、备用信用证、各类保函等业务。

5. 承诺类中间业务

这是指商业银行在未来某一日按照事前约定，向客户提供约定信用的业务，它主要是指贷款承诺业务和票据发行便利业务等。

6. 交易类中间业务

这是指商业银行为满足客户保值或自身风险管理等方面的需要，利用各种金融工具进行的资金交易活动。此类业务主要包括利用远期合约、金融期货、金融期权、互换等金融工具进行的金融衍生品交易业务。

7. 基金托管类中间业务

这是指有资金托管资格的商业银行接受基金公司委托，安全保管所托管的基金的所有资产，为所托管的基金办理基金资金清算款项划拨、会计核算、基金估值、监督管理人投资运作。此类业务主要包括封闭式证券投资基金业务、开放式证券投资基金业务和其他基金的托管业务。

8. 咨询顾问类中间业务

这是指商业银行依靠自身在信息、人才、信誉等方面的优势，收集和整理有关信息，并通过对这些信息以及银行和客户资金运动的记录和分析，形成系统的资料和方案提供给客户，以满足业务经营管理或发展需要的服务活动。此类业务主要包括企业咨询业务、资产管理顾问业务、财务顾问业务和现金管理业务等。

9. 其他类中间业务

主要包括保管箱业务及其他不能归入以上八类的业务。

后面将着重介绍我国银行业中间业务的主要类型。

三、支付结算类中间业务

结算时货币结算或资金结算的简称，是指商业银行通过提供结算工具，如汇票、本票、支票等，为购销双方或收付双方完成货币收付、资金划拨行为等收费业务。

（一）结算业务的分类

1. 按照性质划分，结算可分为现金结算和转账结算

现金结算是指通过现金方式来完成货币收付行为的结算。在我国，由于严格划分使用现金和转账结算的范围，现金流通已限定在相对小的区域。转账结算是指通过银行票据或转账方式完成货币收付行为的结算，这是银行办理结算的主要方式。

2. 按照地域不同，可划分为同城结算和异地结算

同城结算是指在同一城镇或地区范围内收付款人之间的经济往来通过银行办理转账划拨的收付行为。异地结算是指收付款人不在同一城镇或地区的银行开户而进行款项划拨的收付行为。此处的同城和异地是按照经济区划，而不是行政区划。

（二）结算工具

结算工具是指商业银行在支付结算业务中使用的各种票据。根据《票据法》规定，票据是一种有价证券，由出票人签发，委托他人或自己承诺在某一特定时期向持票人或指定人无条件支付一定金额的款项。主要有以下种类：

1. 汇票

汇票是一种委托第三方付款的结算工具，依据出票人的不同，汇票分为银行汇票和商业汇票。

银行汇票是指出票人签发的、由其在见票时按照实际结算金额无条件支付给收款人或者持票人的票据。商业汇票是出票人签发的、由承兑人承兑，委托付款人在指定日期无条件支付确定的金额给收款人或者持票人的票据。商业票据的出票人一般是普通工商企业；按照承兑人的不同，商业汇票分为银行承兑汇票和商业承兑汇票，前者的承兑人是银行，后者的承兑人是企业。

2. 银行本票

银行本票是指银行签发的，承诺自己在见票时无条件支付确定的金额给收款人或者持票人的票据。

3. 支票

支票是出票人签发的，委托办理支票业务的银行在见票时无条件支付确定的金额给收款人或者持票人的票据。

（三）结算方式

结算方式是指经济往来中对货币收付的程序和方法。它包括结算地点、委托人、凭证手续、凭证传递方式以及货币资金的收付方法。我国现行的信用支付工具和结算方式主要有：银行汇票、商业汇票、

银行本票、支票、汇兑、委托收款、异地托收承付和信用证等。侧重介绍以下几种结算方式：

1. 汇款业务

汇款业务是由付款人委托银行将款项汇给外地某收款人的一种结算方式。汇款业务有电汇、信汇和票汇三种形式。

2. 委托收款业务

委托收款是收款人委托银行向付款人收取款项的结算方式，同城结算和异地结算都可以使用，适用于单位和个人凭已承兑的商业汇票、各种债券、存单等付款人债务证明办理款项的结算。

3. 异地托收承付业务

托收承付是指根据购销合同由收款人发货后委托银行向异地购货单位收取货款，购货单位根据合同核对单证或验货后，向银行承认付款的一种结算方式。该结算方式只适用于异地订有经济合同的商品交易及相关劳务款项的结算，代销、寄销、赊销水平的款项都不能办理异地托收承付结算。

4. 信用证业务

信用证是银行根据申请人的要求和指示，向受益人开立的载有一定余额，在一定时期内凭规定的单据在指定地点付款金额书面保证文件。信用证的当事人有申请人、开证行、通知行和受益人。信用证主要适用于国际结算，一般承担60%以上的国际贸易结算量。

5. 其他结算方式

主要是指利用信息技术和通信技术在银行支付结算体系中的广泛应用，所形成的现代化的银行间资金支付清算系统，以及利用银行内外部网络实现的转账等结算方式。

【知识拓展1-4】

支付结算的原则和纪律

商业银行的《票据法》明确规定：商业银行从事支付结算业务应当遵循的原则：一是恪守信用，履约付款；二是谁的钱进谁的账，由谁支配；三是银行不垫款。同时，《票据法》强调了支付结算的纪律，包括单位和个人的结算纪律，以及银行的结算纪律。

四、代理类中间业务

商业银行的代理类中间业务主要包括以下类型：

（一）代理收付款业务

代理收付款业务是商业银行利用自身结算便利，接受客户委托代为办理指定款项的收付事宜的业务，该项业务借助于银行先进的结算手段和规范的营业网点，以及与客户的紧密联系，为社会提供丰富的服务项目，并增加商业银行的收益。

代理收付款业务主要包括：代理各种公用事业性收费、代理行政事业性收费、代收税款、代理财政性收费以及通信费、有线电视费等、代理发放工资和离退休人员退休金、社保金、代扣住房按揭消费贷款还款等。

（二）代理政策性银行业务

由于政策性银行成立后目前只设总行和少量分行，业务覆盖范围小，所以该业务是指商业银行接受政策性银行委托代为办理政策性银行因业务功能和网点设置等方面的限制而无法办理的业务。

（三）代理中国人民银行业务

根据相关政策、法规应由中央银行承担，但中央银行由于机构设置、专业特色方面的原因，由中央银行指定或委托商业银行承担的业务。主要包括财政性存款代理业务、国库代理业务、发行库代理业务、金银等贵金属代理业务等。

（四）代理行业务

代理行业务是指商业银行的部分业务由指定的其他商业银行代为办理的一种中间业务。大体可分为国内银行之间的代理和国际银行间的代理两类。

（五）代理融通业务

代理融通业务又称为代收账款或应收账款权益售出，是指商业银行接受客户委托，以代理人的身份代为收取应收款项，并为委托者提供资金融通的一种中间业务。

（六）代理保险业务

代理保险业务是指根据保险人的委托，在保险人授权范围内代为办理保险业务的业务。主要代理的业务包括：受托代个人或法人投保各险种的保险事宜；受托作为保险公司的代表；与保险公司签订代理协议代保险公司承接有关的保险业务等。

（七）代理证券业务

代理证券业务是指商业银行接受委托办理的代理发行、代理兑付、承销各种有价证券等的业务，还包括接受委托代办债券还本付息、代办股票分红、代理证券资金清算等业务。

（八）其他代理业务

其他代理业务主要包括财政委托业务、代理其他银行银行卡收单业务、代理保管箱业务、代理会计事务等代理种类。

五、信托租赁类中间业务

商业银行的信托租赁类中间业务主要包括以下类型：

（一）信托业务

1. 信托的含义与功能

信托是指法人或者自然人在相互信任的基础上，通过签订契约，由一方将资金、财产或某种经济事务，按照一定的目的或利益要求，委托给其相信有经营能力和可委托的另一方代为经营、管理和处置，并为指定人谋取利益的经济行为。信托包括信用的委托与受托行为。

“受人之托、代人理财”实际上是信托的经营宗旨，在商品经济社会，信托对经济的发展具有十分重要的作用。信托的功能主要有：一是融资与融物相结合的金融功能，这是信托最重要的功能；二是财产管理职能，这是信托最基本的功能；三是组织协调经济关系，提供信息与咨询的功能。

2. 信托业务的主要形式

（1）信托存款。是指金融信托机构在特定的资金来源范围内，以信托方式吸收的存款。具体是由企事业单位或个人闲置的自有资金存入信托机构，由信托机构加以管理和运用的存款，是信托机构的主要资金来源。

（2）信托贷款。是指信托机构运用基金、信托存款或筹集的其他资金，以贷款的方式向自行审定的借款对象和项目贷放资金。这是信托机构运用资金的一种基本方式。

（3）信托投资。是指金融信托机构以法人身份将信托资金和自有资金投放于经营项目或有价证券，以谋取投资收益的行为。这也是信托机构的一项重要业务内容。

（4）委托业务。是指信托机构接受委托人委托办理的委托贷款和委托投资业务。

（二）租赁业务

1. 租赁的含义及特点

租赁是一种信用方式，是出租人以收取租金为条件，在一定期限内，将某项财产交付给承租人使用的一种特定的经济行为。在租赁业务中，出租人是所有人，承租人是使用人。

租赁具有的特点可归纳为：一是所有权和使用权分离；二是融资和融物相结合；三是以分期偿还租金的形式偿付本息；四是租赁双方是以合同为基础的经营关系；五是租赁合同具有不可解除性。

2. 租赁业务的主要形式

（1）融资租赁。融资租赁是以商品资金形式表现的借贷资金运动形式，是集融资与融物、贸易与技术更新于一体的信用方式，兼有商品信贷和资金信贷的双重特征。融资租赁按其租赁手段可进一步划分为直接租赁、转租赁、售回租赁和杠杆租赁等形式。

直接租赁是指出租人筹集资金，按承租人的要求，购回承租人预先选定的设备，然后将其出租给承租人使用的一种租赁方式。这是融资租赁的一种主要方式。

转租赁是指由出租人作为承租人，向其他出租人租回所需要的设备，再将该设备租赁给承租企业的一种租赁方式。

直接租赁和转租赁的主要区别是：前者的出租人是从租赁企业获得租赁融资便利，后者则是出租人从银行或其他金融机构以传统信贷方式直接获得融资便利。

售回租赁是一种先卖后租式租赁，指设备的所有者先将设备按市场价格卖给出租人，然后又以租赁的方式租回原来设备的一种方式。

杠杆租赁又称为平衡租赁，是融资租赁的一种特殊形式。是指出租人在对大型租赁项目办理租赁时，首先只支付占全部出租设备成本的20%～40%的资金，即可在法律上和经济上拥有租赁设备的所有权，然后以出租设备为抵押向银行或金融机构融资取得其余的大部分资金（60%～80%），并将设备出租给承租企业使用的一种融资方式。

（2）经营性租赁。是指出租人向承租人提供租赁物的使用权，并且负责租赁物的维修、保养及其他专门性技术服务的一种租赁方式。经营性租赁可进一步分为短期租赁、专业设备租赁和维修租赁等不同形式。

短期租赁是指租赁机构将租赁物租赁给承租人短期使用的一种租赁方式。

专业设备租赁是指租赁机构向特定的承租企业提供专用设备的一种租赁方式。

维修租赁是指出租人不仅向承租人提供租赁设备，而且提供专门的维修、替换等服务活动的一种租赁方式。

六、其他中间业务

（一）担保类业务

担保类中间业务指商业银行为客户债务清偿能力提供担保，承担客户违约风险的业务。担保业务不占用银行的资金，只是运用银行的无形资产，即社会信誉开展业务，但是有可能形成银行的或有负债。银行在办理担保业务时，要承担违约风险、汇率风险及国家风险等多项风险，因此是风险较大的一类中间业务。

1. 银行承兑汇票

银行承兑汇票是由收款人或付款人（或承兑申请人）签发，并由承兑申请人向开户银行申请，经银行审查同意承兑的商业汇票。银行承兑汇票一经银行承兑，承兑银行便成为汇票的主债务人，承担着到期无条件向收款人或持票人付款的义务，不论到时出票人有无足额的备付金存款，以及是否能够付款。

2. 备用信用证

备用信用证是指开证行应借款人要求，以放款人作为信用证的收益人而开具的一种特殊信用证，以保证在借款人破产或不能及时履行义务的情况下，由开证行向收益人及时支付本利。

备用信用证的当事人有申请人、开证行、受益人等，受益人一般为原始债权债务关系中的债权方，只要他对原始债务人的履约能力有疑问，则可要求其开立备用信用证。因此，备用信用证是一种银行信用，当银行通过发放备用信用证申请人，就相当于把信用出借给了申请人，从而使其信用等级得到了一个较大的提升。备用信用证也是一种广泛的担保文件，用于担保履行责任而非担保付款。通常，开证行是第二付款人，只有当借款人自己不能履约时，才由银行付款。而开证行一旦付了款，借款人就必须补偿银行的损失。

3. 商业信用证

商业信用证是指进口商请求当地银行开出的一种证书，授权出口商所在地的另一家银行通知出口商，在符合信用证规定的条件下，愿意承兑并承付出口商交来的汇票单据，是国际贸易结算中一种最重要、最广泛的结算方式。

商业信用证通常被人们认为是一种结算工具。实际上，从银行角度看，在这项业务中，银行以自身信用来为进出口商之间的交货、付款作担保，一般不会占用银行的自有资金。因此，它是银行一种重要的表外业务，也是一种获取收益的重要途径。

4. 银行保函

银行保函一般是商业银行应企业的申请而开立的有担保性质的书面承诺文件，一旦申请人未按其与受益人确定的合同约定偿还债务或履行约定义务时，由银行履行担保责任。保函业务通常包括投标保函、承包保函、还款保函和借款保函等。

（二）承诺类业务

承诺类中间业务是指商业银行在未来某一日期按照事先约定的条件向客户提供约定信用的业务。它包括可撤销承诺和不可撤销承诺两种。可撤销承诺赋予客户在取得贷款前必须履行的特定条款。在银行承诺期内，客户若没有履行条款，则银行可撤销该项承诺。不可撤销承诺是银行不经客户允许不得随意取消的贷款承诺，具有法律约束力，它包括备用信用额度、回购协议、票据发行便利等。

1. 贷款承诺

（1）贷款承诺的含义。贷款承诺是银行与客户达成的一种具有法律约束力的正式契约，银行将在有效承诺期内，按照双方约定的金额、利率，随时准备应客户的要求向其提供信贷服务，并收取一定的承诺佣金。贷款承诺也有非正式的，但是这种承诺对银行和潜在客户没有法律约束力。贷款承诺对银行而言最大的好处是能够获得手续费补偿余额，对客户而言能够得到需要的资金。但贷款承诺在未来可能会由于银行要放款或提供担保而给银行形成一笔风险金额。

（2）贷款承诺的类型。

①定期贷款承诺。该项承诺是指借款人可以全部或部分提用承诺金额，但仅能提用一次。如果借款人不能在规定的时间内提用所承诺的全部资金，则承诺金额实际就降至能提用的金额为止。

②备用承诺。具体包括三种类型：一是直接的备用承诺。在该项承诺下，借款人可以多次提用承诺，一次提用部分款项并不失去对剩余有效期内的提用权利；而一旦借款人开始还款，尽管承诺尚未到期，已偿还的部分则不能被再次提用。二是递减的备用承诺。这是在直接备用承诺基础上，附加承诺额度将定期递减的规定，当剩余未使用的额度不足以扣减时，银行可要求借款人提前偿还本金，以补足扣减的承诺项，该承诺实质上是鼓励借款人尽早提用或尽早偿还。三是可转换的备用承诺。这是在直接的备用承诺的基础上，附加一个承诺转换日期规定。在此日期之前，借款人可按直接的备用承诺多次提用。如果一直未用，在此日期后，备用承诺则变成定期备用承诺，仅能提用一次。

③循环承诺。具体包括三种类型：一是直接的循环承诺。在该项

承诺下，借款人在承诺有效期内可以多次提用，并可反复使用已偿还的贷款，只要借款在某一时点上使用的贷款不超过全部承诺金额即可。二是递减的循环承诺。即在直接循环承诺基础上，附加一个定期递减的规定，每隔一定时期扣减承诺项。三是可转换的循环承诺。这是在直接的循环承诺的基础上，附加一个承诺转换日期规定。即在转换日之前，是直接的循环承诺；在转换日期之后，则是定期循环承诺，承诺额就降至已提用而又未偿还的金额，未提用的承诺失效。

2. 票据发行便利

（1）票据发行便利的含义。票据发行便利是一种具有法律约束力的中期周转性票据发行的承诺。在该承诺下，银行允许在一定时期内为其客户的短期票据融资提供各种便利条件。根据约定，银行要事先与客户签订一系列提供便利条件的协议，协议期限一般是 3 ~ 7 年，在协议期内客户可以以自己的名义周转性地发行短期票据，循环的短期票据可以取得中期的融资效果，从而以短期融资成本获得了中长期的资金融通。

（2）票据发行便利的类型。票据发行便利按照银行是否需要提供包销分为两类：

包销的票据发行便利。最早的一种形式是循环包销便利，指包销银行负有责任承包发行人当前发行的短期票据。若发行人的某期短期票据推销不出去，包销银行就需要自己提供资金给发行人（其金额等于未如期售出的票据金额）。此外，还有可转让的循环包销便利、多元票据发行便利等形式。

无包销的票据发行便利。即指没有“包销不能售出的票据”这种承诺的票据发行便利。无包销的票据发行便利一般采用总承诺的形式，通常安排银行为借款人出售票据，而无须提供包销服务支持。采用这种形式的借款人往往是银行的最高信誉客户，他们有很高的资信度，完全有信心凭借自己的信誉能够售出全部票据，从而为自己节省了一笔包销费用，降低了融资成本。

（三）金融衍生产品交易类业务

金融衍生工具是指以货币、债券、股票等传统金融工具为基础，以杠杆和信用交易为特征的新型金融工具，它既是一类特定的交易方式，也指这种交易方式形成的一系列合约。目前，国际银行业基本有远期交易、金融期货、金融期权和互换四种类型，此外还有其他金融衍生工具为衍生基础的金融衍生工具。

1. 金融远期交易

金融远期交易是指交易双方达成的，在将来某一特定日期按照固定价格（如利率、汇率和股票价格等）以预先约定的方式买卖约定数量的金融资产的合约。主要包括远期外汇合约和远期利率合约。

2. 金融期货交易

金融期货交易是指以金融工具或金融指标为标的的期货合约。它主要包括以下几类：

（1）外汇期货。这是首先推出的金融期货品种。它是指在外汇交易所内，交易双方通过公开竞价确定利率，在未来某一时间买入或卖出某种货币。

（2）利率期货。是指在交易所通过公开竞价买入或卖出某种价格的有息资产，而在未来某一时间按合约交割。利率期货按时间又分为短期利率期货和长期利率期货两类。

（3）股票指数期货。是指以股指这种没有实物形式的金融商品为交易对象，买卖双方通过交易所竞价确定成交价格，即协议股票指数，合约的金额为股票指数乘以统一的约定乘数，到期时以现金交割。

3. 金融期权交易

期权也称为选择权，是一种衍生性契权。它是指期权的买方支付给卖方一笔权利金，从而获得一种权利，可于期权的存续期内或到期日当天，以执行价格或与期权卖方进行约定数量的特定标的物的交易。金融期权的种类有不同的划分标准，具体如下：

（1）按照标的物的不同，金融期权可分为股票指数期权、外汇期权、利率期权、期货期权、债券期权。

（2）按照交易性质的不同，金融期权可分为看涨期权、看跌期权和双重期权。

（3）按照行使权时间的不同，金融期权可分为欧式期权和美式期权。

4. 金融互换交易

金融互换交易是指两个或两个以上的参与者，直接或间接通过中介机构，互相或交叉支付一系列本金或利息的交易行为。金融互换业务虽然历史较短，但是品种创新繁多，最基本的产品是货币互换和利率互换。

【知识拓展 1－5】

什么是同城票据交换?

同城票据交换是为了满足收、付款人在同一个城市（或规定区域），但不在同一商业银行开户的企事业单位和个人之间办理资金清算的需要，由开户的商业银行将有关其他商业银行或金融机构之间相互代收、代付款项的结算凭证按照规定的时间、场次和结算要求，集中到某一固定场所进行交换，并轧计往来行之间的应收应付差额，并由主办清算行（人民银行及所属分支机构）以转账方式进行应收应付资金清算的一种方法。同城票据交换分为提出业务和提入业务两种，交换系统也分为“提出行”和“提入行”两个处理系统。同城票据交换的具体要求主要有：

（1）同城交换业务遵循“分散提出、集中提回、集中清算”的原则进行业务处理。

（2）同城交换业务遵循属地管理原则，由当地人民银行管理，各行应按当地人民银行要求进行票据交换和资金清算处理。

（3）由提出行经办柜员根据《支付结算制度》及有关规定审核提出票据的真实性、合法性和准确性。

（4）对参加交换的银行要核定交换号码，并要确定票据交换的场次和时间，一天的营业时间中通常有4个场次提出交换。

（5）提出交换的票据分为借方票据（即代付或应收票据）和贷方票据（代收或应付票据）两种。同时，提出的借方票据和提入的贷方票据是指付款单位在他行开户，收款单位在本行开户的票据；提出的贷方票据和提入的借方票据是指收款单位在他行开户，付款单位在本行开户的票据。

本章小结

1. 商业银行是以存贷款为主要业务，以多种形式的金融创新为手段，以利润为经营目标，以盈利性、安全性和流动性为经营原则的金融企业。由其概念可知，从性质上来说商业银行首先是企业，具有企业的基本特质，其次是金融企业，而且是特殊的金融企业。

2. 商业银行的职能是由商业银行的性质所决定的，是商业银行性质的具体体现。商业银行的职能包括：信用中介、支付中介和货币创造等。

3. 商业银行作为金融企业，其经营目标是实现利润最大化。然而，商业银行经营的商品是货币这种特殊商品，其商品本身的特殊要求和商业银行在社会经济活动中的特殊地位，又使其在经营过程中必须保持资金安全和流动，在此基础上才能谋求盈利最大化。这就是商业银行经营的“三性”原则，即安全性、流动性和盈利性。

4. 商业银行的经营环境是指商业银行从事业务活动所依存的基本体系和总体背景，包括宏观经济状况、市场状况和金融管理当局对银行的管制等。商业银行的机构设置、业务种类、运行方式、发展水平等都与商业银行的经营环境有关，并受到环境的制约。

5. 商业银行虽然具有企业的一般特征，但由于其经营商品的特殊性、经营商品的广泛性和社会性以及在金融体系中的重要性，使商业银行不仅受到各国政府最为严格的监管，而且也受到国际规则或国际惯例的共同管理和约束。对商业银行监管的基本措施综合起来为三大类：预防性风险监管、紧急救援和存款保险制度。

6. 商业银行的负债是其筹措资金、借以形成资金来源的业务，它是商业银行资产业务和其他业务的基础。商业银行的负债业务具有如下功能：负债业务是商业银行组织业务经营的起点；负债是商业银行与社会各界联系的渠道；负债业务的变化能够反映货币流通的状况；负债是商业银行聚集闲置和待用货币资金的重要方式等。

7. 存款是商业银行以信用方式聚集起来的社会再生产过程中暂时的闲置货币资金和货币收入。它以银行为主体，以存款人为对象，以还本付息并提供相关服务为条件，是存款人和银行发生债权债务关系的一种载体。存款业务是商业银行业务中最基本的业务，存款管理也是银行经营管理的基础环节。西方银行业的存款分为活期存款、定期存款和储蓄存款三类。我国商业银行的存款主要按照存款人的不同分为个人存款和企业存款两大类。

8. 商业银行的资产是指由过去的交易或事项形成的、由银行拥有或控制的、预期能为银行带来经济利益流入的业务，它体现着银行对其他经济主体的财产要求权。资产业务主要包括现金资产、贷款、证券投资和其他经营资产。其中，现金资产是流动性最强的资产，但盈利性也是最低的；证券投资的流动性次之，而贷款和固定资产常被认为是流动性最低的资产。

9. 商业银行的中间业务是指不构成银行表内资产、表内负债、形成银行非利息收入的业务，是银行不运用或不直接动用自己的资金，也不占用或不直接占用客户资金，而是银行以中间人的身份接受客户委托办理相关事宜，凭借自身专业优势和业务特色提供相关金融服务并且收取服务费的业务。我国商业银行开展的中间业务，按照中国人民银行颁布的《商业银行中间业务暂行规定》，可分为九大类。

复习思考题

1. 商业银行有哪些功能？试从商业银行的性质角度，谈谈你对商业银行功能的理解？

2. 商业银行的经营原则是什么？如何协调？

3. 为什么要对商业银行进行监管？各国监管当局如何对商业银行进行监管？

4. 商业银行的负债具有什么功能？负债越多越好吗？

5. 我国商业银行是如何对负债分类的？各自的管理要点有哪些？

6. 什么是现金资产？商业银行的现金资产由哪些项目构成？

7. 什么商业银行的贷款？贷款政策有哪些内容？

8. 商业银行的贷款有哪些类别？

9. 商业银行发放贷款需要遵循哪些程序?

10. 商业银行从事证券投资业务的目的和工具有哪些?

11. 什么是中间业务? 其基本性质是什么?

12. 我国商业银行的中间业务有哪些种类?

13. 党的二十大提出的现代中央银行制度是什么? 如何理解?

第二章 商业银行综合柜台业务概述

【知识目标】

◇理解掌握银行柜台的管理制度

◇理解掌握银行综合柜员制管理制度

【素养目标】

◇掌握银行柜员的基本素质要求，以及应遵守的职业操守

◇了解银行业务经营需求，激发学生学习的自主性与能动性

【技能目标】

◇熟悉掌握银行综合柜员制下的岗位要求

◇掌握银行柜台业务基本流程及规范

【导入案例】

12 家全国性股份制商业银行联合发布倡议书

为深入学习贯彻党的二十大精神，2023 年 4 月 13 ~ 14 日，全国性股份制商业银行联席座谈会在深圳举行。12 家全国性股份制商业银行代表结合学习贯彻习近平新时代中国特色社会主义思想主题教育活动，围绕“践行服务实体经济，深化股份制银行合作共赢，实现新时代高质量发展”相关主题展开座谈。该届会议由招商银行主办，有关监管部门参加，进行了讨论交流。

在本次联席座谈会上，包括招商银行、中信银行、光大银行、华夏银行、广发银行、平安银行、浦发银行、兴业银行、民生银行、恒丰银行、浙商银行、渤海银行在内的 12 家全国性股份制商业银行联合发布了倡议书，共同提出坚持党建引领、坚持服务实体经济、坚持

以人民为中心的发展思想、坚持创新引领转型发展等十项倡议。倡议书提到，全国性股份制商业银行因改革而生，应时代而兴，新时代新征程必将承担新的历史责任。以习近平新时代中国特色社会主义思想为指导，深入贯彻党的二十大精神，坚持金融工作的政治性、人民性，坚守“金融报国”“金融为民”初心，坚定服务实体经济使命，坚持深化金融改革与创新，坚决防控金融风险，以自身高质量发展促进经济社会高质量发展。

全国性股份制商业银行将精诚合作、携手并进，贯彻新发展理念，服务新发展格局，坚定走好中国特色金融发展之路，为中国式现代化建设贡献金融力量。

（资料来源：上海证券报·中国证券网，2023年4月14日，经整理而成）

第一节　综合柜台管理制度

随着信息技术的发展、金融电子化和电子科技的推广应用，我国商业银行的经营管理环境发生了巨大的变化，呈现出综合化、电子化、智能化的发展趋势。体现在商业银行的柜台业务组织管理方面，柜台业务流程更加科学、规范，柜台组织形式也从双人临柜制发展到柜员制，再到综合柜员制的深刻变革中。

一、银行柜台岗位设置与管理

（一）柜台岗位设置

长期以来，我国商业银行前台的组织形式实行双人临柜制（也称复合柜员制），进入21世纪以来，随着银行电子化水平的普及与深入，各商业银行的柜台岗位设置开始实施柜员制、分柜制，到现在除部分银行（主要是一些地区的农村信用社）还实行复合柜员制外，综合柜员制或称单人临柜制已成为各商业银行前台业务操作和服务的主要形式。

所谓综合柜员制，是指银行前台要求柜员单人临柜，独立办理来自客户的会计、出纳、储蓄、中间业务等全部业务，是一种集约化、高效率的银行柜台劳动组织形式。这种柜台组织形式最大限度地减少了现金、凭证传递环节，加快了业务办理的速度，提高了柜台工作效率。在柜台服务上，柜员与客户是“一对一”的服务关系，银行任何一个小窗口都可以同时办理个人业务、对私业务等，极大地方便了客户，减少了客户的等候时间。

（二）综合柜员制的岗位设置及权限

实行综合柜员制的银行营业网点应根据业务量大小、人员配备情况，本着精干、高效的原则合理设置岗位，如临柜柜员、业务主管、综合柜员、凭证员、现金调拨员等，并要明确制订各岗位的责任、权限，以及对应的监督机制。一般情况下，综合柜员制下的柜员岗位要包含以下设置：

1. 普通柜员

普通柜员是具体办理会计核算业务的人员，负责权限范围内的操作和会计资料的初审。普通柜员又可以根据处理业务内容的不同，分为临柜柜员和非临柜柜员。其中，临柜柜员是直接面对客户，为客户办理现金收付、转账业务、代理业务等业务的柜员。非临柜柜员是负责办理联行业务和记账业务、各类卡片保管、电子汇兑、票据交换、资金清算、会计信息分析及反馈的综合工作的柜员。

2. 主办级柜员

主办级柜员负责对各类业务进行复核或在规定业务范围内与额度内进行授权的人员。

3. 主管级柜员

主管级柜员是对超过业务主办权限的重要业务进行授权的管理人员。主要有网点负责人、总会计、各级会计结算部门负责人以及各有权部门聘任的行使业务职责的管理人员。

对于柜员的权限，一般由分支行对柜员进行具体分配，根据统一设置的交易性质和柜员类型的对应关系，规定每种类型可处理的交易范围及交易金额（包括现金和转账）的最高权限。通常，柜员权限取决于以下要素：营业机构代码、柜员代号、柜员所属部门、交易性质、交易现金金额和转账金额等。

（三）柜台授权管理

授权是按照会计岗位责任分离、相互制约原则，根据各项业务的重要性和风险程度、金融大小设定授权级别，由主办级或主管级柜员对普通柜员办理该类业务时实施审核确认的一种方式。授权通常有两种形式：一是签字授权，必须有指定授权人进行签字审批，被授权人必须依据审批核准的手续办理业务；二是系统授权，是按照系统权限控制要求，由柜台高级别柜员（主办级或主管级柜员）对低级别柜员（普通柜员）进行操作授权审批。签字授权和系统授权是两个独立的授权环节，不能相互替代。

此外，在综合柜员制下，必须建立严格的授权制度，普通柜员具有记账、对外办理业务的权限，但不得复核其他柜员账务；主办级柜员具有授权、复核权限，但不得直接临柜受理客户的业务；主管级柜员只有授权、监督的权限。

二、重要凭证和印章管理

（一）重要凭证及管理

1. 重要凭证的含义

重要凭证包括有价单证和重要空白凭证。其中，有价单证是指批准发行的印有固定面额的特殊凭证，主要包括银行发行或银行代理发行的实物债券、旅行支票、定额存单和印有固定面额的其他单证。重要空白凭证是指无面额的、经银行或客户填写金额并签章后，具有支付票款效力的空白凭证，是银行凭以办理资金收付的书面依据。银行的重要空白凭证主要有：各类存折、存单、存款开户证实书、现金支票、转账支票、银行本票、银行汇票、存款证明书、电汇凭证、电子联行贷方补充报单、外币汇票、假币收缴凭证、银行卡等。

2. 重要凭证的管理要点

（1）凡各银行总行统一规定的重要空白凭证，必须严格按照总行的规定定制和使用，不得自行设计格式，不得自行印刷；凡总行未统一规定的重要空白凭证，可根据有关规定自行定制或印刷，但要报总行备案。

（2）各种重要凭证必须由专人负责保管，建立严密的进出库和领用制度，坚持章证分管的原则。同时，各种重要凭证应纳入表外业务核算，有价单证按面额入户，重要空白凭证以一份 1 元的假定价格入账。

（3）重要凭证在未使用前，不得事先加盖相关业务公章和个人名章。同时，任何部门和个人不得以任何名义将重要凭证挪作他用。如不得将重要空白凭证用于教学实习和练习中使用，如确实需要作为教学或技术比赛使用，应由主办部门提供所需要的凭证的种类、数量清单，经批准后方可领用；用后再由主办单位指定专人清点、集中销毁。

（4）对于遗失重要凭证的当事人，应视情节轻重进行处罚。

（二）会计印章管理

1. 会计印章的含义

会计印章是指银行类金融机构各级行、处、所的会计核算在会计凭证、账簿、报表等会计资料上加盖并表示业务合法性的特定标识，包括会计业务印章和个人印章两种。其中会计业务印章又包括重要业务印章和一般业务印章。

重要业务印章包括汇票专用章、结算专用章、本票专用章、转讫章、票据交换（或清算）专用章、票据受理专用章、信用证专用章等。一般业务印章包括会计业务用章和储蓄业务用章。个人用章包括个人名章和个人印签章等。

2. 会计印章的使用和管理

（1）会计印章的使用和保管，实行“专人使用、专人保管、专人负责”。

（2）使用会计印章，必须做到专匣保管、固定存放。若临时离岗，要做到“人在章在、人走章锁、严禁托人保管”。

（3）会计印章必须严格按规定的范围使用，严禁错用、串用、提前或过期使用；严禁在空白凭证、登记簿、报表上预先加盖印章；不得将会计印章随身携带或带离营业场所；不得多人同时使用同一枚印章；不得将印章交他人带走使用。

（4）营业终了，各柜台的柜员对所使用的印章进行认真清点，核对相符后，入箱上锁，放入保险柜保管。

（5）个人名章由本人保管和使用；个人印签章原则上应由本人保管，不得随意交由他人使用，因特殊原因确需由他人使用的必须经过书面授权确认，并要办理交接手续。

（6）各种印章、名章要爱护使用，保持清洁。

三、客户与账户管理

（一）银行客户管理

客户管理，即客户关系管理的简称。银行客户管理就是指通过对客户详细资料的深入分析来提高客户满意程度，从而提高银行竞争力的一种手段。银行的客户主要有单位客户和个人客户，客户关系管理就是要做好对单位客户和个人客户的服务和管理。银行客户关系管理的核心是客户价值管理，通过“一对一”的柜台服务原则，满足不同价值客户的个性化需求，提高客户忠诚度和保有率，实现客户价值持续贡献，从而全面提升银行的盈利能力。

银行柜台业务中，对客户的管理重点是要提高识别客户身份的措施，关注客户及其日常经营活动、金融交易情况，并及时提醒客户更新信息资料，以提高对客户的服务质量。

对于客户提供给银行的信息资料，银行应加强管理，并建立信息档案。各银行对客户的信息资料等要实行动态管理，不得随意删除、修改、调整。当需要修改客户信息资料时，应对修改日期、项目及内容等情况记录备案。只有根据法律、法规规定的司法机关、行政机关、军事机关及行使行政职能的事业单位才能作为有权机关在规定范围内对单位和个人的存款信息进行查询、冻结和扣划，并要遵守相关规定进行，其他任何单位或个人都没有该项权利。

商业银行及其他金融机构需要依法协助有权机关查询、冻结和扣划单位和个人在金融机构的存款，如表2－1所示。

表2－1　对银行客户信息、账户查询、冻结和扣划的有权机关

序号	有权机关名称	查询		冻结		扣划	
		单位	个人	单位	个人	单位	个人
1	人民法院	有权	有权	有权	有权	有权	有权
2	人民检察院	有权	有权	有权	有权	无权	无权
3	公安机关	有权	有权	有权	有权	无权	无权
4	国家安全部门	有权	有权	有权	有权	无权	无权
5	军队保卫部门	有权	有权	有权	有权	无权	无权
6	海关	有权	有权	有权	有权	有权	有权
7	税务机关	有权	有权	有权	有权	有权	有权
8	监狱	有权	有权	有权	有权	无权	无权
9	走私犯罪侦查机关	有权	有权	有权	有权	无权	无权
10	监察机关（包括军队监察机关）	有权	有权	无权	无权	无权	无权
11	工商行政管理机关	有权	有权	暂停结算	暂停结算	无权	无权
12	价格主管部门	有权	有权	无权	无权	无权	无权
13	银行业监督管理机构	有权	有权	无权	无权	无权	无权
14	反洗钱行政管理部门	有权	有权	无权	无权	无权	无权
15	证券监督管理机构	有权	有权	无权	无权	无权	无权
16	审计机关	有权	无权	无权	无权	无权	无权
17	保险监督管理机构	有权	无权	无权	无权	无权	无权
18	政府财政部门	有权	无权	无权	无权	无权	无权

（二）银行结算账户管理

银行结算账户按存款人的不同分为单位银行结算账户和个人银行结算账户。

1. 单位银行结算账户的管理

单位银行结算账户按照用途可分为基本存款账户、一般存款账户、专用存款账户和临时存款账户四类。其中，存款人开立基本存款账户、临时存款账户，以及预算单位开立专用存款账户实行核准制，需经人民银行核准后由开户银行开具登记证，存款人因注册验资需要开立的临时存款账户除外。

（1）基本存款账户。基本存款账户是指存款人因办理日常转账结算和现金收付需要开立的银行结算账户。按规定，存款人在银行只能开立一个基本存款账户作为其主账户。

①申请人开立单位基本存款账户时，应向银行出具下列证明文件：

②机关和实行预算管理的企业，应出具政府人事部门或编制委员会的批文或登记证书，以及财政部门同意其开户的证明；非预算管理的事业单位，应出具政府人事部门或编制委员会的批文或登记证书。

③军队、武警团体（含）以上单位极易分散执勤的分支队，应出具军队军级以上单位的财务部门、武警总队财务部门的证明。

④社会团体应出具登记证明；宗教组织还应出具宗教事务管理部门的批文或证明。

⑤民办非企业组织、个人工商户等应出具登记证书。

⑥外地常设机构应出具其驻地政府主管部门的批文。

⑦外国驻华机构应出具国家有关部门的批文和证明；外资企业驻华代表处、办事处应出具国际登记机关的登记证。

⑧居民委员会、村民委员会、社区委员会应出具主管部门的批文或证明。

⑨独立核算的附属机构应出具其主管部门的基本存款账户的开户登记证和批文。

⑩其他组织应出具政府主管部门的批文或证书。

此外，若申请人是从事生产经营活动的纳税人，还应出具税务部门颁发的税务登记证。

（2）一般存款账户。是指存款人因借款或其他结算需要，在基本存款账户开户银行以外的银行营业机构开立的银行结算账户。该账户可以办理现金缴存，但不能办理现金支取。

（3）专用存款账户。是存款人按照法律、行政法规和规章，对其特定用途资金进行专项管理和使用而开立的银行结算账户。该账户资金必须由其基本存款账户本人转账存入，不得办理现金收付业务。

（4）临时存款账户。是存款人因临时需要并在规定期限内使用而开立的银行结算账户。该账户有效期限不得超过2年，支取现金时应按照国家有关现金管理规定办理；注册验资的临时存款账户在验资期间只收不付。

2. 个人银行结算账户的管理

个人银行结算账户是存款人凭个人身份证件以自然人名称开立的银行结算账户。申请开立该账户后，可以使用个人支票、信用卡等结算工具，也可办理汇兑、定期借记、定期贷记、借记卡等及结算业务。

银行为个人开立银行结算账户，应签订《银行结算账户管理协议》。申请人应向银行出具的相关证明文件，具体如下：

（1）中国居民，应出具居民身份证或临时身份证。根据需要还可以出具户口簿、驾驶执照、护照等有效证件。

（2）中国人民解放军军人，应出具军人身份证。

（3）中国人民武装警察，应出具武警身份证。

（4）港澳地区居民，应出具港澳居民往来内地通行证；台湾地区居民，应出具台湾居民来往于大陆通行证或者其他有效旅行证件。

（5）外国居民，应出具护照。

（6）法律、法规和国家有关文件规定的其他有效证件。

【知识拓展2-1】

关于冻结的方式

按照相关法律、法规的规定，有权机关可以对单位和个人在商业银行的存款进行冻结。冻结分为法律冻结和特殊冻结两种方式。其中：法律冻结是指银行依照法律的规定、有权机关冻结的要求，在一定期限内禁止个人提取其存款账户内全部或部分存款的行为。特殊冻结是指银行因特殊业务发起的、须有该级别柜员授权的、在一定期限内对个人存款账户全部或部分存款进行止付的行为。

特殊账户可进行账户冻结、账户冻结变更、账户解冻处理。当特殊账户选择无期限时，系统不自动解除冻结状态。

第二节　银行柜员管理规范

现代商业银行建立了遍及全国甚至全球的网络系统，为客户的实时交易、存取款、转账等提供了便利服务，但也增加了商业银行经营管理的难度。商业银行的前台柜员是为客户直接提供服务的第一线员工，其业务技能和服务水平对树立银行良好形象，吸引客户，增强竞争都有重要影响。因此，商业银行必须规范员工的工作行为，加强临柜柜员的职业道德建设，努力提高员工的整体素质和服务水平。

一、银行柜员的基本素质

（一）银行柜员的基本素质要求

1. 具备较强的自主学习能力

综合柜员制下，银行柜台对柜员的要求是单人临柜，柜员业务操作单人“一手清”。该岗位需要柜员具备多项专业知识和业务技能，才能熟练完成柜台客户的业务需求。随着银行制度的不断变革和金融工具的不断创新，新产品新业务不断涌现，柜员必须具备自主学习能力，不断提高自身的业务素质，才能尽快掌握新的制度、产品和流程，更好地提供更优质的服务。

2. 具有良好的服务意识和服务态度

商业银行是典型的服务行业，柜员更是在提供服务的第一线，由于客户来源复杂，服务内容多样，日常工作压力非常大。因此，具备良好的精神面貌和职业道德，具有稳定的个人情绪控制力，更能体现出银行的服务理念和服务水平。

3. 具有诚实守信、吃苦耐劳的职业道德

商业银行柜员的工作紧张繁杂，工作内容又是围绕货币资金进行的一系列活动，该岗位既要求处理业务准确无误，又要求较快的工作速度。因此，柜员必须具备良好的工作作风，吃苦耐劳、诚实守信，才能达到银行优质服务的工作要求。

4. 具备良好的沟通与表达能力

商业银行柜员作为直接面对客户提供服务的工作人员，不仅需要把客户的业务要求准确完成，服务到位，而且需要在提供服务的同时，适时做好银行产品和服务的营销工作，即具备一定的临柜营销能力。柜员应主动和客户进行沟通，了解客户的需求和特点，建立良好的客户关系。因此，良好的沟通和表达的营销能力是柜员应具备的基本素质。

（二）银行柜员的职业道德

2007 年中国银行业协会制定了《银行业从业人员职业操守》（以下简称《职业操守》），提出了银行从业人员在职业活动中必须遵守的最低道德底线和行业规范，它既是对从业人员在职业活动中的行为要求，又是从业人员对社会所承担的道德、责任和义务。2009 年银监会制定了《银行业金融机构从业人员职业操守指引》（以下简称

《指引》），进一步为银行业金融机构建立符合科学发展观要求的选人用人机制，加强从业人员队伍建设提供了一个标杆。

《职业操守》和《指引》是商业银行从业人员的行为准则和标准要求，主要规范从业人员的职业行为。其基本准则主要有六项：

1. 诚实信用

是指银行业从业人员应当以高标准职业道德规范行事，品行正直，恪守诚实信用。

2. 守法合规

是指银行业从业人员应当遵守法律法规、行业自律以及所在机构的规章制度。

3. 专业胜任

是指银行业从业人员应当具备岗位所要求的专业知识、资格和能力。

4. 勤勉尽职

是指银行业从业人员应当勤勉谨慎，爱行爱岗，兢兢业业，切实履行岗位职责，维护银行良好形象。

5. 保护商业秘密和客户隐私

是指银行业从业人员应当保护所在机构的商业秘密，牢固树立客户至上、信用第一的服务意识，尊重客户意愿，保护客户隐私，提高服务质量。

6. 公平竞争

是指银行业从业人员应当树立全局观念和整体意识，服从大局，尊重同行，精诚合作，密切配合，努力营造公平竞争的环境，促进银行业整体的规范发展。

此外，需要特别指出的是，《职业操守》与《指引》是银行业从业人员职业操守的标准要求，所有银行业从业人员都应做到自觉遵守，全方位向客户提供方便、快捷、准确、安全的金融服务，只有这样，商业银行才能将制度、规范真正落到实处，才能赢得客户，赢得效益，创造出最佳的经济业绩，也才能在提高银行业整体服务水平和服务质量的同时，促使银行综合实力不断壮大。

二、银行柜员的服务规范

柜台服务是商业银行的窗口，商业银行长期秉承“以客户为中心”的服务理念，树立了“服务就是效益”的经营观念，制订了一系列针对柜面服务的规范性文件。如《中国银行业柜面服务规范》（2006）就是其中最具代表性的文件。该规范从银行业柜面服务的组织管理、服务环境、服务标准、服务操作、服务培训、投诉处理等方面建立了统一的行业标准，为银行业检查柜面服务质量，处理客户服务纠纷事件提供了工作依据，也为客户监督银行柜台服务质量提供了标尺。

银行柜员的服务规范主要有如下几方面：

（一）服务效率

即商业银行要从满足客户的需求出发，在保证服务质量、严格控制风险的前提下，不断改进业务办理流程和业务处理速度，提高工作效率。为此，要强化柜员业务技能，科学合理设置业务窗口，加强客户分流，维护营业秩序，提高客户的认同感，缓解柜面服务压力。

（二）服务礼仪

即商业银行柜员在日常的营业活动中，应保持干净整洁、端庄大方的仪容、仪表，举止文明礼貌，讲卫生，重仪态，统一着装，规范佩戴服务号牌，男士不得蓄须，女士上岗应化淡妆。

（三）服务形象

即商业银行柜台业务的营业场所要讲究环境卫生，整洁、明亮。营业设施要美观庄重、整齐排列、洁净舒适、方便客户。营业场所内外提示性标志明显、必要的服务用品齐备。柜面人员服务礼仪规范，具备良好的职业形象。

（四）服务语言

即商业银行的柜员在工作和营业场所中经常使用的文明用语、服务用语及电话礼仪。服务语言要规范、准确、简洁、语句清晰；要善于倾听，言语要得体，要坚持使用“您好！请、对不起、谢谢！欢迎您！再见”等礼貌用语，避免使用专业术语，便于客户理解，禁止不文明、不礼貌及其他有损银行形象的语言。

（五）服务技巧

即商业银行的柜面服务中，经常会碰到一些问题，在处理这些问题时，要讲究服务技巧，灵活应对，维护银行的信誉、形象，为客户提供优质、文明服务。

三、银行柜员的专业技能

商业银行实施的综合柜员制，要求临柜人员单人从事综合性、多元化的柜台服务，这对柜员的专业知识和专业技能提出了很高的要求，只有综合素质达到要求的人员才能胜任岗位工作要求。综合柜员的专业技能主要有以下项目：

（一）柜员书写技能

商业银行的各种文件、资料、凭证、票据等的填写都有比较统一的规定和要求，规范柜员的书写技能不仅是业务活动自身的需要，也是银行满足客户需求，提高服务质量的要求。柜员必须掌握的书写技能主要包括：阿拉伯数字的书写技能、汉字大小写的书写技能、会计凭证的书写技能、票据日期书写技能、货币名称书写技能等。

（二）点钞技能

在商业银行的柜台业务中，点钞是银行柜员从事现金业务清点、整理货币的必备技能。点钞技巧和票币的捆扎是一体的技能要求，通常要求要快速点钞、准确验钞、精准捆扎。点钞的方法很多：一是手持式点钞法，主要有手持式单指单张点钞法、手持式一指多张点钞法、手持式四指拨动点钞法、手持式来回拨动点钞法、手持式五指拨动点钞法等。二是手按式点钞法，主要有：手按式单张点钞法、手按式双张点钞法等。三是扇面点钞法，主要有：扇面式一按 5 及一按 10 点钞法、扇面式四指多张点钞法等。随着金融业的不断发展和技术手段的不断提高，银行柜面业务量逐渐增多，机器点钞由于工作效率高、准确性强、劳动强度小等特点，已经成为商业银行综合柜员点钞的主要方法。

（三）人民币鉴别技能

商业银行前台柜员每日都要接触大量的现金，既有普遍使用的人民币，也有港币、美元等外币，对其准确辨别真伪，保护客户和银行的财产安全，减少损失，是银行柜员的基本职责要求。因此，对现金真假的鉴别是银行柜员最基本的技能之一，也是取得反假币上岗资格证的关键要素。对不同货币鉴别的方法很多，比较通用的主要有：观察纸张质量、观察货币色彩、图案、擦拭、观察水印、触摸、观察保险线与点等；还有所谓的“一摸、二看、三听、四测”法；笔拓和量尺鉴别法；专用仪器检测鉴别法等。

（四）汉字或传票录入技能

商业银行前台柜员的业务操作，均需要通过计算机来完成，因此，汉字或传票的录入技能是商业银行综合柜员的基本技能之一。汉字录入的方法很多，当前普遍使用的录入方法主要有五笔字型输入法、智能 ABC 拼音输入法、微软、搜狗或 QQ 输入法等。银行对综合柜员汉字或者传票录入技能的基本考核要求是：汉字录入速度一般要求至少60～70字/分钟，同时要保证较高的准确率；传票（数字、英文字母组合）录入速度一般要求300个/分钟，同时也要保证较高的准确率。一般的考核是通过专门设计的输入软件，最后由计算机自动记录考核成绩。

此外，商业银行由于业务服务的多样性和复杂性，对综合柜员的岗位技能要求还有很多，如翻打传票技能、鉴别假币技能、身份证及其他证件识别技能等，篇幅所限，此处不再赘述。

【知识拓展2－2】

假币收缴、鉴定办法

商业银行综合柜员每日要接触大量的现金，掌握必要的防伪、鉴别假币的方法非常必要，也是银行柜员要具备的基本技能之一。要正确地识别假币，首先要了解假币的种类和特征。假币主要有伪造币和变造币两种，其中伪造币是指仿照真币的图案、形状、色彩等，采用手工描绘或刻板印刷、利用一般办公工具伪造、使用小型印刷设备制造，或者利用现代化的制版印刷设备等手段制造的假币，主要包括机制假币、拓印假币、彩色复印假币、伪造假币、照相假币或者铸造假币等。变造假币是指在真币的基础上，利用挖补、揭层、涂改、拼凑、移位、重印等多种方法制作、改变真币原形态的假币，主要有拼凑变造币和揭页变造币。

银行柜员在办理现金收付业务过程中，鉴别假币主要采用人工鉴别为主、机器鉴别为辅的方式。在《中国人民银行假币收缴、鉴别管理办法》中对假币的收缴有明确规定，具体内容如下：

一是金融机构在办理业务时发现假币，由该金融机构两名以上业务人员当面予以收缴。对假人民币纸币，应当面加盖“假币”字样的戳记；对假外币纸币及各种假硬币，应当面以统一格式的专用袋加封，封口处加盖“假币”字样戳记，并在专用袋上标明币种、券别、面额、张（枚）数、冠字号码、收缴人、复核人名章等细项。收缴假币的金融机构向持有人出具中国人民银行统一印制的《假币收缴凭证》，并告知持有人如对被收缴的货币真伪有异议，可向中国人民银行当地分支机构或中国人民银行授权的当地鉴定机构申请鉴定。收缴的假币不得再交予持有人。

二是金融机构在收缴假币过程中有下列情形之一的，应当立即报告当地公安机关，提供有关线索：（1）一次性发现假人民币20张（枚）（含20张、枚）以上、假外币10张（含10张、枚）以上的；（2）属于利用新的造假手段制造假币的；（3）有制造贩卖假币线索的；（4）持有人不配合金融机构收缴行为的。

三是办理假币收缴业务的人员，应当取得《反假货币上岗资格证书》。《反假货币上岗资格证书》由中国人民银行印制，中国人民银行各分行、营业管理部、省会（省府）城市中心支行负责对所在省（自治区、直辖市）金融机构有关业务人员进行培训、考试和颁发《反假货币上岗资格证书》。另外，金融机构对收缴的假币实物要进行单独管理，并建立假币收缴代保管登记簿。

（资料来源：《中国人民银行假币收缴、鉴别管理办法》）

第三节　银行柜台业务基本规程

商业银行柜台业务的基本流程和规章制度是其长期经营管理经验的累积和总结，更是商业银行规范化、标准化、科学化管理的重要体现。商业银行的综合柜员在开展各项业务活动中必须遵循相关工作流程和业务规范，才能提高业务水平和服务质量，减少岗位操作风险。

商业银行柜台业务主要有三部分工作规程，具体如下：

一、银行柜台日初操作规程

（一）营业前准备

银行柜员到达营业部（或网点）后开始的准备工作，是柜员一天工作的开始，各项工作准备的好坏直接影响网点工作的质量和效率。营业前准备工作主要有以下内容：

（1）打扫营业柜台内的卫生，清洁、整理营业所用各种用具与设备；

（2）整理并补充各类存取款凭条、宣传资料等；

（3）检查各类便民服务用品是否齐全、利率牌、广告牌及相关工具是否完备；

（4）检查自身着装、工号牌、随身所带工作物品、用具是否符合制度要求；

（5）检查安全防卫器具是否完好；

（6）检查前期准备工作后，柜员在业务处理的主机及终端签到注册。

（二）库箱开启及封装

（1）库车到达营业网点后，柜员与送库人员协同完成接送库，并办理相关交接手续，在库箱送入金融柜台内后，柜员要进行库箱开启工作。检查库箱封签、锁具是否完好，无误后办妥交接。对于库箱的款项、凭证要清点、核对，并盖章后完成交接。

（2）在每日营业结束后，与以上相对应，柜台人员要进行库箱封装与送库工作，具体包括：柜员轧平账务，打印尾箱余额表；对现金点捆扎把，装箱计数；对库箱上锁加封；库车到达后，柜员交出库箱并办妥手续，装箱入库。

（三）领解现金

该业务是柜员根据自己尾箱现金余额与规定限额比较，并结合当前现金收付的预期，在尾箱现金多时向管库员上缴现金，在现金不足时向管库员领用现金的业务。领解现金可根据上级部门有关规定、营业网点习惯及实际情况在工作时间里随时进行。当管库员保存的大库现金不足时，也可向上一级相关出纳部门领解现金。

二、银行柜台日终操作规程

商业银行柜台业务在营业终了时，为了严格各项操作程序，加强内部岗位制约，前台或相关人员就要根据相关制度规定和程序进行业务复核和日终轧账，这是保证银行资金安全的极为重要的环节。具体操作规程如下：

（一）业务复核

业务复核是对前台业务进行的复查和核对，是需要在营业当中进行的审查。业务复核包括即时复核、日终轧账复核和事后稽核人员的全面复核。

1. 柜员自查

营业结束前，柜员应首先检查是否有未复核的账务、凭证，若有应及时检查使用情况并交复核柜员复核。柜员的凭证自查主要检查已使用凭证的记账日期与经济业务发生的时间是否吻合，有无延误、积压和其他问题；是否按照结算办法填制项目，项目内容是否齐全；印鉴是否相符；审核是否有与规章制度不符的其他问题等。其次，柜员应检查涉及现金的业务有无差错或经济纠纷，要对库存现金进行复点和核对。核对现金时，柜员要查询系统中的现金箱余额，清点、检查现金箱有无超限额，若有，应及时上交或入库；柜员也要查询库存现金余额，清点、核对库存现金是否账实相符。

2. 实时或非实时业务复查

实时业务复查是指对超限额的存取款交易、特殊业务、重要业务进行实时授权的复核控制。非实时复核的业务与凭证要在当日由综合柜员复核后，审核业务内容、业务处理是否正确；凭证使用是否符合规定要求，印章是否齐全，记账凭证与原始凭证是否相符，传票号是否连续等。

（二）日终轧账签退

日终，综合柜员要检查日终平账报告表，轧平当天账务。若有账务不平，必须查找错账并作账务调整。平账后，柜员打印日表，准备日终轧账。对于库存现金，柜员按券别清点后，按规定上缴超出限额部分，核对零包现金，入袋加封。然后按本外币现金、单笔、转账等分别清点、核对、核算平衡，翻打传票，轧账完毕，办理钱箱交接。

三、银行柜台日常操作规程

商业银行柜台的日常业务划分为普通业务处理规程和涉及现金的业务处理规程两部分。它是柜员每日主要的工作内容。商业银行在长期的实践活动中，对前台各项工作环节的具体规定和业务处理规程在各自整理和相互借鉴中已较为相似。日常业务操作规程主要有以下几类：

（一）一般业务处理规程

（1）柜员必须按照每笔业务的类型和核算要求选择正确的交易码进行记账处理。

（2）柜员必须根据合法、有效的原始凭证按照系统操作规定输入业务信息。

（3）业务处理顺序：现金收入：先收款后记账；现金付出：先记账后付款。

（4）业务处理必须有账有据，经审核后，一般业务必须先记账后复核，超出柜员操作权限的须经授权。

（5）柜员不能擅自取消和中断记账交易中打印的凭证，对柜面记账后产生的凭证、文本和回单要妥善保管，并按照不同用途及时分发处理。

（6）账务处理实行审核授权制度，操作人员各自在授权范围内进行账务处理。凡经系统设定须授权才能办理的业务，必须经主管人员审核授权后才能办理，严禁越职越权进行账务处理。

（二）特殊业务处理规程

特殊业务主要是指涉及柜员信息、客户信息、账务信息、业务信息修改的交易等。对于特殊业务，柜员须根据会计主管签发的授权书上机操作，次日通过授权交易清单和授权书的勾对进行事后监督，并要对特殊业务的合法性和有效性进行检查。

（三）错账业务处理规程

日常业务操作中，常见的错误主要有：多付、少付现金；录入、登记数据与信息时数字或汉字错误；交易做反；印章漏盖或盖错；客户缺少资料而处理业务；重要空白凭证跳号或提前盖章；遗漏必要的传票或票据。

对于发生的账务处理差错，应按以下规定处理：

1. 当日、隔日与隔年的错账处理规程

（1）当日错账处理。当日输入的账务数据发生错误时，应经业务主管授权由柜员根据流水号抹账；对于系统内跨行抹账交易要由原业务发起方写明情况，接收行在书面情况上签字后，经办行方可进行冲账处理；对于当日现金差错但未查出错账原因的，须经会计主管授权使用现金错账交易进行处理，并登记现金出纳长短款登记簿。

（2）隔日与隔年错账处理。隔日与隔年错账的冲正必须填制错账冲正传票，经会计主管审批后方可由柜员使用冲补账交易进行处理，柜员在输入错账冲正传票时必须输入冲账内容和错账日期。

（3）本年错账以同方向红字冲账，上年错账以反方向蓝字冲正。

2. 手工记账的错账处理规程

手工记账错误时，可使用规范的错账更正办法处理，具体有划线更正法、红字冲销法、补充登记法等。当账页记载错误无法更正时，不得撕毁，须经业务主管同意后，另换账页记载，并经业务主办复核并在错误账页上划交叉红线注销，业务人员、主办、主管盖章证明。注销的账页另行保管待查。

3. 计算机错账处理规程

当发生存单或存折打印歪斜、重叠或调格时，应收回原存单或存折，另换新存折（单）打印。当天发生的差错，要经主管授权后由柜员用反交易进行冲正。

（四）现金收付业务规程

1. 现金收付款应遵循的原则

必须遵循先收款后记账，先记账后付款的原则。对于抵现业务先进行现金收、付记账，轧差后办理现金实物收付，现金收付按券别操作，必须当面确认、交接清楚，做到责任分明，有据可查。

2. 现金业务办理时规定

办理现金业务的柜员，必须每日午间、日终两次结平现金，中途离岗，钱、章、证入箱加锁；柜员营业时间离行，必须由主管或主办监督轧账上交钱箱后方可离开。

3. 现金业务冲账的规定

当日的反交易必须与正交易的要素一致，必须按反交易配款。授权人员必须审核反交易差错的真实性，监督反交易账实同步冲正，必要时反交易后进行柜员轧账，清点钱箱，核对账实。

4. 现金轧账的规定

柜员午间、日终要分别轧账，清点钱箱内现金本外币、有价单证实物；管库员在大宗款项出入库、查库结束、交接班等时间点上要随时核对库存，坚持账实核对，做到“日清日结”。

对于轧账时出现的出纳长短款，规定如下：

（1）出现长款，应暂列“其他应付款”待查，不得溢库；发生短款，应暂列“其他应收款”待查，不得空库。不准私吞长款或以长补短，更不得以短款支付或夹带假币付出。

（2）技术性错误以及确实难以辨认的假币，经审批后报损或收缴，不得以长补短；责任事故错款，应追究责任人的经济责任，并视情节轻重、数额大小给予相应的处分；属于贪污、自盗、挪用性质的错款，应在追回款项的同时，给予其相应的处分，触犯法律的应移交司法部门处理。

（五）其他现金业务规程

主要涉及票币兑换、假币收缴和现金整点等业务，是现金收付业务的延伸，也是银行前台柜员日常工作中经常操作的现金业务。

1. 票币兑换

（1）残损票币兑换应按《中国人民银行残损人民币兑换办法》办理，并遵循票币兑换的基本规定。

（2）残损货币是指票面撕裂、损毁或因自然磨损、侵蚀，外观与质地受损，颜色、图案不清晰，防伪特征受损，不宜继续流通的人民币。兑换残损货币时，柜员应当客户的面在残损票币上加盖“全额”或者“半额”戳记。

（3）对于大宗残损货币，由持币人所在单位（或当地派出所）出具证明，由主管审批后，予以兑换。

（4）停止流通的人民币，按照当地人民银行相关规定办理。

2. 假币收缴

（1）只有办理货币存取款、外币兑换业务的金融机构有权收缴假币。商场、证券、保险、彩票经营等其他机构都无收缴权利。

(2) 收缴假币的柜员必须具备上岗资格，并持有人民银行统一印发的《反假币上岗资格证书》。

(3) 收缴假币必须当面，应由两名柜员和持有人当面，并在有效监控范围内办理。

(4) 鉴定假币只能通过手工或者放大镜的方式，不能以机器鉴别为准。实际收缴过程中，柜员应向持有人说明其有申请鉴定的权利。

(5) 收缴的假币不得再交回客户，对收缴的假币，应当客户面加盖“假币”戳记，并向持有人开具“假币收缴凭证”，并登记假币收缴登记簿。

3. 现金整点

(1) 柜员在收付、整点人民币时，要随时挑出损伤币。

(2) 柜员要把待整点钞券、未整点钞券逐张整点。

(3) 整点后的钞券要达到点准、挑净、墩齐、捆紧，并盖章清楚的标准。

本章小结

1. 综合柜员制或称单人临柜制已成为各商业银行前台业务操作和服务的主要形式。所谓综合柜员制，是指银行前台要求柜员单人临柜，独立办理来自客户的会计、出纳、储蓄、中间业务等全部业务，是一种集约化、高效率的银行柜台劳动组织形式。

2. 综合柜员制下的柜员岗位要包含以下设置：普通柜员、主办级柜员、主管级柜员三级。对于柜员的权限，一般由分支行对柜员进行具体分配。

3. 银行的重要凭证包括重要单证和重要空白凭证。对此，银行都建立了严密的管理制度，一旦遗失重要凭证，银行将对当事人应视情节轻重进行处罚。

4. 会计印章是指银行类金融机构各级行、处、所的会计核算在会计凭证、账簿、报表等会计资料上加盖并表示业务合法性的特定标识，包括会计业务印章和个人印章两种。其中会计业务印章又包括重要业务印章和一般业务印章。

5. 银行客户管理就是指通过对客户详细资料的深入分析，来提高客户满意程度，从而提高银行竞争力的一种手段。银行客户关系管理的核心是客户价值管理，通过“一对一”的柜台服务原则，满足不同价值客户的个性化需求，提高客户忠诚度和保有率，实现客户价值持续贡献，从而全面提升银行的盈利能力。

6. 银行结算账户按存款人的不同分为单位银行结算账户和个人

银行结算账户。其中：单位银行结算账户按照用途可分为基本存款账户、一般存款账户、专用存款账户和临时存款账户四类。个人银行结算账户是存款人凭个人身份证件以自然人名称开立的银行结算账户。

7. 商业银行的前台柜员是为客户直接提供服务的第一线，商业银行必须规范员工的工作行为，加强临柜柜员的职业道德建设，努力提高员工的整体素质和服务水平。

8. 银行柜员的服务规范从银行业柜面服务的组织管理、服务环境、服务标准、服务操作、服务培训、投诉处理等方面建立了统一的行业标准。

9. 银行综合柜员制下必须具有以下专业技能：即柜员书写技能、点钞技能、人民币鉴别技能、汉字或传票录入技能。此外，商业银行由于业务服务的多样性和复杂性，对综合柜员的岗位技能要求还有很多，如翻打传票技能、鉴别假币技能、身份证及其他证件识别技能等。

10. 银行综合柜员在开展各项业务时必须遵循相关工作流程和业务规范，才能提高业务水平和服务质量，减少岗位操作风险。柜台业务主要有三部分工作规程，即：银行柜台日初操作规程、柜台日终操作规程以及柜台日常操作规程等。

复习思考题

1. 什么是商业银行的综合柜员制？如何设置和划分工作岗位和权限？

2. 商业银行采取了哪些措施管理重要空白凭证？

3. 商业银行如何保管会计印章？

4. 单位银行结算账户有哪些种类？开立该类账户有哪些要求？

5. 商业银行前台柜员需要具备哪些基本素质和职业操守？

6. 商业银行综合柜员的服务规范有哪些？为什么强调服务规范？

7. 商业银行综合柜员需要有哪些必备的专业技能？

8. 商业银行柜台工作有哪些具体操作规程和主要职责？

第三章
商业银行综合业务实验系统

【知识目标】

◇理解掌握实验系统的专业术语和基本常识

【素养目标】

◇学习领会党的二十大精神，理解对大学生加强创新创业教育实践的意义

◇通过银行业务实验系统操作，培养学生学以致用和造福社会的信心

【技能目标】

◇掌握实验系统模块和管理模式

◇掌握实验系统的框架结构、业务操作流程

◇熟练掌握实验软件主要功能及各种工具的使用方法

【导入案例】

中国国际“互联网+”大学生创新创业大赛在重庆举行

2023年4月9日，第八届中国国际“互联网+”大学生创新创业大赛冠军争夺赛及第四届教学大师奖、杰出教学奖、创新创业英才奖颁奖典礼在重庆大学举行。重庆市委书记袁家军，教育部党组书记、部长怀进鹏出席并致辞。重庆市委主要领导，教育部党组成员、副部长吴岩，“教学三大奖”评选专家委员会主任、中国工程院院士谢和平，重庆大学党委书记舒立春、校长王树新等出席有关活动。

袁家军代表重庆市委、市政府欢迎出席活动的各位嘉宾和师生，

向晋级决赛的师生表示祝贺。袁家军表示，创造是青春的标志，创新是青年的灵魂。祝愿青年朋友在创新创业之路上尽展才华、梦想成真，书写不负时代、不负韶华的青春华章。真诚欢迎世界各地的青年学子走进重庆、深耕重庆，“闯”出广阔天地，“创”造美好未来！

怀进鹏向获得第四届教学大师奖、杰出教学奖、创新创业英才奖的老师和同学，国内外参加第八届中国国际“互联网+”大学生创新创业大赛冠军争夺赛的各位同学表示祝贺。怀进鹏表示，要认真学习贯彻党的二十大精神和习近平总书记的重要指示精神，加强大学生创新创业教育实践，引导广大青年既怀抱梦想又脚踏实地，既敢想敢为又善作善成，立志做有理想、敢担当、能吃苦、肯奋斗的新时代好青年。要坚持创新发展，培养创新创业时代新人；坚持融汇融合，凝聚创新创业强大合力；坚持开放互鉴，搭建创新创业国际舞台。他强调，教书育人是高校的中心工作，是教师的天职和主责，是学生成长成才的关键环节。要以更高的使命感认识教学工作意义，以更强的胜任力提升教学工作质量，以更广阔的创新创业实践体现教学工作成果，积极营造教师投身教学、潜心育人，学生创新成才、创业报国的良好教育生态，锻造出更多的“中国金师”，培养出更多堪当民族复兴大任的时代新人。

（资料来源：中华人民共和国教育部官网，2023年4月9日，经整理而成）

商业银行综合业务实验涵盖了商业银行个人储蓄、对公会计结算等核心业务的实验操作，是商业银行综合柜员和会计记账员的主要岗位职责。目前，实验课程所使用的软件与国内大多数商业银行（如中国工商银行、中国建设银行、中国银行、中国农业银行、交通银行、招商银行等）使用的软件基本相似，业务操作和基本流程规范具有较高的参照性。本教材实验内容所依托的实验软件是“深圳智盛信息技术有限公司”开发的“商业银行综合业务仿真实训平台”。

作为全面仿真模拟商业银行综合业务的金融教学软件，智盛商业银行综合业务实验系统采用最新的银行业务规范和业务操作、最新的商业银行会计核算方法为蓝本开发而成。本章通过实验专用术语、业务流程、软件功能、基本实验操作等内容介绍，使学生首先了解并熟悉商业银行综合业务的实验环境，能够进行初始实验操作，从而将所学理论知识与实际业务有机结合，充分达到理论结合实践的实验目的。

第一节　系统模块与管理模式

一、系统模块

智盛商业银行综合业务实验系统主要包含以下功能模块，如图 3－1 所示。

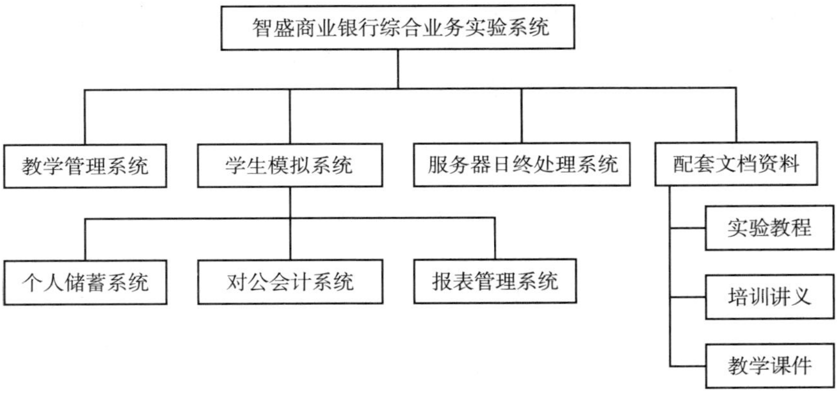

图 3－1　商业银行综合业务实验系统模块

从图 3－1 可知，智盛商业银行综合业务实验系统包含四个模块：教学管理系统、学生模拟系统、服务器日终处理系统和配套文档资料等模块。具体内容介绍如下：

（一）教学管理系统

教学管理系统是实验授课教师作为系统管理员，在学生进行模拟操作时，以上级行（分行）身份对参与实验班级（支行）以及参与实验操作的学生进行的业务管理，如创建交易部门、分配柜员账号、授予柜员资格，分配柜员操作额度、系统维护、账户查询、密码修改、参数管理、利率管理、会计科目管理、系统授权管理等。

（二）学生模拟系统

学生模拟系统是在该系统中由学生操作进行实验的系统模块，是实验教学的核心内容。学生模拟系统的实验内容包含了商业银行的三大核心业务部分：个人储蓄业务、对公会计业务、报表管理业务。在该系统中学生通过系统管理员（任课教师）创建的交易部门（实验班级）——银行支行，学生以支行普通柜员、会计记账员的身份从事实验项目的业务操作，并接受上级分行的业务指导与操作管理。通过实验操作，不仅可以加强学生对现代商业银行理论知识的理解，训练学生的实际动手能力，也为学生走向社会提供一个理论结合实际的实验环境。

（三）服务器日终处理系统

商业银行作为特殊的金融企业，需要在每天营业结束之前进行日终结账，要将各科目余额结清或结转下期，从而达到账账相符、账款相符的目的。该系统中设置的服务器日终处理系统充分显示了商业银行业务需要进行日终结账的特点。该系统在每日上述两个实验模块的业务完成后，服务器日终处理系统自动完成日终总账与明细账的结账、核对业务工作，使其当日学生操作的业务自动结转到下一个实验操作时间，从而保持了业务处理的完整性和连续性。

（四）配套文档资料

配套文档资料是指智盛商业银行综合业务软件附带的本系统模拟操作使用的说明资料，用来指导教师和学生的模拟实验，主要包括：系统实验教程、培训讲义和实验教学课件等。

二、系统管理模式

我国商业银行的组织形式大多实行总分行制，即在总行一级法人制下，在国内外各地普遍设立分支机构，总行一般设立在各大中城市，所有分支机构统一由总行实施管理。智盛商业银行综合业务模拟系统的管理模式也是按照总分行制设置，具体模式如图 3－2 所示。

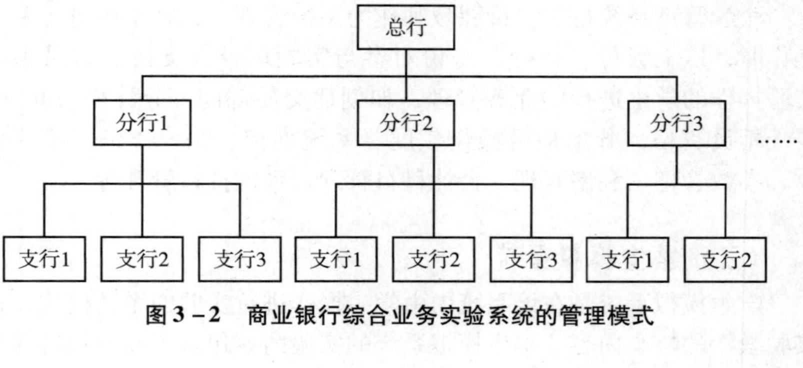

图 3－2　商业银行综合业务实验系统的管理模式

图 3－2 显示，智盛商业银行综合业务实验系统中，总行是所有分支行的总管理行，负责制定相关管理规则、权限划分，具体操作规范，以及向分支行划拨重要单证、业务用资金；分行是具体实施管理职能的机构，在该系统中由任课教师通过教师管理系统行使对支行的管理职责；支行是实际从事银行综合业务操作的职能部门，具体是通过教师管理系统由任课教师创建的交易部门，通常由 10～20 名学生组成一个支行；或者由任课教师根据参与实验班级的总体人数划分为若干个支行，并对各支行内学生具体分配从事实验的角色及其实验项目安排。在支行的实验操作中，账号、凭证、资金均通过系统实行统一使用和管理。

第二节　实验专业术语说明

商业银行综合业务实验系统中，经常会使用商业银行业务中一些基本概念，在该系统中这些概念的原意依然沿用，但又结合系统需要赋予了在实验中的特点和功能，以及实验中的操作流程，这些概念称作实验系统的常用专业术语。

一、常用专业术语

（一）凭证

1. 凭证的概念和种类

凭证是指商业银行业务操作中使用的专用单证。凭证的种类主要包括支票、汇票、本票、储蓄存折、储蓄存单、一本通存折、一卡通、信用卡等类别。除一卡通、信用卡由信用卡部管理和分配外，其他所有的凭证都由上级行管理和分配。

凭证主要用于日常的个人储蓄业务中，大部分具有固定的使用用途，也有部分凭证能够通用，如普通存折可以使用的储蓄种类包括：活期存款、零存整取、存本取息、通知存款和教育储蓄。定期存单可以使用的储蓄种类有：整存整取和定活两便。而一本通存折和一卡通用于银行的综合业务，可以供各储蓄种类使用。

2. 凭证管理

商业银行凭证管理系统实行自上而下分配，自下而上领用的管理办法。具体而言，采取从市行到支行、从支行到网点的二级分配体系。支行到市行领用凭证后，市行管理部门必须将凭证的起始号码位输入中心机房的管理机内，并进行分配操作，将凭证分配到各支行管理机内。同样，支行凭证管理员也要将凭证的起始号码有计划的分配到各网点的库钱箱里，网点凭证负责人在前台机器交易界面选择库钱箱凭证领用交易领入凭证到库钱箱，柜员用凭证出库交易领入凭证。

具体流程为：市行库—支行库—网点库钱箱—柜员钱箱。一卡通、信用卡的分配和普通凭证分配一样，只是一卡通的分配是从信用卡部开始，而不是市行库。

在本系统的业务流程中，对公业务凭证的领用必须先由总行会计部柜员将凭证领用，再下发给各营业网点，然后由营业部柜员先领用再出库后才能使用。

（二）钱箱号

钱箱即尾箱，是存放重要空白凭证和现金的工具。在本系统中钱箱分为库钱箱和柜员钱箱两级。库钱箱由中心机房建立，属于网点所有，所有的柜员都可使用；柜员钱箱属于银行网点柜员所有，且只能本柜员使用，若柜员不注册钱箱，则只能做转账业务而不能做现金业务。库钱箱系统自动生成，而柜员钱箱需要柜员自己注册。当柜员第一次登录系统时钱箱号为空（此时柜员钱箱尚不存在），柜员登录系统后做增加柜员钱箱才能生成钱箱号码。注册钱箱成功后，需要退出系统重新以钱箱号、密码登录后进入系统页面才能办理现金业务。

（三）柜员号

银行实行综合柜员制，办理业务的临柜人员都需要获得柜员号才能成为银行的正式柜员。柜员号由总行统一管理，系统设置的柜员号有5位数，柜员号的形式为：S## **，其中：S表示该柜员是储蓄业务操作员（如果是A则表示该柜员是ATM操作员）；##（01－29）为支行行号，**为支行中柜员的统一编号（00－99）。如S0215则表示从事储蓄业务的02支行的第15位柜员。

系统中柜员从事对公业务时用K表示，其他编制方法同储蓄业务。例如K0211表示02支行的第11位柜员。需要注意的是，对公业务中K0001的柜员号是唯一的，特指总行会计部柜员代码，具有下发凭证的权限，其他任何人不能更改。

（四）客户号

商业银行实行客户管理制度。系统中客户号是对客户进行管理的主要手段，客户号由10位数码组成，客户输入相关信息后由系统自动生成。客户号的第1位数用来区分不同的客户类型：第1位数是数字“0”~“4”时表示储蓄账号，数字“5”~“8”表示对公账号，数字“9”表示内部账号。客户号的第2~9位为顺序号，第10位数为校验位。

例如：1 0 0 0 0 0 0 2 6 8 5 中，第1位“1”表示该客户号是储蓄账号，2~9位的“00000268”是顺序号，表示该客户号是该银行开立的第268位客户，第10位数字“5”表示校验位。因为储蓄账号是“0”~“4”，所以加上顺序号后，全行可以有5亿个储蓄客户。

（五）账号

银行客户办理业务时，根据业务不同需要不同的账户。系统中账户用账号表示，储蓄账号与对公账号都是15位数字，客户输入相关业务信息时由系统自动生成。账号的前10位是客户号，后5位是账号后缀，又称为子户号，账号后缀的前4位为顺序号，第5位为校验位。

例如：0 0 0 0 0 0 2 6 8 5 0 0 0 1 0 则表示客户号为0000002685的客户开立的第一个子户（0001为顺序号），第5位为校验位。每个客户号下都可以有1万个分户。

（六）存期代码

定期储蓄业务中要求输入存期代码。系统中存期代码共3位数字：第1位为数字“1”时表示以天为单位输入存期；数字为“2”时表示以月为单位输入存期；数字为“3”时表示以年为单位输入存期；后面两位数字表示相应的存期。例如：1天期通知存款的存期代码为“101”；7天期通知存款的存期代码为“107”；3月期定期存款的存期代码为“203”；6月期定期存款的存期代码为“206”；1年期定期存款的存期代码为“301”；2年期定期存款的存期代码为“302”；3年期定期存款的存期代码为“303”；5年期定期存款的存期代码为“305”；8年期定期存款的存期代码为“308”。

注意：对公业务基本存款账户开户时不需存入现金，系统自动默认为预开户状态，开户时存期代码输入“000”，当发生第一笔存款业务后该账户自动转为正式账户。系统中对公业务一般存款账户、临时存款账户同基本账户做法类似，开户时的存期代码都是“000”，为预开户状态。

（七）分析码

系统中分析码为银行系统内部校验码，为三位数的任意阿拉伯数字，无任何业务含义。

（八）表内业务

表内业务是指商业银行资产负债表中所涉及科目对应的业务，表内业务的记账统称为表内记账，如储蓄业务、对公业务的存取款、转账、结算业务、贷款业务等。表内记账时应遵循借贷记账法的法则，即“有借必有贷，借贷必平等”，其每一笔记账均会影响资产负债表内各项目的总额。

（九）表外业务

商业银行表外业务是指商业银行所从事的不列入资产负债表内，且不影响资产、负债总额的经营活动。表外业务对应的记账称为表外记账，如商业银行代理业务、中间业务、保证业务、内部往来业务等均为表外业务。表外记账时使用收付记账法，单边记账，以“收”或“付”为记账符号。

（十）冲账

系统中当发生设备或者通信故障、操作员操作错误以及客户不予确认的存、取款业务导致的错账，应按照权限管理规定办理冲正，在电脑产生的冲正凭证上注明冲正原因，经网点业务主管确认签字，这一操作过程则称为冲账。

二、储蓄业务术语

（一）活期储蓄

活期储蓄是指无固定存期、可随时存取、存取金额不限的一种比较灵活的储蓄方式。其特点主要有：起存金额低，以人民币 1 元为起存点，适用于所有的客户；随时存取，手续简便；客户能够获取活期存款利息；资金运用灵活性较高等。

（二）整存整取

整存整取是一种由客户选择存款期限、存款金额，整笔存入，到期提取本息的一种定期储蓄。整存整取具有如下特点：

（1）较高的稳定收入：利率较高，利率高低与期限长短成正比。

（2）方便结转：整存整取存款到期后可以自动转存，也可通过银行提供的多种转账渠道结转。对于存入“一本通/一卡通”中的整存整取存款不仅可以约定转存，还可以进行活期转定期或到期定期转活期的操作，具有灵活管理整存整取存款本息、存期、存款形式等特点。

（3）资金灵活：当客户需要资金周转而在银行的整存整取存款未到期时，可以通过自助贷款将账上的整存整取存款作质押，获得个人贷款融资；整存整取存款还可以部分提前支取一次，但提前支取部分将按支取当日挂牌活期存款利率计息。

（4）起存金额低：各币种起存金额如下：人民币 50 元；港币 50 元；日元 1000 元，其他币种为原币种 10 元。

（5）存期选择多：人民币存期有 3 个月、6 个月、1 年、2 年、3 年和 5 年等。

（三）零存整取

零存整取是一种将小额、分散的资金积累起来的定期存款方式。存款人要事先和银行约定金额和期限，逐月按约定金额存入，到期支取本息。零存整取具有如下特点：

（1）适应面较广，手续简便。

（2）积零成整，收益较高。

（3）起存金额低：人民币 5 元即可起存。

（4）存期选择多：包括 1 年、3 年、5 年等三档存期。

（5）每月需以固定金额存入：若中途漏存，应在次月补齐。未补齐视同违约，违约后将不再接受该客户续存及补存。

（四）定活两便

定活两便是一种事先不约定存期，一次性存入，一次性支取的定期储蓄存款。如果客户有较大额度的短期闲置款项，但在不久的将来可能随时需要使用时，可以选择“定活两便”方式作为储蓄存款。定活两便的特点如下：

（1）使用方便。具有活期和定期两种存款形式的优势，可以随时支取，又具有定期存款利息。利息按实际存期长短计算，存期越长利率越高。

（2）起存金额低。以人民币 50 元为起存点。

（3）支取简单，一次存入，一次支取。

（4）计息规定：存期超过整存整取最低档次且在一年以内的，分别按同档次整存整取利率打六折计息；存期超过 1 年（含 1 年）的，一律按一年期整存整取利率打六折计息；存期低于整存整取最低档次的，按活期利率计息。

（五）存本取息

存本取息是指一次性存入本金，分次支取利息，到期支取本金的定期储蓄形式。如果客户的款项在一定时期内不需动用，只需定期支取利息以作日常零用，则可选择“存本取息”方式作为定期储蓄存款形式。存本取息具有如下特点：

（1）起存金额较高，存款余额稳定。起存金额为人民币5000元。

（2）存期选择多：包括1年、3年、5年三档存期。

（3）计息规定：存本取息采取分期付息，客户不得提前支取利息，如取息日不能及时支取利息，以后可随时取息，但不计算复利。

（六）个人通知存款

个人通知存款是一种不约定存期，支取时需提前通知银行，约定支取日期和金额方能支取的定期储蓄存款。个人通知存款不论实际存期多长，按存款人提前通知的期限长短划分为1天通知存款和7天通知存款两个品种。1天通知存款必须提前1天通知约定支取存款；7天通知存款则必须提前7天通知约定支取存款。个人通知存款的币种为人民币，其主要特点如下：

（1）资金灵活。适用客户拥有大额闲置款项，但在短期内需要一次支取部分款项，或者需要多次支取部分款项，以及在短期内不确定取款日期的资金运用。

（2）利率较高。通知存款利率高于活期存款利率，但低于整存整取利率。

（3）智能理财。个人通知存款到期时，系统能够自动将通知存款账户的款项转入活期存款账户，可以帮助客户理财，节省了时间，并能够有效提高资金利用率。

（4）大额资金管理方式。个人通知存款开户及取款起点较高，开户起存点为5万元；支取时最低持有的金额也为5万元。

（七）教育储蓄

教育储蓄是一种城乡居民为其本人或其子女接受非义务教育（指九年义务教育之外的全日制高中、大中专、大学本科、硕士和博士研究生，或出国留学）积蓄资金的一种储蓄存款形式。教育储蓄的特点如下：

（1）明确的户名。户名为在校小学四年级（含四年级）以上学生均可。

（2）优惠利率，并免收利息税。客户需要提供接受非义务教育的证明，款项存入后享受优惠利率（按同档次整存整取利率），并免收利息税。

（3）存期灵活、存款便利：客户可与银行协商约定存款的方式和每期存入的本金数额，一般以零存整取方式逐月存入，到期一次本息支取。

（4）起存金额低：最低起存金额为人民币 50 元，最高存入的限额为人民币 2 万元。

（5）存期选择多：包括 1 年、3 年、6 年三档存期。

（八）个人支票

个人支票是个人签发的，委托办理支票存款业务的银行，在见票时无条件支付确定的金额给收款人或者持票人的票据。个人支票仅用于同城结算，持有人（收款人）持支票可以支取现金，也可以转账结算，个人支票的有效期限为 10 天。个人支票具有如下特点：

（1）个人支票即签即付，不受商户硬件条件限制。

（2）个人支票是签发者个人信用的体现，能够提高签发者的自身信用价值。

（3）个人支票户销户前，必须先执行结清操作再进行销户。

三、对公业务术语

（一）单位通知存款

单位通知存款是一种存款时不约定存期，支取时需要提前通知银行，约定支取金额和期限方能支取的一种存款品种。这是一种单位将暂时闲置的资金存入银行获取一定收益的存款方式，其利率高于活期存款利率但低于整存整取利率。单位通知存款的本金一次存入，多存不限，可以一次或分多次支取，但支取时只能转账，不能支取现金。目前我国商业银行人民币单位通知存款有 1 天和 7 天两种通知存款类别，单位客户可以自行选择。单位通知存款的最低起存金额为人民币 50 万元，最低保留金额为 10 万元。

（二）人民币单位协定存款

人民币单位协定存款是指单位客户按照与银行约定的存款额度开立结算账户，账户中超过存款额度的部分，银行将其转入人民币单位协定账户，并以优惠利率计息的一种单位存款。单位客户若在银行账户上经常留有大额资金，则可采用此种存款。

单位协定存款通过设定存款基数，实行超额分户计息的办法，既保证了资金随时调度的要求，又可取得高于活期存款利息的收益。办理协定存款时，开户单位要与银行签订《协定存款合同》，该合同的期限最长不得超过1年（含1年），合同到期后任何一方没有提出终止或修改合同，即视自动延期，延长期限与上一合同期限一致。单位协定存款最低约定基本存款额度为人民币50万元（含50万元），超过这一额度的为协议部分。协定存款账户的资金实行分段计息：基本额度存款按中国人民银行公布的活期存款利率计息；超过基本存款额度的部分按人民银行公布的人民币单位协定存款利率计息，每季结息一次，计息期间如遇利率调整，分段计息。

（三）单位存款账户

我国商业银行单位存款账户有以下四类：

（1）基本存款账户：基本存款账户是存款单位因办理日常转账结算和现金收付需要而开立的银行结算账户。按人民银行账户管理规定，一家单位只能选择一家银行申请开立一个基本存款账户，即一个营业执照只能对应开立一个基本存款账户。

（2）一般存款账户：一般存款账户是存入借款和其他结算需要，在基本存款账户开户行以外的银行机构开立的银行结算账户。本账户可办理借款、转账结算和现金缴存，但不能办理现金支取和代发工资业务。单位客户申请开立一般存款账户，必须出具开立基本存款账户时规定的证明文件，否则不予开立此账户。

（3）临时存款账户：临时存款账户是存款单位因临时性经营活动需要，在规定期限内使用而开立的结算账户。单位客户申请开立临时账户时需要验资，必须提供工商行政管理局核发的《公司名称预先核准通知书》和该通知书列明的申请人身份证复印件。若因外地汇入待结算款项，可凭个人身份证开立一“留行待取”账户。临时存款账户的有效期限最长不得超过2年。

（4）专用存款账户：专用存款账户是指存款单位按照法律、相关法规规章，对其特定用途的资金进行专项管理和使用而开立的银行结算账户。开立专用存款账户时除按开基本存款账户要求提供有关文件外，还须向银行出具下列证明文件之一：经有权部门批准立项的文件；国家有关文件、规定。

（四）单位支票

依据《票据法》和人民银行结算管理办法，单位客户可以按规定使用现金支票、转账支票和普通支票，其中：现金支票只能支取现金，转账支票只能用于转账，普通支票既可用于支取现金也可进行转账，但转账时需要在支票左上角划两条平行线的划线支票才能用于转账。单位和个人在同一票据交换区域的各种款项结算，均可使用支票。

单位支票具有以下特点：

（1）支票一律记名，可以背书转让。

（2）支票提示付款期为 10 天（从签发支票的当日起，到期日遇例假顺延）。

（3）支票签发的日期、大小写金额和收款人名称不得更改，其他内容有误，可以划线更正，并加盖预留银行印鉴之一证明。

（4）支票发生遗失，可以向付款银行申请挂失；挂失前已经支付，银行不予受理。

（5）出票人签发空头支票、印章与银行预留印鉴不符的支票、使用支付密码但支付密码错误的支票，银行除将支票作退票处理外，还要按票面金额处以 5% 但不低于 1000 元的罚款。

（五）银行本票

银行本票是银行签发、承诺自己在见票时无条件支付确定的金额给收款人或者持票人的票据。单位和个人在同一票据交换区域需要支付各种款项，均可使用银行本票。

银行本票具有以下特点：

（1）银行本票可在当地各银行通存通兑；通存通兑的本票不受理挂失。

（2）银行本票可以用于转账；注明“现金”字样的，可支取现金。

（3）银行本票的提示付款期，自出票日起最长不得超过 2 个月。

（4）申请人或收款人为单位的，不得申请签发现金银行本票。

（5）银行本票可以背书转让，但填明“现金”字样的银行本票不得背书转让。

（六）银行汇票

银行汇票是汇款人将款项交开户银行，由银行签发给汇款人持往异地办理结算或支取现金的票据。适用于单位、个人汇拨各种款项的结算。

银行汇票具有如下特点：

（1）银行汇票可以用于转账；填明“现金”字样的，可支取现金。

（2）申请人或者收款人为单位的，不得申请签发现金银行汇票。

（3）银行汇票一律记名，可以背书转让。

（4）银行汇票提示付款期限，自出票日起 1 个月。

（5）未指定代理付款人的银行汇票丢失，银行不受理挂失止付，仅作道义上的协助防范。

（6）申请人因银行汇票超过付款提示期或其他原因，要求退款时，需持汇票和“解汇通知”到原出票行办理退汇手续。若因缺少“解讫通知联”的汇票要求退汇的，应在汇票提示付款期满 1 个月后（即签发月开始 2 个月后）到银行办理退汇。若因银行汇票丢失，要求退汇的，应在提示付款期满一个月后持人民法院出具的有效证明到银行办理退汇。

（七）商业汇票

商业汇票是由出票人签发，由承兑人承兑，并于到期日向收款人和持票人支付款项的票据。按承兑人的不同，可分为商业承兑汇票和银行承兑汇票。

商业汇票具有以下特点：

（1）商业汇票结算方式，同城或异地均可使用。

（2）签发商业汇票必须以真实合法的商品交易为基础。

（3）商业汇票一律记名，允许背书转让。

（4）商业汇票承兑期限，由交易双方确定，最长不超过 6 个月。

（5）每张银行承兑汇票的金额最高不得超过 1000 万元。

（6）商业汇票到期日前，收款人和被背书人应送交开户银行办理向付款人提示付款，对逾期超过 10 日的商业汇票，银行不予受理。

（7）银行承兑汇票的承兑银行按票面金额万分之五向申请人计收承兑手续费。

（8）已承兑的商业汇票丢失，可由失票人通知付款人挂失止付。

（9）对符合条件的未到期银行承兑汇票，持票人可向银行申请贴现。

（八）同城业务

同城业务是指本行开户单位与在同城他行开户单位进行资金存取、转账结算时的往来业务。同城业务使用的结算凭证有支票和银行本票等同城结算工具。

同城业务通常包括以下业务种类：

（1）提出代付业务：提出行向同城票据交换中心提出代付票据时录入的业务处理，即银行操作员接到单位客户存入票据时，录入相关信息并提交到票据交换中心的业务。其中票据的收款人需在本行开户。

（2）提出代收业务：提出行向同城票据交换中心提出代收票据录入的业务处理，即银行操作员收到单位客户存入的票据时，录入相关信息并提交到票据交换中心的业务。其中票据的付款人需在本行开户。

(3) 提入代付业务：提入行从同城票据交换中心提入代付票据录入的业务处理，即银行操作员收到通过交换提入的银行付款票据时，录入相关信息并完成账务处理。其中票据付款人需在本行开户。

(4) 提入代收业务：提入行从同城票据交换中心提入代收票据录入的业务处理，即对方行通过交换将代收票据提到本行，操作员录入相关信息并完成账务处理。其中票据收款人需在本行开户。

(5) 交换场次切换：该交易用于票据交换场次的切换，即将复核过的报单送给交换员参加交换前进行的操作。“交换场次”随时间不同而不同，如果是下午进行场次切换，录入的日期为下一工作日，场次为“1”，即提出的是次日上午一交票据；如果是上午进行场次交换，录入日期为当日，场次为“2”，即提出的是当日下午二交票据；年终决算最多可以做“4”场交换。有提入无提出的业务发生，先进行场次切换（报空盘，场次输入为负，分别是 -1、-2、-3 和 -4)，再处理提入的业务。

(6) 取消场次切换：该交易用于票据交换场次切换的取消。操作完成后，场次恢复为上场。有该场次的提入票据或该场次已清差的不能进行本操作。

(7) 同城场次调整：该交易用于切换了交换场次但未到人行交换，发现提出票据有误或要追加票据时的业务处理。

(8) 清算时间：一般上午场 12：00 前，下午场 6：00 前；一次清算行每天只参加下午的清算。

(9) 非法二次查询：该交易用于查询非法二交报单的业务处理，由于边远地区银行不参加人行当日二交，因此在交换前需将这些票据的金额与笔数扣除，系统自动将扣除部分滚入下一场次。通过该交易可以查询出非法二交票据的信息。

（九）辖内业务

凡在商业银行同一分行的各个营业网点（支行）开有存款账户的企业、事业、机关、部队、社会团体和个体工商户等，都可以通过银行辖内通存通兑方式办理业务。辖内业务包括以下种类：

(1) 现金通存：指本行单位客户在其开户行以外的同城系统内他行办理现金缴存业务。

(2) 转账通存：指本行单位客户在其开户行以外的同城系统内他行办理支票转账存款业务。

(3) 现金通兑：是指单位客户签发本行现金支票，在开户行以外的本行网点（代理行）的取现业务。

（4）转账通兑：是指单位客户签发本行转账支票，在开户行以外的本行网点（代理行）办理转账付款业务。

（十）特约汇款业务

开办特约汇款业务，单位客户需签订“特约汇款证”。特约汇款业务包括以下业务种类：

（1）签发特约汇款证：该交易由签发行接受单位客户的委托办理的汇款证签发业务。即签发行受理汇款人递交的特约汇款证委托书，审查无误，由汇款证签发人员根据特约汇款证委托书所列要素录入相关数据信息后，发出汇款信息给转汇行或者收受行。

（2）兑付特约汇款证：该交易是指特约汇款证的兑付行收到转汇行或者签发行发来的兑付信息后，根据收到凭证和报单性质的不同，兑付行办理相应的款项兑付业务。

（3）特约汇款证转汇：该交易是指特约汇款证的转汇行按照规定在本系统银行之间办理转汇、汇差清算划拨等业务。

第三节　业务流程

本节介绍个人储蓄业务和对公会计业务的具体操作流程。

一、个人储蓄业务操作总流程

个人储蓄业务流程说明：

（1）营业开始，柜员登录个人储蓄业务系统，做日初业务，通过“通用模块”修改操作员信息，并注册个人钱箱，做“增加尾箱”处理。操作完成后，退出系统，重新以修改后的密码和钱箱号码登录。

（2）建立钱箱后，柜员可以进行日初业务操作。若为网点行组长，则通过“通用模块—凭证管理”界面，领用本网点行凭证，然后和所有柜员做同样的操作，在“通用模块—钱箱管理”界面，做“重要空白凭证出库”操作。若只是普通柜员，只做“重要空白凭证出库”。

（3）客户在银行申请账户业务时，必须开立客户号后方能从事所有的储蓄业务。客户号有两种：普通客户号和一卡通/一本通客户号。

（4）柜员出库的凭证种类和号码、客户号等都可以通过“一般查询”获得所需信息。

（5）在“日常储蓄业务”界面，客户可以通过向柜员申请从事所有储蓄种类的开户、存入、支取、查询、销户、挂失解挂、换凭证等业务。

（6）除储蓄业务的日常业务外，柜员还要经常接受客户的申请，从事信用卡、代理业务等日常业务操作，以及信息维护、账务维护、冲账的特殊业务的操作。

（7）日终时，柜员需要交回所有的现金和未用完的凭证，做“现金入库”“凭证入库”处理。从而结束当日的实验操作。

二、对公会计业务操作总流程

对公会计业务流程说明：

（1）营业开始，柜员登录对公会计系统，做日初业务，通过“通用模块”修改操作员信息，并注册个人钱箱，做“增加尾箱”处理。操作完成后，退出系统，重新以修改后的密码和钱箱号码登录。

（2）建立钱箱后，则可以日初业务操作。首先，由总行会计记账员（k0001）登录总行（行号 0001）界面，总行会计记账员通过“通用模块—凭证管理”界面，领用凭证，然后再下发凭证给各支行网点。其次，由各支行柜员通过支行交易界面领入支行库钱箱，再通过“通用模块—钱箱管理”界面，做“凭证出库”操作，将凭证领出到柜员个人钱箱。同时，也将现金领用出库。

（3）客户在银行申请做对公业务时，首先必须开立客户号后方能从事所有的对公存贷和结算业务。

（4）根据新开客户号，柜员为客户开立对公存款基本账户、一般账户、专用账户和临时账户。据此，客户可以使用这些账户从事相应的业务活动。

（5）账户开立后，客户必须先从银行购买支票，才能利用支票进行结算、转账等业务活动。柜员为此通过“支票出售”进行操作。

（6）在日常存贷业务中，客户经向柜员申请后，可以从事对公活期存款、定期存款，以及各种转账存款业务；对公普通贷款、个人贷款等业务。并在操作中能够把对公账户、凭证、交易等信息随时通过“信息查询”获得。

（7）对公会计记账业务中，结算业务是日常发生非常频繁的。结算业务包括辖内业务、同城业务与汇兑业务三部分。

（8）日终时，柜员需要交回所有的现金和未用完的凭证，做“现金入库”“凭证入库”处理。从而结束当日的实验操作。

第四节 实验操作准备

一、实验准备

进行实验操作之前，必须准备好基本的实验环境，包括硬件环境和软件环境两方面。硬件环境应具备以下条件：

（1）服务器一台，投影仪一台；

（2）电脑若干台（主讲教师一台，参训学生每人一台）；

（3）实验讲义每人一册。

软件环境方面，需要具有畅通的互联网条件，随时能够调用操作软件；安装有最新版的“智盛商业银行综合业务仿真实训平台”，操作系统可以使用 Windows 2007 或者 Windows XP。

在实验操作过程中主讲教师一边讲解，一边操作，参训学生按要求进行具体实验操作。

二、实验内容及要求

银行业务实验课程主要以学生上机或在仿真模拟实验环境综合体验观察为主，实验内容为商业银行业务操作综合最基本的认知内容、基本概念和基本流程，具体要求也体现在各实验步骤的操作环节中。本课程的实验内容和实验要求简要概括如下：

（一）教师管理系统

教师管理系统基本按照商业银行上级行（市行）的管理模式、内容和实验要求设置，与学生端的操作系统从业务上看是上下行的关系，从实验要求上看是管理与被管理关系。具体业务如表 3－1 所示。

表 3－1　　教师管理系统实验内容及要求

实验项目	实验内容	实验要求
建立交易部门	以教师身份登录教师管理系统，建立若干交易部门，每个交易部门是一个银行营业网点。通过建立多个交易部门，可以进行跨网点交易	实验教师应理解交易部门在系统中的作用，熟悉建立交易部门的操作

续表

实验项目	实验内容	实验要求
创建学生用户	根据建立的交易部门，为每一部门（银行网点）的学生创建柜员号（即操作员号码），并按照操作储蓄业务和对公业务的不同，为柜员进行角色授权	实验教师应了解本系统中学生所扮角色具有何种操作权限，并为其授权，达到控制角色实验操作内容的目的
查询学生实验情况	查询学生在线情况、交易记录、实验状态、实验成绩等	实验教师要熟悉掌握通过系统查询学生实验的相关情况，以管理实验教学活动
管理实验参数	管理的参数有会计科目、业务代码、利率、储蓄各储种的业务规则、对公会计账户使用规则等	实验教师要掌握各实验参数的含义和规则，已经确定在实验过程中不能改动

（二）个人储蓄系统

个人储蓄系统实验中，学生的角色是普通柜员，主要实验内容及要求如表 3－2 所示。

表 3－2　　　　个人储蓄系统实验内容及要求

实验项目	实验内容	实验要求
通用模块	1. 凭证领用及出库、凭证入库及上缴； 2. 个人支票领用、出库、出售、核销、挂失及解挂等； 3. 重要空白凭证出库、入库、调配、作废及查询； 4. 增加尾箱、尾箱轧账、部门轧账； 5. 操作员密码及学号修改； 6. 错账冲正（冲账）操作	1. 理解凭证的作用； 2. 熟悉凭证的领用、出库等操作； 3. 理解并掌握尾箱的作用及柜员尾箱和部门尾箱的轧账； 4. 熟悉对操作员个人信息的修改
一般查询	1. 按客户名称或客户号进行客户综合查询； 2. 按账号查询账户交易情况； 3. 按账号或客户号、交易日期或流水号查询交易记录情况； 4. 按客户号、凭证号、尾箱号查询凭证综合使用情况； 5. 按交易部门、支票号或账号查询个人支票使用及出售情况	1. 熟悉查询各种交易记录的查询； 2. 熟悉各种凭证使用情况查询； 3. 熟悉支票号码的查询； 4. 熟悉客户信息、身份证信息的查询； 5. 熟悉各类账户的查询

续表

实验项目	实验内容	实验要求
个人储蓄	1. 开立普通客户号、一卡通或一本通客户号； 2. 以普通客户号及一卡通或一本通客户号开活期储蓄、整存整取、零存整取、定活两便、存本取息、通知存款、教育储蓄的账号； 3. 用以上账号进行存取款业务操作； 4. 普通存折及一卡通或一本通销户操作； 5. 一卡通或一本通换凭证、挂失及密码修改； 6. 换存折、存单及挂失，账户密码修改； 7. 普通支票开户、存取款、结清、销户操作	1. 熟悉各种储蓄业务操作； 2. 熟悉特殊业务的操作； 3. 理解不同储蓄业务品种的业务规定及交易流程； 4. 理解现代商业银行客户化的管理思想在实际业务中的体现； 5. 理解银行会计的核算方法
代理业务	1. 商业银行代理收付账号为内部账号，即“储蓄业务周转金”账号； 2. 建立不同代理类别的代理合同； 3. 进行代理业务批量录入； 4. 做代理业务批量明细增加； 5. 做客户委托代理的不同收付款业务	1. 熟悉代理业务的操作； 2. 理解商业银行表外业务的核算方法

（三）对公会计系统

对公会计业务实验系统中，学生的角色是会计记账员，主要实验内容及要求如表 3－3 所示。

表 3－3　　　　对公会计系统实验内容及要求

实验项目	实验内容	实验要求
凭证业务及钱箱操作	1. 以网点柜员登录建立钱箱和修改密码； 2. 以总行会计部柜员登录做凭证领用和凭证下发操作； 3. 以网点柜员身份登录做凭证领用和凭证出库； 4. 做现金出库和查询	1. 熟悉以不同权限的柜员登录系统作凭证业务； 2. 熟悉柜员个人信息维护操作； 3. 熟悉凭证领用、出库及现金出库操作的目的
开客户号及账号	1. 新开对公客户号； 2. 新开若干对公账号； 3. 现金存款，激活对公基本账号和一般账户	1. 理解客户化的业务管理思想； 2. 区分对公客户还是个人客户开账号时的不同状态； 3. 了解对公基本账号与其他类型账号之间的区别
支票业务	出售现金支票和转账支票	熟悉支票业务操作流程
存取款业务	1. 现金存款操作； 2. 现金取款操作； 3. 账户转账操作； 4. 协议存款操作； 5. 定期存取款操作	1. 熟悉对公现金及转账业务操作； 2. 熟悉对公协议存款及定期存款操作及业务规范

续表

实验项目	实验内容	实验要求
贷款管理	1. 新建贷款业务操作； 2. 贷款发放及部分还贷、全部还贷操作； 3. 贷款展期及不良贷款核销操作； 4. 贷款业务查询操作	1. 熟悉贷款业务操作流程； 2. 熟悉贷款业务管理规范； 3. 熟悉不良贷款业务处理流程
汇票业务	1. 商业汇票承兑业务操作； 2. 汇票到期付款操作	熟悉汇票业务操作流程
个人贷款	1. 个人消费贷款业务合同建立、贷款发放、提前部分还贷、提前全部还贷、个贷调息及贷款业务查询操作； 2. 助学贷款借据管理、单位合同录入、助学贷款贴息及提前全部还贷操作	熟悉个人贷款业务操作流程及管理规范
结算业务	1. 辖内结算业务操作； 2. 同城业务操作； 3. 特约汇款业务操作	1. 理解辖内及同城结算业务的区别； 2. 熟悉结算业务操作流程； 3. 熟练结算业务操作及交易查询
通用模块	1. 表内通用记账操作； 2. 对公账户维护操作； 3. 内部账户维护操作； 4. 上存下拨业务操作； 5. 账户冻结、解冻、冲销户操作； 6. 冲账业务操作； 7. 凭证挂失、解挂及换存单操作； 8. 支票挂失、解挂及核销操作； 9. 凭证入库、作废、查询及日终轧账操作	1. 熟悉账户维护、凭证业务及支票业务的操作； 2. 熟悉冲账业务及上存下拨业务操作
信息查询	1. 客户查询操作； 2. 账户查询操作； 3. 凭证查询操作； 4. 交易查询操作； 5. 总账查询操作	熟悉对各种交易结果进行查询的方法

（四）报表管理系统

报表管理系统的实验内容及要求如表 3－4 所示。

表 3－4　　报表管理系统实验内容及要求

实验项目	实验内容	实验要求
储蓄报表	查询储蓄营业报表	掌握各种报表的查询方法； 理解随着业务的变动各种报表发生相应变化
对公业务报表	查询对公业务营业报表	
会计月报	资产负债表、利润表等	
其他报表	相关业务报表查询	

第五节 实验系统管理

商业银行综合业务的系统管理内容主要包括系统安装、部门管理、参数管理、教师管理、联行行号和教学管理等内容。

一、系统安装

（一）系统安装环境

（1）服务器操作系统为：Windows 2000 Server + SQL 2000 Server（打 SP3 补丁）；

（2）客户端操作系统为：Windows 2000/XP + IE6.0 以上版本。

（二）安装方法

（1）运行 setup.exe，按提示完成安装，选择“银行综合业务”则同时安装“智盛商业银行综合业务仿真实训平台”。

（2）“智盛商业银行综合业务仿真实训平台”客户端 IE 浏览器 IP 地址为：

http：//服务器 IP 地址：8081/WitBank/index.jsp，或者 http：//服务器 IP 地址：8081/BANK。注意区分字母的大小写。

（3）“智盛商业银行综合业务模拟系统”以教师用户（admin/888888）登录系统，将系统系列号报到智盛公司（0755－83741441），授权后，系统就可以运行。

安装完成后，系统正常运行，进入登录页面。分为教师端登录和学生端登录，如图 3－3 所示。

教师端登录时，系统设定交易部门为“0000”，用户编号为“admin”，用户密码为“888888”（登录后及时修改密码）。教师登录系统后及时按照学生班级创建交易部门（分行、支行等）、分配各操作员编号、修改柜员信息。

学生端登录时，按照教师创建的交易部门及部门编号、教师分配的用户编号，以及初始密码“888888”登录。

图 3－3　商业银行综合业务仿真实训平台登录页面

二、参数管理

教师登录系统后，需要对系统中的会计科目、业务代码、利率等参数统一进行管理。

（一）会计科目管理

会计科目管理列示银行系统所示会计科目，使用时可以将会计科目表导出到 Excel 表中，如图 3－4 所示。

图 3－4　会计科目管理

（二）业务代码管理

业务代码管理列示银行系统所涉及的所有业务代码及其对应的会计科目，使用时可将其导出 Excel 表中，如图 3－5 所示。

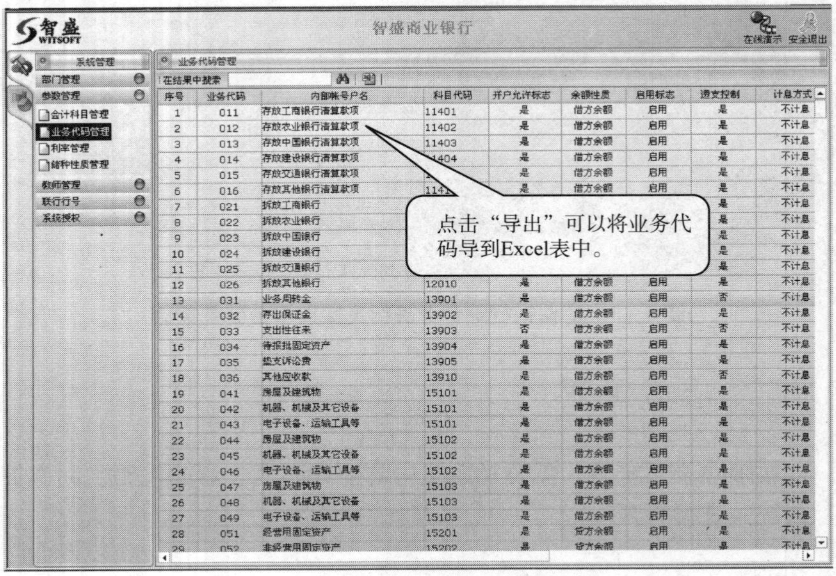

图 3－5　业务代码管理

（三）利率管理

实验中需要查询系统利率类别及利率时，可参见图 3－6。

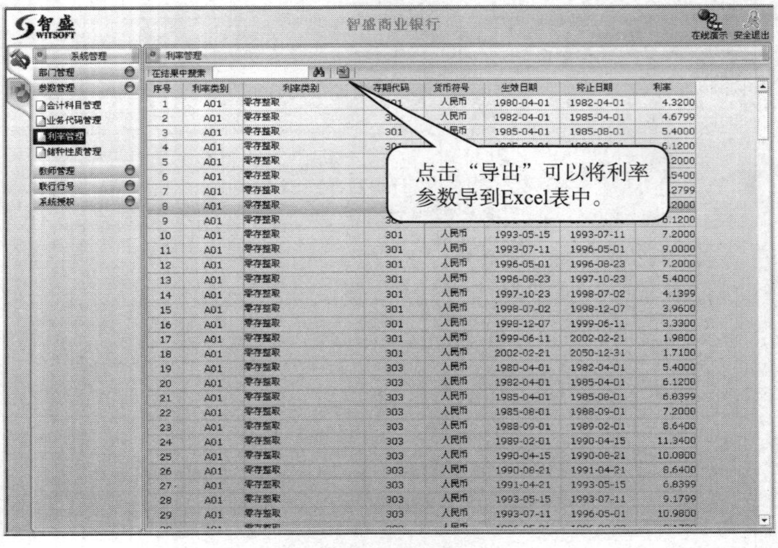

图 3－6　利率管理

（四）储蓄性质管理

储蓄性质管理用于实验时需要查询的各储种的业务规则，如图3－7所示。

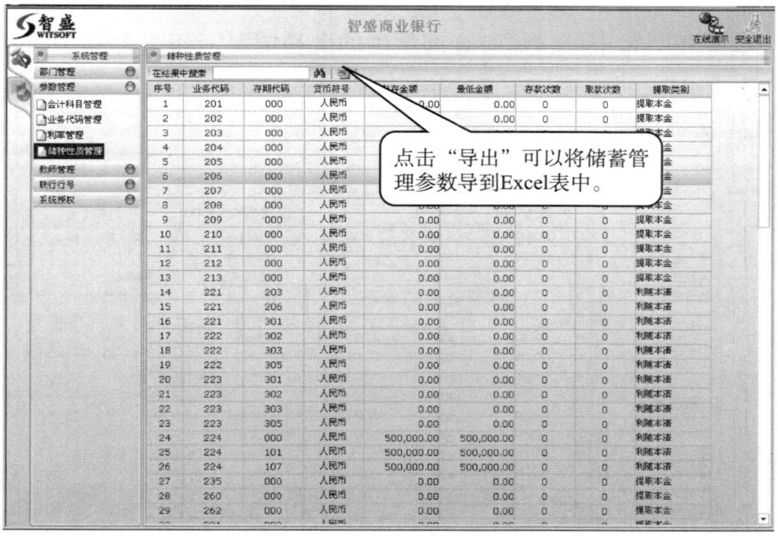

图3－7　储蓄性质管理

（五）联行行号管理

联行行号管理用于增加联行交易行号及编辑修改联行相关信息，如图3－8所示。

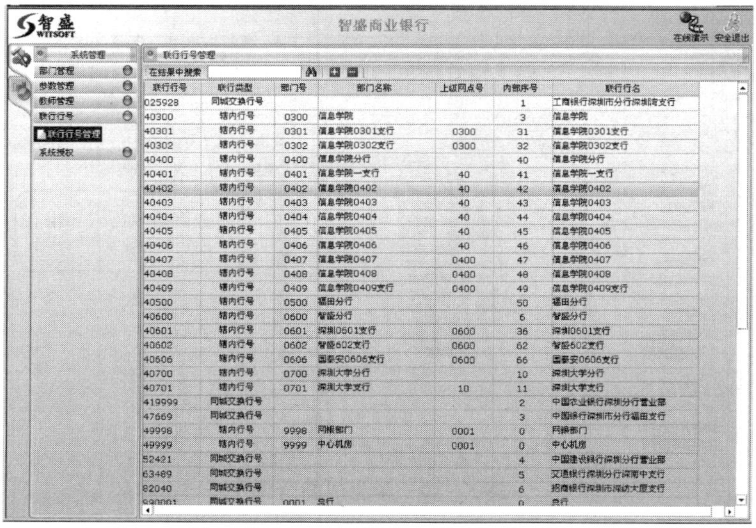

图3－8　联行行号管理

三、教学管理

（一）学生交易查询

教师在实验中可以随时查询学生的交易情况，如图 3－9 所示。

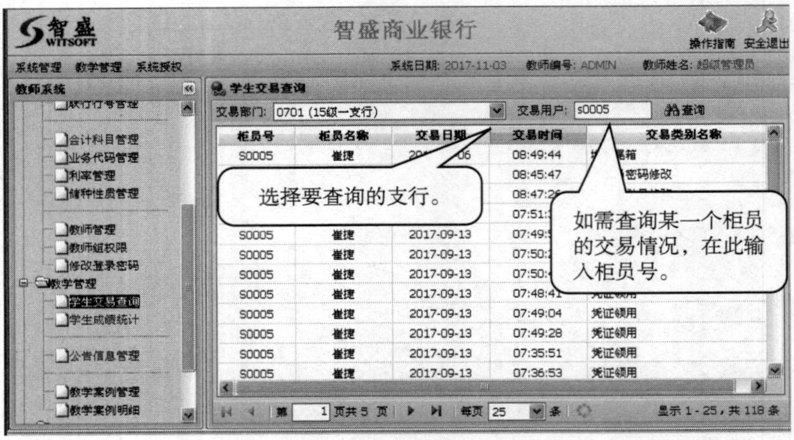

图 3－9　学生交易查询

（二）学生成绩查询

教师在实验中需要查询学生的实验成绩，并导出成绩时，如图 3－10 所示。

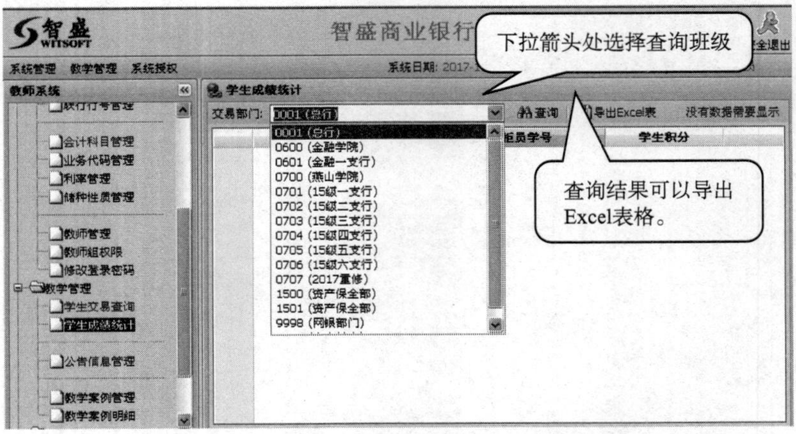

图 3－10　学生成绩查询

（三）公告信息

教师可以根据实验需要新增、修改及编辑公告信息，如图 3 – 11 所示。

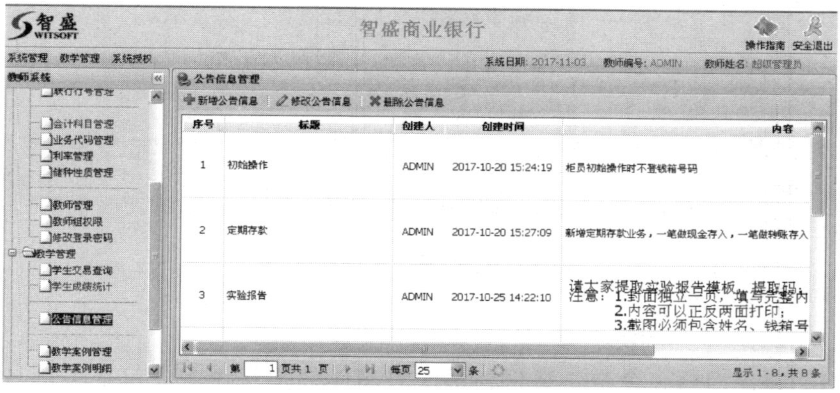

图 3 – 11 公告信息

编辑公告信息，并发送给各个参加实验的班级，如图 3 – 12 所示。

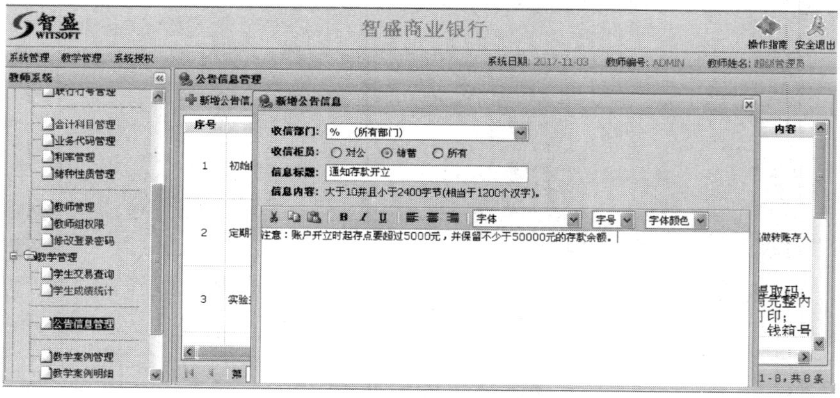

图 3 – 12 编辑公告信息

（四）教学案例

1. 教学案例管理

系统默认设置了近 200 个教学案例，分为个人储蓄业务案例和对公会计业务案例。每一个案例均根据其权重设置了相应的分值，个人储蓄业务案例和对公业务案例满分均为 100 分。教师可根据教学需要新增、修改、编辑、删除教学案例，如图 3 – 13 所示。

图 3－13 教学案例管理

2. 教学案例明细

系统对每一个教学案例，都配有具体的文字说明，包括案例名称、操作说明、对应分值等，教师如要设置新的教学案例，双击"教学案例明细"后，可进入案例明细编辑，如图 3－14 所示。

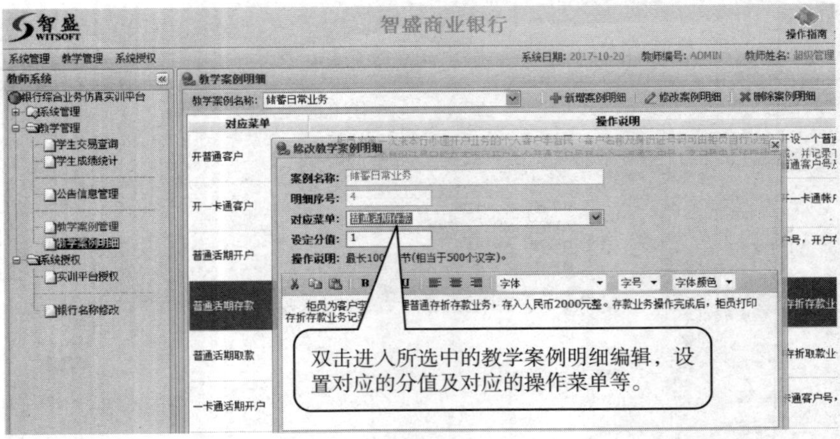

图 3－14 案例明细编辑

本章小结

1. 本章主要介绍了商业银行综合业务仿真实训平台的框架结构、基本特点、业务流程、实验基本知识、主要实验内容和要求，并对后续将要进行实验项目时如何使用软件、如何具体操作作了详尽的介绍。

2. 通过本章学习，能够使参与实验的学生熟悉实验环境、实验系统特点、实验所需的专业术语、基本常识和实验操作程序，以便对实验操作有一个总体的了解。

3. 本章介绍的系统管理实验项目，主要是针对授课教师的实验操作。授课教师在商业银行综合业务实验中的身份是商业银行分行，是参与实验班级（商业银行支行）的上级管理行，要从商业银行管理行的角度对各支行进行实验项目和业务操作管理。

4. 本章系统管理业务包括：系统安装、参数管理、教学管理等内容。通过以上实验操作，不仅可以让学生了解商业银行系统内的管理体制，还可以使授课教师能够更好组织课堂实验操作，合理把握实验内容和实验进度，以便更好地指导学生实验，有效提高实验教学质量。

复习思考题

1. 商业银行综合业务仿真实训平台的主要实验模块有哪些？
2. 什么是凭证？试列举实验中使用的凭证类别有哪些？
3. 商业银行个人储蓄业务中定期存款的种类有哪些？有什么特点？
4. 商业银行单位账户有哪些类别？
5. 个人银行业务实验操作的总流程是如何安排的？
6. 对公会计业务实验操作的总流程是如何安排的？
7. 如何创建交易部门和交易柜员？
8. 如何对实验系统中的参数实施管理？
9. 教学案例如何使用？有什么特点？
10. 授课教师如何对学生组的成绩进行管理？
11. 结合本课程实验原理，如何理解国家鼓励大学生创新创业的意义？

实验作业

1. 做好实验准备：登录实验平台，熟悉实验用设备、软件等实验环境。
2. 熟悉实验项目模块的基本规则、基本流程。

第四章

商业银行个人银行业务操作规程

【知识目标】

◇掌握个人银行基本业务类别及基本实验原理

◇理解现代商业银行实验业务系统的特点，掌握实验专业用语

【素养目标】

◇学习个人银行业务基本规范，培养爱岗敬业、诚实守信的品质

◇如何理解“双创”教育在人才培养中的意义

【技能目标】

◇掌握储蓄业务客户号、账号编排体系、生成原理

◇掌握商业银行业务日常操作基本流程

◇熟练掌握个人银行初始、日初业务基本流程和实验操作

【导入案例】

商业银行柜台日初操作实例

建设银行某路营业部综合柜员张洁早早来到营业网点，随同其他柜员做营业前准备工作：首先进行安全检查，合规后逐项记录；其次清洁营业场所环境，整理柜面物品、营业用具；然后网点业务主管开机，对柜员进行操作权限认定；最后，柜员签到。在主机开启成功后，张洁和其他柜员用自己的权限卡刷卡或指纹触摸显示器，登录签到界面，输入柜员号、钱箱号以及操作密码后，签到完成，系统进入交易界面。

15 分钟后，运钞车到达营业网点，业务主管办理接收网点钱箱。首先核实了交接员身份，再由两名柜员凭交接清单办理清点、核实款

箱数，确认无误后，办理交接手续。随后，张洁和其他柜员经业务主管授权后分别领取了电子钱箱和实物钱箱。对于电子钱箱和实物钱箱的现金币种、券别张数，张洁等柜员进行了明细核实和清点核对。无误后，张洁将现金实物、重要空白凭证、业务印章等重要物品和工作机具核对定位，归置整齐，准备对外营业。

商业银行的储蓄存款业务是商业银行获取存款资金的核心业务。在我国商业银行的各项负债来源渠道中，存款资金平均占到总负债资金的70%，其中个人储蓄存款又占到总存款资金的80%左右，因此银行十分重视储蓄存款业务的经营管理。

本章将系统介绍个人银行业务的系统管理、基本业务、初始业务及日常业务、代理业务、信息查询业务、日终业务的操作说明，以便于熟悉商业银行个人银行业务的操作规范和操作内容，加深对个人银行业务的理解。

第一节　个人银行业务系统管理

个人银行业务的实验系统有一套基本的工作流程，既体现着商业银行自身的行业特点，又展现着系统软件所具有的技术特色，个人银行业务的系统管理主要包括以下内容：实验系统特点、账号编排体系、信用卡业务、柜员管理、凭证管理、钱箱管理及业务通用操作等。

一、实验系统特点

（一）核心会计

核心会计，即并账制，它是将银行的会计核算过程从业务处理过程中提取出来，成为一个通用的会计核心，所有业务过程如储蓄、对公、代理业务等都围绕着一个会计核心来展开。这样就为将来银行创新业务打下了坚实的基础，同时也最大限度地减少了因会计核算办法改变而对业务过程带来的影响。核心会计系统代表了先进银行系统的一个主要特点，也是目前国内商业银行系统发展的新趋势。

（二）面向综合柜员

通过在并账制的基础上，对前台系统和综合业务系统的有机结合，在保留原有账务轧平方式的同时，逐步将柜面人员以面向账务为主的方式改为面向业务为主，以提高业务处理效率，并有利于新业务的开展。综合柜员意味着从事个人银行业务的全能柜员，将有效地提高银行的服务质量和服务水平。

（三）客户化

目前大部分银行业务系统的业务处理均以账号为基础，同一客户不同业务品种的账务之间缺乏有机的联系。同一客户的存贷款、资金去向等完整的业务信息难以把握。为了减少银行资金运营风险，提高对客户的服务水平，必须强化对客户信息的管理。为此，本系统改变以往系统设计的方法，提出面向客户信息的设计理念，以客户信息文件为基础，构造客户信息管理子系统，从而综合掌握客户状况，以便提供全面的客户追踪和决策分析服务，如资信评估、风险评估等，并为客户提供更好的服务手段。

二、客户号与账号编排体系

（一）客户号

面向客户，提供优质的客户管理是银行经营管理的重要理念，客户号是银行客户管理的主要手段。系统中设置的客户号由 10 位数码组成，其编排规则如下：

第 1 位用数字“0”~“4”表示；第 2~9 位为顺序号；第 10 位为校验位。

例如：0 0 0 0 0 0 1 2 3 4 中，第 1 位“0”表示该客户号是个人银行客户，第 2~9 位的 00000123 是顺序号，表示该客户是银行开立的第 123 位客户，最后一位的 4 表示校验位。由于个人银行客户号是“0”~“4”之间，所以加上顺序号后，全行可以有 5 亿个个人银行客户。

（二）储蓄账户

个人银行业务中的个人储蓄账号共 15 位数字，由前 10 位的客户号和后 5 位的账号后缀（又称为分户号）共同组成。其中账号后缀前 4 位为顺序号，第 5 位为校验位。

例如：0 0 0 0 0 0 1 2 3 4 0 0 0 1 0 表示客户号为 0000001234 的客户开立的第 0001 个子户，顺序号第 5 位为校验位，每个客户号下可以有 1 万个分户。

（三）内部账号

内部账号是银行内部结算、划拨款项时使用的账号，由10位客户号和5位后缀组成。其中客户号对应一个网点在某个币种下的某种业务。其编排规则如下：

第1位数字“9”表示内部账号。

第2~3位为支行号。

第4~5位为网点号。第2、3、4、5合并表示完整的网点编号。

第6~7位为货币代号。

第8~10位为业务代码。

账号5位后缀为顺序号，由全行统一制定。

例如：9 0 1 0 1 1 0 1 0 1 0 0 0 0 1中“9”表示内部账号，“01”表示市行营业部，“01”表示市行营业部01网点，第6~7位的10表示币种（人民币），第8~10位101表示库存现金业务代码，最后的5位00001表示柜员钱箱。所以这个内部账号的意思就是向市行营业部01网点00001柜员钱箱存放存、取款。

（四）业务代码

业务代码对应到唯一的会计科目。会计科目可能根据实际业务需要而变动，但是对应的业务代码是不变的。实验系统中科目可以是3位、5位、7位数字，而业务代码只是3位数字。

三、柜员管理

（一）柜员编号

柜员编号由分行统一管理。柜员编号共有5位数字，网点柜员号的编排形式为：S## **，其中S表示该柜员是个人银行业务操作员（如果是A则表示该柜员是ATM操作员），##号（01~29）表示支行号，**为支行下柜员统一编号（00~99）。例如S0215表示02支行的第15位柜员。

（二）柜员基本设置

（1）管理级柜员。管理级柜员为A级，不需临柜，只做专项授权管理业务，具体授权权限按金额和业务操作权限划分。

（2）操作级柜员。操作级柜员分为B级（柜长）和C级（普通操作员）两类。B级柜员不临柜，但可办理代扣、代发、小金额授权等特殊业务；C级柜员临柜，业务操作权限和金额操作权限具有明确划分。

（三）柜员密码管理

（1）柜员首次使用系统，必须先修改初始柜员密码。

（2）柜员要保管好自己的密码，原则上要求每个月对密码进行修改。

（3）如因密码泄露或将密码交由他人使用而造成的损失由柜员自己负责。

（4）柜员密码忘记可由其他柜员进行柜员密码修改操作，对其密码进行挂失。挂失的密码必须由中心机房进行解挂并更换新密码。

（四）柜员权限管理

（1）柜员要严格按照自己的权限进行操作和授权。

（2）柜员不得将自己的柜员卡交由他人使用，如有特殊原因须进行书面交接。

四、凭证管理

个人银行业务中的凭证种类包括储蓄存折、储蓄存单、一本通存折、一卡通等。存折、存单由市行分配，一卡通由信用卡部分配。其中：可以用储蓄存折的储种包括：活期存款、零存整取、通知存款、教育储蓄和存本取息；整存整取和定活两便都使用储蓄存单；一本通和一卡通各储种都可使用。

本系统的凭证领用采取从市行到支行、从支行到网点的二级分配体系。支行到市行领用凭证后，市行管理部门必须将凭证的起始号码输入中心机房的管理机内，并进行分配操作，将凭证分配到各支行管理机内。同样，支行凭证管理员也要将凭证的起始号码有计划地分配到各网点的库钱箱里，网点凭证负责人在前台机器交易界面选择库钱箱凭证领用交易领入凭证到库钱箱，柜员再用凭证出库交易领入凭证到柜员钱箱。

五、钱箱管理

系统对网点的个人银行业务设立库钱箱和柜员钱箱两级。库钱箱由中心机房建立，柜员钱箱则需要柜员做“增加尾箱”后自己申请。柜员第一次登录系统注册时钱箱号不用输（此时此柜员钱箱不存在），登录系统后做增加钱箱后才能生成柜员钱箱号。柜员钱箱生成后，需退出系统重新以生成的柜员钱箱号注册系统才能办理现金业务。库钱箱本网点所有柜员都可使用，柜员钱箱只允许柜员本人使用，若柜员不注册钱箱号码，则只能做转账业务而不能做现金业务。

六、业务通用操作

系统中对个人银行业务客户的信息资料、账户进行全面管理，主要通过如下通用操作：

（1）客户号管理。任何新客户在开账户之前，必须先开客户号，储蓄账户通过“客户号+账号后缀”来区分。客户号（成批量）由总行科技部打印出来发给各支行，各储蓄网点再根据业务需要向上级行申请。客户号长度为10位数字。客户号由客户自己输入相关信息后，由系统自动生成，临柜人员再输入电脑。

（2）凡按回车键后，弹出刷磁条窗口的，请在刷卡器上刷存折或操作员卡。

（3）若某业务要取消刷磁条功能，请在窗口上找到“凭证输入”选择框，选择“手工输入”。

（4）凡按回车键后，弹出刷输入密码窗口的，请刷操作员卡或提醒客户按密码键盘输入密码。

（5）定期储蓄业务中要求输入存期代码。存期代码共3位数字：第1位为数字“1”时表示以天为单位输入存期；为“2”时表示以月为单位输入存期；为“3”时表示以年为单位输入存期。后面两位表示相应的存期。现系统中的定期储蓄业务存期代码共有以下几种：101、107、203、206、301、302、303、305、308等。

（6）业务操作中凭证号码大多数是8位数字（支票号码为10位数字；信用卡为16位数字），而交易密码、查询密码通常为6位数字。

（7）若某业务要取消密码功能，请在窗口上找到：印鉴类别，选择C（无限制）或D（印鉴）。

（8）窗口中若“客户号”旁边有两个输入框（上下或左右排列），我们称第一个为“客户号”，称第二个为“客户号重复”。同理对“账号”“存折号”“存单号”。

第二节　个人银行基本业务说明

商业银行个人银行业务的基本业务主要有：日初业务、通用业务、个人储蓄业务、代理业务、信用卡业务，以及日终业务等项目，这些业务共同构成个人业务银行的核心业务所在，代表着商业银行面对客户的最主要服务业务类型，也是银行综合柜员日常操作的基本业务。

一、日初业务

个人银行的日初业务是银行每日营业开始时综合柜员上岗前的各项准备工作，主要包括凭证业务和现金业务。系统中营业网点从上级行领用的凭证和现金存放在本网点库钱箱，临柜的柜员从本网点领用出库后，凭证和现金才存放到柜员钱箱，这时，柜员才能有权操作使用。需要注意的是，本系统的整体业务是从营业网点的角度从事业务操作，所以，临柜柜员从网点行领用凭证与现金称为“出库”；日终时，临柜柜员将未用完的凭证和现金退回网点行称作“入库”。

（一）凭证业务

凭证业务包括领用凭证和凭证出库两部分业务。系统中柜员领用的凭证有：一本通存折、一卡通、普通存折、整存整取存单、大额双整存单、定活两便存单、信用卡、出入库凭证、普通支票九种类别。上述凭证由本网点的凭证管理员领用，领用后存放在库钱箱，通过“部门轧账”可以查询出领用类别和数额。

综合柜员临柜时，需要从库钱箱把凭证领用出库，操作“重要空白凭证出库”业务，将上述九种凭证办理出库业务。出库的凭证都是银行的重要有价单证，银行对其管理等同于现金的管理方式，专人专柜使用，柜员要存放在个人钱箱中，严格按照自己的权限进行操作和授权，不得将自己的凭证交由他人使用，如有特殊原因必须进行书面交换、调配。柜员可以通过“尾箱轧账”查询出库凭证的类别和数量进行核对。只有在柜员个人钱箱中显示出凭证入库的类别和余额，柜员才能操作与凭证对应的业务。

（二）现金业务

个人银行业务的库存现金由上级行按照核定的现金额度划拨，柜员通过“部门轧账”可以查询现金余额（刚开业的网点行通常现金余额为零），综合柜员操作的现金业务只有“现金出库”。当临柜柜员办理“现金出库”后，现金才从网点行的库钱箱存放到柜员个人钱箱，柜员可以通过“尾箱轧账”查询现金余额。

二、通用业务

个人银行的通用业务适用于所有的业务类别，主要业务包括：各种账户记账、账户与个人信息维护、凭证管理、钱箱管理，以及操作员管理等，体现着系统综合管理的架构和管理理念，也是个人银行业务实验顺利进行的重要保障。

系统中通用业务按照业务的性质归属于相应的业务实验模块，如：凭证管理业务中的“凭证领用”“凭证出库”“凭证入库”等在日初业务、日终业务模块；操作员管理业务在初始业务模块；钱箱管理业务中“重要空白凭证出库”“重要空白凭证入库”，以及轧账等业务也包含在日初业务、日终业务模块中。这些业务与所属模块具有相同的知识结构，可以在系统操作中理解并掌握全面的业务内涵。

通用业务中的记账业务，分为“表内通用记账”和“表外通用记账”两种，前者采用“借贷记账法”记账，主要适用于网点行内部结算账户之间的结转款项。后者采用“收付记账法”记账，适用于表外事项发生时账项的记录。

通用业务中的账户维护、信息维护、账户冻结、解冻、错账冲账等业务属于个人银行业务的特殊业务，需要按照系统的要求适时处理，以维护系统各项业务的顺利进行。

三、个人储蓄业务

个人银行储蓄业务是指经济社会中个人在银行或其他金融机构中存入的人民币或者外币资金，是商业银行最重要的柜台业务，体现着银行客户化的管理思想和管理架构。个人储蓄存款业务包括个人活期存款和定期存款业务。活期存款包括活期储蓄存款和结算存款，个人活期存款的形式多样，有活期存折、一本通等形式。个人定期存款包括整存整取定期储蓄存款、定活两便储蓄存款、零存整取定期储蓄存款、存本取息定期储蓄存款、教育储蓄定期储蓄存款、个人通知存款等种类，上述存款在形式上均可采用储蓄存单、存折、卡等。实验系统按照个人储蓄业务的类型设置实验操作项目，在类别上主要包括活期储蓄存款、整存整取、定活两便、零存整取、存本取息定期储蓄存款、个人通知存款、教育储蓄、个人支票等作为主要实验业务。并将日常柜台经常出现的换凭证、修改密码、挂失解挂等业务单独设计实验操作。不同的个人储蓄业务具有各自不同的基本流程和操作原理。

（一）活期储蓄存款业务的基本说明

活期储蓄存款业务是指无固定存期、可随时存取、存取金额不限的一种比较灵活的储蓄方式。活期储蓄存款适用于所有客户，以人民币1元起存，港币、美元、日元和欧元等起存金额为不低于1美元的等值外币，储户能够随时存取，手续非常简便。储户凭普通存折（卡）存取，一般每年计息一次，利息由银行在结息日直接转做本金续存。若储户中途结清账户，随时计付利息。其业务处理流程如下：

1. 开户与续存

储户首次存入活期储蓄存款时，应凭本人身份证件申请开户，填写“储蓄存款凭条”，连同现金交由银行柜台。银行柜员审查凭条，验明身份证件和点收现金无误后，开立账户并登记“开销户登记簿”，签发存折，并在存折扉页上加盖“储蓄业务公章”。若储户要求凭密码取款，应在存折上注明凭密码支取字样。柜员在凭条上加盖经办人名章和“现金收讫章”，以凭条作为现金收入传票，记会计分录为：

借：现金

　　贷：活期储蓄存款——××存款人户

打印存折并加盖业务公章，将存折交给储户。

储户续存时，应填写存款凭证，连同现金一并交由经办柜员。经审查并清点现金无误后，在存款账户进行记账，然后登记存折并核对账折，其余手续与开户时相同。

2. 支取与销户

储户持存折办理支取时，应填写储蓄取款凭条，将存折交付柜员，凭密码支取的，应在取款时核对密码。柜员审核无误后，进行业务处理。柜员核对户名、账户和余额后，在凭条上加盖经办人名章和“现金付讫章”，以取款凭证代替现金付出凭证，将现金和存折交由储户，并记会计分录为：

借：活期储蓄存款——××存款人户

　　贷：现金

储户支取全部存款不再续存时，称为销户。储户按存款余额填写“活期储蓄取款凭条”，连同存折交付柜员，柜员凭以记账，并结出利息的最后余额，记入取款凭条的“利息余额”栏，同时结算出本息实付金额，办理付款。同时，在存折上加盖“结清”戳记，存折作为取款的附件，其余手续同取款，会计分录为：

借：活期储蓄存款——××存款人户

　　利息支出——活期储蓄利息支出户

　　贷：现金

　　　　应交税金——个人利息所得税户

柜员同时登记“开销户登记簿”，利息清单连同现金交付储户。

【知识拓展4-1】

个人银行结算账户

根据《人民币银行结算账户管理办法》，个人银行结算账户是存款人因投资、消费、结算等而凭个人身份证件以自然人名称开立的可办理支付结算业务的银行结算账户。个人可以根据需要申请开立个人银行结算账户，也可以在已开立的储蓄账户中选择并向开户银行申请确认为个人银行结算账户。

存款人申请开立个人银行结算账户，应向银行出具下列证明文件：中国居民，应出具居民身份证件或临时身份证件；中国人民解放军军人，应出具军人身份证件；中国人民武装警察，应出具武警身份证件；香港、澳门居民，应出具港澳居民往来身份证件；台湾居民，应出具台湾居民来往于大陆通行证或者其他有效旅行证件。银行为个人开立结算账户时，根据需要还可要求申请人出具户口簿、驾驶执照、护照等有效证件。

个人银行结算账户有三个功能：活期储蓄功能，可以通过个人结算账户存取存放个人本金和利息，该账户的利息按照活期储蓄利息计算；普通转账功能，通过开立个人结算账户，办理汇款，支付水、电、气等日常费用，代发工资等转账结算付费服务，使用汇兑、委托收款、借记卡、定期借记、定期贷记、电子钱包（IC卡）等转账工具；支付功能，通过个人银行结算账户使用支票、信用卡等信用支付工具。

个人银行结算账户可用于办理个人转账收付和现金存取。根据《人民币银行结算账户管理办法》规定，下列款项可以转入个人银行结算账户：工资、奖金收入；稿费、演出费等劳务收入；债券、信托、期货等投资的本金和收益；个人债权或产权转让收益；个人贷款转存；证券交易结算至资金和期货交易保证金；继承、赠与款项；保险理赔、保费退还等款项；纳税退还；农、副、矿产品销售收入；其他合法款项等。

（资料来源：《人民币银行结算账户管理办法》节选，2016年）

（二）定期储蓄存款业务的基本说明

定期储蓄存款业务是指储户存入款项后，选择固定存期和存款方式，固定利率结计利息，到期支取本息的储蓄方式。定期储蓄存款的种类很多，如整存整取储蓄存款、定活两便储蓄存款、零存整取储蓄存款、存本取息储蓄存款、整存零取储蓄存款，以及教育储蓄存款等，定期储蓄存款的基本流程和操作原理类似，以下介绍几种主要的存款类别。

1. 整存整取储蓄存款业务

整存整取储蓄存款是一种由客户选择存款期限，整笔存入，到期提取存款本息的定期存款方式。整存整取的起存金额低，收益稳定，账户管理灵活。储户可以提前支取一次部分款项，并按当日挂牌活期存款利率计息；余款到期可以转存，也可提取现金。其业务流程如下：

（1）开户存入。储户存款时，应凭本人身份证件申请开户，并填写“整存整取定期储蓄存款凭条”，连同现金一并交由银行柜员。银行柜员审查凭条，验明身份证件和点收现金无误后，签发一式三联的“整存整取定期储蓄存单”，加盖业务公章后交由储户，并以储户存款凭条代现金收入传票记账，会计分录为：

借：现金

　　贷：定期储蓄存款——整存整取定期储蓄存款人户

（2）到期支取。储户持到期存单来行支取本息时，柜员审核存单无误后，按照约定的存款利率计算填制利息清单一式两联，并代扣利息所得税，经储户签字后，将本息连同一联利息清单交由储户，另一联做利息凭证，随同存单记账。会计分录为：

借：定期储蓄存款——整存整取定期储蓄存款人户

　　利息支出——定期储蓄利息支出户

　　贷：现金

　　　　应交税金——个人利息所得税户

（3）提前支取与过期支取。储户因急需用款持未到期存单要求提前支取时，储户应提供本人身份证件，并填写提前支取申请书及提供存单。柜员经审核无误后，进行业务处理。提前支取的利息以支取日挂牌的活期储蓄利率计算，其余手续与到期支取相同。

若储户只要求支取一部分款项，其余仍以整存整取方式储蓄，柜员应采取结清旧户开立新户的做法。柜员先按原存单本金全部取出，按规定计付提前支取部分的利息，然后将未支取的部分本金，按原存入日期、期限、利率和到期日另开新存单，重新编账号，同时注明“××号存单部分转存”字样。打印提前支取部分的利息清单，其余手续与到期支取及存入时相同。会计分录为：

借：定期储蓄存款——整存整取定期储蓄存款人户

　　利息支出——定期储蓄利息支出户

　　贷：现金

　　　　应交税金——个人利息所得税户

　　　　定期储蓄存款——整存整取定期储蓄存款人户

储户持过期存单来行支取时，除按规定付给过期部分的活期利息外，其余手续与到期支取相同。

2. 定活两便储蓄存款业务

定活两便储蓄存款是一种事先不约定存期，一次性存入，一次性支取的储蓄存款。当客户有较大额度的结余，但在不久的将来可能随时全额支取使用时，"定活两便"是合适的储蓄存款形式。

（1）开户。储户到银行存入款项时，应提供身份证件和填写"定活两便储蓄存单"。存单上的存期、利率储户不需填写，可随时支取。柜员审核无误后，登记"开销户登记簿"，签发存单，加盖业务公章后将存单交给储户，并以存款凭条记账。会计分录为：

借：现金

　　贷：定期储蓄存款——定活两便储蓄存款人户

（2）支取。储户持存单来支取本息时，银行柜员按照约定的存款利率计付定活两便储蓄存款利息。计息清单处理和本息支取方式、会计分录与整存整取储蓄存款到期支取相同。

定活两便储蓄存款开户时即存入款项，不能续存；随时可以支取，但不允许部分支取，支取时即要办理销户手续。

3. 零存整取储蓄存款业务

零存整取储蓄存款是一种事先约定金额，逐月按约定金额存入，到期支取本息的定期储蓄方式。零存整取适应面较广，起存金额低，每期需以固定金额存入，到期支取时按实存金额和实际存期计算利息。

（1）开户与续存。零存整取定期储蓄存款的存取手续与活期储蓄存款的存取手续相同。开户时由储户填写"零存整取定期储蓄存款凭条"，连同现金一并付给柜员，柜员审查凭条及点收现金无误后，根据存款凭条填写存折，并登记"开销户登记簿"，加盖业务公章后，将存折交付储户收执。会计分录为：

借：现金

　　贷：定期储蓄存款——零存整取定期储蓄存款人户

储户按月续存时的手续与开户时基本相同，柜员收款核对账折无误后，登折，其余手续与开户时基本相同。

（2）支取。储户到期支取时，应将存折交给柜员，账折经核对无误后，按约定结计利息，填制利息清单，分别在存折、账页上填写本息数额，并加盖"结清"戳记及名章，以存折代现金付出凭证，会计分录为：

借：定期储蓄存款——零存整取定期储蓄存款人户

　　利息支出——定期储蓄利息支出户

　　贷：现金

　　　　应交税金——个人利息所得税户

（3）提前支取与过期支取。零存整取如提前支取，只能一次全部支取，不能部分提前支取。储户提前支取零存整取定期储蓄存款时，应提交身份证件和存折，银行柜员审核无误后，办理提前支取手续。提前支取的利息按照当日活期存款利率结计利息，其余手续及账务处理与到期支取相同。储户若过期支取，其过期部分按规定的活期存款利率计息，其余手续及账务处理与到期支取相同。

4. 存本取息储蓄存款业务

存本取息储蓄存款是一种一次存入本金，分次支取利息，到期支取本金的定期储蓄方式。该存款方式的本金一般数额较大，短时期内不需动用，只需定期支取利息。因此起存金额较高，存款余额较为稳定。利息分期支付，不得提前支取利息。

（1）开户。储户来行办理存款时，要填写“存本取息储蓄存款开户申请书”，注明存期及每次取息日期，连同现金一并交经办柜员，经审核无误后，柜员签发存单，并计算每次应付利息的金额，填入存单和卡片账的“取息金额”栏内，将存单给储户后记账。会计分录为：

借：现金

　　贷：定期储蓄存款——存本取息储蓄存款人户

（2）支取利息。储户按约定时间来行取息时，应填写取款凭条交付经办柜员。柜员抽出卡片账核对无误后，打印取款记录，复核后将存单及现金交给储户。柜员以取款凭条代现金付出凭证记账。会计分录为：

借：利息支出——定期储蓄利息支出户

　　贷：现金

（3）支取本金。存款到期，储户持存折支取最后一次利息和到期本金。利息的支取手续与日常支取相同，银行柜员核对账折无误后，将本金及利息交给储户，以存折贷借方凭证记账。会计分录为：

借：定期储蓄存款——存本取息储蓄存款人户

　　利息支出——定期储蓄利息支出户

　　贷：现金

　　　　应交税金——个人利息所得税户

（三）个人通知存款储蓄业务的基本说明

个人通知存款是一种不约定存期，支取时需提前通知银行，约定支取日期和金额方能支取的大额存款的储蓄形式。个人通知存款实行大额资金管理方式，开户及取款起点较高：开户起存金额 5 万元，最低支取金额也为 5 万元。存入的款项可以分期多次支取，只需按照约定提前通知银行。不论实际存期多长，按存款人提前通知的期限长短划分为1天通知存款和7天通知存款两个品种。

1. 开户

储户存入通知存款时，如果是一卡通客户可通过电话银行等自助渠道办理个人通知存款开户手续，也可持一卡通到开户地银行任一网点办理；如果是开立通知存款存单的客户，需持本人身份证明到银行任一网点办理开户。如代办，需同时出具代办人身份证明。储户填写存款凭条后，连同现金交送银行。银行柜员审核凭条和点收现金无误后，签发“通知存款存单”，加盖公章后交储户收执。柜员以存款凭条代现金收入传票记账。会计分录为：

借：现金

　　贷：定期储蓄存款——通知存款储蓄存款人户

2. 取款

储户需要取款时，则提前1天或者7天通知银行，按约定的时间到银行支取款项。储户提供身份证件及存单交给银行柜员，审核无误后，办理支取款项业务。部分支取本金时，柜员以取款凭条代现金付出凭证记账，存单与现金交给储户，会计分录为：

借：定期储蓄存款——通知存款储蓄存款人户

　　贷：现金

储户全部提取本息时，利息按照约定的存款利率结计利息，并填制利息清单，剩余本金及利息金额合计后交给储户。本息结清手续与零存整取处理手续相同。会计分录为：

借：定期储蓄存款——通知存款储蓄存款人户

　　利息支出——定期储蓄利息支出户

　　贷：现金

　　　　应交税金——个人利息所得税户

（四）教育储蓄存款业务的基本说明

教育储蓄存款业务是一种城乡居民为其本人或其子女接受非义务教育积蓄资金的一种储蓄存款方式。教育储蓄起存金额较低：每月约定最低起存金额为人民币50元；本金合计最高限额为人民币2万元；并免收利息税，享受优惠存款利率（按同档次整存整取利率）；存款方式类似于零存整取方式逐月存入，到期支取本息。

教育储蓄存款业务的基本流程和操作原理，基本与“零存整取储蓄存款”方式相同，此处不再重复。

（五）个人支票业务

所谓个人支票，是指个人签发的，委托办理支票存款业务的银行，在见票时无条件支付确定的金额给收款人或者持票人的票据。个人支票账户属于个人的结算账户，要服从商业银行支付结算纪律和遵循结算原则，按照规定申请和使用支票。

1. 申请个人支票

当个人申请使用个人支票时，须交验个人有效证件并提交个人支票申请书。有效证件可以是居民身份证、军官证、警官证、文职干部证、士兵证、户口簿，也可以是护照、港澳台同胞回乡证等。银行审核无误后，为申请人签开“个人支票结算户”，并将支票出售给申请人。

2. 签开个人支票

个人使用支票，主要用于商品交易、劳务供应和清偿债务等款项支付。个人支票既可以支取现金，也可以转账结算，是使用非常便利的支付结算工具。

个人签发支票时，必须包括以下要素：表明支票的字样；无条件支付的委托；确定的金额；付款人名称、出票日期、出票人签章；收款人名称，支票金额，可以由签发人授权补记，未补记前不得背书转让和提示付款。

3. 个人支票提现或转账

持票人（或收款人）持个人支票到银行取现或者转账时，应提交个人支票和三联进账单，银行柜员受理后，要对支票的合规性、完整性、真实性进行审核。重点审核内容如下：

（1）支票是否为本行受理，是否为统一规定印制、是否真实、是否在提示付款期内。

（2）支票必须记载的事项是否齐全，出票金额、日期，以及收款人名称是否更改，其他记载事项的更改是否由原记载人签章证明。

（3）支票大小写的金额是否一致，与进账单的金额是否相符。

（4）持票人的名称是否与进账单上的收款人名称一致。

（5）持票人签章是否合规。

（6）当地使用支票密码，该出票人已经签订使用支付密码协议的，支票上须有相应支付密码。

（7）背书转让的支票是否按照规定的范围转让，其背书是否连续，签章是否符合规定，背书使用粘单的是否按规定在粘接处签章。

（8）支取现金时是否符合国家现金管理规定和本行的有关规定。

（9）收款人为个人的，还应审查其身份证件，是否在支票背面“收款人签章”处注明身份证件名称、号码及发证机关。如果属于替他人代取的，除代理人必须出具有关证件外，还必须出具被代理人的身份证件。

四、代理业务

个人银行的代理业务是商业银行接受政府、企事业单位、其他银行或金融机构以及居民个人的委托，以代理人身份代表委托人办理经双方议定的经济事项的业务。代理业务中的银行和委托人必须签订委托合同，用合同契约的方式规定双方的权利与义务，并形成一定的法律关系。在代理业务中，银行一般不动用自己的资产，不替客户垫款，不参与收益分配。银行只收取代理手续费作为收入，是风险较低的中间业务。

代理业务的种类很多，服务广泛，并随着国民经济的发展和金融创新工具的出现不断完善和改进现有业务，进而源源不断地推陈出新，极大地丰富了代理业务的品种和服务领域。商业银行代理业务的种类主要有：代理收付款业务、代理融通业务、政策性银行代理业务、代理发行和兑付政府债券业务、代理保险业务、代理保管业务、代理行业务、代理会计业务，以及代理清欠、代理监督、代客理财、代购代销、个人外汇、证券买卖业务、执行遗嘱、代客安排旅游、婚礼、子女教育等众多业务。

代理收付款业务是商业银行接受单位和个人委托，开展的代办指定款项收付事宜的代理业务。该代理业务充分利用银行先进的结算手段和发达的网点优势，为单位和个人提供代理服务，是银行柜台从事的极为频繁的业务工作。在代理收付款业务中，除一般交易的款项收付外，还有大量的小额收付款项，这些款项收付涉及面广泛，发生频繁，且一般金额不大，是一项十分繁杂的事务性工作。代理收付款业务主要分为两类：一类是代理发放工资和离退休人员退休金；另一类是代理企事业单位和个人收付公用事业费、税款、劳务费、学费、网费、有线电视费等各项费用。

代理收付款业务的基本流程包括两个环节：

（一）代理银行与委托单位

代理银行根据自身业务特色和地域、网点、服务等优势开展代理收付款业务，与委托单位洽谈代理事宜，并按照如下流程运作该项业务：

（1）代理银行和委托单位签订“委托代理收付款合同”，明确代理事项、代理程序及代理双方的权利和义务。

（2）实施代理收付款合同的业务时，委托单位要出具收付款项的合法依据及有关单据，代理行批量录入代理收付方的明细信息。

（3）代理行收取委托单位的手续费和其他相关费用。

（4）按照代理收付款的进度安排，代理行定期划转有关款项。

属于代收款项业务，代理行按约定的期限汇总划拨到委托单位的账户；属于代付款项业务，由委托单位按约定时间将款项转入代理行账户，以备办理代付业务。

（二）代理银行与收付款人

代理银行按照与委托单位签订的“委托代理收付款合同”和相关法律法规规定，接受收付款人的收付款业务。

（1）代理银行审核收付款人的项目、金额、权限，办理收付款业务。

（2）代理银行要遵循“代收业务先收后付，代付业务先存后支”的规则。

（3）坚持“银行不垫款”原则。

（4）代理行只负责代理合同约定的收付业务，不负责处理双方的经济纠纷。

五、信用卡业务

个人银行业务的信用卡是具有消费信用、存取现金和转账结算等功能的信用支付工具。信用卡是一种贷记卡，具有先消费后还款的功能。

目前，商业银行向社会发行的信用卡根据卡片中有无集成电路、接点、微机、显示功能及输入数据功能、通信功能以及数据读写功能等基准加以划分，可分为塑料卡、磁条卡、IC 卡（芯片卡）。IC 卡也称智能卡，或称集成电路卡。随着信用卡使用的逐步增大，必须采取科学的方法防范信用卡风险。

个人申请信用卡时，应当向发卡银行提供公安部门规定的本人有效身份证件，经发卡银行审查合格后，为其开立记名账户。信用卡及其账户只限发卡银行批准的持卡人本人使用，不得出租或转借。

信用卡持卡人非现金交易享有如下优惠：免息还款待遇，即从银行记账日到到期还款日为免息还款期，持卡人在此期间偿还所使用的全部银行款项都可享受免息还款待遇，无须支付非现金交易利息，免息还款待遇期限最长为 60 天；最低还款额待遇，持卡人在到期还款日前偿还所使用的全部银行款项有困难的，可按照发卡银行最低还款额还款。

六、日终业务

个人银行的日终业务是指营业结束时平账和退回重要单证的操作。

日终时，柜员将个人钱箱的现金办理入库手续，交回网点行库钱箱。系统将自动进入平账程序。如果库钱箱借贷方金额相等，表示当天账务平衡，系统则提示可以打印流水账和轧账单；若借贷方金额不相等，则说明有错账存在，需要查找错账后，经主管柜员授权后进行抹账；当天若有不能核销的账项需要挂账处理，待次日查清原因后再进行相应处理。

轧平账项后，柜员要整理核对交易清单，包括：交易清单的数量与柜员平账报告上的交易清单数是否相符、交易清单的序号（传票号）是否保持连续等，核对整理完毕后，柜员把当天未用完的重要空白凭证退回网点行，并填制“重要空白凭证核对表”，做到账实、账账核对相符。无误后，打印相关表格。

营业终了，主管柜员对各柜员实物、钱箱等核对账实相符，确认无误后，对实物钱箱双人双锁上缴，并同时收缴各柜员的个人钱箱。

【知识拓展4-2】

以“双创”教育为创新发展蓄势聚能

党的二十大报告强调，“深入实施科教兴国战略、人才强国战略、创新驱动发展战略”，“培育创新文化，弘扬科学家精神，涵养优良学风，营造创新氛围”。纵深推进大众创业、万众创新是深入实施创新驱动发展战略的重要支撑。青年学生富有想象力和创造力，是创新创业的生力军，开展好面向青年学生的“双创”教育、助力其全面融入创新创业实践具有重要意义。

党的二十大报告指出：“教育、科技、人才是全面建设社会主义现代化国家的基础性、战略性支撑”，创新创业教育必须坚持科技是第一生产力、人才是第一资源、创新是第一动力，不断塑造发展新动能新优势。加强高校创新创业教育是建设创新型国家的需要，是推动经济社会发展的需要，是帮助青年学子实现人生梦想的需要。开展创新创业教育具有重要意义，将创新创业教育充分融入人才培养体系、贯穿人才培养全过程，推动其实现从单纯注重知识传授向注重创新精神、创业意识和创新创业能力全面培养转变，由单纯面向有创新创业意愿的学生向全体学生的转变，这在高校人才培养中具有举足轻重的意义。

（资料来源：吉林日报·大吉网，2023年5月2日，经整理而成）

第三节　个人银行初始业务操作

在商业银行个人银行业务的仿真实验中，参与实验的学生身份是普通柜员。柜员必须获得柜员号码和钱箱号码之后，才能参与所在交易部门（支行或者网点行）的个人银行业务操作。

一、登录个人银行业务操作系统

根据教师创建的交易部门编号、分配的柜员用户编号和初始密码，登录商业银行个人银行业务操作页面，如图 4－1 所示。

图 4－1 中项目说明：个人银行业务的柜员编号为五位数字，柜员编号的第 1 位数字用“s”表示，第 2、3 位表示支行或网点编号，第 4、5 位用柜员的学号后两位或者顺序号的后两位表示。如“s0115”表示 01 支行（或网点）的第 15 号柜员。柜员初始登录时，尚未成为该支行的正式柜员，需要登录系统后申请增加，因此，钱箱号码需要空着不填。系统设置登录时的初始密码为“888888”，柜员登录后自行修改。

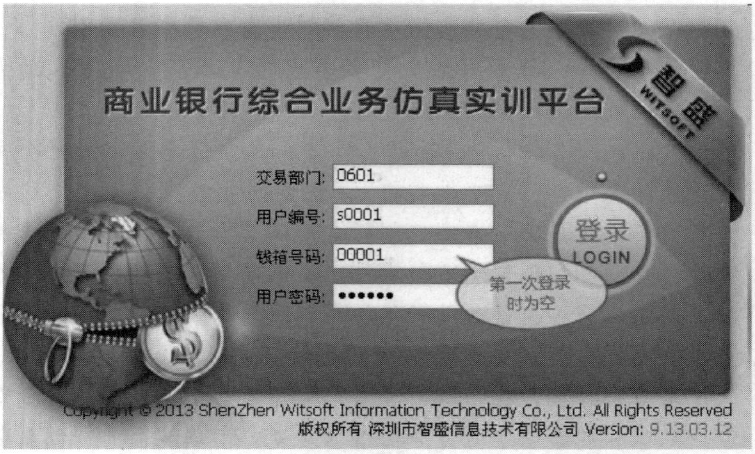

图 4－1　柜员登录个人银行业务操作页面

二、柜员密码修改

柜员登录系统后，需要尽快修改初始登录密码，操作如图 4－2 所示。

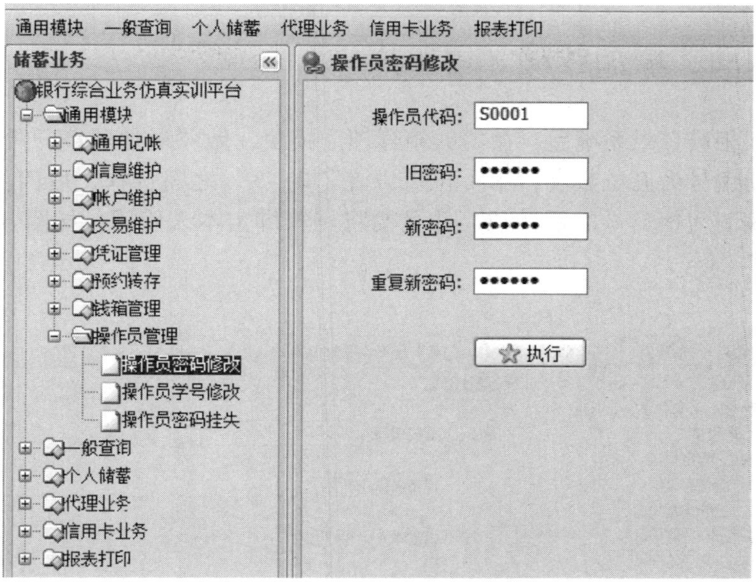

图 4－2　柜员修改登录密码

三、柜员学号、姓名修改

柜员登录系统后，要把姓名、学号修改为真实姓名和真实学号，以便教师对学生进行教学管理和统计成绩，如图 4－3 所示。

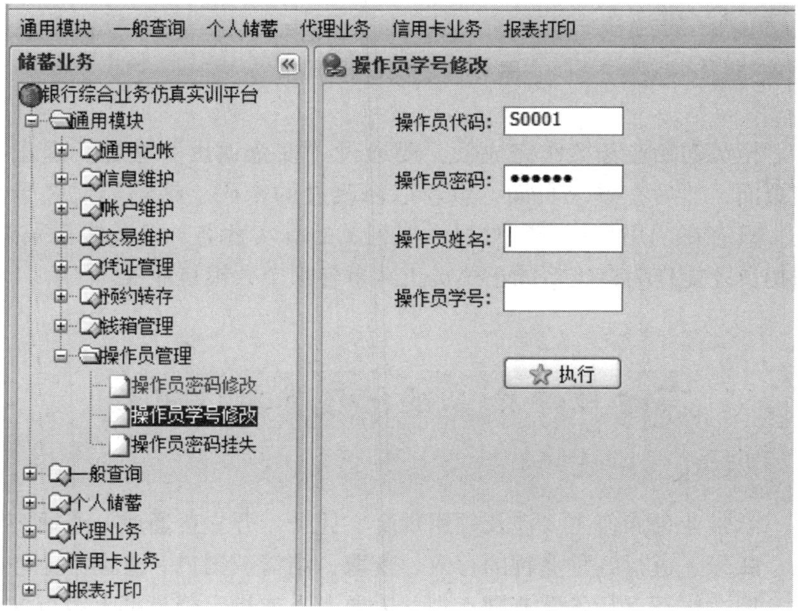

图 4－3　柜员修改个人资料图示

四、增加钱箱（尾箱）

柜员登录系统后，在“钱箱管理”模块，做“增加尾箱”处理。尾箱编号为五位数字，第 1 位可以在“0～3”之间选择，后四位可以编制为柜员号的后四位。并且要将尾箱绑定本人使用，如图 4－4 所示。

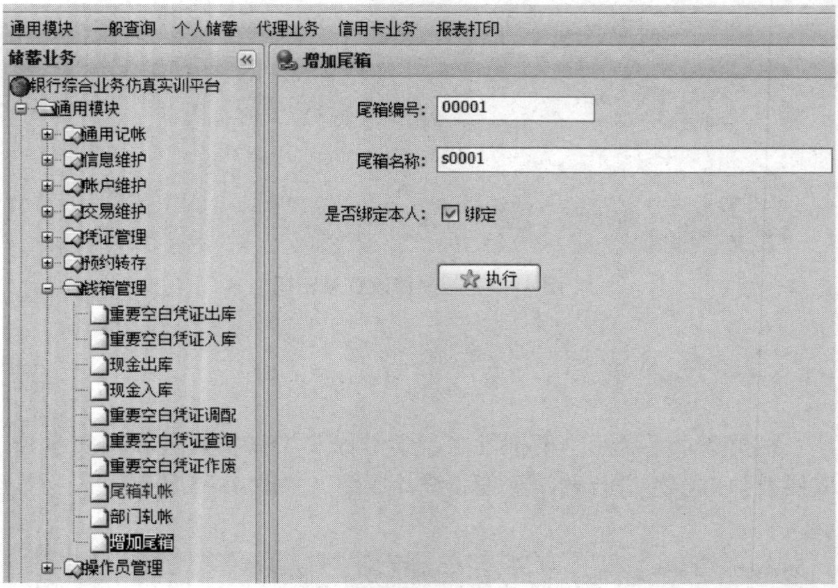

图 4－4　柜员增加尾箱

柜员初始业务操作完成后，要通过“安全退出”按钮，退出操作页面，然后在登录页面，重新以修改过的密码、钱箱号码登录系统，只有在“用户信息”处显示出柜员的真实姓名，以及钱箱号码，该柜员才能作为该支行的正式员工从事各项个人银行业务。

第四节　个人银行日常操作流程

日常业务操作主要涉及领用现金、凭证、开立普通或一卡通客户号、账号、进行各种储种的存入、支取、结清、销户、查询等业务。

商业银行支行各营业网点中，需要专人或指定柜员把上级行的凭证或现金领到库钱箱中，该项操作的领用必须是全额领用，即上级行分配多少必须领用多少。临柜柜员进行“现金出库”“凭证出库”的操作，将营业网点库钱箱的现金、凭证从网点库钱箱领到自己的柜员钱箱中。按照规定，柜员钱箱只能柜员自己使用，不得出借他人使用。柜员钱箱需要调配时，可以由柜员之间通过“现金与凭证调配”界面进行相互协调使用，但只能由调出柜员具体操作。

一、开设客户号

商业银行客户到银行办理个人银行业务时，首先要从开立银行客户号开始，办理普通业务或信用卡业务的客户都要开立一个普通客户号或一卡通客户号。然后按照该客户号才能依次开立各储种账户进行有关交易操作。

（一）开设普通客户号

客户办理普通个人银行业务时，可申请开立普通客户号。客户出具身份证、申请凭条办理新开客户业务时，柜员进行“开普通客户”交易，输入证件类型和号码后，如果系统提示“该证件已开过客户号”，则记下该客户号，退出“开普通客户”交易，直接进入相应的开账户交易。如果系统没有任何提示，说明该证件不曾开立客户号，柜员则可以请客户重新填写“客户申请书”，然后连同填好的凭条、身份证件等一起交给柜员，正常开设普通客户号。交易完成后，系统会自动生成10位数的普通客户号，供该客户以此办理其他个人银行业务。

（二）开设一卡通/一本通客户号

当客户需要办理个人银行综合业务时，可以申请开立“一本通/一卡通”客户号。“一本通/一卡通”开户时可以直接开立“卡本通”客户号，也可以只开“一本通”或“一卡通”客户号，事后客户如有需要再补开相应的“一卡通”或“一本通”客户号。“一本通/一卡通”客户号适用于个人银行业务的各个储蓄种类，使用“一本通”或“一卡通”凭证开设客户号后，所有的储蓄种类操作程序都同一般储蓄业务。

客户申请开户时必须凭本人身份证件办理，并填写“客户申请书”、申请凭条，连同有效证件一起交给柜员，柜员受理后，办理“一本通”或“一卡通”客户号交易，并要求客户预留密码（密码必须是六位数，“一卡通”分查询密码和支取密码两种）。客户开立客户号后，则可以据此办理个人银行的其他各项储蓄账户业务。

（三）开设客户号的注意事项

（1）普通客户号可以开立一本通账户和普通账户，一卡通客户号可以开立所有账户。

（2）原则上一个有效身份证件只能开立一个客户号。但开立过普通客户号的有效身份证件可以再开一个一卡通或一本通客户号，另一个必须替换身份证件。

（3）开立过一卡通客户号的有效身份证件不能再开普通客户号。

（4）若某新开客户证件类型、证件号码与其他客户相同时，不再开立新客户，而返回具有相同证件客户的客户号。

（5）代理他人申请开立个人银行业务客户号，须交验代理人及申请人的有效身份证件，在开户申请书上注明“代办”字样，并请代理人签字后方可办理。

（四）一卡通、一本通销户

“一本通/一卡通”客户号内所有储蓄账户结清后，客户还可持此凭证到银行重新开立账号，所以原则上某储蓄账户结清时不用同时注销一本通/一卡通凭证，如客户坚持销户，必须将“一本通/一卡通”内所有账户销户后，再进入“个人储蓄销一卡通/一本通凭证”界面，办理注销手续。销户后，一本通凭证加盖“结清”专用章随传票交银行事后监督。一卡通卡片当客户面在靠磁条的一端中间剪一“V”形缺口（深度应跨过磁条宽度）保管。注销后，日终时将卡片交前台主管签收，同时填写“废卡回缴清单”。并按规定送卡部销毁。

二、储蓄业务通用规定

（1）客户当日密码累计输错三次，系统自动对客户的账户进行锁定，待当日业务终了，机房批处理完毕后，第二日系统自动对该账户作解锁处理。

（2）当客户续存款项时，可以办理无折（卡）续存业务，但要给客户打印“商业银行储蓄存款回单”。在下次办理业务时通过补登折记录上笔业务。

（3）定期储蓄业务的强行销户指节假日到期的定期存款在节假日之前几天办理销户的业务应用程序。此时利率按原定期利率，天数按实存天数计算。

（4）储蓄存款业务中，客户查询个人信息、存款期限、账户余额、交易日期等信息时，可以通过“一般查询”界面查询相应业务信息。一般查询业务的内容包括：客户查询、账户查询、凭证查询和交易查询等。

三、其他业务日常操作

（一）冲账

业务处理过程中，如果发生错账后，不允许抹账，所有的错账一律通过“冲账”解决。冲账时需注意：

（1）冲账业务的办理必须是柜员双人同时进行，其中一人必须为管理级柜员。

（2）冲账不允许冲单边，必须冲一套。

（3）系统冲账结束后，还要手工补制冲账传票（摘要栏要写明冲账户名、账号、冲账流水），这样冲账才算全部结束。

（二）补账

若密码业务发现有错账，必须进行冲账，同时还要办理补账业务。一笔冲账业务只能办理一笔补账业务。补账时需注意：

（1）必须柜员双人同时办理，其中一人为管理级柜员。

（2）必须是本行发生的账务出现错账。

（3）补账业务必须手工填制凭条（按正确的业务情况），写明补账流水。

（4）补账必须用借贷记账法登记，借方、贷方同时记录，且借方、贷方合计金额要相等。

（5）冲账、补账业务处理过程中，如果牵涉到凭证问题，可以手工调整，并注说明。

（三）冲销户

客户开户后若发现户名、存折号等重要信息打印错误，在没有办理其他存取款业务之前可以进行冲销开户业务，冲销开户后原凭证作废。

定期或活期销户过程中发生错误，可通过冲销户将该账户置为最后销户那笔交易以前的状态，并保证积数正确。冲销户时需注意：

（1）必须双人同时办理，其中一人为管理级柜员。

（2）冲销户过程同样需要手工填制红字冲正传票四张。一张传票冲正现金，一张传票冲正本金，一张传票用于冲正利息，另一张传票用于冲正代扣利息税，这样冲销户才算完成。

四、特殊业务日常操作

特殊业务模块用于处理一些非日常业务，其中包括表内通用记账、表外通用记账、冲账处理、交易维护、账户维护等。

（一）特殊业务申请书

客户办理特殊业务必须首先填写“特殊业务申请书”一式两联，业务办理完毕后请客户签名确认，将银行留存联收回，日终随传票送事后监督。支行每天打印特殊业务清单，支行前台负责人负责检查监督“特殊业务申请书”。

（二）特殊业务范围

需要填写“特殊业务申请书”办理的业务范围有以下项目：

（1）私人客户维护。

（2）表内信息维护。

（3）口头挂失、解除口头挂失。

（4）补开一卡通/一本通凭证。

（5）增加/删除交易密码。

（三）特殊业务说明

1. 信息维护

（1）私人客户维护：各支行客户姓名和有效证件号码的修改必须填写“特殊业务申请书”，到支行营业部进行修改，并由 A 级柜员授权。原则上不允许同时对姓名和有效证件号码进行修改。

（2）表内账户信息维护：表内账户信息维护中可对“通存通兑”“自动转存”“账户性质”“计息标志”进行修改。例如：将账户性质由代收代扣修改为正常后，工资转存才可以清户。

2. 账户维护

（1）账户部分冻结、账户部分解冻、账户冻结、账户解冻均不允许跨网点办理。其中账户部分冻结时，部分冻结金额和部分解冻金额必须一致。

（2）睡眠户激活：根据规定年限以上没活动的客户，系统自动定义为睡眠户，再活动时要先激活此户，再办理正常业务。

3. 凭证维护

凭证挂失必须在发出凭证的网点办理，由客户填写“挂失业务申请书”，柜员才能办理。

4. 一卡通业务

（1）一卡通/一本通换凭证：一卡通/一本通凭证破损或用满后进行更换，由客户填写“特殊业务申请书”。更换一本通存折时，要打印一本通存折中未销户的账户信息。

（2）一卡通/一本通重新写磁：一卡通/一本通在磁条信息受到破坏，不能正常读出的情况下，客户可以持原卡/原存折到任何网点进行重新写磁的操作。由客户填写“特殊业务申请书”。

（3）一卡通/一本通打印调整：是指将存折行标记的交易之后的所有交易设为未登折交易并进行打印调整。其中起始行为接下来开始打印的行数，不输入起始行则从第一笔交易开始调整。存折行号必须输入三位数。调整时不打印，调整后通过补登折反映。

5. 凭证业务

（1）重打最后交易：柜台业务进行过程中，若存折（单）、凭条打印不正规或由于打印机的故障造成凭条或存折（单）没打印上，前台操作员可选择“重打最后交易”进行补打。需要注意的是，由于每个终端只记录最后5笔交易的打印信息，所以当发生故障时，要及时办理补打业务。

（2）凭证密码修改：用于普通存折、存单的密码修改。修改不用授权，加密码需要授权。无密码时为非通存通兑户，加密码后若要通存通兑，必须将对应账户的通兑状态由“非通存通兑”修改为“通存通兑”进行操作，否则系统默认该账户仍为非通存通兑户。

本章小结

商业银行综合业务仿真实训系统中的个人银行业务实验具有核心会计制度、面向综合柜员、系统面向客户及客户化管理思想等特点，通过实验，学生可以在逐渐熟悉银行各项业务操作的基础上，进一步加深对现代商业银行业务特点的领会。

1. 个人银行业务的账户编排体系由客户号、账号、内部账号、业务代码等要素构成，编排时要注意其构成特点，准确操作。

2. 个人银行业务的各项业务操作都要通过专门的凭证进行处理，凭证领用的顺序是：市行库—支行库—网点库钱箱—柜员钱箱。一卡通的领用顺序和普通凭证一样，只是一卡通的分配是从卡部开始，而不是市行库。

3. 个人银行业务的基本业务主要有：日初业务、通用业务、个人储蓄业务、代理业务、一般查询业务、信用卡业务，以及日终业务等项目，这些业务是商业银行面对客户最主要的服务业务类型，也是银行综合柜员日常操作的基本业务。

4. 柜员必须通过“初始业务”操作获得柜员号码、钱箱号码，以及增加尾箱之后，才能参与所在交易部门（支行或者网点行）的个人银行业务操作。

5. 个人银行业务日常操作流程是：客户到银行办理开账户业务（包括普通业务和卡业务），先开立一个普通户或一卡通/一本通客户号，据此开立各类存款储蓄账号，再在该账号下开设活期、定期、通知存款、教育储蓄等各项业务。

6. 个人储蓄中的特殊业务主要包括：信息维护、账户维护、凭证维护，以及冲账等，也是商业银行日常操作的业务。

复习思考题

1. 个人银行业务的系统特点是什么？如何理解？
2. 个人银行业务中的客户号、账号如何生成？
3. 如何理解个人活期存款、取款、结清等核算业务？
4. 个人支票客户如何获得支票？签发、取款、结清及销户有何规定？
5. 商业银行定期储蓄存款有哪些种类？
6. 个人通知存款业务有何特点？
7. 什么是代理业务？代理业务的操作流程有什么特点？
8. 为什么要进行尾箱轧账、部门轧账？

实验作业

1. 熟练掌握实验专业用语，对照实验项目准确使用。
2. 掌握实验平台登录方法，修改、完善个人信息。
3. 练习储蓄柜员初始操作方法，熟练操作流程。

第五章

商业银行个人银行业务实验

【知识目标】

◇理解掌握个人银行储蓄存款业务种类及实验原理

◇掌握代理业务含义及实验原理

◇理解掌握信用卡种类及实验原理

【素养目标】

◇培养遵纪守法，尊重客户，敬畏市场，防范风险的职业道德

◇深入领会党的二十大提出的绿色金融与高质量发展的关系

【技能目标】

◇掌握普通/一卡通活期存款、定期存款实验操作要点

◇掌握通用模块实验项目的基本操作及注意事项

◇熟练掌握一般查询业务的操作要点及应用

◇掌握代理业务的实验内容及操作要点

◇掌握日终业务实验操作及注意事项

【导入案例】

让绿色金融为高质量发展赋能

党的二十大报告提出，要“完善支持绿色发展的财税、金融、投资、价格政策和标准体系”。习近平总书记指出：“推动经济社会发展绿色化、低碳化，推动经济实现质的有效提升和量的合理增长”。发展绿色金融，是推动绿色发展的必然要求。绿色金融主要为促进环境改善、应对气候变化和资源节约高效利用的经济活动提供金融服务，是促进绿色低碳发展的催化剂和加速器。发展绿色金融对于

促进绿色经济发展，助推国民经济高质量发展具有重要意义。

近年来，我国绿色金融蓬勃发展，为相关领域资金需求和资源优化配置提供重要支撑。中国人民银行发布的数据显示，截至2022年末，我国本外币绿色贷款余额达22.03万亿元，同比增长38.5%，增速高于各项贷款的28.1%。发展绿色金融，宏观上要与双碳工作相契合，中观上要补齐基础设施短板，微观上要促进金融产品供给和需求精准匹配。我国将发展绿色金融纳入碳达峰碳中和“1+N”政策体系，绿色金融体系不断完善。央行已推出碳减排支持工具和支持煤炭清洁高效利用专项再贷款；一些地区先行先试，探索以绿色金融助力地区产业结构优化、生态环境改善的模式；许多金融机构积极开发绿色金融产品。绿色金融在促进全社会绿色低碳转型方面展现出巨大潜力和价值。面向未来，将以更高质效的绿色金融为我国高质量发展赋能。

（资料来源：原载于人民网－人民日报，2023年3月24日，经整理而成）

第一节　银行日初业务实验

在商业银行个人银行业务系统中，日初业务主要包括凭证领用、重要空白凭证出库、现金出库、钱箱和凭证轧账等业务。柜员进入“通用模块”界面后，点击相应业务的操作按钮，即可进行日初业务操作。

一、凭证领用

每日营业开始，柜员登录个人银行业务操作界面后，通过“通用模块”按钮，选择“凭证管理”，进入“凭证领用”界面。或者，在日初业务教学案例界面，柜员点击“凭证领用”按钮，即进入操作界面，如图5－1所示。

图5－1中，领用的凭证类型主要有：一本通存折、一卡通、普通存折、整存整取存单、大额双整存单、定活两便存单、出入库凭证、信用卡、普通支票九种。

（1）柜员按照个人银行业务交易所需，点击“凭证类型”按钮，选择要领用的凭证。

（2）输入凭证的开始号码、结束号码、凭证张数等信息，凭证领入数量与起始号码匹配，以张计数。

（3）上项业务每种凭证领用完成，核对无误后，选择“执行”“确认”按钮完成操作。然后再进入下一种凭证领用操作界面。

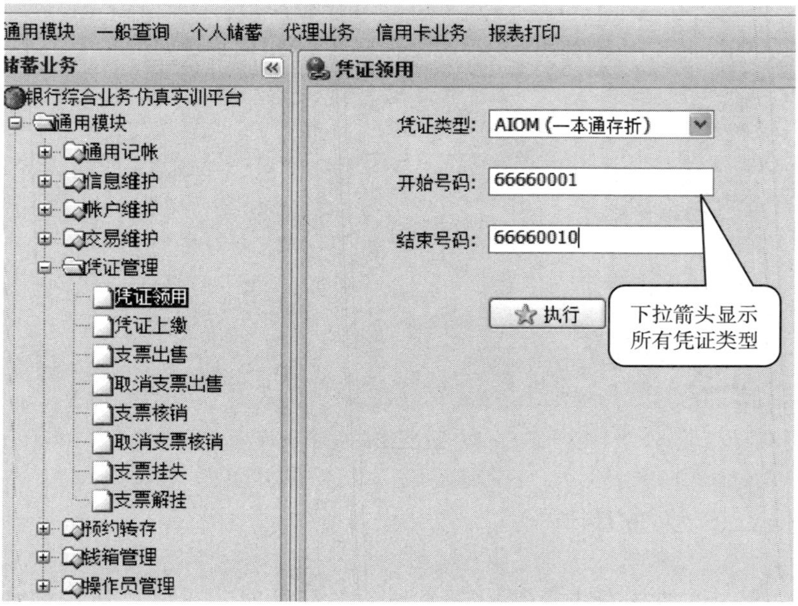

图 5-1 凭证领用操作图示

需要注意的事项：所有的凭证都由柜员自己按照规定的编排方式编制凭证号码，除去后两种凭证外，其他七种凭证号码都由 8 位数字组成，且开始号码和结束号码的间隔为领用张数，如：开始号码的后两位为“01”，结束号码的后两位为“10”时，表示领用了 10 张凭证。信用卡凭证由 16 位数组成，在系统中的编排方式是：“8989”加“交易部门”，再加 8 位数字组成。普通支票由 10 位数字组成，必须按照整本 25 张领用，所以编排凭证号码时，开始号码的后两位必须是“25”的倍数加“1”，结束号码的后两位必须是“25”的倍数，凭证的间隔为 25 张。

二、凭证出库

柜员从库钱箱把凭证领用到个人钱箱时，通过“通用模块”按钮，选择“钱箱管理”，进入“重要空白凭证出库”界面。或者在日初业务教学案例界面，柜员点击“重要空白凭证出库”按钮，即进入操作界面，如图 5-2 所示。

图 5-2 中，综合柜员操作时，必须将上述九种凭证出库到柜员个人钱箱，并且按照凭证出库的张数以每张 1 元人民币的金额支付凭证款项。确认无误后，选择“执行”“确认”按钮完成操作。

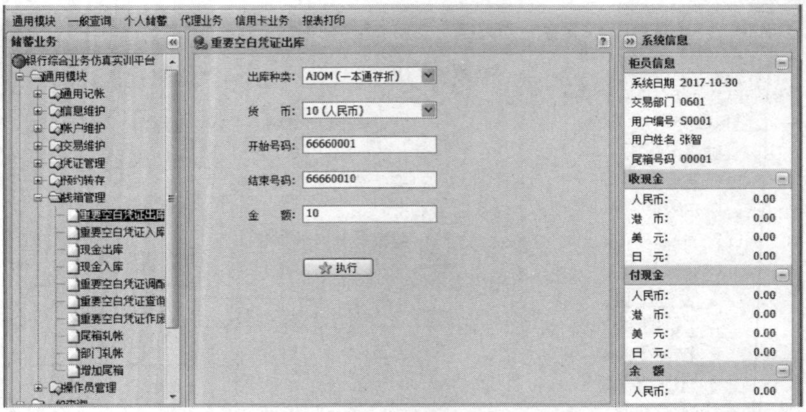

图 5－2 重要空白凭证出库

三、现金出库

柜员需要从库钱箱领用现金到个人钱箱时，通过“通用模块”按钮，选择“钱箱管理”，进入“现金出库”界面。或者，在日初业务教学案例界面，柜员点击“现金出库”按钮，即进入操作界面，如图 5－3 所示。

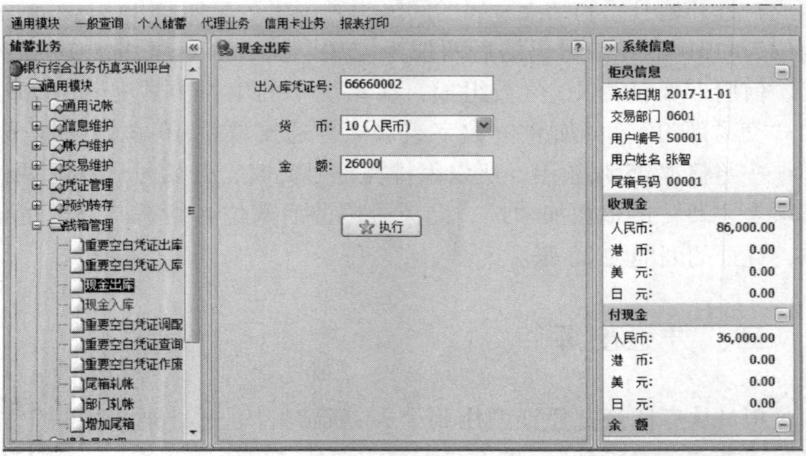

图 5－3 现金出库

图 5－3 中，柜员使用“出入库凭证”领用现金到个人钱箱，现金出库时，现金的数额不能超过普通柜员的最高权限 50000 元。柜员确认无误后，选择“执行”“确认”按钮完成操作。

需要注意的事项：柜员第一次登录本界面做现金出库操作时，因部门钱箱无现金，此操作无法进行。可在日终业务处理后，营业现金入库后再操作。在此项业务操作前，柜员可先查询部门钱箱的现金数额。若部门钱箱显示现金余额为“0”，则柜员的此项操作系统就会提示“不能透支”；若部门钱箱有现金余额，则可以继续操作现金出库业务，但柜员钱箱已有足够的现金时，日初处理时则不必再做现金出库操作。

四、轧账业务

在“通用模块”界面，柜员点击“钱箱管理”按钮，即可进入“部门轧账”和“尾箱轧账”操作界面。“尾箱轧账”操作界面图如图5－4所示。

凭证	凭证名称	上日余额	出库金额	入库金额	贷方发生额	借方发生额	余额
CASH	现金	0.00	0.00	0.00	0.00	0.00	0.00
NMPS	普通存折	0.00	10.00	0.00	0.00	0.00	10.00
AIOM	一本通存折	0.00	10.00	0.00	0.00	0.00	10.00
FXOX	整存整取存单	0.00	6.00	0.00	0.00	0.00	6.00
SSOX	定活两便存单	0.00	6.00	0.00	0.00	0.00	6.00
PCKZ	普通支票	0.00	25.00	0.00	0.00	0.00	25.00
CARD	一卡通	0.00	10.00	0.00	0.00	0.00	10.00
IOVC	出入库凭证	0.00	6.00	0.00	0.00	0.00	6.00
FXLX	大额双整存单	0.00	0.00	0.00	0.00	0.00	0.00
CRCD	信用卡	0.00	3.00	0.00	0.00	0.00	3.00

图5－4 尾箱轧账操作图示

图5－4中，轧账时，柜员领用的现金和所有凭证对应的入库金额、余额都会显示出数额，柜员要核对所有凭证的入库数量、出库数量，以及余额。确认无误后，选择“执行”“确认”按钮完成操作。

第二节 个人储蓄业务实验

在商业银行业务系统界面中，选择“个人储蓄”按钮，即进入个人储蓄业务操作界面。个人储蓄业务实验内容包括：客户管理、活期存款、整存整取、定活两便、零存整取、存本取息、通知存款、教育储蓄、一卡通/一本通业务和凭证业务等实验操作项目。

一、客户管理

客户在银行办理新开户业务时都必须先开客户号。在输入客户类别、客户身份证件后回车，系统会自动判断是否在银行开过客户号，如果已有客户号则可直接用客户号开始办理有关开户业务；如果系统没有任何提示，则表明该客户未在本行开过客户号，则必须先开客户号后再据此办理其他各类账户的开户业务。

需要注意的事项：一卡通客户号已打在卡上，开卡时客户直接输入。一卡通客户号与一本通客户号需要分别开立，注意选择按钮，不可混用。

在个人储蓄业务模块下，点击“客户管理”界面，选择要从事的操作项目，包括：开普通客户、开一卡通/一本通客户号、销一卡通/一本通客户号等。

（一）开普通客户

接受客户申请后，柜员选择“个人储蓄→客户管理→开普通客户”按钮，进入开普通客户界面，并按照以下顺序进行操作：

（1）输入客户号、客户姓名、客户称谓、ID 类别、ID 号、ID 号重复、邮编、地址、电话（家）、电话（办公）、传真（FAX）等信息。

（2）检查无误后，选择“执行”（R）按钮，系统会自动弹出产生的客户号，需要记录下来，以便随后开账户使用。

（3）开立客户号后直接开账户时，输入客户号，新开户页面上“客户信息”一栏会自动显示客户号，若不显示，则视作输入错误。

需要注意的事项：客户姓名不能为空；客户号自动生成，客户记录，临柜人员输入；客户没有提供有效证件时，则 ID 类别选择 Z（无）。如图 5－5 所示。

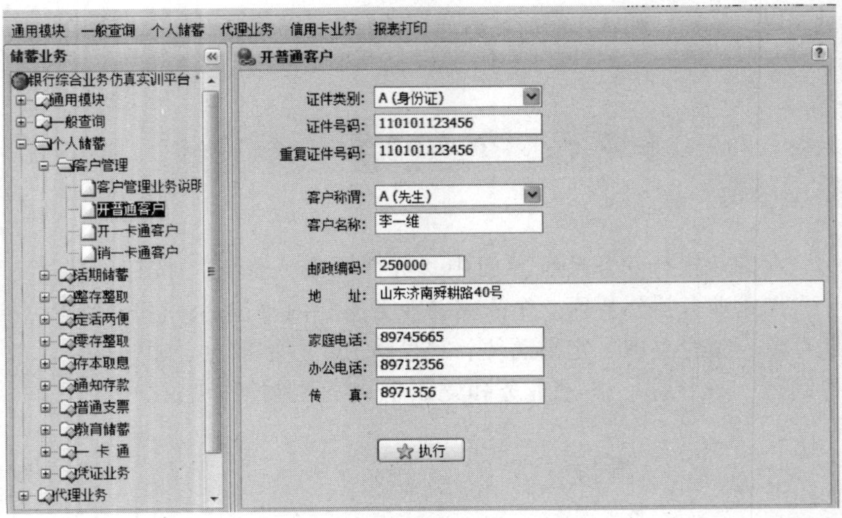

图 5－5　开普通客户号

（二）开一卡通/一本通客户号

接受客户提出的开户申请，柜员点击“个人储蓄→客户管理→开一卡通客户”按钮，进入开一卡通/一本通客户号界面，在“凭证类型”处选择“一本通”或“一卡通”后，按照以下顺序进行操作：

（1）输入客户号、存折号、客户姓名、客户称谓、ID类别、ID号、印鉴类别、邮编、地址、电话（家）、电话（办公）、传真（FAX）等信息。

（2）检查无误后，选择“执行”（R）按钮，系统会自动弹出产生的客户号，需要记录下来，以便随后开账户使用。

（3）开客户号时，系统提示用户必须输入交易密码和查询密码，密码为6位数字，输入后客户需要注意，如图5-6所示。

图5-6 开一卡通客户号

需要注意的事项：客户姓名不能为空；客户没有提供有效证件时，则ID类别选择Z（无）；在开客户界面中，右边栏中除通存通兑外任意一项均可填可不填（依据客户提供信息）；客户做一本通交易时只输存折号，不输客户号，客户号系统给定；客户做一卡通交易时客户号、卡号必须按照新卡上打印的号码输入；客户做卡本通交易时客户号、存折号、卡号都必须输入。

（三）销一卡通/一本通客户号

当客户提出销户申请时，柜员点击“个人储蓄→客户管理→销一卡通客户”按钮，进入销一卡通/一本通界面，在“凭证类型”处选择“一本通”或“一卡通”后，按照以下顺序进行操作：

（1）输入客户号后回车，在系统提示下刷卡或刷存折（或输入卡/存折号）。依次输入摘要、附件数、ID 类别、ID 号等信息。

（2）若是手工输入，输入客户号后，不要按回车键，用上下光标键移动光标到下一个输入框。

（3）检查无误后，柜员选择“执行”（R）按钮，在系统提示下操作。

需要注意的事项：当客户号和存折号输入完毕后，光标移到下一个输入框时，系统自动在窗口的上半部分显示出该客户的详细信息，提醒柜员核对，包括：客户号、凭证号、户名、客户类别、存取方式、状态、冻结原因、冻结日期、冻结用户等。

二、活期存款业务

客户开立普通客户号和一卡通/一本通客户号后，可以向银行柜台提交身份证件、一本通或卡及现金，申请开立活期存款账户。柜员受理后，在“储蓄系统”界面点击“活期管理”按钮，进入“活期存款业务”操作界面。

（一）普通活期开户

客户提供普通客户号时，柜员则可以为客户开立普通活期存款账户。点击“个人储蓄→活期操作→普通活期开户”按钮，则可进入普通活期（开账户）界面，并按照以下顺序进行操作，如图 5－7 所示。

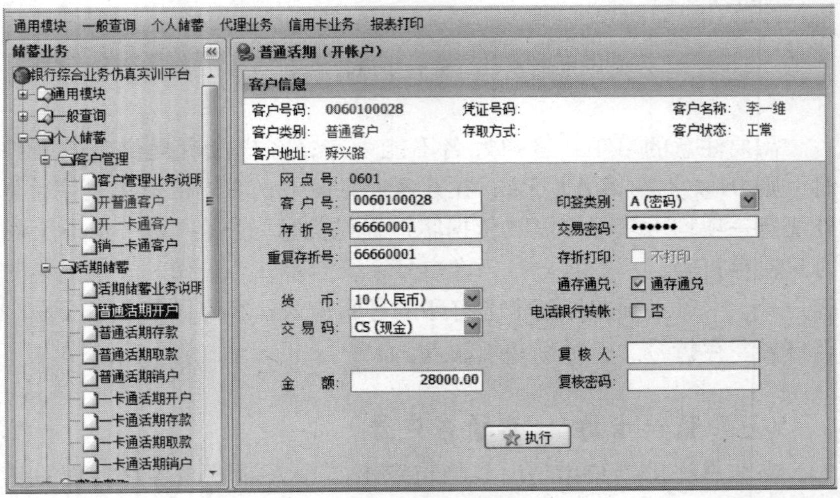

图 5－7　开立普通活期存款账户

（1）柜员输入网点号、客户号、存折号、货币、交易码、金额、印鉴类别、密码、存折打印、通存通兑等信息。

（2）柜员不需要填写“复核人”与“复核密码”信息，系统在后台将自动进行复核。

（3）检查无误后，选择“执行”（R）按钮，系统会自动生成普通活期存款账号，需要记录下来。

需要注意的事项：客户没有提供有效证件、印鉴和密码时，印鉴类别选择 C（无限制）。若印鉴类别选择 C（无限制）或 D（印鉴），则密码无须输入。当客户号、存折号、（存折号）重复、货币、交易码输入完毕后，光标移到下一个输入框时，系统自动在窗口的上半部分显示出该客户的详细信息，包括：客户号、凭证号、户名、客户类别、存取方式、状态等，柜员要仔细核对，无误后再继续操作。

（二）普通活期存款

客户到银行存款时，需要将普通存折和现金交给柜员，柜员审核无误后，点击“个人储蓄→活期操作→普通活期存款”按钮，进入普通活期（存款）界面，并按照以下顺序进行操作：

（1）若是有折存款，则输入网点号、活期存款账号后，点击回车键按钮，在系统提示下刷存折或手工输入存折号、货币、交易码、金额、存折打印、凭证输入方式、附件数等信息。

（2）若是无折存款，则输入网点号、活期存款账号后，不要按回车键，用上下光标键来移动光标到下一个输入框，输入存折号、货币、交易码、金额、存折打印、凭证输入（选择“手工输入”）等信息。

（3）检查无误后，选择“执行”（R）按钮，在系统提示下完成活期存款操作事项。

需要注意的事项：当活期存款账号、普通存折号、货币和交易码输入完毕后，光标移到下一个输入框时，系统自动在窗口的上半部分显示出该客户的详细信息，包括：存款账号、凭证号、户名、业务品种、货币、余额、存取方式（无折存款时不显示）、账户状态、通存通兑等，柜员应注意核对，无误后再继续下一项操作。

（三）普通活期取款

客户到银行取款，需要提交身份证件和普通存折给临柜柜员，审核无误后，柜员点击“个人储蓄→活期操作→普通活期取款”按钮，进入普通活期（取款）界面，并按照以下顺序操作：

（1）柜员输入网点号、活期存款账号后，点击回车键，在系统提示下刷存折（或手工输入），输入货币、交易码、金额、证件号码、取款密码、ID 类别、ID 号、存折打印等信息。

（2）若客户的存折损坏，柜员则直接选择手工输入（操作方法可参阅普通活期存款手工输入的有关说明）。

（3）检查无误后，选择“执行”（R）按钮，在系统提示下完成活期存款取款操作。

需要注意的事项：当存款账号、普通存折号、货币和交易码输入完毕后，光标移到下一个输入框时，系统自动在窗口的上半部分显示出该客户的详细信息，包括：存款账号、凭证号码、户名、业务品种、存取方式、账户状态、通存通兑等信息，柜员要注意核对。

（四）普通活期销户

客户申请销活期存款账户时，需要提交身份证件和普通存折给临柜柜员，银行受理后，柜员点击“个人储蓄→活期操作→普通活期销户”按钮，进入普通活期（销户）界面，并按照以下顺序操作：

（1）输入网点号、活期存款账号后，点击回车键，在系统提示下刷存折，输入货币、交易码、金额、证件号码、取款密码、ID 类别、ID 号、存折打印等信息。

（2）若客户的存折损坏，柜员则需手工输入（操作方法参阅普通活期存款手工输入的有关说明）。

（3）检查无误后，选择“执行”（R）按钮，在系统提示下办理活期存款销户操作。

需要注意的事项：当活期存款账号、普通存折号、货币和交易码输入完毕后，光标移到下一个输入框时，系统自动在窗口的上半部分显示出该客户的详细信息，包括：活期存款账号、凭证号、户名、业务品种、存取方式（无折存款时不显示）、账户状态、通存通兑等，柜员要注意核对。

（五）补打普通活期存折

客户需要补打普通活期存折记录信息时，向银行提交普通存折，柜员点击“个人储蓄→活期操作→补打普通活期存折”按钮，进入补打普通存折界面，并按照以下顺序操作：

（1）输入地区码、活期存款账号，点击回车键，在系统提示下刷存折，输入存折号。

（2）检查无误后，选择“执行”（R）按钮，在系统提示下完成补打普通存折的操作。

需要注意的事项：只有客户有未登折记录且要求补登折时才选用此项。如果是因为打印机故障而希望重打最后一笔存折交易，请用“特殊业务”中的“重打最后交易”菜单，如果仍不行再尝试此菜单。

（六）一卡通/一本通活期存款开户

客户开立一卡通/一本通客户号后，可以申请开立活期存款账户。客户提交身份证件和一卡通/一本通凭证给临柜柜员，审核无误后，柜员点击“个人储蓄→活期操作→一卡通活期开户”按钮，进入一本通活期（开账户）界面，如图5－8所示。

图5－8　开立一卡通/一本通活期存款账户

（1）进入界面后，柜员要在“凭证类型”处选择“一本通”或“一卡通”凭证。

（2）输入网点号、客户号后，点击回车键，在系统提示下刷存折，输入存折号或者卡号、货币、交易码、金额，选择凭证输入方式、电话银行转账与否、存折打印等信息。

（3）手工输入的操作方法请参阅普通活期存款手工输入的有关说明。

（4）检查无误后，选择“执行”（R）按钮，系统自动生成“一卡通/一本通”活期存款账户。

需要注意的事项：当客户号、存折号或者卡号、货币和交易码输入完毕后，光标移到下一个输入框时，系统自动在窗口的上半部分显示出该客户号的详细信息，包括：客户号、凭证号、户名、客户类别、存取方式、客户状态等。

（七）一卡通/一本通活期存款账户存款

客户到银行存款时，需要提交一本通存折或一卡通以及现金，银行柜员受理后，点击“个人储蓄→活期存款→一卡通/一本通活期存款”按钮，进入一卡通/一本通活期（存款）界面，并按照如下顺序操作：

（1）在“一卡通/一本通活期存款账户存款”界面的“凭证类型”处，柜员选择“一本通”或“一卡通”。

（2）若是有折存款，则输入客户号后，点击回车键，在系统提示下刷存折，输入凭证号码、子户号、货币、交易码、金额、凭证输入（选择“刷存折”）、存折打印等信息。

（3）若是无折存款，则输入客户号后，不按回车键，只用上下光标键来移动光标到下一个输入框，输入凭证号码、子户号、货币、交易码、金额、凭证输入（选择“手工输入”）、存折打印等信息。

（4）检查无误后，选择“执行”（R）按钮，在系统提示下完成一卡通/一本通活期存款账户存入款项的操作。

需要注意的事项：当客户号、凭证号码、子户号输入完毕后，光标移到下一个输入框时，系统自动在窗口的上半部分显示出该活期存款账户的详细信息，包括：账号、凭证号、户名、业务品种、货币、余额、存取方式（无折存款时不显示）、账户状态、通存通兑等。柜员核对后方可进入下一项操作。

（八）一卡通/一本通活期存款账户取款

客户到银行取款时，需要提交身份证件、一本通存折或一卡通，银行柜员受理后，点击“个人储蓄→活期操作→一卡通活期存款”按钮，进入一本通活期（取款）界面，并按照如下顺序操作：

（1）在“一卡通/一本通活期存款账户取款”界面的“凭证类型”处，柜员选择“一本通”或“一卡通”。

（2）柜员需要在系统提示下刷存折或手工输入存折或卡号，输入网点号、客户号、凭证号码、子户号、货币、交易码、金额、证件号码、密码、ID类别、ID号、存折打印等信息。

（3）客户的一本通存折损坏，则需手工输入有关信息（操作方法参阅普通活期存款手工输入的有关说明）。

（4）检查无误后，选择“执行”（R）按钮，在系统提示下完成取款操作。

同样需要注意：当客户号、凭证号码、子户号输入完毕后，点击回车键后，系统自动在窗口的上半部分显示出该账户的详细信息，柜员需要核对，无误后再进入下一项操作。

（九）一卡通/一本通活期存款账户销户

客户申请销活期存款账户时，要提交身份证件和普通存折给临柜柜员，银行柜员受理后，点击“个人储蓄→活期操作→一卡通活期销户”按钮，进入一卡通/一本通活期存款账户（销户）界面，按照如下顺序操作：

（1）在“一卡通/一本通活期存款账户销户”界面的“凭证类型”处，柜员选择“一本通”或“一卡通”。

（2）柜员在系统提示下刷存折，输入网点号、（客户号）重复、凭证号码、子户号、货币、交易码、金额、证件号码、密码、ID 类别、ID 号、存折打印、凭证输入等信息。

（3）若客户的存折损坏，则需手工输入（操作方法参阅普通活期存款手工输入的有关说明）。

（4）检查无误后，选择“执行”（R）按钮，在系统提示下完成销户的操作。

需要注意的事项：当客户申请销户时，柜员要注意审核客户的证件、存款余额、存取账户状态、存取方式（无折存款时不显示）、账户状态、通存通兑等信息。同时，一本通活期存款销户时，必须将存折的封面和封底收回，做个人银行业务凭条附件送风险监督管理部门。

三、定期存款业务

个人银行业务定期储蓄存款是指事先确定存款期限、类别、存款利率，按照约定的取款方式支取存款本息的存款方式。定期储蓄存款的种类很多，客户选择后，要提交身份证件、申请开户凭条，以及现金交给银行柜员，银行柜员审核受理，按照客户的需求依次办理开户、存款、取款、计息，以及销户等的实验操作。

（一）整存整取

整存整取储蓄存款是一种由客户选择存款期限，整笔存入，到期提取存款本息的定期存款方式。从整存整取储蓄存款的开户形式上看，有普通整存整取储蓄存款与一卡通/一本通整存整取储蓄存款两种方式，下面分别介绍这两种方式的实验操作：

1. 普通整存整取开户

客户申请开立普通整存整取定期储蓄存款账户时，需要提交身份证件、申请凭条、普通客户号，以及现金等交给银行柜员，柜员审核无误后，点击“个人储蓄→整存整取→整存整取开户”按钮，进入普通整存整取（开账户）界面，并按照如下顺序操作，如图 5 - 9 所示。

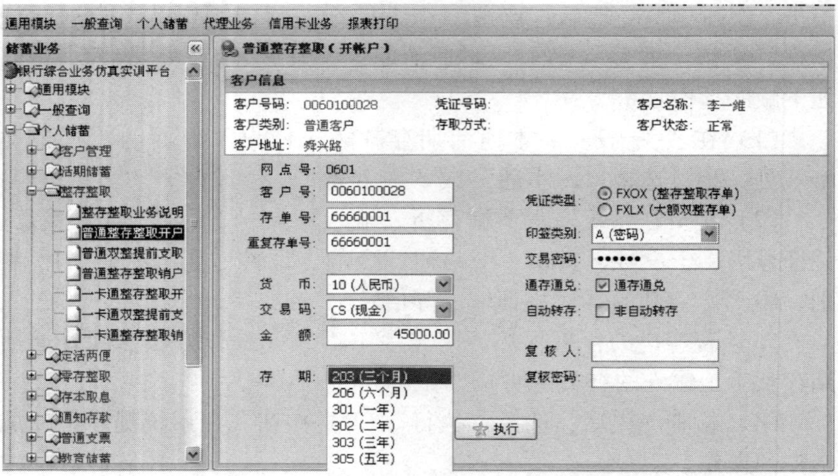

图 5－9　开立普通整存整取定期储蓄存款账户

（1）输入网点号、客户号、整存整取存单号、货币、交易码、金额后，选择存期、凭证种类、印鉴类别、交易密码、通存通兑、自动转存等信息。

（2）检查无误后，选择“执行”（R）按钮，系统自动生成普通整存整取定期储蓄存款账号，柜员需要记录。

（3）“复核人”“复核密码”空着不填，由系统后台自动复核。

需要注意的事项：印鉴类别选择 A（密码）或 B（密码与证件）时，密码不能为空（由客户输入，6 位数字）；当客户号、存单号输入完毕后，光标移到下一个输入框时，系统自动在窗口的上半部分显示出该客户的详细信息，包括：客户号、凭证号、户名、客户类别、存取方式、账户状态等，柜员需要核对后方可进入下一项操作；整存整取定期存款存期代码的输入请参阅业务通用操作中的详细说明。

2. 普通整存整取部分提前支取

客户需要提前部分支取款项时，需要提交身份证件、整存整取定期存单、申请取款凭条等交给柜员，柜员审核无误后，点击“个人储蓄→整存整取→整存整取部分提前支取”按钮，进入普通整存整取（部分提前支取）界面，如图 5－10 所示。

（1）输入网点号、整存整取存款账号、存单号、替换存单号、货币、交易码、金额、凭证种类、交易密码、证件号码等信息。

（2）检查无误后，选择“执行”（R）按钮，在系统提示下完成提前取款操作。

需要注意的事项：整存整取只能部分提前支取一次；提前支取的款项按照银行当日挂牌活期存款利率计付利息；当整存整取存款账号、

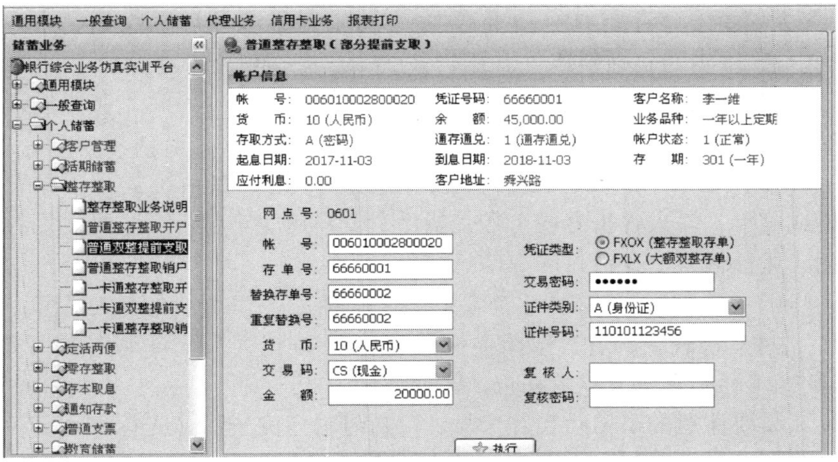

图 5-10 普通整存整取部分提前支取

存单号输入完毕后，光标移到下一个输入框时，系统自动在窗口的上半部分显示出该客户的详细信息，包括：账号、凭证号、户名、业务品种、货币、余额、账户状态、开户方式、起息日、到息日、存期、通存通兑等，柜员需要核对无误后方可继续操作；若客户有预留密码，则密码不能为空（由客户输入），否则密码为空。

3. 普通整存整取销户

客户将整存整取存款账户申请销户时，需要提交身份证件、整存整取定期存单，柜员审核无误后，办理销户手续。柜员点击“个人储蓄→整存整取→整存整取销户”按钮，进入普通整存整取（销户）界面，按如下顺序操作：

（1）输入网点号、整存整取存款账号、存单号、凭证种类、货币、交易码、金额、密码、证件号码、摘要等信息。

（2）检查无误后，选择“执行”（R）按钮，在系统提示下进行销户操作。

需要注意的事项：销户时，需要一次性支付本息给客户，本息款项可以提取现金，也可以办理转账；当整存整取账号、存单号、凭证种类输入完毕后，光标移到下一个输入框时，系统自动在窗口的上半部分显示出该账户的详细信息，包括：账号、凭证号、户名、业务品种、货币、余额、账户状态、开户方式、起息日、到息日、存期、通存通兑等信息，柜员需要核对后方可办理销户；若客户预先预留交易密码，则密码不能为空（由客户输入）。否则密码为空。

4. 一卡通/一本通整存整取开户

客户申请开立一卡通/一本通整存整取定期储蓄存款账户时，需要提交身份证件、一卡通或一本通凭证，银行柜员审核无误后，点击

“个人储蓄→整存整取→一卡通/一本通整存整取开户”按钮，进入一卡通/一本通整存整取（开账户）界面，并按以下顺序操作：

（1）柜员进入“一卡通/一本通整存整取开户”界面，在“凭证类型”选择“一卡通”或“一本通”。

（2）输入网点码、客户号后，点击回车键，在系统提示下刷存折或刷卡，输入存折号或卡号、货币、交易码、金额等，选择定期存期、凭证输入、存折打印等信息。

（3）若需要手工输入，请参阅普通活期存款手工输入的有关说明。

（4）检查无误后，选择“执行”（R）按钮，系统自动生成一卡通/一本通整存整取存款账户，需要记录。

需要注意的事项：当客户号、存折号输入完毕后，光标移到下一个输入框时，系统自动在窗口的上半部分显示出该客户的详细信息，包括：客户号、凭证号、户名、客户类别、存取方式、账户状态等；存期代码的输入请参阅业务通用操作中的详细说明。

5. 一卡通/一本通整存整取账户部分提前支取

客户申请一卡通/一本通整存整取账户部分提前取款时，柜员点击“个人储蓄→整存整取→一卡通/一本通整存整取部分提前支取”按钮，进入一卡通/一本通整存整取（部分提前支取）界面，按照以下顺序操作：

（1）柜员进入“一卡通/一本通整存整取部分提前支取”界面后，在“凭证类型”选择“一卡通”或“一本通”。

（2）输入网点码、客户号后，点击回车键，在系统提示下刷存折或刷卡，输入存折号或卡号、子户号、货币、交易码、金额、密码、证件号码、凭证输入、存折打印等信息。

（3）当需要手工输入时请参阅普通活期存款手工输入的有关说明。

（4）检查无误后，选择“执行”（R）按钮，在系统提示下完成部分提前取款的操作。

需要注意的事项：当客户号、凭证号码、子户号输入完毕后，光标移到下一个输入框时，系统自动在窗口的上半部分显示出该账户的详细信息，包括：账号、凭证号、户名、业务品种、货币、余额、账户状态、开户方式、起息日、到息日、存期、通存通兑。密码不能为空（由客户输入），柜员核对无误后方可继续操作。

6. 一卡通/一本通整存整取账户销户

客户申请一卡通/一本通整存整取账户销户时，柜员点击“个人储蓄→整存整取→一卡通/一本通整存整取销户”按钮，进入一本通/一卡通整存整取（销户）界面，按照以下顺序操作：

（1）柜员进入“一卡通/一本通整存整取部分提前支取”界面后，在“凭证类型”处选择“一卡通”或“一本通”。

（2）输入网点码、客户号后，点击回车键，在系统提示下刷存折，输入凭证号、子户号、货币、交易码、金额、密码、证件号码、凭证输入、存折打印、摘要等信息。

（3）若需要手工输入请参阅普通活期存款手工输入的有关说明。

（4）检查无误后，选择“执行”（R）按钮，在系统提示下完成销户操作。

需要注意的事项：当客户号、存折号、子户号输入完毕后，光标移到下一个输入框时，系统自动在窗口的上半部分显示出该账户的详细信息，包括：账号、凭证号、户名、业务品种、货币、余额、账户状态、开户方式、起息日、到息日、存期、通存通兑等，柜员核对无误后方可继续操作；交易密码不能为空（由客户输入）；销户后，柜员要收回存折或卡等凭证，并交回相应管理部门。

（二）定活两便

定活两便储蓄存款是一种事先不约定存期，一次性存入，一次性支取的储蓄存款形式。从定活两便储蓄存款的开户形式上看，有普通定活两便储蓄存款和一卡通/一本通定活两便储蓄存款两种形式，下面分别介绍这两种方式的实验操作：

1. 普通定活两便储蓄存款开户

客户申请开立普通定活两便储蓄存款账户时，需要提交身份证件、申请凭条和现金给银行柜员，柜员审核无误后，点击“个人储蓄→定活两便→普通定活两便开户”按钮，进入普通定活两便（开账户）界面，按照以下顺序操作，如图5－11所示。

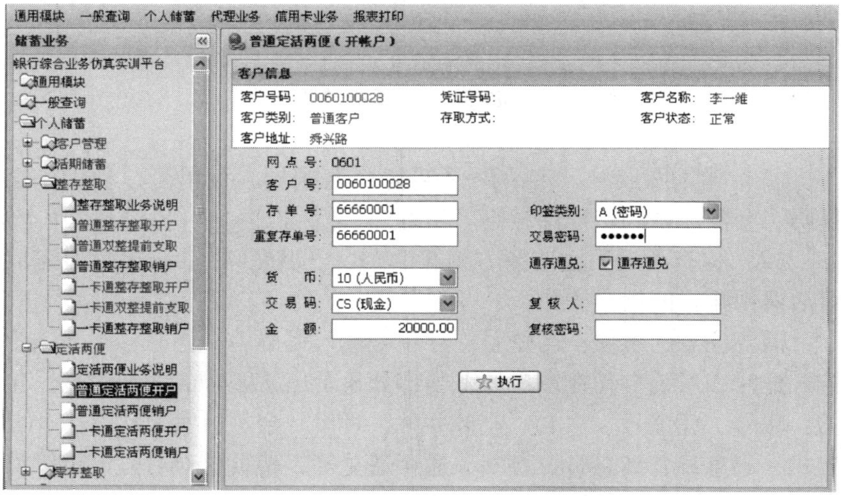

图5－11　开立普通定活两便储蓄存款账户

（1）输入网点号、客户号、定活两便存单号、货币、交易码、金额、印鉴类别、密码、通存通兑等信息。

（2）检查无误后，选择“执行”（R）按钮，系统自动生成定活两便储蓄存款账户。

需要注意的事项：当客户号、存单号输入完毕后，光标移到下一个输入框时，系统自动在窗口的上半部分显示出该客户的详细信息，包括：客户号、凭证号、户名、客户类别、存取方式、客户状态等，柜员核对无误后才能继续操作。

2. 普通定活两便储蓄存款销户

客户申请定活两便储蓄存款账户销户时，提交身份证件和存单给银行柜员，柜员审核无误后，点击“个人储蓄→定活两便→普通定活两便销户”按钮，进入普通定活两便（销户）界面，如图 5－12 所示。

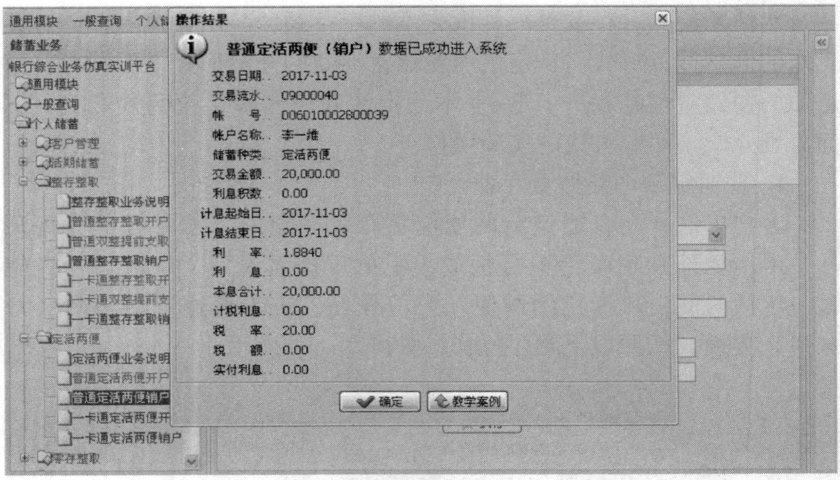

图 5－12　定活两便储蓄存款账户销户

（1）输入网点号、定活两便储蓄存款账号、存单号、货币、交易码、金额、密码、证件号码等信息。

（2）检查无误后，选择“执行”（R）按钮，在系统提示下完成定活两便账户的销户操作。

需要注意的事项：当账号、存单号输入完毕后，光标移到下一个输入框时，系统自动在窗口的上半部分显示出该账户的详细信息，包括：账号、凭证号、户名、业务品种、货币、余额、账户状态、开户方式、起息日、到息日、存期、通存通兑等，柜员核对后方可继续操作。若客户有预留密码，则密码不能为空（由客户输入），否则密码为空。

3. 一卡通/一本通定活两便储蓄存款开户

客户申请开立一卡通/一本通定活两便储蓄存款账户时，需要提交身份证件、申请凭条和现金交给银行柜员，柜员点击“个人储蓄→定活两便→一卡通定活两便开户”按钮，进入一本通定活两便（开账户）界面，并按照以下顺序操作：

（1）柜员进入“一卡通/一本通定活两便开户”界面，在“凭证类型”处选择“一本通”或“一卡通”。

（2）输入网点码、客户号后，点击回车键，在系统提示下刷存折，输入凭证号码、货币、交易码、金额、凭证输入、存折打印等信息。

（3）若需要手工输入请参阅普通活期存款手工输入的有关说明。

（4）检查无误后，选择“执行”（R）按钮，系统自动生成一卡通/一本通定活两便储蓄存款账户。

需要注意的事项：当客户号、存折号输入完毕后，光标移到下一个输入框时，系统自动在窗口的上半部分显示出该客户的详细信息，包括：客户号、凭证号、户名、客户类别、存取方式、状态等，柜员需要核对后方可继续操作。

4. 一卡通/一本通定活两便储蓄存款销户

客户申请销户时，需要提交身份证件和存单给银行柜员，柜员点击“个人储蓄→定活两便→一卡通/一本通定活两便销户”按钮，进入一卡通/一本通定活两便（销户）界面，按照以下顺序操作：

（1）柜员进入“一卡通/一本通定活两便销户”界面后，在“凭证类型”处选择“一本通”或“一卡通”。

（2）输入网点码、客户号后，点击回车键，在系统提示下刷存折，输入存折号或卡号、子户号、货币、交易码、金额、密码、证件号码等信息。

（3）若手工输入时请参阅普通活期存款手工输入的有关说明。

（4）检查无误后，选择“执行”（R）按钮，在系统提示下完成定活两便销户操作。

需要注意的事项：当客户号、存折号或卡号输入完毕后，光标移到下一个输入框时，系统自动在窗口的上半部分显示出该账户的详细信息，包括：账号、凭证号、户名、业务品种、货币、余额、账户状态、开户方式、起息日、到息日、存期、通存通兑等，柜员核对无误后方可继续操作。

（三）零存整取

零存整取储蓄存款是一种事先约定金额，逐月按约定金额存入，到期支取本息的定期储蓄方式。从零存整取储蓄存款的开户形式上看，有普通零存整取储蓄存款和一卡通/一本通零存整取储蓄存款两种形式，下面分别介绍这两种方式的实验操作：

1. 普通零存整取储蓄存款开户

客户申请零存整取储蓄存款开户时，需要提交身份证件、申请凭条和现金给银行柜员，柜员审核无误后，点击“个人储蓄→零存整取→零存整取开户”按钮，进入普通零存整取（开账户）界面，按照以下顺序操作：

（1）输入网点号、客户号、普通存折号、货币、交易码、金额、存期、印鉴类别、密码、证件号码、通存通兑、存折打印等信息。

（2）检查无误后，选择“执行”（R）按钮，系统自动生成零存整取储蓄存款账户。

需要注意的事项：零存整取储蓄存款使用的凭证是“普通存折”，开立账号后，柜员交给客户保管；存期代码的输入请参阅业务通用操作中的详细说明；当客户号、存折号输入完毕后，光标移到下一个输入框时，系统自动在窗口的上半部分显示出该客户的详细信息，包括：客户号、凭证号、户名、客户类别、存取方式、状态等，柜员核对后方可继续操作。

2. 普通零存整取储蓄存款账户存款

客户向零存整取账户存款时，需要提交身份证件、普通存折和现金交给银行柜员，柜员审核无误后，点击“个人储蓄→零存整取→零存整取存款”按钮，进入普通零存整取（存款）界面，按照以下顺序操作：

（1）若是有折存款，输入网点号、账号后点击回车键，在系统提示下刷存折，输入存折号、货币、交易码、金额、存折打印（选择打印）、凭证输入（选择刷存折）等信息。

（2）若是无折存款，则输入网点号、账号后，不要点击回车键，用光标键移动到下一个输入框，输入存折号、货币、交易码、金额、存折打印（选择不打印）、凭证输入（选择手工输入）等信息。

（3）检查无误后，选择“执行”（R）按钮，在系统提示下完成零存整取存款操作。

需要注意的事项：当账号、存折号输入完毕后，光标移到下一个输入框时，系统自动在窗口的上半部分显示出该账户的详细信息，包括：账号、凭证号、户名、业务品种、货币、余额、账户状态、开户方式、起息日、到息日、存期、通存通兑、存取间隔、应付利息等，柜员核对后方可继续操作。

3. 普通零存整取储蓄存款账户销户

客户申请零存整取账户销户时，需要提交身份证件和普通存折交给银行柜员，柜员审核无误后，点击“个人储蓄→零存整取→零存整取销户”按钮，进入普通零存整取（销户）界面，并按照以下顺序操作：

（1）输入网点号、账号后点击回车键，在系统提示下刷存折，输入存折号、货币、交易码、金额、密码、证件号码、存折打印、凭证输入、摘要等信息。

（2）若需要手工输入请参阅普通活期存款手工输入的有关说明。

（3）检查无误后选择“执行”（R）按钮，在系统提示下操作。

需要注意的事项：当账号、存折号输入完毕后，光标移到下一个输入框时，系统自动在窗口的上半部分显示出该账户的详细信息，包括：账号、凭证号、户名、业务品种、货币、余额、账户状态、开户方式、起息日、到息日、存期、通存通兑、存取间隔、应付利息等，柜员核对后方可继续操作；若客户有预留密码，则密码不能为空（由客户输入）。否则，不需输入，密码为空。

4. 一卡通/一本通零存整取储蓄存款开户

客户申请一卡通/一本通零存整取账户开户时，需要提交身份证件、一本通存折或者一卡通凭证给银行柜员，柜员审核无误后，点击“个人储蓄→零存整取开户→一卡通/一本通零存整取开户”，进入“一卡通/一本通零存整取（开账户）”界面，并按照以下顺序操作：

（1）柜员进入“一卡通/一本通零存整取开户”界面，在“凭证类型”处选择“一卡通”或“一本通”。

（2）输入网点号、客户号、存折号（或卡号）、货币、交易码、金额、存期、印鉴类别、密码、通存通兑、存折打印等信息。

（3）检查无误后，选择“执行”（R）按钮，系统自动生成一卡通/一本通零存整取储蓄存款账户，需要记录。

需要注意的事项：存期代码的输入请参阅业务通用操作中的详细说明；当客户号、存折号（或卡号）、货币和交易码输入完毕后，光标移到下一个输入框时，系统自动在窗口的上半部分显示出该客户的详细信息，包括：客户号、凭证号、户名、客户类别、存取方式、状态等，柜员核对后方可继续操作。

5. 一卡通/一本通零存整取储蓄账户存款

客户向一卡通/一本通零存整取储蓄账户存款时，应提交存折或卡，以及现金交给柜员，柜员审核无误后，点击“个人储蓄→零存整取开户→一卡通/一本通零存整取存款”按钮，进入“一卡通/一本通零存整取（存款）”界面，并按照以下顺序操作：

（1）柜员进入“一卡通/一本通零存整取存款”界面，在“凭证类型”处选择“一卡通”或“一本通”。

（2）若是有折存款，输入网点号、账号后点击回车键，在系统提示下刷存折，输入存折号、货币、交易码、金额、存折打印（选择打印）、凭证输入（选择刷存折）。

（3）若是无折存款，则输入网点号、账号后，不要按回车键，用上下光标键来移动光标到下一个输入框，输入存折号、货币、交易码、金额、存折打印（选择不打印）、凭证输入（选择手工输入）。

（4）检查无误后选择“执行”（R）按钮，在系统提示下操作。

需要注意的事项：当账号、存折号输入完毕后，光标移到下一个输入框时，系统自动在窗口的上半部分显示出该账户的详细信息，包括：账号、凭证号、户名、业务品种、货币、余额、账户状态、开户方式、起息日、到息日、存期、通存通兑、存取间隔、应付利息等，柜员核对后方可继续操作。

6. 一卡通/一本通零存整取储蓄存款销户

客户向一卡通/一本通零存整取储蓄账户销户时，应提交身份证件、存折或卡，以及现金给柜员，柜员审核无误后，点击“个人储蓄→零存整取开户→一卡通/一本通零存整取销户”按钮，进入“一卡通/一本通零存整取（销户）”界面，并按照以下顺序操作：

（1）柜员进入“一卡通/一本通零存整取销户”界面，在“凭证类型”处选择“一卡通”或“一本通”。

（2）输入网点号、账号后按回车键，在系统提示下刷存折，输入存折号、货币、交易码、金额、密码、ID 类别、ID 号、存折打印、凭证输入、摘要等信息。

（3）若需要手工输入时，请参阅普通活期存款手工输入的有关说明。

（4）检查无误后，选择“执行”（R）按钮，在系统提示下完成一卡通/一本通零存整取销户操作。

需要注意的事项：当账号、存折号输入完毕后，光标移到下一个输入框时，系统自动在窗口的上半部分显示出该账户的详细信息，包括：账号、凭证号、户名、业务品种、货币、余额、账户状态、开户方式、起息日、到息日、存期、通存通兑、存取间隔、应付利息等，柜员核对后方可继续操作；若客户有预留密码，则密码不能为空（由客户输入）；否则不需输入，密码为空。

（四）存本取息

存本取息储蓄存款是一种一次存入本金，分次支取利息，到期支取本金的定期储蓄方式。存本取息储蓄存款只有普通业务，具体实验操作如下：

1. 存本取息开户

客户申请存本取息储蓄存款开户时，需要提交身份证件、申请凭条以及现金给银行柜员，柜员审核无误后，点击“个人储蓄→存本取息→存本取息开户”按钮，进入普通存本取息（开账户）界面，并按照以下顺序操作：

（1）输入网点号、客户号、凭条存折号、货币、交易码、金额、存期、取息间隔、印鉴类别、密码、存折打印、通存通兑等信息。

（2）检查无误后，选择“执行”（R）按钮，系统自动生成存本取息储蓄存款账户，需要记录。

需要注意的事项：存本取息储蓄存款使用的凭证是“普通存折”，开立账号后，柜员交给客户保管；存期代码的输入请参阅业务通用操作中的详细说明；取息间隔以月为单位计算，由客户选择；当客户号、存折号输入完毕后，光标移到下一个输入框时，系统自动在窗口的上半部分显示出该客户的详细信息，包括：客户号、凭证号、户名、客户类别、存取方式、状态等，柜员核对后方可继续操作。

2. 存本取息取款

客户使用存本取息储蓄存款取款时，需要提交身份证件、存折等给银行柜员，柜员点击“个人储蓄→存本取息→存本取息取款”按钮，进入普通存本取息（取款）界面，并按照以下顺序操作：

（1）输入网点号、账号后按回车键，在系统提示下刷存折，输入存折号、货币、交易码、金额、密码、ID类别、ID号、存折打印、凭证输入。

（2）若手工输入时，请参阅普通活期存款手工输入的有关说明。

（3）检查无误后，选择“执行”（R）按钮，在系统提示下完成存本取息取款操作。

需要注意的事项：当账号、存折号输入完毕后，光标移到下一个输入框时，系统自动在窗口的上半部分显示出该客户的详细信息，包括：账号、凭证号、户名、业务品种、货币、余额、账户状态、开户方式、起息日、到息日、存期、通存通兑、存取间隔、应付利息等，柜员核对后方可继续操作；若客户有预留密码，则密码不能为空（由客户输入）；否则密码为空。

3. 存本取息销户

客户申请存本取息储蓄存款销户时，需要提交身份证件、存折等给银行柜员，柜员点击“个人储蓄→存本取息→存本取息销户”按钮，进入普通存本取息（销户）界面，并按照以下顺序操作：

（1）输入网点号、账号后按回车键，在系统提示下刷存折，输入存折号、货币、交易码、金额、密码、证件号码、存折打印、凭证输入等信息。

（2）若需要手工输入，请参阅普通活期存款手工输入的有关说明。

（3）检查无误后选择“执行”（R）按钮，在系统提示下完成存本取息销户操作。

需要注意的事项：当账号、存折号输入完毕后，光标移到下一个输入框时，系统自动在窗口的上半部分显示出该客户的详细信息，包括：账号、凭证号、户名、业务品种、货币、余额、账户状态、开户方式、起息日、到息日、存期、通存通兑、存取间隔、应付利息等，柜员核对后方可继续操作；若客户有预留密码，则密码不能为空（由客户输入）；否则密码为空。

四、个人通知存款

个人通知存款是一种不约定存期，支取时需提前通知银行，约定支取日期和金额方能支取的大额存款的储蓄存款方式。从个人通知存款的开户形式上看，有普通个人通知存款和一卡通/一本通个人通知存款两种形式，下面分别介绍这两种方式的实验操作：

（一）普通个人通知存款开户

客户申请个人通知存款开户时，需要提交身份证件、申请凭条交给银行柜员，柜员审核无误后，点击“个人储蓄→通知存款→普通通知存款开户”按钮，进入个人通知存款（开户）界面，并按照以下顺序操作：

（1）输入网点号、客户号、普通存折号、通知期（有 1 天和 7 天两种）、货币、交易码、金额、印鉴类别、密码、存折打印、通存通兑等信息。

（2）检查无误后，选择“执行”（R）按钮，系统自动生成个人通知存款账户，需要记录。

需要注意的事项：

①个人通知存款的起存点为 50000 元，开户时客户存入款项必须大于起存点；

②个人通知存款使用“普通存折”凭证，开立账号后，柜员交给客户保管；

③当客户号、存折号输入完毕后，光标移到下一个输入框时，系统自动在窗口的上半部分显示出该客户的详细信息，包括：客户号、凭证号、户名、客户类别、存取方式、状态等，柜员核对后方可继续操作。

（二）普通个人通知存款部分支取

客户申请个人通知存款部分支取时，需要提交身份证件、存折等给银行柜员，柜员审核无误后，点击“个人储蓄→通知存款→普通通知存款部分支取”按钮，进入个人通知存款（部分支取）界面，并按照以下顺序操作：

（1）输入网点号、账号后点击回车键，在系统提示下刷存折，输入存折号、货币、交易码、金额、密码、通知期、证件号码、存折打印、凭证输入等信息。

（2）若需手工输入请参阅普通活期存款手工输入的有关说明。

（3）检查无误后选择“执行”（R）按钮，在系统提示下完成通知存款部分支取操作。

需要注意的事项：

①通知期由客户选择，录入格式为三位数，选择以“101”或者“107”。

②当柜员把账号、存折号输入完毕后，光标移到下一个输入框时，系统自动在窗口的上半部分显示出该客户的详细信息，包括：账号、凭证号、户名、业务品种、货币、余额、存取方式、账户状态、开户方式、起息日、到息日、存期、通存通兑等，柜员核对后方可继续操作。

③个人通知存款取款后要求保留最低金额 50000 元，计算公式为：取款金额 = 账户金额 - 最低余额 - 冻结金额。

④若客户有预留密码，则密码不能为空（由客户输入）。否则密码为空。

（三）普通个人通知存款销户

客户申请个人通知存款账户销户时，需要提交身份证件、存折等给银行柜员，柜员审核无误后，点击“个人储蓄→通知存款→普通通知存款销户”按钮，进入个人通知存款账户（销户）界面，并按照以下顺序操作：

（1）输入网点号、账号后点击回车键，在系统提示下刷存折，输入存折号、货币、交易码、金额、密码、通知期、证件号码、存折打印、凭证输入等信息。

（2）若需手工输入请参阅普通活期存款手工输入的有关说明。

（3）检查无误后，选择“执行”（R）按钮，在系统提示下完成个人通知存款销户操作。

需要注意的事项：当账号、存折号输入完毕后，光标移到下一个输入框时，系统自动在窗口的上半部分显示出该客户的详细信息，包括：客户号、凭证号、户名、业务品种、货币、余额、存取方式、账户状态、开户方式、起息日、到息日、通知期、通存通兑等，柜员核对后方可继续操作；若客户有预留密码，则密码不能为空（由客户输入）；否则密码为空。

（四）一卡通/一本通个人通知存款开户

客户申请一卡通/一本通个人通知存款开户时，需要提交身份证件、存折等给银行柜员，柜员审核无误后，点击“个人储蓄→通知存款→一卡通/一本通通知存款开户”按钮，进入一卡通/一本通个人通知存款（开户）界面，并按照以下顺序操作：

（1）柜员进入“一卡通/一本通个人通知存款开户”界面，在“凭证类型”处，选择“一卡通”或“一本通”。

（2）输入网点码、客户号后点击回车键，在系统提示下刷存折，输入存折号或卡号、通知期、货币、交易码、金额、凭证输入、存折打印等信息。

（3）若需手工输入请参阅普通活期存款手工输入的有关说明。

（4）检查无误后，选择“执行”（R）按钮，系统自动生成一卡通/一本通个人通知存款账户，需要记录。

需要注意的事项：

①一卡通/一本通个人通知存款的通知期、起存点、最低保留和支取金额同普通个人通知存款。

②当客户号、存折号输入完毕后，光标移到下一个输入框时，系统自动在窗口的上半部分显示出该客户的详细信息，包括：客户号、凭证号、户名、客户类别、存取方式、状态等，柜员核对后方可继续操作。

③若客户有预留密码，则密码不能为空（由客户输入）；否则密码为空。

（五）一卡通/一本通个人通知存款支取

客户申请一卡通/一本通个人通知存款部分支取时，需要提交身份证件、存折或卡等给银行柜员，柜员审核无误后，点击“个人储蓄→通知存款→一卡通/一本通通知存款支取”按钮，进入一卡通/一本通通知存款（部分提前支取）界面，并按照以下顺序操作：

（1）柜员进入“一卡通/一本通通知存款部分提前支取”界面，在“凭证类型”处，选择“一卡通”或“一本通”。

（2）输入网点码、客户号后点击回车键，在系统提示下刷存折，输入存折号或卡号、子户号、货币、交易码、金额、密码、通知期、证件号码、存折打印、凭证输入等信息。

（3）若需手工输入请参阅普通活期存款手工输入的有关说明。

（4）检查无误后，选择“执行”（R）按钮，在系统提示下完成一卡通/一本通通知存款部分提前支取操作。

需要注意的事项：当客户号、存折号或卡号、子户号输入完毕后，光标移到下一个输入框时，系统自动在窗口的上半部分显示出该客户的详细信息，包括：账号、凭证号、户名、业务品种、货币、余额、存取方式、账户状态、开户方式、起息日、到息日、存期、通存通兑等，柜员核对后方可继续操作；密码不能为空（由客户输入）。

（六）一卡通/一本通个人通知存款销户

客户申请一卡通/一本通个人通知存款销户时，需要提交身份证件、存折或卡等给银行柜员，柜员审核无误后，点击“个人储蓄→通知存款→一卡通/一本通通知存款销户”按钮，进入一卡通/一本通通知存款（销户）界面：

（1）客户进入“一卡通/一本通通知存款销户”界面，在“凭证类型”处选择“一卡通”或“一本通”。

（2）输入网点码、客户号后点击回车键，在系统提示下刷存折，输入凭证号、子户号、货币、交易码、金额、密码、通知期、证件号码、存折打印、凭证输入等信息。

（3）若需手工输入请参阅普通活期存款手工输入的有关说明。

（4）检查无误后，选择“执行”（R）按钮，在系统提示下完成销户操作。

需要注意的事项：销户后，存折或卡需要交回银行；当客户号、存折号、子户号输入完毕后，光标移到下一个输入框时，系统自动在窗口的上半部分显示出该客户的详细信息，包括：账号、凭证号、户名、业务品种、货币、余额、存取方式、账户状态、开户方式、起息日、到息日、存期、通存通兑等，柜员核对后方可继续操作。密码不能为空（由客户输入）。

五、教育储蓄

教育储蓄存款业务是一种城乡居民为其本人或其子女接受非义务教育积蓄资金的一种储蓄存款方式。从教育储蓄存款的开户形式上看，有普通教育储蓄存款和一卡通/一本通教育储蓄存款两种形式，下面分别介绍这两种方式的实验操作：

（一）普通教育储蓄存款开户

客户申请普通教育储蓄存款开户时，需要提交身份证件、申请凭条及现金给银行柜员，柜员审核无误后，点击“个人储蓄→教育储蓄→普通教育储蓄开户”按钮，进入普通教育储蓄开户界面，并按照以下顺序操作：

（1）输入客户号、普通存折号、货币、交易码、金额、存期、印鉴类别、密码、通存通兑、存折打印等信息。

（2）检查无误后，选择“执行”（R）按钮，系统自动生成普通教育储蓄存款账号，需要记录。

需要注意的事项：普通教育储蓄使用“普通存折”凭证，开立账号后，柜员交给客户保管；普通教育储蓄的最高存款金额为20000元；存期代码的输入请参阅业务通用操作中的详细说明；当客户号、存折号输入完毕后，光标移到下一个输入框时，系统自动在窗口的上半部分显示出该客户的详细信息，包括：客户号、凭证号、户名、客户类别、存取方式、状态、客户地址等，柜员核对后方可继续操作。

（二）普通教育储蓄存款

客户向普通教育储蓄账户存款时，需要提交普通存折和现金给银行柜员，柜员审核无误后，点击“个人储蓄→教育储蓄→普通用户教育储蓄存款”按钮，进入普通教育储蓄存款界面，并按照以下顺序操作：

（1）若是有折存款，输入账号后点击回车键，在系统提示下刷存折，输入存折号、货币、交易码、金额、存折打印（选择打印）、凭证输入（选择刷存折）。

（2）若是无折存款，则输入账号后，不要点击回车键，用上下光标键移动光标到下一个输入框，输入存折号、货币、交易码、金额、存折打印（选择不打印）、凭证输入（选择手工输入）。

（3）检查无误后，选择“执行”（R）按钮，在系统提示下完成教育储蓄存款操作。

需要注意的事项：当客户号、存折号输入完毕后，光标移到下一个输入框时，系统自动在窗口的上半部分显示出该账户的详细信息，包括：账号、凭证号、户名、业务品种、货币、余额、账户状态、开户方式、起息日、到息日、存期、通存通兑、存取间隔、应付利息、客户地址等，柜员核对后方可继续操作。

（三）普通教育储蓄存款销户

客户申请注销普通教育储蓄存款账户时，需要向银行提交身份证件、存折等，柜员审核无误后，点击“个人储蓄→教育储蓄→普通教育储蓄销户”按钮，进入普通教育储蓄存款销户界面，并按照以下顺序操作：

（1）输入网点号、账号后点击回车键，在系统提示下刷存折，输入存折号、货币、交易码、是否证明、金额、密码、证件号码、存折打印、凭证输入、摘要等信息。

（2）若需手工输入请参阅普通活期存款手工输入的有关说明。

（3）检查无误后，选择“执行”（R）按钮，在系统提示下完成销户操作。

需要注意的事项：

①当账号、存折号输入完毕后，光标移到下一个输入框时，系统自动在窗口的上半部分显示出该账户的详细信息，包括：账号、凭证号、户名、业务品种、货币、余额、账户状态、开户方式、起息日、到息日、存期、通存通兑、存取间隔、应付利息、客户地址，柜员核对后方可继续操作。

②要有预留密码，则密码不能为空（由客户输入）。否则密码为空。

（四）一卡通/一本通教育储蓄存款开户

客户申请一卡通/一本通教育储蓄存款开户时，需要提交身份证件、存折或卡等给银行柜员，柜员审核无误后，点击“个人储蓄→教育储蓄→一卡通/一本通教育储蓄开户”按钮，进入“一本通/一卡通教育储蓄开户界面”，并按照以下顺序操作：

（1）柜员进入“一本通/一卡通教育储蓄开户”界面后，在“凭证类型”选择“一卡通”或“一本通”。

（2）输入客户号、存折号或卡号、货币、交易码、金额、存期、印鉴类别、密码、通存通兑、存折打印等信息。

（3）检查无误后，选择“执行”（R）按钮，系统自动生成一卡通/一本通教育储蓄存款账号，需要记录。

需要注意的事项：当客户号、存折号输入完毕后，光标移到下一个输入框时，系统自动在窗口的上半部分显示出该客户的详细信息，包括：客户号、凭证号、户名、客户类别、存取方式、状态、客户地址等，柜员核对后方可继续操作。

（五）一本通/一卡通教育储蓄存款

客户向一卡通/一本通教育储蓄存款时，需要提交存折或卡以及现金给银行柜员，柜员审核无误后，点击“个人储蓄→教育储蓄→一卡通教育储蓄存款”按钮，进入一本通/一卡通教育储蓄存户界面，并按照以下顺序操作：

（1）柜员进入“一本通/一卡通教育储蓄存款”界面，在“凭证类型”处选择“一卡通”或“一本通”。

（2）若是有折存款，输入账号后点击回车键，在系统提示下刷存折，输入存折号或卡号、货币、交易码、金额、存折打印（选择打印）、凭证输入（选择刷存折）等信息。

（3）若是无折存款，则输入账号后，不要点击回车键，用上下光标键来移动光标到下一个输入框，输入存折号、货币、交易码、金额、存折打印（选择不打印）、凭证输入（选择手工输入）等信息。

（4）检查无误后，选择“执行”（R）按钮，在系统提示下完成一本通/一卡通教育储蓄存款操作。

需要注意的事项：一本通/一卡通教育储蓄存款的最高存款金额同普通教育储蓄存款的20000元；当客户号、存折号卡号、子户号输入完毕后，光标移到下一个输入框时，系统自动在窗口的上半部分显示出该客户的详细信息，包括：账号、凭证号、户名、业务品种、货币、余额、账户状态、开户方式、起息日、到息日、存期、通存通兑、存取间隔、应付利息等，柜员核对后方可继续操作。

（六）一本通/一卡通教育储蓄存款销户

客户申请一卡通/一本通教育储蓄存款销户时，需要提交身份证件、存折或卡给银行柜员，柜员审核无误后，点击“个人储蓄→教育储蓄→一卡通/一本通教育储蓄销户”按钮，进入一本通/一卡通教育储蓄销户界面，并按照以下顺序操作：

（1）柜员进入“一本通/一卡通教育储蓄销户”界面后，在“凭证类型”处选择“一卡通”或“一本通”。

（2）输入账号、存折号或卡号、子户号等后点击回车键，在系统提示下刷存折，输入存折号、货币、交易码、是否证明、金额、密码、证件号码、存折打印、凭证输入、摘要等信息。

（3）若需手工输入请参阅普通活期存款手工输入的有关说明。

（4）检查无误后，选择“执行”（R）按钮，在系统提示下完成销户操作。

需要注意的事项：当客户号、存折号或卡号、子户号输入完毕后，光标移到下一个输入框时，系统自动在窗口的上半部分显示出该客户的详细信息，包括：账号、凭证号、户名、业务品种、货币、余额、账户状态、开户方式、起息日、到息日、存期、通存通兑、存取间隔、应付利息、客户地址等，柜员核对后方可继续操作。

六、个人支票

个人支票是个人签发的，委托办理支票存款业务的银行，在见票时无条件支付确定的金额给收款人或者持票人的票据。个人支票账户属于个人结算账户，客户购买支票后，可用于购买商品、支付劳务支出，以及支付其他日常生活所需款项。支付时，客户签开个人支票交给收款人，收款人收取款项时，既可以转账也可以提取现金，即通过辖内转账通存和现金通存等结算业务收取支票款项。

（一）个人支票开户

客户向银行申请开立个人支票账户时，需要提交身份证件、申请凭条及现金给银行，柜员审核无误后，点击“个人储蓄→个人支票→开户”按钮，进入普通支票（开账户）界面，并按照如下顺序操作，如图 5－13 所示。

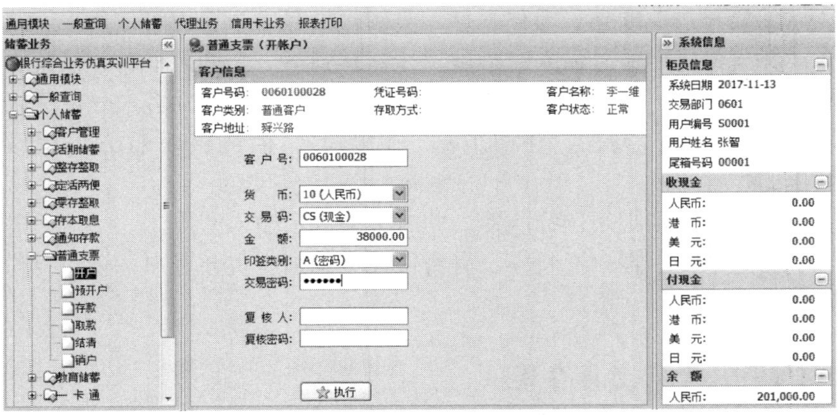

图 5－13　个人支票开户

（1）输入网点号、普通客户号、货币、交易码、金额、证件类别与证件号码、印鉴类别、密码等信息。

（2）检查无误后选择“执行”（R）按钮，系统自动生成个人支票结算账户，需要记录。

需要注意的事项：

①个人支票开户存入的款项必须大于个人支票的开户金额 5000 元。

②印鉴类别必须选择印鉴，此时不会提示输入密码。

③如果提示客户资料中没有身份证号码则应重开客户号并输入身份证号码。

④当普通客户号输入完毕后，光标移到下一个输入框时，系统自动在窗口的上半部分显示出该客户的详细信息，包括：客户号、凭证号、户名、客户类别、存取方式、状态等，柜员核对后方可继续操作。

（二）个人支票预开户

客户向银行申请个人支票预开户时，需要提交身份证件、申请凭条及现金给银行，柜员审核无误后，点击“个人储蓄→个人支票→

预开户”按钮，进入普通支票（预开户）界面，并按照以下顺序操作：

（1）输入网点号、普通客户号、货币、印鉴类别、密码、证件类别与证件号码等信息。

（2）检查无误后，选择“执行”（R）按钮，在系统提示完成预开户操作。

需要注意的事项：

①预开户功能是当客户不存入金额，只开一个空户时使用。

②当普通客户号输入完毕后，光标移到下一个输入框时，系统自动在窗口的上半部分显示出该客户的详细信息，包括：客户号、凭证号、户名、客户类别、存取方式、状态等，柜员核对后方可继续操作。

③印鉴类别必须选择印鉴，此时不会提示输入密码。

④如果提示客户资料中没有身份证号码则应重开客户并输入身份证号码。

（三）个人支票存款

客户开户后必须在银行存足款项才能使用支票进行结算。当客户向个人支票账户存入款项时，需要提交支票账户及现金给银行柜员，柜员审核无误后，点击“个人储蓄→个人支票→存款”按钮，进入普通支票（存款）界面，并按照以下顺序操作：

（1）输入网点号、个人支票结算账号、凭证号、货币、交易码、金额、摘要等信息。

（2）检查无误后，选择“执行”（R）按钮，在系统提示下完成个人支票存款操作。

需要注意的事项：

①若是预开户，则第一次存款金额必须大于个人支票的开户金额（5000 元）。

②当个人支票结算账号输入完毕后，光标移到下一个输入框时，系统自动在窗口的上半部分显示出该账户的详细信息，包括：账号、凭证号、户名、业务品种、货币、余额、存取方式、账户状态、通存通兑，柜员核对后方可继续操作。

（四）支票出售

客户向银行申请购买个人支票时，需要提交身份证件、个人支票账户等给银行柜员，柜员审核无误后，点击“通用模块→凭证管理→支票出售”按钮，进入支票出售界面，如图 5 - 14 所示，并按照以下顺序操作：

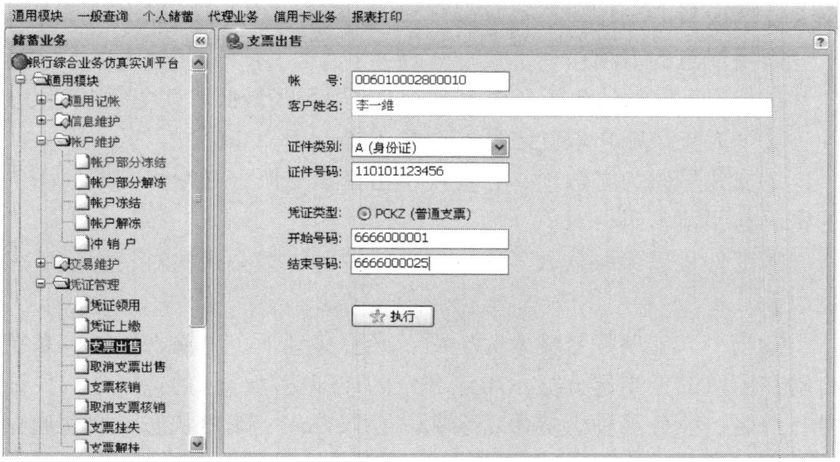

图 5－14　个人支票出售

（1）输入个人支票账号、证件类别、证件号码、凭证类别、开始号码、结束号码等信息。

（2）确认无误后，选择“执行”按钮，在系统的提示下完成支票出售操作。

需要注意的事项：

①“凭证类型”必须是“普通支票”，凭证必须是以张为单位、整本25张出售。

②“证件类别”为冻结执行人的证件，包括身份证、护照、军人证、户口簿、居住证、监护人证件、无证件。如果选择了“证件类别”，则必须录入对应的“证件号码”。

③当个人支票账号输入完毕后，光标移到下一个输入框时，系统自动在窗口的上半部分显示出该账户的详细信息，包括：账号、凭证号、户名、业务品种、货币、余额、存取方式、账户状态、通存通兑等，柜员核对后方可继续操作。

（五）个人支票取款

客户（付款人）签发支票付款后，持票人取款的方式有两种：辖内通兑提取现金，或者委托开户行提出同城票据交换后，以转账方式取款。当银行收到持票人提出或转来的普通支票、进账单后，需要认真审核，无误后。柜员点击“个人储蓄→个人支票→取款”按钮，进入普通支票（取款）界面，并按照以下顺序操作：

（1）输入网点号、个人支票账号、货币、交易码、金额、支票号码、证件类别、证件号码、摘要等信息。

（2）检查无误后，选择“执行”（R）按钮，在系统提示下完成个人支票取款的操作。

需要注意的事项：

①持票人取款的金额必须大于个人支票每张最低取款金额 100 元。

②个人支票账户取款之后的余额不得低于 2000 元。

③支票号码为必输项，若使用预留密码支票，必须将支票票面上的密码与预留密码核对。

④证件号码为取款人号码，可以不输入，但必须核对，无误后才能取款。

⑤当个人支票账号输入完毕后，光标移到下一个输入框时，系统自动在窗口的上半部分显示出该客户的详细信息，包括：账号、凭证号、户名、业务品种、货币、余额、存取方式、账户状态、通存通兑等，柜员核对后方可继续操作。

（六）个人支票结清

客户需要结清个人支票账户时，需要提交申请凭条，交回剩余未用完普通支票给柜员，柜员审核无误后，点击："个人储蓄→个人支票→结清"按钮，进入普通支票（结清）界面，并按照以下顺序操作：

（1）输入网点号、个人支票账号、货币、摘要等信息。

（2）检查无误后，选择"执行"（R）按钮，在系统提示下完成账户结清操作。

需要注意的事项：

①个人支票账户销户前，必须先执行"结清"操作。

②结清时，系统自动按当天该存款种类的挂牌利率进行计息，把利息转入活期账户。

③当账号、货币输入完毕后，光标移到下一个输入框时，系统自动在窗口的上半部分显示出该账户的详细信息，包括：账号、户名、业务品种、货币、凭证号、存期、存取方式、冻结金额、存取额度、最低余额、起息日、计息、通存通兑、自动转存、状态、余额、可用余额、应收利息等，柜员核对后方可继续操作。

（七）个人支票销户

个人支票账户结清后，当日必须进行销户，否则平账时无法通过。柜员办理注销支票账户时，点击"个人储蓄→个人支票→销户"按钮，进入普通支票（销户）界面。如图 5－15 所示。

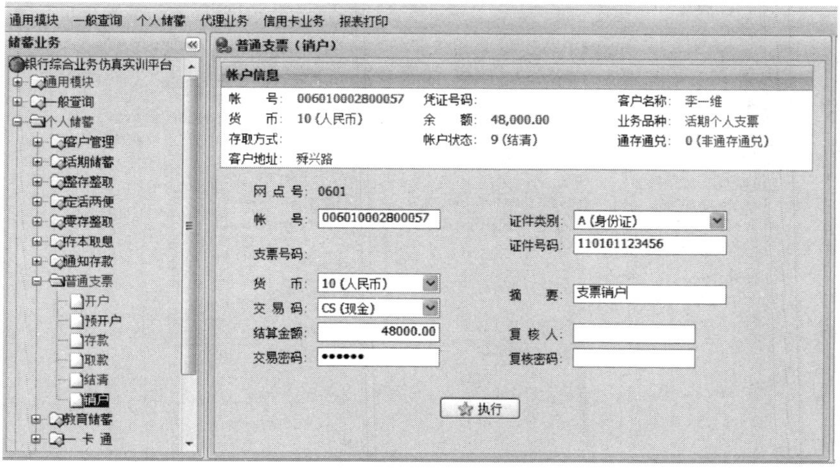

图 5-15　个人支票销户

（1）输入网点号、个人支票账号、支票号码、货币、交易码、结算金额、密码、证件类别、证件号码等信息。

（2）检查无误后，选择“执行”（R）按钮，在系统提示下完成账户销户操作。

需要注意的事项：

①销户时，支票账户的结算金额必须等于账户余额。

②剩余退回的支票号码必须输入。

③当个人支票账号、支票号码输入完毕后，光标移到下一个输入框时，系统自动在窗口的上半部分显示出该账户的详细信息，包括：账号、凭证号、户名、业务品种、货币、余额、存取方式、账户状态、通存通兑等，柜员核对后方可继续操作。

七、信用卡业务

信用卡是具有消费信用、存取现金和转账结算等功能的信用支付工具。个人银行业务系统中的信用卡业务包括信用卡开户、信用卡存现、信用卡取现及信用卡明细查询、信用卡交易查询等，下面分别介绍其实验操作。

（一）信用卡开户

客户申请银行信用卡时，需要提交有效证件、申请开户凭条给银行柜员，柜员审核无误后，点击“信用卡业务→信用卡开户”按钮，进入信用卡开户界面，并按照如下顺序操作，如图 5-16 所示。

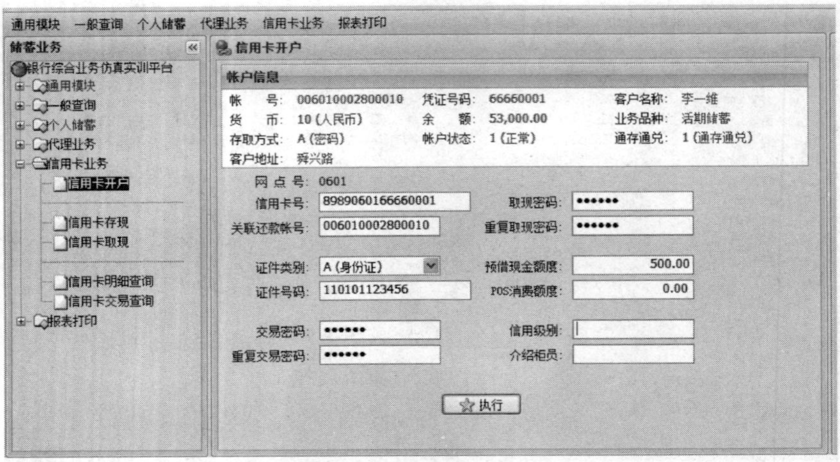

图 5－16 信用卡开户

（1）输入信用卡卡号、关联还款账号、证件类别（名称）、证件号码、货币、交易密码、取现密码、预借现金额度、信用级别等信息。

（2）检查无误后，选择“执行”（R）按钮，系统自动完成信用卡开户操作。

需要注意的事项：

①信用卡卡号的输入请参阅业务通用操作中的详细说明，编排规则是：8989＋交易部门号＋8 位数字，例如 8989060100000001。

②信用卡开户前，客户必须先有本行的活期储蓄存款账户，且账户内有足够的款项，以便将该活期存款账户设置成信用卡的关联还款账户。

③当信用卡卡号、关联还款账户输入完毕后，光标移到下一个输入框时，系统自动在窗口的上半部分显示出该还款账户的详细信息，包括：信用卡卡号、对应账号、户名、信用级别、指定还款账户、预借现金额度等，柜员核对后方可继续操作。

（二）信用卡存现

客户办理信用卡存现业务时，需要提交信用卡和存现凭条给银行柜员，柜员审核无误后，点击“信用卡业务→信用卡存现”按钮，进入信用卡存款界面，并按照以下顺序操作：

（1）输入信用卡卡号后按回车键，在系统提示下输入缴款金额、缴款账号、交易码、摘要等信息。

（2）检查无误后，选择“执行”（R）按钮，在系统提示下完成信用卡存现操作。

需要注意的事项：

①信用卡的免息还款期为 20 ~ 60 天，客户需要在免息期内存现。

②存现时，关联还款账户的余额必须大于还款金额，否则，系统会提示“该账户不能透支”。

③当信用卡卡号输入完毕后，光标移到下一个输入框时，系统自动在窗口的上半部分显示出该信用卡的详细信息，包括：信用卡卡号、关联还款账号、户名、信用级别、还款金额、预借现金额度等，柜员核对后方可继续操作。

（三）信用卡取现

客户使用信用卡取现时，需要提交身份证件和信用卡给银行柜员，柜员审核无误后，点击“信用卡业务→信用卡取现”按钮，进入信用卡取现界面，并按照以下顺序操作：

（1）输入信用卡卡号后点击回车键，在系统提示下输入取款金额、取款密码、摘要等信息。

（2）检查无误后，选择“执行”（R）按钮，在系统提示下完成信用卡取款操作。

需要注意的事项：

①信用卡取现金额必须在预借现金额度内，否则不予取现。

②当信用卡卡号输入完毕后，光标移到下一个输入框时，系统自动在窗口的上半部分显示出该信用卡的详细信息，包括：信用卡卡号、对应账号、户名、信用级别、指定还款账户、预借现金额度等，柜员核对后方可继续操作。

（四）信用卡查询

信用卡使用中的明细查询业务、交易查询业务等的实验操作，可参阅本章第五节“一般查询业务”的内容。

八、一卡通/一本通日常业务

商业银行个人银行的储蓄业务中，一卡通与一本通存折是储蓄综合业务经常使用的凭证。由于所有的储蓄种类开户后，其存取、查询、挂失解挂等都在存折或卡上操作，不可避免地易发生损坏、丢失、到期、改密等事项，从而构成了一卡通/一本通日常业务的主要内容，下面分别介绍日常主要业务的实验操作。

（一）一卡通/一本通换存折或卡

客户持有的一本通/一卡通存折或卡损坏或者到期时，可到银行申请替换新存折或者新卡，柜员受理后，将旧存折或者旧卡的信息全部复制到新存折或新卡时，点击“个人储蓄→一卡通/一本通业务→换凭证”按钮，进入一卡通/一本通换凭证界面，并按照以下顺序操作：

（1）柜员进入“一卡通/一本通换凭证”界面，在“凭证类型”处选择“一卡通”或者“一本通”。

（2）输入网点号、客户号、原存折号或卡号、替换存折号或卡号、证件类别、证件号码、旧密码、新密码、摘要等信息。

（3）检查无误后，选择“执行”（R）按钮，在系统提示下完成一本通/一卡通换凭证操作。

需要注意的事项：

①一本通存折或者一卡通替换后，旧存折与旧卡要交回银行。

②当客户号、存折号或卡号、子户号输入完毕后，光标移到下一个输入框时，系统自动在窗口的上半部分显示出该客户的详细信息，包括：客户号、凭证号、户名、业务品种、货币、余额、账户状态、开户方式、通存通兑、应付利息、客户地址等，柜员核对后方可继续操作。

（二）一卡通/一本通挂失

客户持有的一本通/一卡通丢失时，需要及时持有效证件到银行办理挂失手续。银行柜员受理后，点击“个人储蓄→一卡通/一本通业务→一卡通挂失”按钮，进入一卡通/一本通挂失界面，如图5－17所示。

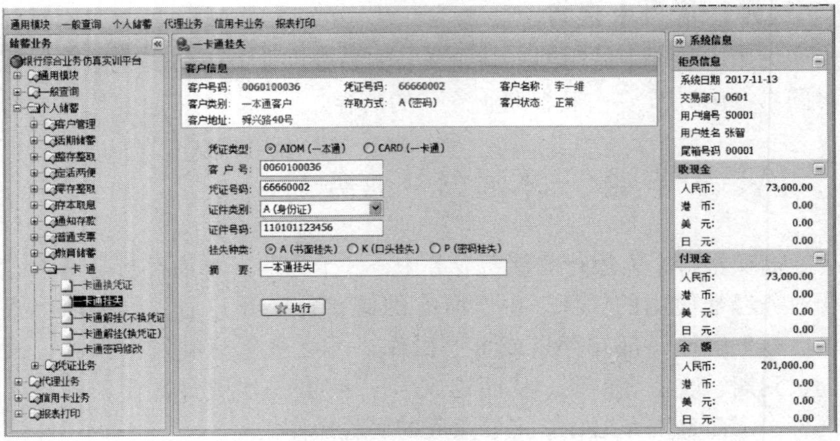

图5－17　一本通凭证挂失

（1）柜员进入“一卡通/一本通挂失”界面，在“凭证类型”处选择“一卡通”或者“一本通”。

（2）输入网点号、客户号、原存折号或卡号、证件类别、证件号码、摘要等信息，选择挂失类别（书面挂失）。

（3）检查无误后，选择“执行”（R）按钮，在系统提示下完成一本通/一卡通挂失操作。

需要注意的事项：

①挂失的一本通存折或一卡通凭证在未解挂前显示“正在挂失”状态，此时停止任何使用。

②挂失类别有书面挂失、密码挂失和口头挂失等三种可供选择，一般应选择“书面挂失”方式。

③当客户号、存折号或卡号输入完毕后，光标移到下一个输入框时，系统自动在窗口的上半部分显示出该客户的详细信息，包括：客户号、凭证号、户名、业务品种、货币、余额、账户状态、通存通兑、客户地址等，柜员核对后方可继续操作。

（三）一卡通/一本通解挂

1. 不换凭证解挂

客户已经挂失的一本通存折或一卡通找到时，应该到银行办理解挂手续。客户向银行提交身份证件、存折或卡，以及挂失回单，柜员审核无误后，点击“个人储蓄→一卡通/一本通业务→一卡通/一本通解挂”按钮，进入一卡通/一本通解挂界面，并按照以下顺序操作：

（1）柜员进入“一卡通/一本通解挂”界面，在“凭证类型”处选择“一卡通”或者“一本通”。

（2）输入网点号、客户号、存折号或卡号、证件类别（号码）、密码、新密码等信息。

（3）检查无误后，选择“执行”（R）按钮，在系统提示下完成一本通/一卡通解挂操作（见图5－18）。

需要注意的事项：存折或卡解挂后即可正常使用。当客户号、存折号或卡号输入完毕后，光标移到下一个输入框时，系统自动在窗口的上半部分显示出该客户的详细信息，包括：客户号、凭证号、户名、业务品种、货币、余额、账户状态、通存通兑、客户地址等，柜员核对后方可继续操作。

2. 换凭证解挂

客户已经挂失的一本通存折或一卡通无法找回时，需要七天后到银行办理解挂手续。客户向银行提交身份证件和挂失回单，柜员审核无误后，点击“个人储蓄→一卡通/一本通业务→一卡通/一本通解挂”按钮，进入一卡通/一本通解挂界面，并按照以下顺序操作，如

图 5－18 所示。

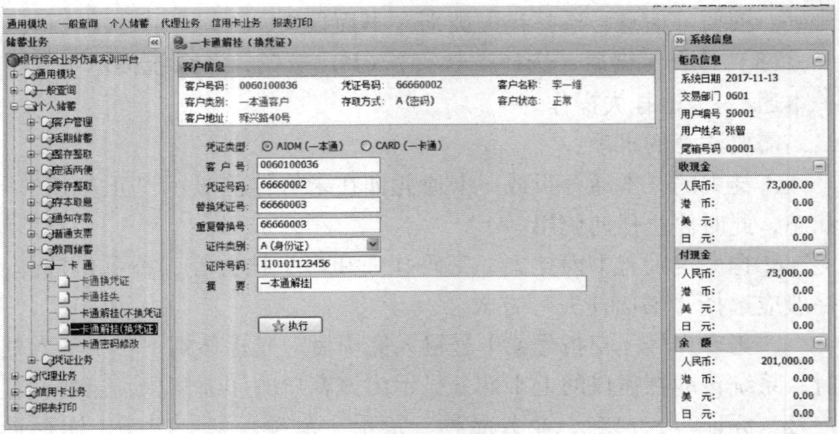

图 5－18　一本通凭证解挂

（1）柜员进入“一卡通/一本通解挂”界面，在“凭证类型”处选择“一卡通”或者“一本通”。

（2）输入网点号、客户号、替换存折号或卡号、证件类别、证件号码、密码、新密码等信息。

（3）检查无误后，选择“执行”（R）按钮，在系统提示下完成一本通/一卡通解挂操作。

需要注意的事项：新的一本通存折或一卡通解挂后即可正常使用，旧存折或卡的全部交易记录与账户资金将转入新的存折或卡上；当客户号、存折号或卡号输入完毕后，光标移到下一个输入框时，系统自动在窗口的上半部分显示出该客户的详细信息，包括：客户号、凭证号、户名、业务品种、货币、余额、账户状态、通存通兑、客户地址等，柜员核对后方可继续操作。

（四）一卡通/一本通修改密码

客户申请修改一本通存折或一卡通密码时，需要提交身份证件、存折或卡给银行柜员，柜员审核无误后，点击“个人储蓄→一卡通/一本通业务→修改密码”按钮，进入一卡通/一本通修改密码界面，并按照以下顺序操作：

（1）柜员进入“一卡通/一本通修改密码”界面，在“凭证类型”处选择“一卡通”或者“一本通”。

（2）输入网点号、客户号、存折号或卡号、证件类别、证件号码、旧密码、新密码、摘要等信息。

（3）检查无误后，选择“执行”（R）按钮，在系统提示下完成一本通/一卡通修改密码操作。

需要注意的事项：当客户号、存折号或卡号、子户号输入完毕后，光标移到下一个输入框时，系统自动在窗口的上半部分显示出该客户的详细信息，包括：客户号、凭证号、户名、业务品种、货币、余额、账户状态、开户方式、通存通兑、应付利息、客户地址等，柜员核对后方可继续操作。

九、凭证日常业务

商业银行个人银行业务的日常操作中，各储蓄种类适用的凭证类别繁多，使用频繁，极易发生凭证损坏、丢失、密码修改等日常业务事项，特别是普通储蓄业务使用的存折、存单等，经常发生换凭证、凭证挂失、凭证解挂，以及修改密码等事项。下面分别介绍凭证业务的日常实验操作。

（一）换存折

客户持有的普通存折毁损或登录页满时，可持普通存折、身份证件到银行申请替换新存折。银行柜员审核无误后，点击“个人储蓄→凭证业务→换存折”按钮，进入换存折业务界面，并按照如下顺序操作，如图 5－19 所示。

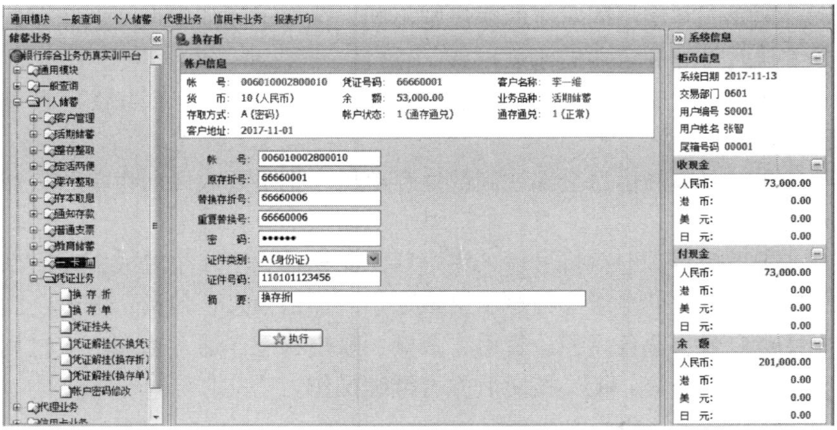

图 5－19　普通存折换新存折

（1）输入网点号、账号、原存折号、证件类别、证件号码、替换存折号、新密码、摘要等信息。

（2）检查无误后，选择“执行”（R）按钮，在系统提示下完成换存折操作。

需要注意的事项：

①普通存折对应的账户必须是显示“正常”状态的活期储蓄存款账户。

②原普通存折的交易信息与账户资金等信息全部转到新存折后，柜员要收回旧存折并按作废处理。

③当账号、原存折号输入完毕后，光标移到下一个输入框时，系统自动在窗口的上半部分显示出该账户的详细信息，包括：账号、凭证号、户名、业务品种、货币、余额、账户状态、通存通兑、应付利息、客户地址等，柜员核对后方可继续操作。

（二）换存单

客户持有的定期储蓄存单毁损时，可持存单、身份证件到银行申请替换新存单。银行柜员审核无误后，点击“个人储蓄→凭证业务→换存单”按钮，进入换存单业务界面，并按照如下顺序操作：

（1）柜员进入换存单界面后，在“凭证类型”处选择“整存整取存单”“大额双整存单”“定活两便存单”。

（2）输入网点号、账号、旧存单号、证件类别、证件号码、替换存单号、新密码、摘要等信息。

（3）检查无误后，选择“执行”（R）按钮，在系统提示下完成换存单操作。

需要注意的事项：

①凭证类型不同对应的账户则不同，选择了凭证类型就意味着选择了与此对应的定期储蓄账户。

②存单对应的账户必须是显示“正常”状态的定期储蓄存款账户。

③旧存单的信息全部过到替换存单后，柜员要收回旧存单并按作废处理。

④当账号、旧存折号输入完毕后，光标移到下一个输入框时，系统自动在窗口的上半部分显示出该账户的详细信息，包括：账号、凭证号、户名、业务品种、货币、余额、账户状态、通存通兑、应付利息、客户地址等，柜员核对后方可继续操作。

（三）凭证挂失

客户持有的普通存折或者定期储蓄存单丢失时，要及时持有效证件到银行办理挂失手续。银行柜员受理后，点击“个人储蓄→凭证业务→凭证挂失”按钮，进入凭证挂失界面，并按照以下顺序操作：

（1）柜员进入“凭证挂失”界面，在“凭证类型”处选择“普通存折”“整存整取存单”“大额双整存单”“定活两便存单”。

（2）输入网点号、账号、原存折号或存单号、证件类别、证件号码、摘要等信息，选择挂失类别（书面挂失）。

（3）检查无误后，选择“执行”（R）按钮，在系统提示下完成凭证挂失操作。

需要注意的事项：

①挂失的普通存折或存单在未解挂前显示“正在挂失”状态，此时停止任何使用。

②挂失类别有书面挂失、密码挂失和口头挂失等三种可供选择，一般应选择“书面挂失”方式。

③挂失的凭证类别对应不同的账户，“普通存折”对应活期储蓄存款账户；“存单”对应各类定期储蓄存款账户。

④当账号、存折号或存单号输入完毕后，光标移到下一个输入框时，系统自动在窗口的上半部分显示出该账户的详细信息，包括：账号、凭证号、户名、业务品种、货币、余额、账户状态、通存通兑、客户地址等，柜员核对后方可继续操作。

（四）凭证解挂

1. 不换凭证解挂

客户已经挂失的普通存折或存单找回时，应该到银行办理解挂手续。客户向银行提交身份证件、存折或存单，以及挂失回单，柜员审核无误后，点击“个人储蓄→凭证业务→凭证解挂”按钮，进入凭证解挂界面，并按照以下顺序操作：

（1）柜员进入“凭证解挂”界面，在“凭证类型”处选择“普通存折”“整存整取存单”“大额双整存单”“定活两便存单”。

（2）输入网点号、账号、存折号或存单号、证件类别、证件号码、旧密码、新密码等信息。

（3）检查无误后，选择“执行”（R）按钮，在系统提示下完成凭证解挂操作。

需要注意的事项：存折或存单解挂后，对应的账户即可正常使用。当账号、存折号或存单号输入完毕后，光标移到下一个输入框时，系统自动在窗口的上半部分显示出该客户的详细信息，包括：账号、凭证号、户名、业务品种、货币、余额、账户状态、通存通兑、客户地址等，柜员核对后方可继续操作。

2. 换存折解挂

客户已经挂失的普通存折无法找回时，需要七天后到银行办理解挂手续。客户向银行提交身份证件和挂失回单，柜员审核无误后，点击“个人储蓄→凭证业务→换存折解挂”按钮，进入换存折解挂界面，并按照以下顺序操作：

（1）输入网点号、账号、替换存折号、证件类别、证件号码、密码、新密码等信息。

（2）检查无误后，选择“执行”（R）按钮，在系统提示下完成普通存折解挂操作。

需要注意的事项：存折解挂后，新存折对应的账户即可正常使用，原存折上的全部信息复制到了新存折；当账号、存折号或卡号输入完毕后，光标移到下一个输入框时，系统自动在窗口的上半部分显示出该客户的详细信息，包括：账号、凭证号、户名、业务品种、货币、余额、账户状态、通存通兑、客户地址等，柜员核对后方可继续操作。

3. 换存单解挂

客户已经挂失的存单确认无法找回，七天后可持身份证件和挂失回单到银行办理解挂手续。银行柜员受理后，点击“个人储蓄→凭证业务→凭证解挂”按钮，进入凭证解挂界面，并在“凭证类型”处选择“整存整取存单”“大额双整存单”“定活两便存单”，然后进行凭证解挂业务操作。

具体实验操作同“换存折解挂”，此处不再重复。

（五）凭证修改密码

客户申请修改普通存折或存单密码时，需要提交身份证件、存折或存单给银行柜员，柜员审核无误后，点击“个人储蓄→凭证业务→修改密码”按钮，进入凭证修改密码界面，并按照以下顺序操作：

（1）柜员进入“凭证修改密码”界面，在“凭证类型”处选择“普通存折”“整存整取存单”“大额双整存单”“定活两便存单”。

（2）输入网点号、账号、存折号或存单号、证件类别、证件号码、旧密码、新密码、摘要等信息。

（3）检查无误后，选择“执行”（R）按钮，在系统提示下完成存折或存单修改密码操作。

需要注意的事项：修改密码的存折或存单对应的账户必须显示“正常”状态；当账号、存折号或存单号输入完毕后，光标移到下一个输入框时，系统自动在窗口的上半部分显示出该账户的详细信息，包括：账号、凭证号、户名、业务品种、货币、余额、账户状态、开户方式、通存通兑、应付利息、客户地址等，柜员核对后方可继续操作。

第三节　通用模块业务实验

在商业银行综合业务系统界面中，选择“通用模块”按钮，即进入“通用模块”操作界面。通用模块的实验项目主要包括通用记账、信息维护、账户维护、凭证管理、操作员管理、钱箱管理六个部分。

一、通用记账

通用记账是个人银行业务通用模块的操作项目，通用记账的内容包括表内通用记账和表外业务记账两个项目的实验操作，在“通用模块”界面，点击“通用记账”按钮，即进入通用模块通用记账操作界面，具体项目的实验操作如下。

（一）表内通用记账

表内通用记账是商业银行个人银行业务的综合类账户，即内部账户记账的业务处理，用于处理除“储蓄业务”“代理业务”“信用卡业务”以外的表内项目的记账业务，如：银行内部储蓄周转金与储蓄库存现金账户之间的账务处理。表内通用记账采用借贷记账法，遵循“有借必有贷、借贷必相等”的记账规则。柜员点击“通用模块→通用记账→表内通用记账”按钮，即进入表内通用记账界面，如图 5－20 所示，并按照以下顺序操作：

（1）左边是套账信息：选择交易码、货币，填写摘要。

（2）右边是分录信息：输入系统给定的借方账号、账户名称、凭证类别、凭证号、金额等信息，选择借方，输入完毕点击“＋”后显示借方记账信息，注意核对。然后，输入系统给定的贷方账号、账户名称、凭证类别、凭证号、金额等信息，选择贷方，再点击“＋”后，核对显示的贷方记信息。

（3）确认无误后，选择“执行”按钮，在系统提示下完成操作。

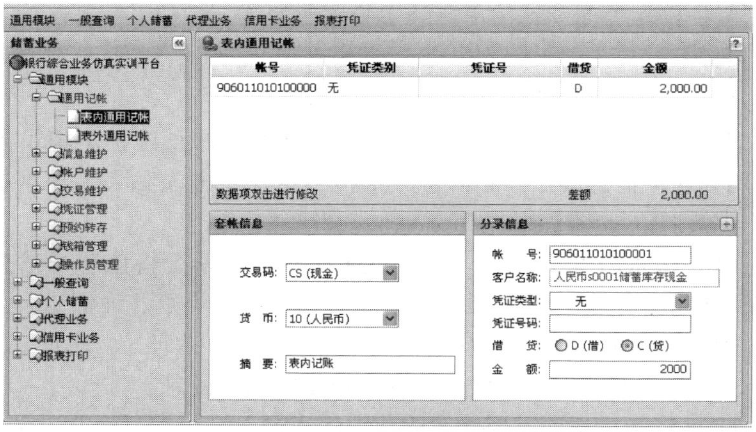

图 5－20 表内通用记账

需要注意的事项：

①表内记账是套账，记账分录至少一借一贷，借贷要平衡，系统自动判断正确与否。若借贷不平衡时，系统不会“执行”下去，只有“借贷差额”为零时，套账方允许提交。

②表内记账是在系统没有提供相应的业务处理时使用。

③柜员录入账号后系统自动显示对应客户名称。

（二）表外通用记账

表外通用记账用于资产负债表外项目的记账处理，遵循“收付记账法”的记账规则，使用“收”与“付”的单边记账方法。柜员点击“通用模块→通用记账→表外通用记账”，进入表外通用记账界面，并按照如下顺序操作：

（1）输入系统给定的表外账号、选择“收”或“付”、货币、交易码等信息，输入金额。

（2）确认无误后，选择“执行”按钮，在系统提示下完成操作。

需要注意的事项：

①录入表外账户信息后，系统自动显示账户名称、状态，不须柜员输入。

②表外记账金额不会影响资产负债表内项目的金额变动。

二、信息维护

个人银行业务的客户信息、账户信息需要银行经常性地进行维护，以保障各类信息的安全和完整，维护各项业务的顺利进行。信息维护项目主要有私人信息维护、表内账户信息维护与表外账户信息维护三部分。在“通用模块”界面，点击“信息维护”按钮，即进入信息维护操作界面，具体项目的实验操作如下：

（一）私人客户维护

客户个人的信息发生变动时，则需要进行信息维护。柜员点击“通用模块→信息维护→私人客户维护”按钮，进入私人客户维护界面，并按照以下顺序操作：

（1）输入需维护的客户号，点击回车键。系统将该客户信息显示在屏幕上。包括：客户姓名、客户称谓、证件类别、证件号码、电话（家）、电话（办公）、传真（FAX）、邮编、地址 1、地址 2、地址 3、国籍、信贷许可、出生日期、工作单位等信息。

（2）将光标移到需要修改的项目输入框上进行信息修改。

（3）确认无误后，选择“执行”按钮，在系统提示下完成操作。

需要注意的事项：私人客户维护只针对客户个人信息进行修改维护，不包括客户的账户、信用卡，以及其他信息。

（二）表内账户信息维护

客户表内各储蓄账户发生变动时，则需要进行表内账户信息维护。柜员点击“通用模块→信息维护→表内账户信息维护”按钮，进入表内账户信息维护界面，并按照以下顺序操作：

（1）输入需维护的客户账号，点击回车键。系统将该表内账户信息显示在屏幕上。包括：账户名称、币种、存期、利率类别、通存通兑、自动转存、存取金额、起息日、到期日、余额方向、最低余额、透支额度、借方利率、借方积数、贷方利率、贷方积数、账户状态、计息标志等信息。

（2）将光标移到需要修改的项目输入框上进行修改。

（3）确认无误后，选择“执行”按钮，在系统提示下完成操作。

（三）表外账户信息维护

客户表外账户发生变动时，则需要进行表外账户信息维护。柜员点击“通用模块→信息维护→表外账户信息维护”按钮，进入表外账户信息维护界面，并按照以下顺序操作：

（1）输入需维护的表外账号，点击回车键。系统将该表外账户信息显示在屏幕上。包括：账户名称、部门、科目、业务代码、币种、联机余额、账户余额、上日余额、上年余额、开户银行、开户日、起息日、销户银行、销户日、账户状态等信息。

（2）将光标移到需要修改的项目输入框上进行修改。

（3）确认无误后，选择“执行”按钮，在系统提示下完成操作。

三、账户维护

账户维护是指商业银行个人银行业务中对客户储蓄账户进行的全部或部分冻结、全部或部分解冻的处理，是商业银行日常操作业务之一。柜员在“通用模块”界面，选择“账户维护”按钮，即进入账户维护的操作界面，下面分别介绍其实验操作：

（一）账户部分冻结

客户的储蓄账户因某种原因被部分冻结时，柜员依据“冻结通知书”，点击“通用模块→账户维护→账户部分冻结”按钮，进入账户部分冻结界面，如图 5－21 所示。

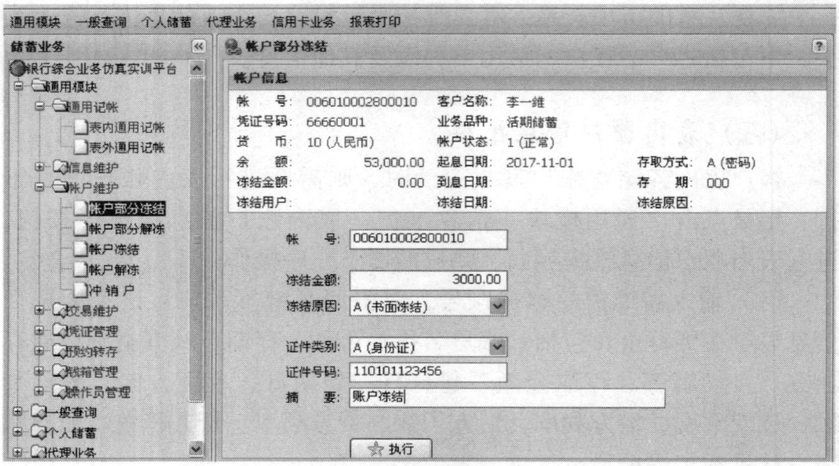

图 5－21 账户部分冻结

（1）输入客户储蓄账号、冻结金额、冻结原因、证件类别、证件号码、摘要等信息。

（2）确认无误后，选择“执行”按钮，在系统的提示下完成账户部分冻结操作。

需要注意的事项：

①客户被部分冻结的储蓄账户必须是显示“正常”状态的账户。

②当账号输入完毕后，光标移到下一个输入框时，系统自动在窗口的上半部分显示出该账号的详细信息，包括：账号、凭证号码、客户名称、业务品种、货币、余额、账户状态、冻结金额、起息日期、到期日期、存期、存取方式、冻结原因、冻结日期、冻结用户等，柜员核对后方可继续操作。

（二）账户部分解冻

客户储蓄账户可以解冻时，柜员点击“通用模块→账户维护→账户部分解冻”按钮，进入账户部分解冻界面，并按照如下顺序操作：

（1）输入客户储蓄账号、解冻金额、摘要、证件类别、证件号码等信息。

（2）确认无误后，选择“执行”按钮，在系统的提示下完成账户部分解冻操作。

需要注意的事项：当账号输入完毕后，光标移到下一个输入框时，系统自动在窗口的上半部分显示出该账号的详细信息，包括：账号、凭证号码、户名、业务品种、货币、余额、账户状态、冻结金额、起息日期、到期日期、存期、存取方式、冻结原因、冻结日期、冻结银行等，柜员核对后方可继续操作。

（三）账户冻结

客户储蓄账户因某种原因被全部冻结，银行柜员依据“冻结通知书”，点击“通用模块→账户维护→账户冻结”按钮，进入账户冻结界面，并按照如下顺序操作：

（1）输入客户储蓄账号、冻结金额、冻结原因、证件类别、证件号码、摘要等信息。

（2）确认无误后，选择“执行”按钮，在系统的提示下完成账户冻结操作。

需要注意的事项：

①客户被全部冻结的储蓄账户必须是显示“正常”状态的账户。

②当账号输入完毕后，光标移到下一个输入框时，系统自动在窗口的上半部分显示出该账号的详细信息，包括：账号、凭证号、户名、业务品种、货币、余额、存取方式、账户状态、冻结金额、起息日、到期日、存期、冻结原因、冻结日期、冻结用户等，柜员核对后方可继续操作。

（四）账户解冻

客户储蓄账户可以全部解冻时，柜员点击“通用模块→账户维护→账户解冻”按钮，进入账户解冻界面，并按照如下顺序操作：

（1）输入客户储蓄账号、解冻金额、摘要、证件类别、证件号码等信息。

（2）确认无误后，选择“执行”按钮，在系统的提示下完成账户解冻操作。

需要注意的事项：当账号输入完毕后，光标移到下一个输入框时，系统自动在窗口的上半部分显示出该账号的详细信息，包括：账号、凭证号码、户名、业务品种、货币、余额、账户状态、冻结金额、起息日期、到期日期、存期、存取方式、冻结原因、冻结日期、冻结银行等，柜员核对后方可继续操作。

四、凭证管理

个人银行业务中的各类凭证是商业银行开展不同储蓄业务使用的重要单证，银行对其实行严格而科学的管理制度。在“通用模块”界面下的“凭证管理”项目中，包括：凭证领用、凭证上缴、支票出售、取消支票出售、支票挂失、支票解挂、支票核销、取消支票核销等业务类别。由于“凭证领用”“支票出售”等项目的实验操作已在前文做过介绍，此处不再重复。

（一）凭证上缴

柜员需要把凭证上缴时，点击“通用模块→凭证管理→凭证上缴”按钮，进入凭证上缴操作界面：

（1）输入凭证种类、开始号码、结束号码等信息。

（2）确认无误后，选择“执行”按钮，在系统的提示下完成凭证上缴操作。

需要注意的事项：

①取消凭证领用时也可以使用凭证上缴。

②普通支票上缴时必须整本取消领用。

（二）取消支票出售

柜员需要把已出售的支票取消时，可通过点击“通用模块→凭证管理→取消支票出售”按钮，进入取消支票出售界面：

（1）输入客户个人支票账号、证件类别、证件号码、支票类别、开始号码、结束号码等信息。

（2）确认无误后，选择“执行”按钮，在系统的提示下完成取消支票出售操作。

需要注意的事项：取消支票出售时必须整本取消。

（三）支票挂失

客户的普通支票丢失，应立即到开户银行申请挂失。柜员受理后，点击“通用模块→凭证管理→支票挂失”按钮，进入支票挂失界面：

（1）输入个人支票账号、证件类别、证件号码、支票类别、开始号码、结束号码等信息。

（2）确认无误后，选择“执行”按钮，在系统的提示下完成支票挂失操作。

（四）支票解挂

客户已挂失的支票需要解挂时，需要持身份证件和挂失回单到银行，柜员审核无误后，点击“通用模块→凭证管理→支票解挂”按钮，进入支票解挂界面：

（1）输入个人支票账号、证件类别、证件号码、支票类别、开始号码、结束号码等信息。

（2）确认无误后，选择“执行”按钮，在系统的提示下完成支票解挂操作。

（五）支票核销

当已出售的、未用完的支票交回银行时，银行应予以核销处理。柜员点击“通用模块→凭证管理→支票核销”按钮，进入支票核销界面：

（1）输入个人支票账号、证件类别、证件号码、支票类别、开始号码、结束号码等信息。

（2）确认无误后，选择“执行”按钮，在系统的提示下完成支票核销操作。

（六）取消支票核销

当需要取消支票核销时，柜员点击“通用模块→凭证管理→取消支票核销”按钮，进入取消支票核销界面：

（1）输入个人支票账号、证件类别、证件号码、支票类别、开始号码、结束号码等信息。

（2）确认无误后，选择“执行”按钮，在系统的提示下完成取消支票核销操作。

第四节 代理业务实验

代理业务是商业银行中间业务的一项传统业务，是商业银行接受政府、企业单位、其他银行或金融机构以及居民个人的委托，以代理人身份代表委托人办理一些经双方议定的经济事项的业务。商业银行开展的代理业务种类很多，本节主要以代理收付业务为代表介绍代理业务的实验操作。

在商业银行综合业务仿真实训界面中，选择“代理业务”按钮，即进入代理业务操作界面。代理业务的实验内容包括代理合同管理、代理批量管理、批量明细增加、批量托收（代收）、批量托付（代发）、有清单逐笔代收、无清单逐笔代收等实验操作。

一、代理合同录入

若委托单位委托银行完成相应的代理业务，必须跟银行签订相应的“委托代理合同”。合同签订后，银行将根据代理合同和委托单位每次委托事项所提供的详细情况，完成相应的代理业务。柜员办理代理合同录入时，点击“代理业务→代理合同管理”按钮，进入代理合同录入界面，如图 5－22 所示。

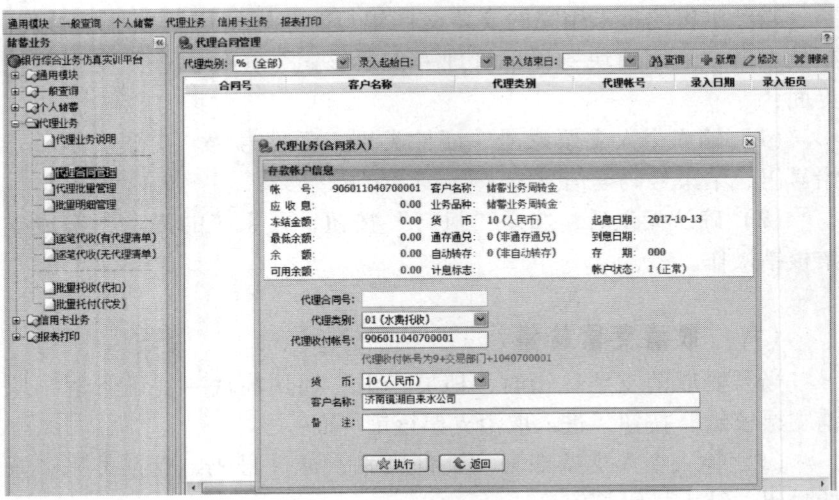

图 5－22　代理合同录入

（1）柜员在“代理合同管理”界面，点击“新增”按钮，进入代理业务（合同录入）界面。

（2）选择代理类别、输入代理收付账号、货币、客户名称、备注等代理合同的有关信息。

（3）检查无误后，选择“执行”按钮，系统自动生成代理合同号码，需要记录。

需要注意的事项：

①代理收付账号是银行为委托单位设置的临时性质的内部账号，由系统给定。

②代理类别中批量托收和逐笔代收是两种不同的类别。

③当网点号、代理类别和代理收付账号输入完毕后，光标移到下一个输入框时，系统自动在窗口的上半部分显示出该账户的详细信息，包括：账号、户名、业务品种、货币、凭证号、存期、存取方式、冻结金额、存取额度、最低余额、起息日、计息、通存通兑、自动转存、状态、余额、可用余额、应收利息等，柜员核对后方可继续操作。

二、代理合同维护

代理合同录入完成后，当委托单位合同信息发生变化，或者客户需要修改或删除某些代理合同信息时，都可以通过代理合同维护业务进行操作。柜员点击“代理业务→代理合同维护”按钮，进入合同查询维护界面，并按照如下顺序操作：

（1）输入查询条件，可以是以下内容的任意组成：录入起始日期、录入结束日期、代理类别、合同部门等。

（2）确认无误后，将光标移至最后一个输入框处，点击回车键提交系统等待处理。

（3）系统将满足查询条件的记录显示在屏幕上，通过小键盘上的上下光标键选择要维护的记录。若要删除该合同信息，点击“删除”键即可；若要修改该合同信息，点击回车键，系统将该代理合同的信息显示在屏幕上，包括：代理合同号、代理类别、代理收付账号、货币种类等，移动光标到需要修改的项目输入框上进行修改。

（4）确认无误后，选择“执行”（R）按钮。

需要注意的事项：代理合同号不可以进行修改。

三、代理批量录入

根据代理合同的委托收付款批量业务，代理合同录入后，柜员在每次代理业务执行前生成处理批量，输入该批量的总笔数和总金额，录入代理批量。点击“代理业务→代理批量录入”按钮，进入代理批量录入界面，并按照如下顺序操作：

（1）柜员在“代理批量管理”界面，点击“新增”按钮，进入代理业务（批量录入）界面。

（2）输入代理合同号、总笔数、总金额、备注等代理批量信息。

（3）检查无误后，选择“执行”（R）按钮，系统自动生成代理批量号，需要记录。

（4）若新批量与以前的某个批量相差不大，在“录入批量”界面的“批量明细来源”输入框处选择“来源于批量”，然后根据提示输入该批量号，系统生成新的批量及新批量明细，最后进行必要的新增、修改或删除即可；否则选择“无来源”。

需要注意的事项：当网点号、代理合同号输入完毕后，光标移到下一个输入框时，系统自动在窗口的上半部分显示出该代理合同的详细信息，包括：合同号、代理类别、币种、代理账号、客户名称。

四、代理批量维护

代理批量录入后，当批量数据发送变化需要修改，或需要删除某些信息时，可以通过代理批量维护进行操作。柜员点击“代理业务→批量维护”按钮，进入代理批量维护界面，并按照如下顺序操作：

（1）输入查询的条件，即代理合同号。

（2）确认无误后，点击回车键提交系统等待处理。

（3）系统将该合同所有的批量信息显示在屏幕上，通过上下光标键选择要维护的批量。若要删除该批量信息，点击“删除”键即可；若要修改该批量信息，点击回车键后，系统将该批量的信息显示在屏幕上，包括：代理合同号、批量号、总笔数、总金额、备注等，移动光标到需要修改的项目输入框上进行修改。

（4）确认无误后，选择“执行”（R）按钮。

需要注意的事项：代理合同号、代理批量号不可以修改。

五、批量明细增加

根据代理批量录入的信息，柜员需要根据委托单位提供的详细信息录入生成此批量的明细交易信息。柜员将代理批量内明细交易信息录入时，应通过批量明细增加进行操作。点击“代理业务→批量明细增加”按钮，进入增加批量明细界面，并按照如下顺序操作：

（1）输入代理合同号、代理批量号、涉及对象账号、涉及对象标识、涉及金额、备注等信息。

（2）检查无误后，选择“执行”（R）按钮，在系统提示下完成明细增加操作。

需要注意的事项：

①明细增加的次数与总金额要与代理批量录入的笔数、金额一致。

②涉及对象账号是指收付款人的活期储蓄账号，该账号须是显示“正常”状态。

③对于“来源于批量”的批量，营业员要进行必要的新增、修改或删除；对于“无来源”的批量，柜员要根据委托单位提供的明细清单输入明细交易信息。

六、批量明细维护

批量明细增加录入后，当批量明细数据发送变化需要修改，或者需要删除某些信息时，可以通过批量明细维护进行操作。柜员点击“代理业务→批量明细维护”按钮，进入批量明细查询维护界面，并按照如下顺序操作：

（1）输入查询的条件，可以是以下内容的任意组成：合同号、批量号等。

（2）确认无误后，将光标移至最后一个输入框处，点击回车键提交系统等待处理。

（3）系统将满足查询条件的批量信息显示在屏幕上，通过小键盘上的上下光标键选择要维护的明细交易信息。若要删除该明细交易信息，点击“删除”键即可；若要修改该明细交易信息，点击回车键。系统将该明细交易信息显示在屏幕上，包括：网点号、批量号、明细序号、涉及对象账号、涉及对象标识、涉及金额、备注等，移动光标到需要修改的项目输入框上进行修改。

（4）确认无误后，选择“执行”（R）按钮。

需要注意的事项：代理合同号、批量号、明细序号不可以修改。

七、逐笔代收（有代理清单）

当客户尚未办理托收手续，但委托单位提供了代收详细清单，则应先输入批量明细信息。当客户来柜台办理时采用“逐笔代收（有代理清单）”进行处理。客户需要提交付款账户或现金给银行柜员，柜员审核无误后，点击“代理业务→逐笔代收”按钮，进入逐笔代收（有代理清单）界面，并按照如下顺序操作：

（1）输入代理合同号、批量号、涉及对象标识、收款方式、转出账户、货币、分析码、收款金额、金额、摘要等信息，系统判断代理类别。若是现金交易方式，则直接进行处理；否则还需输入账号，对该账号进行合法性判断后做转账处理，若储户留有密码则必须输入密码。系统表明交易失败时，则标明失败原因。

（2）检查无误后，选择“执行”（R）按钮，在系统提示下完成逐步代收操作。

需要注意的事项：

①付款人的转出账户必须是“正常”状态的活期储蓄存款账户，且该账号的余额需要大于付款金额。

②每隔一定的时间段，将明细清单打印出来交与委托单位核对。

③当网点号、代理合同号、批量号输入完毕后，光标移到下一个输入框时，系统自动在窗口的上半部分显示出该批量的详细信息，包括：账号、账户名称、币种、金额、对象标识等，柜员核对后方可继续操作。

八、逐笔代收（无代理清单）

在有些情况下，由于事件发生的偶然性，委托单位无法及时提供详细清单，如：行政事业性收费或交通违规罚款等，客户来柜台办理付款时，银行则需要采用“逐笔代收（无代理清单）”进行处理。在“代理业务”操作界面下，点击“逐笔代收（无代理清单）”按钮，则进入逐笔代收（无代理清单）业务操作界面，无清单逐笔代收也分现金支付和转账处理两种，该业务的操作程序除了无代理清单外，其他实验操作均与有代理清单相同。

九、批量代收（托收）

代理合同签订后，若委托单位需要银行以批量收取款项的方式办理代理业务，则通过批量代收（托收）业务进行处理。当柜员收到付款人以批量的方式支付的款项时，点击“代理业务→批量代收”按钮，进入批量代收界面，并按照如下顺序操作：

（1）输入代理合同号、批量号、涉及对象标识、收款方式、转出账户、货币、分析码、收款金额、金额、摘要等信息。

（2）系统先判断代理类别，然后判断总金额和总笔数是否与明细统计情况一致，接着系统判断托收账户的状态和可动用余额，若是足够支付，则进行转账处理。否则标明出错原因，无法继续操作下去。

（3）检查无误后，选择“执行”（R）按钮，在系统提示下完成批量代收操作。

需要注意的事项：

①付款人的转出账户必须是“正常”状态的活期储蓄存款账户，且该账号的余额需要大于付款金额。

②操作完成后，应在后台操作中将成功清单和失败清单打印出来交与委托单位核对。

③当网点号、代理合同号、批量号输入完毕后，光标移到下一个输入框时，系统自动在窗口的上半部分显示出该批量的详细信息，包括：账号、账户名称、币种、金额、对象标识等，柜员核对后方可继续操作。

十、批量代付（代发）

代理合同签订后，委托单位需要银行代为支付的款项，采用批量代付（代发）方式办理，则通过批量代收（托收）业务进行处理。当柜员收到付款人以批量的方式支付的款项时，点击“代理业务→批量代收”按钮，进入批量代收界面，如图 5－23 所示。

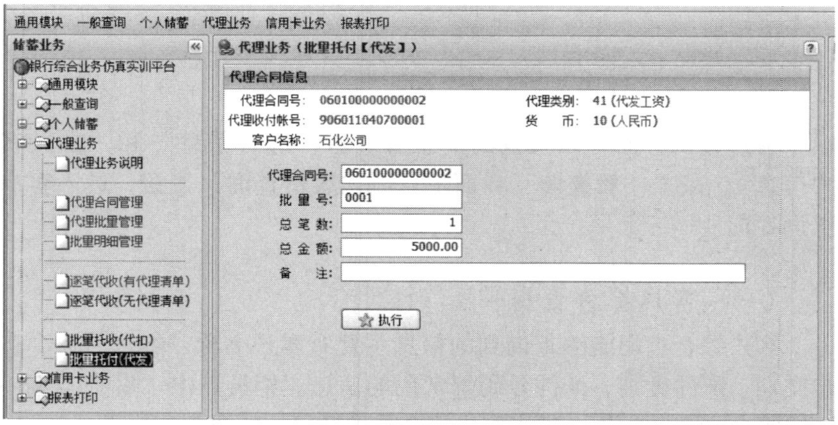

图 5－23　批量托付（代发）

（1）输入代理合同号、批量号、涉及对象标识、收款方式、转出账户、货币、分析码、收款金额、金额、摘要等信息。

（2）系统先判断代理类别，然后判断总金额和总笔数是否与明细统计情况一致，接着系统判断代理账户中可动用余额是否足够支付，若是足够支付，则进行转账处理。否则标明出错原因，无法继续操作下去。

（3）检查无误后，选择“执行”（R）按钮，在系统提示下完成批量代收操作。

需要注意的事项：

①付款人的转出账户必须是“正常”状态的活期储蓄存款账户，且该账号的余额需要大于付款金额。

②操作完成后，应在后台操作中将成功清单和失败清单打印出来交与委托单位核对。

③当网点号、代理合同号、批量号输入完毕后，光标移到下一个输入框时，系统自动在窗口的上半部分显示出该批量的详细信息，包括：账号、账户名称、币种、金额、对象标识等，柜员核对后方可继续操作。

第五节　一般查询业务

个人银行业务的一般查询业务功能齐全，柜员选择“一般查询”按钮，即进入一般查询业务操作界面。该界面查询的实验内容包括：客户查询、账户查询、凭证查询和交易查询业务四个部分的信息。

一、客户查询

客户查询界面可以查询的信息有“客户综合信息”和“私人客户信息”。在“一般查询”界面下点击“客户查询”按钮，进入客户查询界面。

（一）客户综合查询

客户综合查询能够查询到的信息主要有客户名称、客户号码、客户类别、证件类别、证件号码等常用的信息。柜员点击“客户查询→客户综合查询”按钮，进入客户综合查询界面，如图5－24所示。

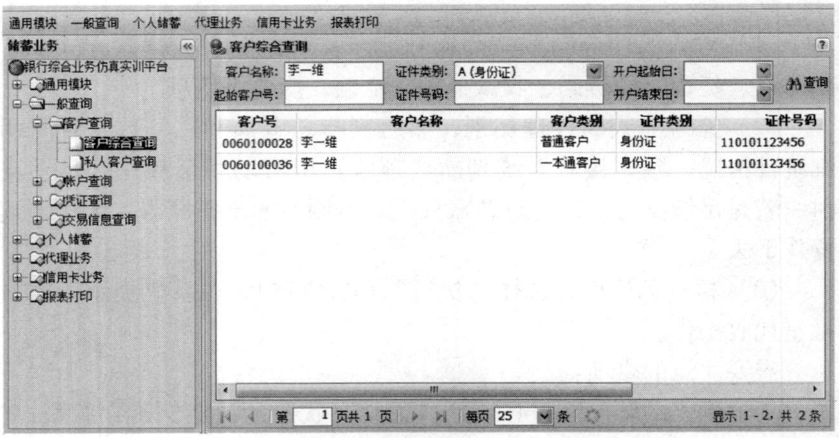

图5－24　客户综合查询

（1）柜员输入查询的条件；可以是以下几项的任意一项或任意组合：客户名称、证件类型、证件号码、开户起始日、开户结束日、起始客户号等。

（2）确认无误后，点击“查询”按钮，提交系统自动进行查询处理。

（3）系统自动生成所需要的信息，需要记录。

（二）私人客户查询

私人信息查询能够查询到客户姓名、身份证号码、家庭住址、家庭电话、办公地址及电话等私人明细信息。柜员点击“客户查询→私人客户查询”按钮，进入私人客户查询界面：

（1）输入查询的条件：客户号码信息。

（2）确认无误后，点击“查询”按钮，提交系统自动进行查询处理。

（3）系统自动生成所需要的信息，进行必要的记录。

二、账户查询

账户查询界面可以查询到的信息有“表内账户综合查询”“表内账户明细查询”“表外账户综合查询”“表外账户明细查询”“账户积数查询”“冻结解冻查询”“账户特殊业务查询”等，实验中经常用到的是前四项查询业务，下面分别介绍其实验操作。

柜员点击“一般查询→账户查询”按钮，在“一般查询”界面下，进入账户查询界面。

（一）表内账户综合查询

表内账户综合查询能够查询到的主要信息有：储蓄账户、客户名称、开户时间、账户种类、账户状态、余额等常用信息。柜员点击“账户查询→表内账户综合查询”按钮，进入表内账户综合查询界面。如图 5－25 所示。

图 5－25　表内账户综合查询

（1）输入查询的条件，可以是以下内容的任意一项：会计科目、客户号、客户名等。

（2）确认无误后，点击“查询”按钮，提交系统自动进行查询处理。

（3）系统自动生成所需要的信息，进行必要的记录。

（二）表内账户明细查询

表内账户明细查询可以查询的信息有账户名称、最后交易日期、借方利率、科目、账户部门地址、电话、传真号码等账户详细信息。柜员点击“账户查询→表内账户明细查询”按钮，进入表内账户明细查询界面：

（1）输入查询条件：储蓄账号。

（2）确认无误后，点击“查询”按钮，提交系统自动进行查询处理。

（3）系统自动生成所需要的信息，进行必要的记录。

（三）表外账户综合查询

表外账户综合查询可以查询的信息有账户名称、账号、开户日期、状态等信息。柜员点击“账户查询→表外账户综合查询”按钮，进入表外账户综合查询界面：

（1）输入查询的条件，可以是以下内容的任意组成：表外账号、开户起始日、开户结束日。

（2）确认无误后，点击“查询”按钮，提交系统自动进行查询处理。

（3）系统自动生成所需要的信息，进行必要的记录。

（四）表外账户明细查询

表外账户明细查询查询到表外账户的名称、开户日期、地址、电话、传真号码等账户详细信息。柜员点击“账户查询→表外账户明细查询”按钮，进入表外账户明细查询界面：

（1）输入查询的条件：表外账号。

（2）确认无误后，点击“查询”按钮，提交系统自动进行查询处理。

（3）系统自动生成所需要的信息，进行必要的记录。

三、凭证查询

凭证查询界面可以查询到的信息有“凭证综合查询”“库存支票”“支票查询（支票后）”“支票查询（账号）”等。柜员在“一般查询”界面下点击“凭证查询”按钮，进入凭证查询界面。

（一）凭证综合查询

凭证综合查询能够查询的主要有凭证号码、凭证类型、领用日期、部门等日常操作需要的信息，柜员点击“凭证查询→凭证综合查询”按钮，进入凭证综合查询界面。如图5-26所示。

图5-26 凭证综合查询

（1）输入查询的条件，可以是以下内容的任意组成：客户号、凭证类别、起始凭证号、起始日期、终止日期、钱箱号码等。

（2）确认无误后，点击“查询”按钮，提交系统自动进行查询处理。

（3）系统自动生成所需要的信息，进行必要的记录。

（二）支票库存查询

支票库存查询能够查询到支票号码、起始号码、结束号码、钱箱号码等信息，点击“凭证查询→支票库存查询”按钮，进入支票库存查询界面：

（1）输入待查询的条件：交易部门号。

（2）确认无误后，点击“查询”按钮，提交系统自动进行查询处理。

（3）系统自动生成所需要的信息，进行必要的记录。

（三）支票查询（支票号）

支票查询（支票号）能够根据已知支票号码查询到相应的个人支票账户。柜员点击“凭证查询→支票查询（支票号）”按钮，进入支票查询（支票号）界面：

（1）输入查询条件：支票号码。

（2）确认无误后，点击“查询”按钮，提交系统自动进行查询处理。

（3）系统自动生成所需要的信息，进行必要的记录。

（四）支票查询（账号）

支票查询（账号）能够根据已知账户号码查询到相应的支票号码。柜员点击“凭证查询→支票查询（账号）”按钮，进入支票查询（账号）界面：

（1）输入查询条件：个人支票账号。

（2）确认无误后，点击“查询”按钮，提交系统自动进行查询处理。

（3）系统自动生成所需要的信息，进行必要的记录。

四、交易信息查询

交易信息查询可以查询的项目有：“交易综合查询”“交易账务查询”“账户账务查询”“开销户查询”“表外账务查询”等信息。银行在“一般查询”界面下选择“交易信息查询”按钮，进入交易信息查询界面。

（一）交易综合查询

交易综合查询能够查询到的信息有流水号、账号、交易码、凭证类型、凭证号码等。柜员点击“交易信息查询→交易综合查询”按钮，进入交易综合查询界面，如图 5－27 所示。

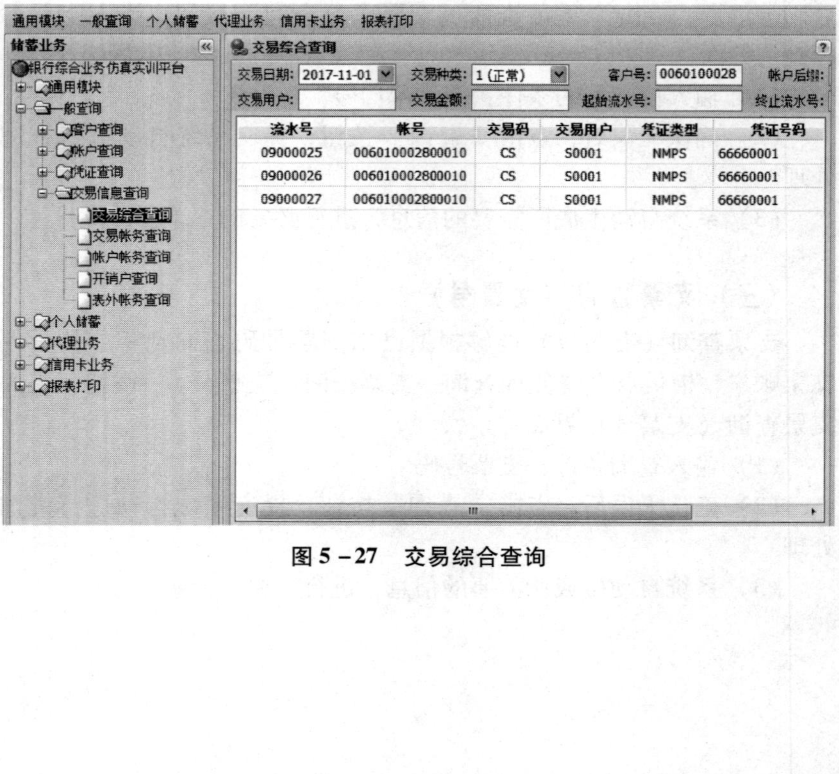

图 5－27　交易综合查询

（1）输入查询的条件，可以是以下内容的任意组成：交易日期、交易种类、客户号、账号后缀、交易用户、交易金额、起始流水号、终止流水号等。

（2）确认无误后，点击“查询”按钮，提交系统自动进行查询处理。

（3）系统自动生成所需要的信息，进行必要的记录。

（二）交易账务查询

交易账务查询能够查询的信息有交易日期、交易种类、账户种类、交易金额、余额等常用的信息，柜员点击“交易信息查询→交易账务查询”按钮，进入交易账务查询界面：

（1）输入查询的条件，可以是以下内容的任意组成：账务日期、交易流水号、客户号、账号后缀、科目号、交易码、经办用户、交易部门等。

（2）确认无误后，点击“查询”按钮，提交系统自动进行查询处理。

（3）系统自动生成所需要的信息，进行必要的记录。

（三）账户账务查询

在账户账务查询界面，柜员点击“一般查询→账户账务查询”按钮，则进入账户账务查询界面：

（1）输入查询条件：账户及起始日期。

（2）确认无误后，点击“查询”按钮，提交系统自动进行查询处理。

（3）系统自动生成所需要的信息，进行必要的记录。

（四）开销户查询

在开销户查询界面，柜员点击“一般查询→开销户查询”按钮，进入开销户查询界面：

（1）输入查询条件，可以是以下内容的任意组成：查询类别、客户号、账号后缀、起始日期、终止日期等。

（2）确认无误后，点击“查询”按钮，提交系统自动进行查询处理。

（3）系统自动生成所需要的信息，进行必要的记录。

（五）表外账务查询

在表外账务查询界面，柜员点击“一般查询→表外账务查询”按钮，进入表外账务查询界面：

（1）输入查询条件，可以是以下内容的任意组成：查询日期、经办用户、科目号码、账户等。

（2）确认无误后，点击“查询”按钮，提交系统自动进行查询处理。

（3）系统自动生成所需要的信息，进行必要的记录。

（六）总账查询

在总账查询界面，柜员点击“一般查询→总账查询”，进入总账查询界面：

（1）输入查询条件，可以是以下内容的任意组成：账务日期、币种、起始科目、结束科目等。

（2）确认无误后，点击“查询”按钮，提交系统自动进行查询处理。

（3）系统自动生成所需要的信息，进行必要的记录。

第六节　日终业务实验

营业终了时，各网点行柜员要进行日终平账、整理交易单证、上缴现金、退回未用完重要空白凭证，以及轧账、核对账实等业务操作。在商业银行综合业务仿真实训系统中，日终业务主要包括“现金入库”“重要空白凭证入库”“尾箱轧账”“部门轧账”等模块，下面具体介绍各模块的实验操作。

一、现金入库

在日终业务教学案例界面，柜员点击“现金入库”按钮，即进入操作界面。或者通过“通用模块”按钮，选择“钱箱管理”，进入“现金入库”操作界面，如图5－28所示。

图5－28中，柜员使用“出入库凭证”办理现金入库业务，入库金额需要柜员查询个人钱箱的现金余额。柜员点击“尾箱轧账”按钮，进入柜员钱箱界面，将现金余额数输入。确认无误后，柜员点击“执行”“确认”按钮，完成操作。

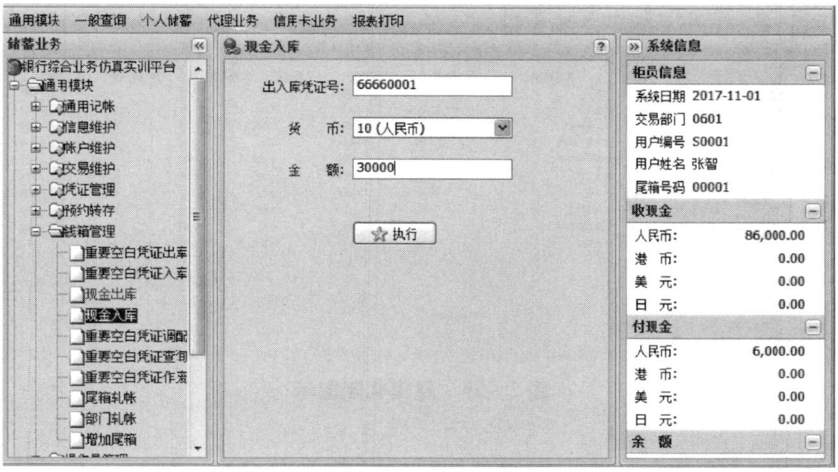

图 5－28　现金入库图

二、凭证入库

在日终业务教学案例界面，柜员点击“凭证入库”按钮，即进入操作界面。或者通过“通用模块”按钮，选择“钱箱管理”，进入“凭证入库”操作界面。

柜员需要将所有未用完的凭证退回网点库钱箱，办理入库业务。入库凭证的种类（同“凭证出库”的种类）、数量可通过查询柜员个人钱箱获得，柜员点击“尾箱轧账”按钮，进入柜员钱箱界面，核对凭证的种类和张数，填入对应项目中。所有未用完的凭证都要办理入库，网点行据以核对账实。审核无误后，柜员点击“执行”“确认”按钮，完成操作。

三、部门轧账/尾箱轧账

储蓄日终处理是柜员在当天营业终止后必须要进行的业务操作。主要是上缴未使用的重要空白凭证、现金入库及打印营业日报表等。部门轧账是指商业银行支行营业网点进行日终结账处理，尾箱轧账是指支行柜员对当天本人处理的业务进行日终结账处理。

柜员选择“通用模块”界面，点击“钱箱管理”按钮，进入“尾箱轧账”的操作界面，如图 5－29 所示。

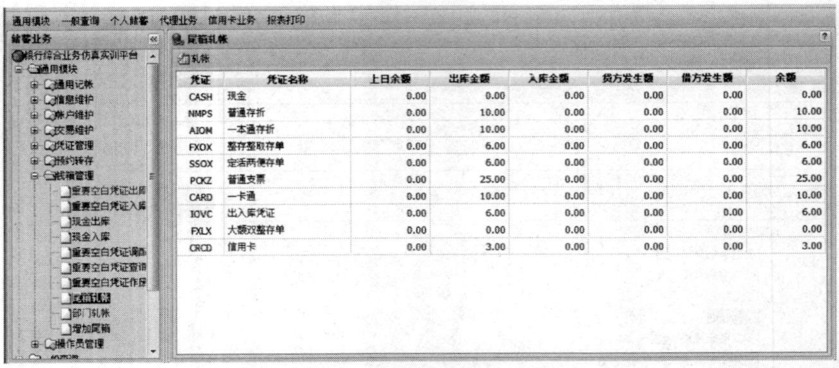

凭证	凭证名称	上日余额	出库金额	入库金额	贷方发生额	借方发生额	余额
CASH	现金	0.00	0.00	0.00	0.00	0.00	0.00
NMPS	普通存折	0.00	10.00	0.00	0.00	0.00	10.00
AIOM	一本通存折	0.00	10.00	0.00	0.00	0.00	10.00
FXOX	整存整取存单	0.00	6.00	0.00	0.00	0.00	6.00
SSOX	定活两便存单	0.00	6.00	0.00	0.00	0.00	6.00
PCKZ	普通支票	0.00	25.00	0.00	0.00	0.00	25.00
CARD	一卡通	0.00	10.00	0.00	0.00	0.00	10.00
IOVC	出入库凭证	0.00	6.00	0.00	0.00	0.00	6.00
FXLX	大额双整存单	0.00	0.00	0.00	0.00	0.00	0.00
CRCD	信用卡	0.00	3.00	0.00	0.00	0.00	3.00

图 5－29　尾箱轧账图示

柜员核对个人钱箱中现金和凭证的数量及金额，用以办理营业终了时的入库业务。审核无误后，点击“执行”“确认”按钮，完成操作。

所有柜员的账务平账后，主管柜员登录个人银行业务操作界面，点击“通用模块→钱箱管理→部门轧账”按钮，进入部门轧账操作界面，如图 5－30 所示。

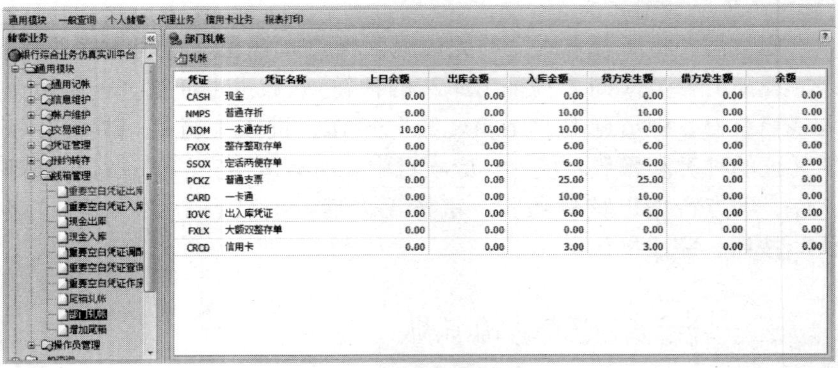

凭证	凭证名称	上日余额	出库金额	入库金额	贷方发生额	借方发生额	余额
CASH	现金	0.00	0.00	0.00	0.00	0.00	0.00
NMPS	普通存折	0.00	0.00	10.00	10.00	0.00	0.00
AIOM	一本通存折	10.00	0.00	10.00	0.00	0.00	0.00
FXOX	整存整取存单	0.00	0.00	6.00	6.00	0.00	0.00
SSOX	定活两便存单	0.00	0.00	6.00	6.00	0.00	0.00
PCKZ	普通支票	0.00	0.00	25.00	25.00	0.00	0.00
CARD	一卡通	0.00	0.00	10.00	10.00	0.00	0.00
IOVC	出入库凭证	0.00	0.00	6.00	6.00	0.00	0.00
FXLX	大额双整存单	0.00	0.00	0.00	0.00	0.00	0.00
CRCD	信用卡	0.00	0.00	3.00	3.00	0.00	0.00

图 5－30　部门轧账图示

主管柜员核对本网点行的所有入库现金和凭证，经与实物核对后，办理上缴业务。主管柜员核对无误后，点击“执行”“确认”按钮，完成操作。

本章小结

商业银行综合业务仿真实训平台中的个人银行业务的操作实验主要有：日初业务实验、储蓄业务实验、通用业务实验、代理业务实验、一般查询实验和日终业务实验六个模块，基本涵盖了商业银行柜台业务的核心操作内容，通过实验，学生不仅可以熟悉并掌握个人银行业务的主要内容和柜员岗位的操作规程和操作要点，而且能够加深对相关理论知识的理解和把握。

1. 在商业银行综合业务仿真实训系统中，日初业务主要包括凭证领用、重要空白凭证出库、现金出库、钱箱和凭证轧账等业务。

2. 个人储蓄业务日常操作流程是：客户到银行办理开账户业务（包括普通业务和卡业务），先开立一个普通户或一卡通/一本通客户号，据此开立各类存款储蓄账号，再在该账号下进行活期、定期、通知存款、教育储蓄等各项业务的存款、取款、结清、销户等实验操作。

3. 在商业银行综合业务系统界面中，通用模块是进行各项具体业务实验的基础，需要准确操作。通用模块主要包括：通用记账、信息维护、账户维护、凭证管理、操作员管理、钱箱管理六个部分。

4. 代理业务是商业银行中间业务的一项传统业务，它是商业银行接受政府、企业单位、其他银行或金融机构以及居民个人的委托，以代理人身份代表委托人办理一些经双方议定的经济事项的业务。在个人储蓄业务实验中，代理业务主要包括：合同录入、合同维护、录入批量、批量维护、增加批量明细、批量明细维护、代理客户录入、代理客户维护、有清单逐笔代收、无清单逐笔代收十个部分。

5. 在商业银行综合业务仿真实训中，一般查询业务操作界面，可以帮助操作员获得所需要的信息，从而提高实验操作的效率。一般查询业务的实验内容包括：客户查询、账户查询、凭证查询和其他查询业务四个部分。

6. 在商业银行综合业务仿真实训系统中，日终业务主要包括“现金入库”“重要空白凭证入库”“尾箱轧账”“部门轧账”等模块。

复习思考题

1. 如何理解个人储蓄业务中活期与定期存款的业务特点和实验流程。

2. 个人支票业务的基本原理和操作要点有哪些？

3. 什么是教育储蓄？如何进行教育储蓄的各种业务操作？

4. 代理业务的操作流程有什么特点？

5. 如何领用个人储蓄业务所用凭证？有哪些种类？

6. 如何理解尾箱轧账、部门轧账的实验操作？

7. 如何使用一般查询？有何功能？

8. 如何理解绿色金融与高质量发展之间的关系？

实验作业

1. 掌握并理解储蓄柜员日初业务各项操作，根据教学案例内容准确进行凭证领用和出库，现金出库、尾箱轧账。

2. 熟练掌握凭证查询方法，并练习支票库存查询。

3. 理解个人储蓄业务的设计原理，按照教学案例，熟练完成为个人储蓄客户开立客户号、存款账号，进行各项业务处理的基本实验操作。

4. 掌握代理业务的业务流程和规范，按照教学案例完成代理业务的实验操作。

5. 理解并掌握特殊业务基本规范，完成实验操作。

6. 掌握日终处理方法，完成凭证和现金的入库操作。

第六章

商业银行对公业务操作规范

【知识目标】

◇理解掌握商业银行对公业务的系统特点及实验原理

◇了解商业银行对公存贷业务种类及基本规则

◇理解商业银行对公业务日初业务、日终业务的实验操作原理

【素养目标】

◇理解商业银行做好存款单位金融服务的重要性，培养服务意识和责任担当理念

【技能目标】

◇掌握商业银行业务日常操作流程并熟练进行实验操作

◇熟练掌握对公会计凭证、存贷款账号的编排规则

◇熟练掌握开立客户号、账号的基本规则与操作方法

【导入案例】

重庆银行：数字人民币在城商行业务领域中的探索与应用

数字人民币是中国人民银行发行的数字形式的法定货币，由指定运营机构参与运营并向公众兑换，与纸钞和硬币等价，具有价值特征和法偿性，支持可控匿名，可用于小额、零售、高频业务场景。2021年7月，中国人民银行数字人民币研发工作组发布了第一版数字人民币白皮书《中国数字人民币的研发进展白皮书》，着手开始进行试点推进工作。重庆银行按照重庆市数字人民币试点推广的原则，以智能合约作为数字人民币的重要应用场景，通过城市银行清算服务公司一

点接入人民银行数字人民币系统，在个人钱包、对公钱包、商户收单等业务功能和产品服务方面开展整体规划，根据人民银行指定运营机构的特点和优势，选择性接入运营机构，为未来数字人民币多场景应用落地提供全面的系统支撑。

重庆银行数字人民币系统采用“一点接入”+“直连接入”综合模式，最大限度提升系统功能完整性。一方面利用数字人民币普惠性特点，将服务实体经济和便利百姓生活作为数字人民币试点工作的出发点和落脚点，实现银行卡账户资金与数字人民币钱包自动充钱功能。为培养数字人民币使用习惯，持续开展新人礼包、消费满减等优惠活动，进一步提升公众对数字人民币的认知度和接受度。另一方面发挥数字人民币安全、便利等优势，不仅通过公众号推文、视频、漫画等方式普及宣传，而且充分利用“线上+线下”渠道，积极推广数字人民币开立绑定业务，累计钱包1.5万个，业务量1.2万笔，交易金额600万元，运行情况良好。2021年8月，重庆银行成功对接数字人民币共建App，成为全国首批接入数字人民币的城商行；2022年4月，重庆银行率先在重庆地方法人银行中实现手机银行、网银等自有渠道提供数字人民币个人、对公钱包的产品和服务。同时，重庆银行依托区块链和智能合约，结合本行特色产品，不断探索普惠贷款助企纾困，助力乡村振兴和民生场景应用，以促进数字人民币的健康高效发展。

（资料来源：搜狐财经，2023年4月17日，2022年度城市金融服务优秀案例评选：年度十大优秀案例奖，经整理而成）

商业银行对公业务是商业银行针对企事业开户单位开设的存款业务、贷款业务、结算业务及其相关委托、咨询等业务的总称。它涉及商业银行重要的资产业务、负债业务和中间业务等具体业务，业务种类繁多，需要实验的项目庞杂，为此，商业银行综合业务仿真实训系统在对公业务的实验项目设计中，将参与实验的同学设计为对公会计记账员的身份，并在实验系统中采取核心记账方式，使所有业务过程如储蓄、对公、国际业务等都围绕同一个会计核心展开，从而使学生从会计记账员的角度从事对公业务的存贷、结算等项目的实验操作。

第一节　对公业务的系统管理

商业银行对公业务的系统管理包括以下内容：对公业务的系统特

点与功能、账号编排体系、柜员管理、凭证管理、钱箱管理、对公业务范围，以及对公日常业务操作流程等。系统管理在遵循商业银行对公核心业务内容和特点的理论基础上，体现着对公会计业务的系统架构和管理理念，通过提炼、融合和精选，展示了商业银行对公业务最核心的业务流程和操作要点，成为理解和把握对公业务实验操作重要的前提基础。

一、系统特点

商业银行对公业务系统管理具有如下特点：

（一）面向客户

商业银行综合业务仿真实训系统中对公业务处理均以账号为基础，同一客户不同业务品种的账务之间缺乏有机的联系，同一客户的存款、贷款、资金去向等完整的业务信息通常也难以把握。为了加强对客户的整体服务质量，提高服务水平，减少银行资金运营风险，必须强化对客户信息的全面管理。为此，商业银行综合业务系统提出面向客户信息的设计方法和设计理念，以客户信息文件（CIF）为基础，构造客户信息管理子系统，并以客户为中心，引入客户号，统辖相关的多个账户，从而建立客户各账号之间、业务之间的有机联系，便于银行管理和风险控制。

客户号是面向客户的基础，系统根据客户号识别客户，一个客户号只能对应一个客户。对公账户中不但包含了传统的账务信息，而且它必须归属于全行唯一的客户号。一个客户号可以统领上万个账户，极大地满足了客户使用不同种类账户的需要。所以，面向客户，引入客户号为商业银行提供了重要的提高服务、实施管理的角度，不仅便于实现客户理财，控制多头贷款等，也为将来的客户关系管理奠定了扎实的基础。

（二）核心会计

商业银行综合业务仿真实训系统采取以核心会计为主的核心记账方式。核心会计思想是业务处理上对会计处理的客观要求，商业银行的每个业务处理可以分成两部分：一部分为业务部分；另一部分为会计记账部分。业务部分根据业务品种的不同，其业务处理方式、流程控制也不同，系统一定要设置相关的交易才能处理。但会计记账具有一定的规律性，可以从具体的交易中分离出来，形成大家能共同使用的核心模块，即建立参数化的记账核心。由于记账核心是系统事先设置好的，相当于把银行的会计知识嵌入一个知识库，并经过认真细致的核查，其准确性在程序代码中有充分的保证，从而使系统实施核心会计的记账方式具有了顺利运行的技术支持。

核心会计，即并账制，就是将商业银行的会计核算过程从业务处理过程中提取出来，成为通用的会计核心，所有业务过程如储蓄、对公、国际业务等都围绕着同一个会计核心展开，从而为银行业务的不断创新打下了坚实的基础，同时也最大限度地减少了因会计核算办法的改变而对业务过程带来的影响。核心会计制下，针对传统的系统各部门间、地域间条块分散，极难统一而提出的解决方案，就是设置全行统一账务，统一数据标准，在统一账务结构的基础上，形成统一会计核心，实现全行一本账的最终目标，在此基础上，再构造业务功能。

核心会计制下的主要特点有：

（1）业务过程的记账只记入明细账，总账由主机在日终时统一记入。

（2）不允许抹账，所有错账一律通过冲账解决。

（3）冲账不允许冲单边，必须冲一套账务。

（4）记账必须采用套账，做到一记双讫或一记多讫。

（5）采用事中复核和事后监督相结合的方式。业务处理上充分考虑单人临柜，对大额业务需要事中复核，各种业务中需要复核的金额大小可以设置。

（6）业务的记账过程由电脑自动完成，逐步消除临柜人员直接记账。

（三）面向业务

商业银行对公业务在系统中大部分以业务形式完成，从而改变了以往银行会计系统就是记账系统的方式，通过电脑自动记账，提高了工作效率，降低了出错率。面向业务，使日终对账也由核对账务逐步改为核对业务，账务核对由系统自动完成。

采用面向业务的操作方式具有以下特点：

（1）采用套账方式记账，每一套账都能自身平衡。

（2）简化办理业务的手续，降低对临柜人员会计水平的要求。

（3）账务核算办法由系统自动确定，不受人工控制。

（4）统一全行的会计核算办法，在系统中保证业务的合规性。

（5）面向业务是银行内控制度在系统中的一种表现。

（6）建立在核心会计基础之上的业务操作，更便于新业务的快速开展及业务创新。

面向业务处理模式如图 6－1 所示。

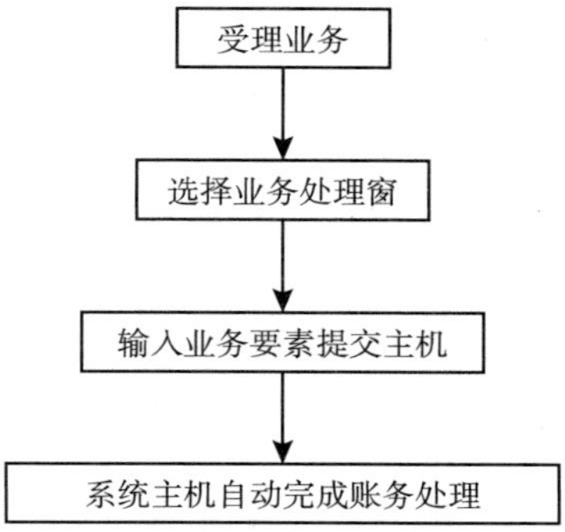

图6-1　面向业务处理模式

（四）数据全行大集中

为了方便银行管理部门和监管部门及时获取各类统计信息，降低后台复核人员的工作强度，本系统实行全行数据大集中的处理模式。通过全行数据集中，不仅可以实现全系统银行业务的通存通兑，方便系统内银行进行资金划拨和资金集中清算，而且可以减少系统内的未达账项，实现全行内所有账项的结账统一由主机完成的目标。

（五）业务代码

以往，大多数银行业务软件系统采取按照银行行号、会计科目编号来产生账号，当需要调整会计科目时，账号也要调整。本系统采用设置业务代码的方式，建立账号与各级会计科目的对应关系，不仅避免了经常性调整账号的问题，还适应了会计制度的变化。

业务代码与会计科目具有相似的意义，既是总括反映、监督经济活动和财务收支的一种方法，也是对会计要素的具体化。但是，业务代码比会计科目更适合银行本身的需要。具体区别如下：

（1）业务代码是银行按照自身需要而对会计科目的进一步细化。

（2）业务代码能快速适应新业务的发展需要，避免会计科目滞后于业务变化而带来不便。

（3）业务代码面向具体业务，而会计科目是对具体业务事项的概括，因此业务代码更稳定。

（4）业务代码的设置便于进行账户分类、明细的查询统计，会计科目便于记账。

二、系统功能

商业银行对公业务系统具有如下功能：

（1）客户化管理功能：系统能够按照客户号查询该客户在全行

的所有存款、贷款、资金结算、资金划拨、往来清欠等情况。

(2) 统一记账制功能：系统改单边记账为记套账形式，避免了账务不平的情况。

(3) 简化前台日终结账操作，只需打印账单即可。对于记总账、登账页、滚积数等大量的批量处理改在后台晚间进行。第二天则自动生成各类报表，打印记账传票、补充传票列表。

(4) 报表方面的功能：系统支持支行随时可以查询、打印全年任何一天的报表。

(5) 简化了会计传票处理：系统对于储蓄当天的账务自动记入会计系统，不需要会计人员次日根据储蓄机制传票补记账务。

(6) 台账管理功能：系统对于个人消费贷款业务采用台账管理，实现了自动扣款、自动记贷款及利息账务、自动打印本金、利息清单、欠缴未缴明细清单等功能。

(7) 贷款利息管理功能：系统对于贷款利息能够自动收息入账（本期及前期）、自动转逾期。

(8) 账户类别管理功能：系统对账户类别进行严格管理，杜绝了任意开户、非基本户取现等违规操作。

(9) 凭证管理功能：系统自动管理重要空白凭证，支票管理到号码，支票号码与支票账户唯一对应。

(10) 各类登记簿管理功能：系统自动生成开销户登记簿、重要有价空白凭证登记簿、库存现金登记簿、特殊业务登记簿。

(11) 通存通兑功能：系统实现了对公账户的现金及转账业务的辖内通存通兑，实时入账。

(12) 联行汇差资金清算功能：状态对于汇差资金能够自动清算，头寸实时查询，联动记账，不需手工操作。

(13) 年终处理自动化功能：系统自动计提营业税金及附加、自动计提呆账准备金、自动计提坏账准备金、自动结转损益，以及实现收支逐级报账等。

(14) 资产管理功能：系统增加了固定资产折旧的每季自动计提入账，递延资产、无形资产每季自动摊销。

(15) 自动计提应付利息功能。

三、客户号、账号编排体系

商业银行对公业务系统中客户号和账号都有专门的编排体系。客户号由10位数字组成，账号由15位数字组成，具体使用编排体系如下：

（一）客户号的编排方式

申请开立商业银行对公业务的客户提交相关证明文件，输入单位名称、营业执照及号码、地址、电话等基本信息后，则由系统自动生成10位数字的客户号码。客户号码的编排方式是：客户号第1位数用来识别客户类别，用数字“5～8”表示企业账号；客户号第2～9位为顺序号；客户号第10位为校验位。如：客户号码“5000011229”表示某银行对公业务的第1122位客户的客户号码。

（二）账号的编排方式

对公账号在客户号码的基础上形成。当客户开立客户号后，则可以根据业务需要向开户银行申请开立对公各类账号。账号由10位数字的客户号和5位数字的账号后缀构成，不同账号后缀代表着不同的账户性质。账号的编排方式和特点如下：

（1）账号后缀第1～4位实行分段划分，基本含义为：

①区间0000～4999为客户负债类。

②账号后缀第1～2位为负债类科目代码的对照码。

③账号后缀第3～4位为科目代码顺序号。

④账号后缀第5位为校验位。

（2）区间5000～5999为客户债权类（包括正常贷款、逾期贷款、呆滞贷款、呆账贷款）。

①账号后缀不体现科目信息。

②账号后缀1～4位为顺序编号。

③账号后缀第5位用以区分贷款状态：“0”为正常贷款；“1”为半年内逾期贷款；“2”为半年以上逾期贷款；“3”为呆滞贷款；“4”为呆账贷款。

（3）区间6000～6999为表内应收未收利息。

①账号后缀不直接体现科目信息。

②账号后缀1～4位为顺序编号。

③账号后缀第5位为校验位。

（4）区间7000～7999为表外应收未收利息。

①账号后缀不直接体现科目信息。

②账号后缀1～4位为顺序编号。

③账号后缀第5位为校验位。

（5）区间8000～9999暂未使用，留待扩充。

（6）账号编排方式的特别说明。

①每个客户号，可以在不同支行、网点开立存款账户；存款账户属于开户网点但不一定属于开客户的网点行。

②每个客户号可以在每个对公存款科目下开设 100 个分户。

③每个客户号可以开设 1000 个贷款分户。

例如：A 企业在我 01 支行 02 网点开户（交换号为 8001，网点序号为 3），在 01 支行营业部贷款 200 万元，逾期 7 个月，欠息 10000 元。A 企业在银行系统内部的活期存款账号为：

<table>
<tr><td>5</td><td>0</td><td>0</td><td>0</td><td>0</td><td>1</td><td>1</td><td>2</td><td>2</td><td>9</td><td>0</td><td>2</td><td>0</td><td>1</td><td>7</td></tr>
<tr><td>企业客户</td><td colspan="8">顺序号</td><td>校验位</td><td colspan="2">存款科目代码</td><td colspan="2">顺序号</td><td>校验位</td></tr>
</table>

其中：5000011229 为 A 企业在银行系统内唯一的客户号，500001122902017为系统内 A 企业活期存款账号。

当 A 企业在我行 08 支行 01 网点（交换号 8012）又开了一个新的活期存款户，账号为 500001122902025。客户号不变，存款科目代码不变，改变的是账户顺序号和账号校验位。

A 企业在 01 支行的贷款账号为 500001122950002；

A 企业在 01 支行的表外应收未收账号为 500001122970019；

A 企业在 08 支行又贷款 100 万元，贷款账号为 500001122950010。

（三）内部账号的编码方式

商业银行对公业务中的内部账号中，客户号对应一个网点在某个币种下的某种业务。内部账号的编码方式为：

账号由 10 位数字的客户号和 5 位数的账号后缀组成。前 10 位为客户号：客户号第 1 位用数字“9”表示内部账号；第 2 ~ 5 位为网点号；第 6 ~ 7 位为货币代号；第 8 ~ 10 位为业务代码。账号后缀第 1 ~ 4 位为顺序号，第 5 位为校验位。

内部账号的编码需要说明的是：

（1）每个业务代码对应到唯一的会计科目。采用业务代码可以防止科目号的变动，并节省账号长度。

（2）账号后缀的编号全行统一规定。

例如：9 0 2 0 1 1 0 8 4 9 0 0 0 0 3 中“9”表示内部账号，“0201”表示 0201 网点，第 6 ~ 7 位的“10”表示币种，第 8 ~ 10 位“849”是应交凭证费的业务代码，最后的 5 位“00003”表示工本费的账号后缀，该内部账号反映的就是 02 支行 01 网点出售凭证工本费的收入情况。

四、柜员管理

商业银行对公业务系统中，柜员的身份是会计记账员。柜员管理包括柜员编号管理和权限管理两部分，具体介绍如下：

（一）柜员编号

柜员编号由银行同系统内市行统一管理。柜员编号为 5 位数字，形式为：K## **，其中“K”表示该柜员是对公会计操作员；“##”表示支行号，号码在“01～39”之间；“ ** ”为支行柜员的统一编号，号码在“00～99”。如“K0215”表示 02 支行的第 15 位柜员。

（二）柜员密码及权限管理

（1）柜员首次登录系统，必须先修改登录密码。系统默认初始登录密码为 888888。

（2）柜员要保管好登录密码，原则上要求每个月修改一次。

（3）如因密码泄露或将密码交由他人使用而造成的损失或事故由柜员自己负责。

（4）柜员密码忘记必须由中心机房进行解挂并更新密码才能再使用。

（5）柜员要严格按照本人级别权限进行操作或授权。

五、凭证管理

（一）凭证管理的特点

商业银行对公业务系统中，凭证实行系统统一管理方式。其特点如下：

（1）凭证与对应账号联动。系统对所有重要凭证都采取计算机自动管理，业务处理时凭证号码与对应账号联动，从而保证了账户信息的完整性。

（2）实行凭证逐级下发、领用控制。系统采取凭证自上而下下发，自下而上领用的凭证控制机制。

（3）提供对凭证库存的管理。库存空闲凭证实行网点行统一管理，柜员可自由调用。

（4）通过柜员对公钱箱，实现了表内与表外账务的联动。

（5）通过业务代码，可以灵活扩充对凭证种类的管理范围。

（二）凭证种类

对公业务使用的凭证类别较多，如表 6 – 1 所示。

表 6 – 1　　对公业务凭证种类

现金支票	人行电子联行补充报单
转账支票	省内邮划借方报单
单位定期存单	省内邮划贷方报单
单位定期开户证实书	省内电划借方报单
内部往来科目报单	省内电划贷方报单
省辖特约联行银行汇票	全国异地通汇邮划借方报单
全国异地通汇特约汇款证	全国异地通汇邮划贷方报单
代签工商银行汇票	全国异地通汇电划借方报单
商业承兑汇票	全国异地通汇电划贷方报单
银行承兑汇票	

其中：由系统按号码严格管理的凭证如表 6 – 2 所示。

表 6 – 2　　按号码管理的凭证种类

TCKZ	转账支票	CCKZ	现金支票
CNFX	单位定期存款开户证实书	BOTD	汇票委托书
PYCK	商行往来划款凭证	TEMO	工行电汇
IPYC	工行往来划款凭证	TUCD	电子联行电划贷方报单
PYCK	内部往来科目报单	YHHP	银行承兑汇票

（三）凭证领用

对公业务系统中的凭证领用采取从总行到市行、市行到支行、支行到网点的分配体系。具体顺序为：支行到市行领用凭证时，市行财会部必须将凭证的起始号码输入中心机房的管理机内，并进行分配操作，通过“凭证下发”将凭证分配到各支行营业部。同样，支行凭证管理员要将凭证全额领用并将凭证的起始号码有计划地分配到各网点的库钱箱。然后，由网点凭证管理员在前台机器交易界面选择“凭证领用”交易把凭证领到本网点库钱箱，本网点柜员再通过“凭证出库”交易领入凭证到柜员个人钱箱。只有经过以上的领用及出库步骤，重要空白凭证才能在前台使用。具体流程如图 6 – 2 所示。

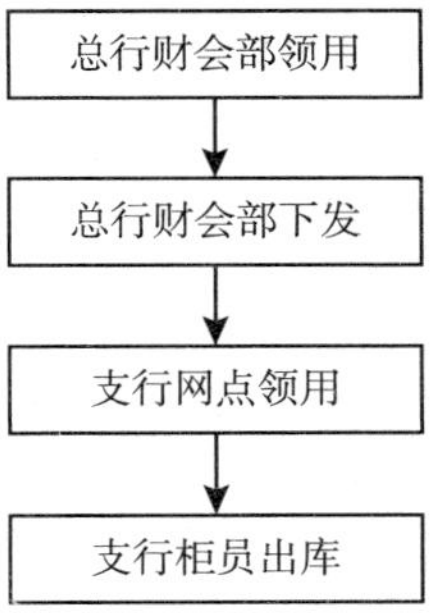

图 6－2　对公账户凭证领用顺序

凭证领用时需要注意的事项：

（1）凭证领用和凭证下发过程必须在当天完成，且本过程只能在本网点的大库中处理。

（2）除了总行财会部的凭证领入过程，支行或网点行的凭证领入数量和区间必须和管辖行下发数量与区间一致。对于尚未出售给客户的支票，包括支票的领用、下发、出售必须严格输入支票号码。

（3）支票批量作废：当收到监管行规定某一批支票停止交换后，支行或网点行要将支票统一上缴到财会部，财会部清点无误后，集中作废。系统统一将该批凭证做“作废”处理，包括已出售给客户尚未使用的凭证收回后也做“作废”处理。剩余支票在过渡时期使用的注意事项是：

①系统运行初期，由于对客户手中的支票无法全额登记，则对支票号码不进行控制，在记账中选其他凭证类型。对新出售的支票，必须严格在系统中登记，出售时在系统中的登记簿进行记录。

②系统运行一段时间后，启动对支票的控制系统，如果系统遇到后四位有重复的，必须输入含批号在内的全部支票号码。

六、钱箱管理

商业银行对公业务系统对网点设立了库钱箱和柜员钱箱两级钱箱，钱箱用于存放商业银行对公业务所使用的现金和重要空白凭证。柜员只有获得了柜员钱箱，才能从事对公业务操作。一个营业部或网点行的钱箱所有柜员都可使用，一个钱箱可以有多个柜员使用，一个柜员也可以有多个钱箱。柜员初次登录对公业务系统时没有柜员钱箱，登录后通过“增加钱箱”操作处理，输入相应内容，完成增加钱箱操作后，才能获得柜员钱箱。然后退出系统，重新登录，输入用户编号、钱箱号码、用户密码，登录后进入业务操作界面，钱箱号码才能正式使用。

柜员每次登录对公业务系统时，都必须输入钱箱号码，否则只能做转账业务而不能做现金业务。

七、对公业务范围

商业银行的对公业务处理范围主要包括三部分：营业网点、管辖单位（支行）、管理单位（市行）。

（一）营业网点的业务处理范围

对公业务的核心业务都是在营业网点，包括：存款业务、贷款业务和结算业务等，这三部分的业务处理范围包括：

1. 存款业务

商业银行对公存款业务包括：对公活期存款和对公定期存款。

其中：活期存款业务包括：一般存款（由基本户、一般户、临时户、专用户、辅助户等存款组成）、协议存款，对公支票账户存款。

对公定期存款业务包括：整存整取定期存款、单位通知存款等。

2. 贷款业务

商业银行对公贷款业务包括：企业贷款、个人消费信贷、贴现与承兑汇票等。

3. 结算业务

商业银行对公结算业务包括：辖内业务、同城交换业务与电子联行业务等。

（二）管辖单位（支行）业务处理范围

商业银行对公业务管辖支行的业务处理范围主要包括：对下属营业网点的监督、综合账务、登记簿、对所辖营业网点进行资金清算、会计报表、统计报表等。

（三）管理单位（市行）业务处理范围

商业银行对公业务管理单位（市行）的业务处理范围包括：凭证总库管理、损益管理、会计报表、统计报表、信息查询、全行资金清算、部门管理、科目、业务代码管理、柜员及权限管理、系统参数管理等。

八、日常业务操作流程

（一）日初业务操作流程

每日营业开始，柜员开机、登录商业银行对公业务界面：输入柜员号、钱箱号、密码（柜员业务不涉及现金或重要有价空白凭证的收付可以不输入钱箱号），系统校验成功后则进入对公业务实验操作主界面，开始了日常业务的实验操作。柜员登录进入主界面后，界面右端将显示出系统日期、柜员号、柜员姓名、钱箱号码等信息，表示系统正常，可以开始日初业务操作。

日初业务主要是柜员从支行（网点行）的库钱箱到柜员钱箱领取现金和重要空白凭证。柜员首先从上级行通过“凭证领入”，将上级行下发凭证领到本支行（或网点行）的库钱箱，再从库钱箱领到柜员钱箱，办理“凭证出库”和“现金出库”业务。是否领用完成必须做柜员钱箱轧账和部门钱箱轧账，当所有领用的现金和凭证在钱箱中能显出余额，则表示钱款、单证齐备，可以正式开始日常业务操作。

（二）营业期间日常业务操作流程

系统采用菜单结构与交易码并行的方式。柜员日常办理业务时，可以从机器主界面到子界面逐层进入，每一项业务都可以通过主菜单进入子菜单操作界面完成。

营业期间，商业银行对公业务的日常操作项目有“通用模块”“对公存贷”“个人贷款”“结算业务”“信息查询”“报表打印”等实验模块。柜员接受客户不同业务需要的委托，选择业务模块，在该模块内选择具体的业务操作类型，按照业务规范进行实验操作，并通过登记簿、会计记账、账户，以及系统后台自动记录功能同步实施管理监督，最终形成客户满意的结果。

对公业务的日常业务主要发生在“通用模块”“对公存贷”“结算业务”等模块内，也是商业银行最核心的业务所在。

（三）日终业务操作流程

商业银行对公业务的日终业务包括柜员钱箱轧账、柜员轧账、网点轧账三项内容。

（1）柜员钱箱轧账打印出“柜员钱箱轧账单”，包括当日该柜员现金、凭证的领用、上缴、入库、出库及余额数。需要说明的是，柜员可以利用个人钱箱轧账查询钱箱中所有的现金及凭证数，该项操作每天可多次使用。

（2）柜员轧账打印出“柜员轧账单”，包括当日该柜员所做的全部业务，按照科目的借贷方发生额、笔数，分现金转账汇总。该项操作柜员也可以在日常多次使用。

（3）网点轧账打印出“网点轧账单”，反映网点全部业务。该项操作柜员每天只能操作一次。

需要注意的事项：柜员日终轧账后，不可以再进行有关业务操作，如果尚有业务需要处理，必须进行柜员平账解除，才可以继续从事业务。网点轧账后，也不可以再进行本网点的业务操作，如果尚有业务需要处理，必须由市行中心机房解锁，再做柜员平账解除，才可以继续操作业务。网点轧账必须在所有柜员均做完柜员轧账后才可以操作。

第二节　对公会计基本业务说明

商业银行综合业务仿真实训系统中，对公业务主要有存款业务、贷款业务、个人贷款业务、结算业务等的会计基本业务，下面分别介绍基本业务的操作规范：

一、存款业务

商业银行对公存款又叫单位存款，是机关、部队、企业、事业单位和其他组织以及个体工商户将货币资金存入银行，并可以随时或按约定时间支取款项的一种信用行为。对公存款具有金额大、成本低、流动性强等特点，是商业银行以信用方式吸收企事业单位存款，获得主要资金来源的重要方式，在商业银行业务发展中的地位和作用越来越重要。

商业银行对公存款有单位活期存款和单位定期存款两种基本形式。其中：单位活期存款是指单位类客户在商业银行开立的结算账户，办理时不规定存期、可随时转账、存取的存款类型。单位定期存款是指存款人事先约定存款期限，一次存入本金，到期后支取本息的存款类型。此外，单位存款还有通知存款、协定存款和协议存款等几种存款方式。尽管存款种类不同，但单位客户从事对公存款业务时，一般都要从事客户开户、新开账户、活期存取款、定期存取款等项目的操作。

（一）新开客户号、账户业务

商业银行对公业务系统的新开户业务分为两个步骤：新开客户号和预开存款账户。

1. 新开客户号

单位客户或个人客户在新开对公账户前必须先开客户号，一个单位的营业执照或者个人身份证件只能对应开立一个客户号。开立后的客户号在整个银行系统各分支行都可以通用。客户开立对公客户号时，系统自动检索客户提供的相关信息，企事业单位检索的依据是单位全称和营业执照号码，个人客户检索的依据是身份证件及证件号码。如果检索到信息，则自动显示原有客户号，并拒绝继续新开客户。否则，系统则根据输入的信息登记新开客户登记簿，由系统自动生成客户号。

需要注意的是，在新开客户号时，输入的检索信息不允许修改，若发现有输入的信息有错误只能退出重新开立。

2. 预开存款账户

理论上，一个客户号可以在每个对公存款科目下开设 100 个账户。对公存款账户按其性质有四种类型，分别是基本存款账户、一般存款账户、专用存款账户和临时或应解账户等，其中，基本存款账户是单位存款人办理日常转账结算和现金收付的账户，客户只能在银行开立一个基本存款账户；其他类型的存款专户可以开立若干个，但单位客户开设时必须通知基本存款账户开户行。

单位客户根据客户号开立不同的存款账户时，输入账户类别、账户名称、货币、交易码等信息，系统将自动生成交换用对公存款账号（屏幕显示）和系统内存款账号（系统内隐含）。由于账户开立时还没有开户金，此时账户状态属于预开户，应登记预开户登记簿。预开户不计入当天的开户数及总户数，也不涉及金额。系统中对于所有的活期账户缺省为通存通兑；定期账户则暂时封闭自动转存功能，待首次存款（包括现金、转账或辖内通存）作为新开户金存款，进行定期存款账户的激活处理，同时修改开销户登记簿，账户状态由“预开户”转为“正常”。

（二）存取款业务

对公存款账户的存取款业务包括：基本存款账户、一般活期及临时账户存款、取款、转账业务；定期存款及通知存款存取、部分提前支取等业务。定期存款和通知存款部分提前支取的转入账号必须为本行一般活期存款或临时存款账户，不允许直接提取现金。

1. 单位活期存款存取款业务

（1）存入现金的处理。单位客户向开户银行存入现金时，应填制一式两联的“现金存款单”，连同现金送交开户银行出纳柜台。柜员审核凭证和点收现金无误后，在存款单上加盖“现金收讫”戳记和名章，并登记“现金收入日记簿”。然后，柜员以存款单第一联作为回单退还给存款单位，第二联代存款科目贷方凭证记账。其会计分录为：

借：库存现金

　　贷：活期存款

（2）支票户现金取款的处理。单位客户向开户银行支取现金时，应签开现金支票，并加盖预留银行印鉴，由取款单位背书后提交银行会计部门。会计部门接到后，应认真审查支票是否合规合法，审查无误后，同意到出纳处取款，并以现金支票代现金付出凭证记账。其会计分录为：

借：活期存款

　　贷：库存现金

（3）本行账户间转账存款的处理。单位客户交来在本行开户的另一存款人签发的转账支票存入款项时，应同时提交一式两联的“进账单”给银行柜员，柜员要审查转账支票的真伪和填写是否正确、账户的余额和状态等信息，审查无误后，以转账支票代借方凭证记账，进账单第二联代收款凭条作为贷方凭证，办理记账和转账。其会计分录为：

借：活期存款——本行转出账号

　　贷：活期存款——本行转入账号

2. 单位定期存款存取款业务

（1）存入款项的处理。单位定期存款可以以转账方式存入款项，也可以以现金方式存入款项。单位客户向开户银行办理定期存款业务时，要出具单位营业执照，经银行审查后，登记“开销户登记簿”，并办理预留印鉴手续。存款单位存入定期存款款项时，应提交转账支票或者现金、一式两联的“进账单”给开户银行，开户银行会计部门审查无误后，以转账支票或者现金凭条做借方凭证，进账单第二联代收款凭条作为贷方凭证，办理转账或存入。其会计分录为：

借：一般活期存款或库存现金

　　贷：定期存款（或通知存款、协定存款）

转账后，银行柜员开具一式两联的“单位定期存款开户证实书”及重要空白凭证和表外科目的付出凭证。“单位定期存款开户证实书”加盖业务专用章及经办人名章，底卡联留存专夹保管，证实书通知联连同进账单第一联交给存款单位。

需要注意的事项：定期存款如果以转账方式存入开户金，转出账户必须为本支行的一般存款或临时存款账户。

（2）支取款项的处理。定期存款（或通知存款）账户到期或过期支取时，单位客户应向银行提交“单位定期存款开户证实书”通知联，同时填写“单位定期存款支取凭证”一式三联并加盖预留银行印鉴后，向银行办理支取手续。银行柜员审查无误后，按规定利率计算利息，办理支款手续，并填制利息清单。“单位定期存款支取凭证”第一联与利息清单一并退回存款单位，银行收回“单位定期存款开户证实书”做“注销”处理，并作为借方凭证附件。

单位定期存款全部提取支取的，银行按照提前支取的利息计算办法计算利息，支付手续与到期支取相同。若部分提前支取的，若剩余部分不低于定期存款的起存金额，银行按照规定计算提前支取部分的存款利息，并填制利息清单，按上述方式办理转账。原“单位定期存款开户证实书”收回，同时为其按原存期、原存款开户日挂牌公告的同档次定期存款利率、定期存款剩余金额，开具新的“单位定期存款开户证实书”。部分提前支取时，若剩余金额小于起存金额，按照全部提前支取处理。其会计分录为：

借：定期存款或通知存款

　　利息支出

　　贷：活期存款——转入账号

　　　　定期存款——剩余未支取部分

（三）存款账户销户

对公账户销户时，需要进行两个步骤的业务处理：结清和销户。具体处理如下：

1. 对公一般活期存款账户结清

对公一般活期存款账户销户前首先要把账户余额结清，结清时系统将自动对存款结计利息并在存款账户间进行结转。需要注意的是：只有在计息科目下的账户才需要做结清处理；如果有尚未复核的业务、尚未归还的贷款或应收利息等事项，不允许做结清业务。

活期存款结清时的会计分录为：

借：利息支出

　　贷：活期存款

2. 一般活期存款、临时存款账户销户

对公一般活期存款（包括协定存款）、临时存款销户时，首先要检查账户余额是否为0、是否为结清和预开户（临时存款无结清状态）；其次如果是支票户，核销账户下所有尚未使用的支票，找出最后一笔取款交易，作为销户金额。销户时不涉及账务处理。

3. 定期存款、通知存款销户转账

对公定期存款、通知存款销户时，需要通过转账业务进行处理。客户若要提取现金，可以先转账到一般活期存款或临时存款账户，再做提现处理。转入账户必须为活期存款或临时存款账户。遇节假日，手工选择节假日，电脑按定期利率计算利息。

操作销户业务时，要检查单位定期开户证实书和定期存款账户的对应关系，登记开销户登记簿。销户时的会计分录为：

借：定期存款（或通知存款）——转出账户

　　贷：活期存款——一般活期存款或临时存款账户

借：利息支出

　　贷：活期存款——一般活期存款或临时存款账户

4. 特殊存款业务说明

（1）协议存款。单位客户办理协议存款时，要与银行签订《协议存款合同》，该合同的期限最长不得超过一年（含一年），合同到期后任何一方没有提出终止或修改合同，即视为自动延期，延长期限与上一合同期限一致。协议存款账户下的资金实行分段计息：协议部分和基本额度存款两部分，其中基本存款额度最低为50万元（含50万元），超过这一额度的为协议部分。基本额度存款按人民银行规定的正常利率计息，协议部分按双方协定的利率计息。

（2）通知存款。单位通知存款是定期存款的一种创新。通知存款是指存款人在存入款项时不约定存期，支取时需提前通知银行，约定支取存款日期和金额方能支取的存款。通知存款是定期存款的一种形式，其最低起存金额为50万元；最低支取金额10万元，是单位客户有暂时闲置资金时获取利息收入的一种存款方式，具有收益高、支取方便的特点。单位存款人需一次性存入款项，可以一次或分次支取。通知期限分1天通知存款和7天通知存款两种形式，由客户开户时选择。通知存款存取、销户等的业务操作与定期存款基本相同。

（3）存期的说明。在商业银行综合业务仿真实训系统中，定期存款的存期、通知存款的通知期都是用3位数字来表示。第1位数字表示存期或通知期的计量单位："1"表示以天为计量单位；"2"表示以月为计量单位；"3"表示以年为计量单位；第2、3位数字表示计量单位的数量。例如："107"表示存期为7天；"206"表示存期为6个月；"301"表示存期为1年。

【知识拓展6－1】

人民币单位结算账户操作规定

（1）存款人只能在银行开立一个基本存款账户；

（2）存款人开立基本存款账户、临时存款账户和预算单位开立存款账户的实付核准制度，经中国人民银行核准后由开户银行核发开户许可证；

（3）个体工商户凭营业执照以字号或者姓名开立的银行结算账户纳入单位银行结算账户管理；

（4）银行应依法为存款人的银行结算账户信息保密；

（5）对单位银行结算的存款和有关资料，除国家法律、行政法规另有规定外，银行有权拒绝任何单位和个人查询；

（6）银行账户信息，包括单位账户开立、单位账户资料修改业务，均需联网核查经办人员身份信息。

二、贷款业务

商业银行综合业务仿真实训系统把银行贷款分为企业贷款和个人消费贷款两部分。在企业贷款管理业务中，把借据、抵押品、抵债资产、不良贷款、贴现、汇票等均列入贷款管理的范围之内，而把一般企业贷款和个人消费贷款分开管理。

银行发放贷款要顺序经过以下程序：借款人提交贷款申请、银行贷款受理、贷款调查、贷款审批、签订贷款合同、贷款发放、贷后调查、收回贷款和贷款质量监管等。银行发放的每一笔贷款都要严格遵循贷款程序，强化贷款管理，以确保贷款资金的安全与完整。

企事业单位和个人申请贷款时必须有一个与之相应的、唯一的存款账户，作为银行对贷款实施管理、发放、收回的管理账户，同时为确保贷款业务的安全性，该系统不支持现金放贷、现金还贷、现金收息之类交易，在通用记账中也不允许发生与贷款及应收利息科目相关的账务处理。系统支持贷款户的提前部分或全部还款、单笔、拆笔收息等业务事项，由系统自动生成欠息登记簿。

介于企业贷款在发放程序和贷款管理事项上与个人消费贷款有极大的相似性，此处仅介绍企业贷款，个人消费贷款将在“三”做详细介绍。

（一）贷款借据管理

银行贷款合同签订后，信贷部门将贷款业务的相关信息资料提交给银行会计部门，由会计部门办理贷款借据的录入、维护和管理事项，并在此基础上办理贷款的发放。银行所有的贷款业务均要进行借据管理，包括一些特殊的贷款，如贴现和借新还旧等业务。

1. 借据录入

借据录入是在贷款发放前根据信贷部门提供的贷款借据，录入基本要素信息，作为贷款业务的起点，也是贷款业务中最关键的一步。如果借据系统与信贷系统有接口，则借据从信贷系统自动进入录入系统。银行柜员要认真审核有关借据信息和相关资料，对于填写要素不全、缺少负责人签章等不符合规定的借款资料，应归还给信贷部门，严禁按不符合规定的借款凭证违规发放贷款。

对公业务系统支持贷款业务的跨网点处理，即存款账户和贷款账户可以不在同一个网点，通过借据号联动建立关联账户，因此，贷款借据号要严格按照统一格式编排：历史数据在移植时自动生成；新借据号、贷款合同号由信贷管理系统生成。对贷款利率也严格按档次进行管理，贷款利率、贷款类别和还款日期相互对应，输入利率后系统自动检查贷款的利率和贷款期限之间是否存在相互对应。

贴现业务作为一项特殊的贷款业务也需录入借据信息，特别需要注意的是，要输入贴现补充天数，补充天数是指票据到期后，款项自付款行付款后至到达收款行的在途时间，一般情况下外地票据的补充天数为 3 天，本地票据为“0”。

借新还旧贷款也是一项特殊贷款业务，录入借据时，要在贷款用途一项选择“借新还旧”。

2. 借据维护

当企业贷款发生信息变动时，则需要进行借据维护。借据维护主要是修改维护企业贷款的借据。需要注意的是，只有未发放的贷款借据才允许修改借据信息，借据信息中除借据号之外所有的项目均可修改，并且只能由原录入人员进行修改。维护时贷款利率必须和贷款期限相对应。如果借据已过录入日期，则该借据自动失效，不允许再做维护。

3. 贷款利率表

系统自动给出贷款利率表，操作时可做参照。具体如表 6-3 所示。

表 6-3　　贷款利率表

贷款种类		基础利率	上浮 10%	上浮 20%	上浮 30%
短期贷款	6 个月以内（含 6 个月）	5.58%　4.65‰	6.13%　5.115‰	6.696%　5.58‰	7.254%　6.045‰
	6 个月至 1 年（含 1 年）	5.58%　4.875‰	6.435%　5.3625‰	7.020%　5.85‰	7.605%　6.3375‰
中长期贷款	1～3 年（含 3 年）	5.94%　4.95‰	6.534%　5.445‰	7.128%　5.94‰	7.722%　6.435‰
	3～5 年（含 5 年）	6.03%　5.025‰	6.633%　5.5275‰	7.236%　6.03‰	7.839　6.5325‰
	5 年以上	6.21%　5.175‰	6.831%　5.6925‰	7.452%　6.21‰	8.073%　6.7275‰

（二）贷款发放

贷款录入借据后，必须在当天办理贷款发放。如果当天贷款未发放，贷款借据将自动作废。必须重新填写借据。但系统中仍保留该笔借据记录。

在录入借据的当天根据贷款借据发放贷款时，系统自动检查存款账户是否能做存款交易，并根据存款账号找到客户号，自动生成贷款账号，并将贷款转入一般活期存款户，建立存贷款的对应关系。如果存款账户为预开户则激活账户，同时根据贷款金额登记开销户登记簿。

贷款发放时，由借款人填写一式五联的借款凭证，借款人在第一联上加盖预留银行印鉴，经信贷部门审核后签章，送会计部门凭以办理贷款发放手续。会计部门收到后，应认真审核借款凭证的各栏是否正确完整，大小写金额是否一致，印鉴是否齐全，预留银行印鉴是否相符，印鉴与借款人名称是否一致，审查无误后，以借款凭证第一联、第二联代借贷方凭证办理转账。

需要注意的事项：如果跨网点行放贷，系统通过“辖内往来”实现贷款网点和存款网点之间的资金往来。辖内往来的传票由电脑打印，存款账户的贷方凭证为“辖内贷方补充报单”。

发放一般企业贷款的会计分录为：

借：企业贷款——××借款人账户

　　贷：活期存款——××存款人账户

转账后，柜员将第三联借款凭证盖章后作为回单交给借款人，第四联由银行信贷部门留存备查，第五联借款凭证按贷款到期日先后顺序专夹保管。

银行会计部门对保管的借据应进行定期检查，于到期日之前，可通过信贷部门转告借款单位准备资金按期还本付息。

（三）贷款结息

为提高收息处理的规范化，系统以存款账户为基础，对应收利息分表内、表外分别建立账户进行核算。不足扣息的根据制度规定在表内、外核算，并建立欠息明细登记簿。登记簿的要素如下：贷款账号、计息期间、计息积数、利率、利息、表内外标志、销账标志、销账日期等。欠息明细登记簿应和应收利息账户的余额总分相符。

收息时要打印利息清单，在贷款收息传票打印模块中打印。经信贷部门批准，可以控制对指定的贷款不收息，若是委托贷款，收息时由贷款人存款账号直接转入委托人存款账户，若当期未付利息，不做任何账务处理，仅在委托贷款登记簿中记录。系统不允许贷款手工停息，贷款利率的调整需由专门人员签字决定。中长期贷款的利率根据人民银行的有关规定每年1月1日自动调整，分段计息。

1. 单个账户自动收息

对公业务系统支持自动收取贷款账户所对应的存款账户的表内和表外应收未收利息。收息时只能以整笔为最小单位；收息次序按照先表内、后表外、按账龄、按金额等收取；并以单户收息为收息方式。

收息时，可以根据需要随时查询欠本欠息表，便于信贷人员及时追讨欠款。

2. 单笔和拆笔收息

对公业务系统不支持单笔和拆笔收息的自动处理，要作单笔或拆笔收息处理时需在专门界面输入有关要素手工处理。拆笔收息需要指定明细序号（在欠息表中每一笔欠息都有一个明细序号）。

（四）贷款本金偿还

贷款到期，借款单位归还贷款（含提前还款）时，应填写一式四联的还款凭证，送交开户行办理还款手续。会计部门按照支取存款的要求审查还款凭证无误后，核对专夹保管的借据并登记“还款记录”，然后以还款凭证第一联、第二联代借贷方凭证办理转账。借款人用现金归还的，应将现金收妥后再做账务处理。

对公业务系统中对贷款本金的偿还采取两种形式：全部还贷和部分还贷。

1. 全部还贷

贷款全部还贷时，要同时处理贷款本金和利息的扣收，利随本清。系统自动检查该存款账户是否有对应未结清的表内表外应收利息账户。若该贷款账户有应收利息，须先执行自动收息（系统自动处理）。本功能不对应收利息进行处理，也不实现对违约金的收取，若收取违约金，在通用记账模块中通过手工记账解决。

（1）若是委托贷款，且在委托贷款到期日贷款人未将委托贷款还清，在到期日营业终了时，若贷款人存款账户不足，就从委托人委托存款账户中扣还所余贷款，委托存款扣还完贷款后的余额由手工转至委托人指定的存款账户中。

（2）若是抵押贷款、质押贷款，要有相应的抵押品、质押品登记记录，全部还贷后系统联动处理该抵押品、质押品，自动注销该笔抵质押品记录。

全部还贷的会计分录为：

借：活期存款——扣款账户或委托存款账号

　　贷：××贷款——借款人账户

　　　　利息收入账户

若是跨网点收贷：

借：活期存款——扣款账户

　　贷：辖内往来——他所汇差账户

借：辖内往来——本所汇差账户

　　贷：××贷款——借款人账户

　　　　利息收入账户

若有抵押品、质押品，付出表外抵质押品核算科目。

2. 部分还贷

贷款本金部分偿还时，还贷只冲减贷款本金，不收取当期应收利息，本系统不对应收利息进行处理，根据需要可以先执行自动收息；也不做违约金的收取，若收取违约金，视作营业外收入在通用记账模块手工记账。在支行范围内允许跨网点收贷，不能跨支行操作。

（1）申请部分还贷的贷款账户不允许有欠息，即必须先把以前拖欠的利息（包括表内和表外）还清，才能偿还本金。

（2）如该贷款有“特殊还贷”许可的，允许有欠息时还贷，“特殊还贷”由支行审批。如使用支票，需要检查并核销该支票。

部分还贷的会计分录为：

借：活期存款——扣款账户

　　贷：××贷款——借款人账户

若跨网点收贷：

借：活期存款——扣款账户

　　贷：辖内往来——他所汇差账户

借：辖内往来——本所汇差账户

　　贷：××贷款——借款人账户

（五）贷款到期处理

1. 贷款展期

借款人因某种原因不能按期归还贷款时，应当在贷款到期日之前，向贷款银行申请贷款展期，说明展期理由、金额、期限，填写“贷款展期申请书”。短期贷款展期期限累计不得超过原贷款期限；中长期贷款展期期限累计不得超过3年。

对公业务系统中有专门的贷款展期模块实现贷款展期功能，系统在贷款到期日，自动调整贷款的到期日和贷款利率，贷款的展期期限加上原期限达到新的利率档次期限，从展期之日起，按新的期限档次利率计收利息，如利率调整，做分段计息处理。展期的审批流程由信贷部门管理。

申请贷款展期的贷款账户性质必须是“正常贷款”，但展期操作只能作一次且只能在贷款到期日前一个月内处理。贷款展期不需做会计处理，只需在贷款记录中补记展期期限。

2. 不良贷款结转

对公业务系统中的不良贷款系指呆账贷款、呆滞贷款、逾期贷款。其中：呆账贷款，指按财政部有关规定列为呆账的贷款；呆滞贷款，指按财政部有关规定，逾期（含展期后到期）超过规定年限仍未归还的贷款，或虽未逾期或逾期不满规定年限但生产经营已终止，项目已停建的贷款（不含呆账贷款）；逾期贷款是指借款合同约定到期（含展期后到期）未归还的贷款（不含呆滞贷款和呆账贷款）。

（1）贷款转逾期。凡在到期日仍未还清，且没有办理展期手续的贷款系统自动转为逾期贷款（转科目），逾期贷款账号由系统自动生成。逾期利率按人行利率政策统一执行，罚息由手工处理。贷款转逾期时按贷款类别自动结转，自到期日起第二天的积数视为逾期积数，遇节假日顺延。贷款转逾期后，不允许再转回正常贷款。

（2）贷款转呆滞、呆账贷款。贷款逾期达一年时，系统自动将该笔贷款转为呆滞贷款，逾期一年以内的贷款可以手工提前转为呆滞贷款。逾期贷款转呆账贷款要由手工处理，系统不支持自动处理功能。贷款转为呆滞、呆账贷款，系统自动新开相应的贷款账户，并和原贷款账户结转。但结转的贷款科目不能大于结转后的贷款科目，利率根据当日挂牌利率确定。

结转不良贷款的会计分录为：

借：逾期贷款户（含呆滞、呆账；账号由系统产生）

　　贷（或红字借）：贷款账户（含逾期、呆滞；输入账号）

三、个人消费贷款

个人消费贷款是银行向以个人消费为目的的个人贷款客户发放的贷款。主要有个人住房抵押贷款、个人质押贷款、汽车贷款和个人助学贷款等种类。凡是具有完全民事行为能力的自然人，在符合银行规定的条件下都可以申请个人消费贷款。个人消费贷款的发放程序为：借款人申请贷款、银行贷款调查、贷前审批、签订合同、开户放款、抵押（质押）物处理、收回贷款、后续处理等。商业银行发放个人消费贷款要严格遵循贷款程序，认真审核相关资料，以确保贷款的顺利发放和到期安全收回。

对公业务系统中的个人消费贷款属于跨对公和储蓄的联动业务，每笔贷款业务都应对应一个储蓄活期存款账户，贷款账户和储蓄账户可以设在同一网点也可以跨网点。到结息日，系统自动计息，自动扣收本金和利息，自动统计欠款账户。每日系统自动扫描欠款欠息表，如若该储蓄存款账户有足够金额，则自动计收欠款。

（一）个人消费贷款借据管理

1. 借据录入

个人消费贷款合同签订后，银行会计部门根据信贷部门下发的借据信息录入相应的贷款数据。并注意如下事项：

（1）借据号由手工录入，按照统一格式编排。借据号由 15 位数组成，其编排方式是：原贷款合同号（13 位数字）+2 位顺序号。贷款合同号的编码方式为：4 位数年号 +2 位数行号 +2 位数贷款类别 +5 位数的顺序号。当同一个贷款合同下有多笔借据时，依据时间先后进行排序，顺序号从 01 开始。

（2）发放贷款日期必须与借据日期一致，若借据录入当日贷款未发放则借据自动作废，需重新填写借据重新录入。

（3）贷款利率在系统内部分档次管理，利率和贷款期限之间是一一对应关系。手工录入利率后，系统自动进行校验并给予提示。

（4）借据录入时一定要准确地录入还款方式和担保方式，系统根据还款方式自动计算每期应还款金额。

（5）如果是无息贷款（即贷款利息由经销商偿还）的要在利息偿还方式一栏中选择“第三者偿还”，并输入“收息账号”即经销商的结算账号。

（6）借据录入时不做会计分录。

2. 借据维护

当贷款借据信息发生变动时，可以通过借据维护进行修改。贷款借据只能在当天贷款发放以前进行修改，且必须是由原录入人员进行修改。除借据号之外的所有项目均可修改。贷款发放以后不允许修改借据信息。

3. 个人消费贷款发放及委托付款

银行经办柜员根据贷款借据发放个人消费贷款时，应开立个人消费贷款账户。发放的贷款通过业务周转金直接转入相应的储蓄账户，并从该储蓄账户转入经销商的结算账户。如果为跨网点的放贷，系统通过辖内往来的通存通兑分户实现贷款网点和存款网点的资金往来。若存款账户为预开户，则贷款作为开户金存入，激活账户并登记开销户登记簿。

贷款发放时，系统根据储蓄存款账号找到客户号，自动生成个人消费贷款的贷款账号。同时建立起存款、贷款的对应关系。

个人消费贷款发放及委托付款业务的会计分录为：

贷款发放时：

会计部分：

借：个人消费贷款——贷款申请人

　　贷：业务周转金

储蓄部分：

借：业务周转金

　　贷：活期储蓄存款——贷款申请人

向经销商付款时：

会计部分：

借：业务周转金

　　贷：活期存款——收款人（经销商）

储蓄部分：

借：活期储蓄存款——个人消费贷款申请人

　　贷：业务周转金

4. 个人消费贷款扣款

在对公业务系统中，个人消费贷款账户扣款，基本遵循以下扣款原则：在每月（季）的固定日期，自动扣款扣息；只扣收当月的本金利息；支持对以前欠款的单笔收取，每日自动检查欠息表；自动计算逾期利息。可见，系统实现了自动计息、自动扣款、定期自动扫描欠款欠息表的操作，并且在扣款当天由电脑自动打印记账凭证，定期打印欠息欠本登记簿、已归还本息登记簿和累计三个月欠息欠本清单。

个人消费贷款扣款时的会计分录为：

（1）定期扣款，账户有足够余额：

会计部分：

借：业务周转金

　　贷：个人消费贷款——月供的本金部分

　　　　应收利息——月供的利息部分

储蓄部分：

借：活期储蓄存款——月供数

　　贷：业务周转金

（2）定期扣款，账户无足够余额：

会计部分：

借：应收未收利息

　　贷：应收利息——月供的利息部分

（3）单个账户自动扣款时储蓄账户有足额本金和利息时

会计部分：

借：业务周转金

　　贷：个人消费贷款——月供的本金部分

　　　　应收利息——月供的利息部分

借：辖内往来——辖内通存通兑（逾期利息）

　　贷：应收利息——月供的利息部分

储蓄部分：

借：应收利息——月供数

　　　　　　——逾期利息

　　贷：辖内往来——辖内通存通兑

（二）个人消费贷款提前偿还

商业银行采取委托收款方式或柜台收取现款的方式收回个人消费贷款本息。个人消费贷款客户提前偿还贷款本息，有提前全部偿还和提前部分偿还两种方式。

1. 提前全部还款

贷款客户提前偿还个人消费贷款的申请被批准后，提前全部还款采取利随本清的做法，在偿还本金的同时计算利息，同时需要交纳一定的“赔偿金”，“赔偿金”作为营业外收入可以在“通用计账”界面中记录。

提前全部还款的会计分录为：

会计部分：

借：辖内往来——辖内通存通兑

　　贷：个人消费贷款——个人消费贷款账户

　　　　应收利息——月供的利息部分

储蓄部分：

借：应收利息——付款人

　　贷：辖内往来——辖内通存通兑

2. 提前部分偿还

贷款客户提前偿还个人消费贷款的申请被批准后，提前部分还款采取利随本清的方式，在还款的同时系统自动计算相应利息并结转到对应的储蓄账号中。提前部分还款需要交纳一定的“赔偿金”，“赔偿金”作为营业外收入直接在“通用记账”界面中记录。

提前部分偿还的会计分录为：

会计部分：

借：辖内往来——辖内通存通兑

　　贷：个人消费贷款——个人消费贷款账户

　　　　应收利息——月供的利息部分

储蓄部分：

借：活期储蓄存款——付款人

　　贷：辖内往来——辖内通存通兑

【知识拓展6-2】

什么是绿色信贷？

绿色信贷是绿色金融的主要组成内容。其含义涵盖政策制定、制度安排和金融实践等方面。从微观上看，绿色信贷是指银行采纳一定的环境标准开展信贷业务。从宏观上看，绿色信贷是国家宏观调控政策的重要组成部分，是引导信贷投向的信贷政策。绿色信贷具有环保政策和产业政策传导功能，经由绿色信贷银行可以对污染企业的资金予以遏制；对环保企业进行扶持。促使贷款企业承担环境责任，实现节能减排、优化产业结构和改变经济增长方式等政策目标。绿色信贷政策主要包括：一是通过不断更新绿色产业指导目录，建立绿色信贷标准体系，界定绿色信贷的范围；二是配合环保产业政策实施，督促金融机构优化信贷结构，防范环保政策实施传导引发信贷风险；三是建立绿色金融业绩评价体系；四是逐步丰富绿色信贷的约束和激励手段。

我国最早的绿色信贷政策是2007年7月30日，由环保总局、人民银行、银监会三部门为了遏制高耗能、高污染产业的盲目扩张而联合提出了《关于落实环境保护政策法规，防范信贷风险的意见》，强调利用信贷手段保护环境，标志着绿色信贷作为经济手段全面进入我国污染减排的主战场。2021年央行发布《银行业金融机构绿色金融评价方案》；2022年银保监会发布《关于印发银行业保险业绿色金融指引的通知》，标志着监管部门再次对绿色信贷业绩评价方案和行业总体指引进行了完善，进一步明确了绿色信贷的支持方向和重点领域。

四、结算业务

商业银行对公业务系统中的结算业务主要包括：辖内业务、同城业务与联行业务。其中辖内业务是商业银行各支行网点之间发生的通存通兑业务，当客户在同辖内银行开户后，都可以在辖内任意行办理通存通兑业务。同城业务是指各商业银行在同城范围内进行的往来结算业务，需要通过同城票据交换中心进行票据交换后方能完成结算事项。联行业务是指各商业银行在异地之间进行的往来结算业务。以下分别介绍其实验操作。

（一）辖内通存通兑业务

客户在办理通存通兑业务之前，须持本人有效身份证件和相关存款凭证，到开户银行申请开通该业务，并签订业务协议。客户开通通存通兑业务后，可持有效身份证件和相关存款凭证到辖内任何一家开通通存通兑业务的银行，甚至全国的任何一家银行网点，即时办理存款、取款、查询等业务。开通通存通兑的账户限于活期存款账户，存款凭证包括活期一本通、普通活期存折和借记卡等。

辖内通存通兑是指存款客户在他行开立存款户，在本支行或（业务行）办理存款或取款业务，存入或支取后存款客户的开户行

（账务行）同步入账的一种结算业务。辖内通存通兑业务包括现金通存通兑和转账通存通兑两种方式。需要注意的是，当通存通兑录入完成后，必须换柜员复核，否则不能及时入账。

1. 现金通存

他行开户的存款人在本行存入款项时，柜员录入客户在他行的存款账号、金额。经复核后，向主机提交信息。待系统验证通过后，柜员以贷方补充报单为记账传票，同时记入本行和他行的账务。

本行（业务行）的会计分录为：

借：现金

　　贷：辖内往来——辖内通存分户

他行（账务行）的会计分录为：

借：辖内往来——辖内通存分户

　　贷：活期存款或相关科目

2. 转账通存

本行开户单位向辖内他行开户单位支付货款时，提交付款凭证转账支票要求存入他行开户单位存款账户内。银行柜员录入相关要素，经复核无误后，向主机提交信息，待系统验证通过后，柜员以贷方补充报单为记账传票，同时记入本行和他行的账务。

本行（业务行）的会计分录为：

借：活期存款或相关科目——开户单位账户

　　贷：辖内往来——辖内通存分户

他行（账务行）会计分录为：

借：辖内往来——辖内通存分户

　　贷：活期存款或相关科目

需要注意的事项：辖内通存录入未复核的报单可以在相应查询维护界面进行修改金额或删除（用 Delete 键）。经复核后，系统自动记入提出、提入行的账务，不能用查询维护去修改或删除，也不能用通用模块的冲账交易去冲销。只能在通存交易中用红字冲销。

3. 现金通兑业务

他行开户的取款人在本行支取款项时，柜员录入客户在他行开立的存款账号、取款金额。经换人复核后，向主机提交信息。待系统验证通过后，柜员以借方补充报单为记账传票，同时记入本行和他行的账务。

本行（业务行）的会计分录为：

借：辖内往来——辖内通兑分户

　　贷：现金

他行（账务行）的会计分录为：

借：活期存款或相关科目

　　贷：辖内往来——辖内通兑分户

4. 转账通兑业务

辖内他行开户单位向本行开户单位支付货款时，开出了转账支票，开户单位提交转账支票到银行柜台，要求存入款项时，银行柜员录入相关要素，经换人复核无误后，向主机提交信息，待系统验证通过后，柜员以借方补充报单为记账传票，同时记入本行和他行的账务。

本行（业务行）的会计分录为：

借：辖内往来——辖内通兑分户

　　贷：活期存款或相关科目

他行（账务行）会计分录为：

借：活期存款或相关科目

　　贷：辖内往来——辖内通兑分户

需要注意的事项：该辖内转账通兑业务，付款人为本行不同网点对公客户，收款人持转账支票在本支行网点办理通兑业务，该支票不通过交换，在网点直接审核，交易成功后必须换柜员复核（转账通兑复核）以及时入收款人账户。

（二）同城票据交换业务

同城票据交换是指人民银行划定的统一清算城市（或区域）内各商业银行所辖的清算行，按照规定交换时间，通过人民银行将相互间发生代收代付款项的结算凭证集中交换，集中清算资金，通过存放中央银行备付金轧差反映清算行之间应收或应付资金情况的交换系统。

1. 同城票据交换的业务种类

（1）提出票据交换业务，主要包括：

①提出代付（他行的支票、银行汇票等）。

②提出代收（税单、电话费、进账单的反存款项等）。

③提出上场次提入代付的退票（即本行的支票退票）。

④提出上场次提入代收的退票（即本行收款凭证的退票）。

（2）提入票据交换业务，主要包括：

①提入代付（本行支票、本票等）。

②提入代收（本行收款凭证）。

③提入上场次提出代付的退票（即他行支票退票）。

④提入上场次提出代收的退票（即他行收款凭证的退票）。

（3）汇差资金清算：按当天交换场次提出提入轧差金额分别清算，结转到“辖内往来汇差”科目。

2. 同城票据交换的作用与交换场次

同城票据交换是为了满足收、付款人在同一城市或规定区域但不在同一行处开户的企事业单位和个人之间办理资金清算的需要，由开户银行将有关商业银行和金融机构之间相互代收、代付款项的凭证按规定的时间和场次统一在某一场所进行交换，并轧记往来行之间应收应付差额，由主办清算行（人民银行）以转账方式进行的资金清算。

同城票据交换时全天共有两场交换（有些城市除外），早上的为第一场交换，中午为第二场交换。一场完整的交换以切换场次为准，切换前做该场次的提出业务，切换后做该场次的提入业务。例如：第一场交换的全过程包括：前一天下午的提出票据处理、晚上切换场次、第二天早上的提入票据处理，第一场资金清算完毕。

3. 同城票据交换业务

同城票据交换业务种类较多，从业务发起行和接收行划分：有提出票据交换业务和提入票据交换业务；从票据交换业务的性质划分：有代收业务和代付业务等划分。具体介绍如下：

（1）提出代付业务。该业务属于预计账，录入后必须换人复核。系统检查收款账号是否是本行账号。在该存款账户做上标记，在待抵用票据账户中预记账。提出代付录入无会计分录。

复核后的会计分录为：

借：提出代付

　　贷：待抵用票据

（2）提出代收业务。该业务必须先换人复核，系统检查付款账号是否存在，是否为空头支票，以及检查付款凭证的合法性，核销支票。提出代收录入无会计分录。

复核后的会计分录为：

借：活期存款或相关付款账号

　　贷：提出代收

（3）提入代付退票的提出由系统自动完成。

（4）提入代收退票的提出由系统自动完成。

（5）切换场次。在切换场次时，输入交换日期（交换日期不一定就是当天日期）和交换场次（保证交换场次的合法性），录入提出代付笔数、金额、提出代收笔数、金额。提出代付、代收的报单必须是处于复核状态，否则系统不允许执行。同时要把上一场次的提入代付退票笔数、金额、提入代收退票笔数、金额在本场次切换时提出，最后录入总笔数和轧差金额。系统自动校验所有的录入数据，当有非法交换的提出代付时，机器提示提出代付数据错误，查询非法二交报单，调整数据后重新切换场次。场次切换时不需做会计分录。

（6）提出代收、代付票据。在一天的任何时候都可以做提出代收、代付票据，只是在切换场次前做本场次的提出，切换场次后做下一场的提出。

（7）只有在切换场次后才能做本场的提入业务。

（8）提入代付业务。由于支票号码是由系统主机统一管理、资金清算也由系统完成，很大程度上避免了提入代付业务中错账和串户的可能性，因此不需要复核。柜员录入要素后，系统自动检测该场次是否清差，是否是本行账户、该户是否空头、是否是本行支票、并核销支票。

提入代付业务的会计分录为：

借：活期存款或相关付款账号

　　贷：提入代付

（9）提入代付票据退票。提入代付票据（支票等）的退票作为提入账务参加本场次的清算，提出（退票）账务参加下一场的清算，既在本场次算提入代付业务，在下一场次算提出业务把退票提走。柜员录入要素后系统检查场次是否有效，该账户是否是本所账号，如果要核销支票，凭证类型选转账支票，输入支票号码，系统检查支票是否属于该账户，是否未被使用，并核销该支票。

提入代付票据退票的会计分录为：

借：提入票据退票

　　贷：提入代付

借：提出代付

　　贷：提入票据退票

（10）提入代收业务。提入代收业务也由单个柜员录入，不需要复核。柜员录入要素后，系统检查提入场次是否已参加了交换，已经完成本场次清算的场次不能再提入，检查收款人账号是否是本所账号。

提入代收业务的会计分录为：

借：提入代收

　　贷：活期存款或相关收款账号

（11）提入代收业务退票。提入代收票据的退票分两种情况：一种是先挂账，查明原因后再处理，或者手工入账或者在以后某场次退票；另一种是直接退票，在录入提入代收退票后，下一场做提出业务把退票提出。柜员录入要素后，系统检查提入场次的合法性，完成清算的场次不能再提入，检查收款账号是否是本所账号。

提入代收挂账的会计分录为：

借：暂收账号

　　贷：提入票据退票

借：提入票据退票

　　贷：提出代收

直接退票的会计分录：

借：提入代收

　　贷：提入票据退票

借：提入票据退票

　　贷：提出代收

（12）在做提入业务的同时，有可能接到提出代付的提入行打来的退票电话，在做好记录的同时需要在系统中做提出代付暂缓入账的处理。本业务不需做会计分录。

（13）系统默认提出代付的入账时间为下一个场次切换后，与原有的提出入账时间并不矛盾。柜员录入交换日期、交换场次，系统找出上一场暂缓入账以外的所有提出代付报单，做自动批量入账。

暂缓入账的提出代付业务的会计分录为：

借：待抵用票据

　　贷：活期存款或相关收款账号

（14）特例：当柜员又接到电话退票不退的确认时，使用提出代付的单笔入账功能，在到达规定入账时间后手工入账。

其会计分录为：

借：待抵用票据

　　贷：活期存款或相关收款账号

（15）提出代付的退票在以后场次提入时，进入提出代付退票交易界面，做退票处理。本场次提入的提出代付退票均为以前场次的电话退票。柜员录入要素后系统找出该场次暂缓入账的所有报单，选择需要退票的票据，检查该场票据是否已交换，未交换不允许退票，如果已完成清算则不允许退票。

其会计分录为：

借：提出票据退票

　　贷：提入代付

借：待抵用票据

　　贷：提出票据退票

提出代收退票录入要素后，系统找出该场次提出代收的所有报单，选择需要退票的票据，检查该场票据是否已交换，未交换不允许退票，如果已完成清算不允许退票，检查付款账户是否已结清或销户，如果是则直接挂账。

其会计分录为：

借：提入代收

　　贷：提出票据退票

借：提出票据退票

　　贷：活期存款或相关收款账号（贷方账号销户时直接挂账）

（16）同城交换资金清算。在完成一场交换的提出、提入票据处理后做资金清算（提出代付的入账与资金清算无关），由于同城交换在做业务时其汇差反映在“同城清算”科目，而系统清算在“同城往来汇差”科目，所以在系统自动清算时，需进行两科目之间的对转，将收付金额轧差后再划转到“同城往来汇差”科目。

柜员输入交换日期和交换场次后，录入提出借方笔数、金额、提出贷方笔数、金额、提入借方笔数、金额、提入贷方笔数、金额、总笔数、轧差金额。系统自动校验该场次是否为当前场次、录入的票据金额和电脑汇账中的票据是否一致。

提入退票的票据在本场清算，提入票据退票的提出在下场清算。

轧差后余额在贷方的会计分录为：

借：同城清算

　　贷：同城往来汇差——同城交换汇差分户

轧差后，系统会显示出管辖行差额报告表，示例如表6－4所示。

表6－4　　　　管辖行差额报告表

日期：2017/10/15	管辖行：8100	场次　1
提出借方：200万元		提出贷方：100万元
提入借方：400万元		提入贷方：700万元
贷差：		借差：400万元

交换借差＝提出借方＋提入贷方－（提出贷方＋提入借方）

交换贷差＝提出贷方＋提入借方－（提出借方＋提入贷方）

特例：

①报单冲销。提出代付在录入状态时，可以通过报单冲销交易随意删除但不能修改，不需要做冲账传票；提出代付、代收在复核状态时系统已做完账务处理，若通过报单冲销交易方式删除，必须手工做红字冲账传票；提出代付票据入账后的报单可以冲销回交换状态。必须手工做红字冲账传票；切换场次后，所有提出代付票据的状态均为交换，此时不允许修改及删除任何提出报单；已清差的提入票据不允许冲销。

②取消切换场次。在做完一场提出票据的切换场次后，发现提出票据有误或需要追加票据，可以取消当前提出票据的切换场次。系统自动检查交换场次的合法性，如果有该场次的提入票据不允许取消切换，如果该场次已清差，不能取消。

③取消资金清算。当发现提入票据录入有误或其他情况，可以取消本场的同城资金清算。系统自动检查场次的合法性，找出本场的清算表，生成红字账务，需手工填制冲账传票。

其会计分录为：

借：同城清算（红字）

贷：同城往来汇差——同城交换汇差分户（红字）

（三）电子联行业务

全国电子联行系统（EIS）是人民银行建立的支付结算系统。该系统针对当时中国通信设施的特殊情况，采用了 VSAT 卫星通信技术，建立了人民银行专用的卫星通信网，通过卫星通信链路联结各分/支行卫星通信小站的基于 PC 机的处理系统。所有在人民银行分/支行开设有账户的商业银行分行，以及人民银行各分/支行都可以参加电子联行系统，办理自己或代表其客户发出的支付指令。该系统只办理该系统参与者之间的贷记转账，包括全部异地跨行支付、商业银行行内大额支付以及人民银行各分支机构之间资金划拨。

电子联行系统是一个分散式处理系统，所有账务活动（账户的贷记和借记）都发生在人民银行分/支行，即发报行和收报行，全国总中心主要作为报文信息交换站。它能够克服纸票据传递迟缓和清算流程过分烦琐造成的大量在途资金，从而加速资金周转，减少支付风险。

电子联行系统的业务流程可以概括如下：

第一步：汇出行（商业银行分/支行）把支付指令提交到（手工或电子方式）当地发报行（人民银行分/支行）；

第二步：发报行将支付指令经账务处理（借记汇出行账户）后送入系统，经卫星通信链路传输到全国清算总中心；

第三步：清算总中心（实际作为信息交换中心）将支付指令按收报行分类后，经卫星通信发送到收报行；

第四步：收报行接收到支付指令后，按汇入行分类；

第五步：收报行为每一家汇入行生成支付凭证和清单，送汇入行。

商业银行对公业务系统中电子联行业务可以分为电子联行来账清分、电子联行来账贷方补充报单和电子联行往账三种处理系统。

1. 电子联行来账清分

为了加快资金结算的速度，系统将电子联行来账的手工处理模式改为自动处理模式：即自动清分、实时入账。联行来账处理采用自动入账的方式，系统收到人民银行发来的来账信息后，以三个要素进行清分：汇入行、账号、户名。如果这三个要素完全一致，则自动入账；若汇入行的信息有效，则在支行营业部挂账；若汇入行的信息无效，需在市行营业部挂账。

联行来账清分程序依次为：从人民银行电子联行接入机收到来账信息后，首先检查电子联行业务是否已开放（系统需要登录人民银行电子联行后，开放此业务）；然后将接收到的原始报文信息解包后进行检查，检查内容包括：根据汇入顺序号核对报文是否连续；汇入行信息是否在系统中存在，如不存在，自动在市行营业部挂账；账号是否存在，如不存在自动在汇入行营业部挂账；账号和系统中的户名是否一致，如不一致，在汇入行营业部挂账；收款账号是否可以进账，如不能进账（已销户或已结清），则在账户行挂账，等等。经检查无误后则自动入账。

自动入账时的会计分录为：

借：联行往来——全国联行往来

　　贷：活期存款或其他科目——汇入账号

挂账时的分录：

借：联行往来——全国联行往来

　　贷：××专用挂账户

2. 电子联行来账贷方补充报单

电子联行来账贷方补充报单用于来账的“系统内电子联行贷方补充报单”的打印。该凭证一式两联，其中一联作为电子联行的贷方记账凭证，另一联是收款通知，属于重要空白凭证管理，系统对该凭证做号码管理。凭证中对“挂账”应特别注明，做“××专用挂账”的凭证；对于重复打印的凭证应注明“重打凭证”字样。

电子联行来账贷方补充报单的处理程序：收到“电子联行来账贷方补充报单”时，应该检查是否有交易行所在的自动入账的来账，如在支行，还需要检查是否有该汇入行挂账的来账；如是市行营业部，检查是否有无汇入行的挂账来账；如要重打，则判断该来账序号是否存在，否则找出最后一笔未打印的来账，并在来账信息中注明已打印，输出来账的所有打印要素。

3. 电子联行往账

电子联行往账的处理是从客户账户上直接划款，通过人民银行的电子联行接入机，发送往账信息，资金清算由系统当日自动完成。为保证业务的安全，电子联行往账业务需要录入人员、复核人员和授权人各一名。

（1）电子联行往账录入。电子联行往账录入时，必须检查业务种类和付款账号之间的关系；付款账号是否为本行账号；汇款账户是否空头；电子联行业务是否已开放（系统登录人行电联后，开放此业务）等项目。经检查无误后，系统自动生成汇出行号，如普通电汇业务，系统自动生成付款人名称，并自动生成凭证提交号码，记录报单信息，同时扣减汇出账户的可用资金。同时，当天结账时不再允许有未复核的电子联行报单。

（2）电子联行往账报单复核。电子联行往账报单录入要素后，系统检查电子联行业务是否已开放（系统登录人民银行电子联行后，开放此业务）。对已录入的往账报单进行复核，系统根据复核要素，匹配待复核的报单。该业务需要授权才可以办理，授权人不能是复核人或录入人，必须是另一级别的授权人。授权后方能处理账务，并修改报单的状态为“已复核”。经复核无误后，将报单信息发送到人民银行的电子联行接入机，当人民银行确认并发送后，自动更新该报单的状态为“已发送”。

其会计分录为：

借：活期存款或其他汇出账号

贷：辖内往来或联行往来——辖内往来户或全国联行往来户

（3）电子联行往账报单冲销。当电子联行往账报单在复核时或录入后发现信息有误，可以将该笔报单冲销后再重新录入。冲销时要检查业务种类和付款账号之间的关系，付款账号是否为一般活期存款，且必须是本行账号，完成检查无误后，删除该笔报单。

第三节 汇差清算体系

汇差清算体系是指系统内汇划系统的资金清算体系。系统内汇划系统时商业银行利用自身计算机网络系统处理本行同城和异地间借记和贷记支付业务，完成行内不同机构间结算与清算的业务处理系统。它适用于单位和个人各种款项的结算。

一、汇差清算体系的特点

系统内各分支行之间的资金清算在市行清算中心处理，采用汇差清算方式，每日结账时做一次清算处理，自动入账。各分支清算行完成清算后与市行清算中心自动对账，确保资金清算的正确进行。它具有如下特点：

（1）采用汇差定时清算方式，抛弃备付金实时逐笔清算。

（2）汇差清算简化了业务账务处理。

（3）汇差清算有利于全行资金的统一调控。

（4）支持三个层次的联行业务：系统内往来、同城交换、全国电子联行等。

（5）同城结算业务和电子联行业务的发生，统一通过市行作为唯一资金出口。

（6）市行在中央银行开设的“存放央行款项”备付金户不允许

透支，各个支行在市行开设的“系统内往来”备付金户允许透支，透支后电脑自动计罚息。各支行应主动调拨头寸。

（7）联行业务处理中，各个业务发生部门，无论是支行还是网点，一律同等对待。

（8）市行开设一个“辖内往来汇差”清算分户，用于汇差清算的中间过渡。

（9）各个网点在本网点开设五个“辖内往来汇差”账户，分别对应清算、通存通兑、系统内往来、同城交换、全国联行等业务户。

（10）清算中心业务采取分级处理方式，从上到下完成资金的清算，各对开资金清算户的对账由系统完成，如有不符，需查明原因，找出未达账项，不能解决的以上级行账务为准。

（11）各个支行在市行开设的“系统内往来”准备金户，各个网点在支行开设的“系统内往来”备付金户，在清算汇差时使用。

（12）清算汇差采用当天（晚上）清算的方式。

（13）提供汇差和汇兑流水即时查询功能，方便市行清算部门和各个支行清算人员及时掌握情况。

（14）提供汇差额度预警。若某网点或支行汇差达一定额度时，可做即时清算，或暂时停止（或做授权控制，系统自动预警）该部门汇兑业务。

（15）清算系统可方便对接其他银行业务接口，外部资金汇兑接口参照人行相关标准，并留有与其他银行进行数据交换的自定义接口。

二、清算系统的业务范围与清算原则

系统内汇划系统的业务范围主要包括：储蓄通存通兑、对公通存、辖内借记/辖内贷记、同城票据交换、电子联行业务、汇入、汇出、汇票、托收、委托代收等。

在清算体系中，系统内所有行的往来业务，全部通过“辖内往来汇差”科目下属的各分户进行，因此各分支行日终的清算过程，也就是对各级“辖内往来汇差”科目的清算过程。清算系统要遵循的原则如下：

（1）全行只有市行清算组一个资金对外出口，其余各支行的清算只对市行。

（2）分级清算。市行清算组对下属一级支行清算，各一级支行对其下属营业网点实施清算。

（3）当天日终清算后，市行清算组和各级分支机构“辖内往来汇差”科目余额为零，确保当日清算完毕。

（4）当天日终清算后，系统自动完成清算账务处理，各级营业机构根据相应资金清算报表补制传票。

（5）各级“系统内往来”准备金账户允许透支，但各级支行应积极调拨头寸，市行应制定相应的措施。

（6）如果当天清算后，“辖内往来汇差”科目不为零，则只有暂挂过渡科目待次日查账。

三、市行清算中心的清算

日终清算时，系统内各分支行汇总账务信息到市行清算中心。各支行营业部及其下属各网点的“辖内往来汇差”科目，分别统计、轧差。

（1）若 A 支行轧差后余额在贷方，则会计分录为：

借：系统内往来——A 支行准备金户

　　贷：辖内往来汇差——清算户

如余额在借方则作相反会计分录。

（2）市行清算中心汇总全行“辖内往来汇差”科目同城交换分户汇差轧差后，如果余额在贷方，则会计分录为：

借：辖内往来汇差——清算户

　　贷：存放中央银行款项——准备金户

如余额在借方则会计分录相反。

四、各支行分户的清算

日终清算时，各分支机构要分别与下属行、营业网点等汇总后，再与市行清算中心进行清算。

1. 各支行分户与市行的清算

各分支机构对所有下属网点及本身营业部“辖内往来汇差”科目汇总、轧差后，如余额在贷方，则会计分录为：

借：辖内往来汇差——清算分户

　　贷：存放总行款项——准备金账户

如余额在借方则会计分录相反。

2. 各支行分户与网点的清算

各分支机构对下属各网点“辖内往来汇差”科目分别轧差，如 A 网点轧差后余额在贷方，则会计分录为：

借：系统内往来——A 网点备付金户

　　贷：辖内往来汇差——清算分户

如余额在借方则会计分录相反。

五、各营业网点的清算

日终时，各营业网点要把本网点的账务汇总，轧差、以便向上级行上划汇差清算。各营业网点对本网点“辖内往来汇差”科目轧差时，如轧差后余额在贷方，则会计分录为：

借：辖内往来汇差——清算分户

　　贷：存放同业款项——备付金户

如余额在借方则会计分录相反。

第四节　通存通兑资金清算体系

通存通兑是指商业银行在某一范围内（全国、省或县市）的某一支行（或网点）开出的存取凭证，可以在任意网点上缴存、转账与兑现，且不收取任何手续费。通存通兑可分为异地通存通兑与同城通存通兑两种。参与通存通兑的商业银行，由系统统一进行资金清算，逐级汇总，轧差净额清算资金。

一、通存通兑的基本特点

（1）凡参加联网的营业网点均可相互代办指定范围内的通存通兑业务。

（2）客户开户时只有指定为“通存通兑”的对公存款账户才能通存。

（3）通存通兑的资金，分市行对一级支行、一级支行对下属网点二级进行清算。

（4）发生通存通兑业务时，账务行（他行）通过记“辖内往来汇差”科目，在日终时通过该科目和准备金科目的对转完成资金清算工作。

（5）通存通兑时所发生的账务由业务行（本行）对账，其中“辖内往来汇差”科目账务是由系统计算机自动补记，不用对账。

（6）通存通兑业务发生时和当天日终对账时，不需特殊处理。

（7）通存通兑的对公业务凭证、传票，通过后台监督部门返回业务行（本行）；业务发生次日，各营业网点打印前天通存通兑各种清单代前天“他代本”相应科目传票；业务行汇总昨天“本代他”所有业务凭证作为“本代他”清单附件交后台监督中心。

（8）监督中心事后监督后，将通存通兑传票返回业务行，由业务行归入相应科目。

二、通存通兑的业务处理

在发生通存通兑业务时，进行业务的营业网点为“业务行”又称为“本行”，发生通存通兑业务的对公存款账户所在行为“账务行”，也称为“他行”。从业务的角度出发，通存通兑可以分为“本代他收”“本代他付”“他代本收”“他代本付”四种情况。

1. 业务发生时的处理

通存通兑业务发生时，从业务行（本行）的角度出发，可以分为两种情况进行会计记账：

（1）本代他收：

业务行的会计分录为：

借：活期存款或相关科目

　　贷：辖内往来汇差

账务行会计分录为：

借：辖内往来汇差

　　贷：活期存款或相关科目

（2）本代他付：

业务行会计分录为：

借：辖内往来汇差

　　贷：活期存款或相关科目

账务行会计分录为：

借：活期存款或相关科目

　　贷：辖内往来汇差

其中“辖内往来汇差”科目的分录由电脑自动补记。

2. 日终对账时的处理

通存通兑业务处理中，若当天账务行没有业务处理，业务行显示的会计分录为：

（1）本代他收：

借：活期存款或相关科目

　　贷：辖内往来汇差

（2）本代他付：

借：活期存款或相关科目

　　贷：辖内往来汇差

由此可见，“辖内往来汇差”科目分录由电脑自动补记，不参与对账。账务行科目被业务行当作本营业网点账务进行对账。因此，营业网点当日日终的业务对账单包括了“本代他”的账务，不包括“他代本”的账务。

3. 次日处理

各营业网点在次日打印出该网点的“日计表”和“科目日结单”，同时打印出昨日通存通兑的各种报表，作为昨日清算科目、准备金科目、汇差科目的传票。同时营业网点应校验：

科目日结单 = 昨日业务对账单 + 他行代本行 − 本行代他行

三、通存通兑资金清算

通存通兑资金清算时，每个营业网点统一使用“辖内往来汇差”科目，下设“通存通兑往来户”和“资金清算户”。

每日终了，市行中心机房打印各类账表，轧平全辖账务。市行中心机房按支行设立通存通兑资金清算账户，根据全辖通存通兑轧差平衡表进行资金划转。各支行以市行清算中心为清算对象，支行之间不直接划转。

每日全辖内各行营业终了，中心机房根据通存通兑往来户的发生情况，做资金清算户和准备金户之间的资金清算，并入当日营业网点的账务。次日反映在日计表中，并提供通存通兑清算传票的打印。

次日，总行和各级营业网点以“通存通兑轧差表”补制“辖内往来汇差”科目和“系统内往来”（备付金户）、“系统内往来”准备金账户传票。各级营业网点以“通存通兑交易明细表”代“辖内往来汇差”科目昨日发生传票。

第五节　特殊业务说明

商业银行对公业务系统中的特殊业务主要包括：查询业务、维护业务、固定资产核算、递延资产摊销、应付利息计提、呆账准备金计提、坏账准备金计提、所得税核算、特殊日期业务等业务，下面分别介绍特殊业务的特点及基本原理。

一、查询业务

商业银行对公业务的查询业务功能齐全，在“信息查询”模块中能够查询的信息有客户查询、账户查询、凭证查询、交易信息查询和总账查询五个查询业务。具体介绍如下：

（一）客户查询

客户查询有“客户综合查询”与“私人信息查询”两个业务模块。

1. 客户综合查询

根据输入的检索条件，如客户名称、开户日期、证件号码等可以查询相应的客户信息，与公司客户查询联动。

2. 私人信息查询

输入客户号检索可以查询到相应的单位客户的详细信息。

（二）账户查询

账户查询能够查询到表内、表外综合信息与明细信息、积数、冻结账户等信息，且只能查询本行开户的单位账户信息。

1. 表内账户综合查询

根据输入的检索条件（如会计科目、客户号、客户名等）查询相应的客户信息，与表内账户明细查询联动。

2. 表内账户明细查询

输入本行开户单位账号查询该账户的明细信息，且只能查询本行开户单位的账户信息。

3. 积数查询

通过输入起始账号和明细科目查询单位存款账户计息的积数和累计计息积数等信息。

4. 表外账户查询

通过输入表外日期、科目、交易用户、账号等检索条件查询表外账户信息，与表外账户明细查询联动。

5. 冻结查询

通过输入客户号、账号、账号类别、证件号码、开户时间等组合条件，查询本所冻结账户信息。

（三）凭证查询

凭证查询能够查询的信息模块有凭证综合查询、支票库存查询、已出售支票查询等。

1. 凭证综合查询

通过输入客户号、凭证号码、柜员号码等检索条件查询除支票以外所有客户使用的凭证类别、凭证号码、余额、状态等信息。

2. 已出售支票查询

包括两类：已知凭证号码查账号，即按照支票号码查询检索已出售的支票所归属的账户信息；已知账号查支票号码：按照账号查询检索的与该账户对应的出售的支票信息。

3. 钱箱凭证查询

通过钱箱号或凭证类型查询各类凭证的总体信息。

（四）交易信息查询

交易信息查询模块能够查询到如下交易信息：

1. 交易综合查询

通过输入凭证号码、交易时间、货币、金额等组合条件，查询本行任何一天的业务信息。与交易账务查询联动。

2. 交易账务查询

通过输入流水号、账号、证件类型与证件号码等组合条件，查询本行任一天业务的账务处理信息，如会计分录。

3. 账户账务查询

通过输入账号和日期等条件，查询某一具体账户业务交易的流水账。

4. 放款查询

通过输入本行存款账号，查询该账户下的所有贷款信息。

5. 开销户查询

通过输入账号、账户类别、开户时间等条件，查询本行所有开销户的具体信息。

6. 支票交易查询

通过输入支票号码。查询所属账号的信息及其交易金额、状态等信息。

7. 表内历史账务查询

通过输入账号、账户类别、金额等条件，查询账户的历史信息。

（五）总账查询

1. 科目查询

通过科目号查询某一具体账务日期该科目的借贷方发生额、余额等信息。

2. 汇差查询

通过输入部门号查询本部门的各种汇差户的借贷方的发生额和汇总发生额等信息。

二、维护业务

商业银行对公业务系统的维护业务是对客户信息、表内账户信息、表外账户信息、交易信息等发生信息数据变动时进行的修改、重置等的业务处理活动。通过“通用模块”界面即可进入相应的维护业务界面，具体维护业务如下：

（一）信息维护

1. 公司客户信息维护

当公司客户信息发生变动时，柜员可以修改除企业性质、客户名称以外的客户信息。该界面可以修改、维护全行所有的客户信息，以保证客户信息的完整有效。需要注意的是，个体客户修改“证件号码”后，新的证件号码不能和原有证件号码重复。

2. 表内账户信息维护

当单位账户信息发生变动时，该界面可以修改本行表内账户通存通兑标志、自动转存标志、最低余额、透支额度、计息标志等信息。

3. 表外账户信息维护

当表外账户信息发生变动时，该界面只能修改账户名称。同时，当内部账户开户名称输错时，也可通过该界面进行修改使用。

（二）内部账户

1. 综合账户开户

该维护业务用于开立综合账户，亦称内部账户。综合账户的账号由15位数字组成：第一位数字为“9”。账号编排方式是：9+4位部门号+2位币种代码+3位业务代码+5位账号后缀。此开户业务仅限开立本部门综合账户使用，已销账的内部账户可以重新开设。注意：只有计息类科目才能选择为计息户，上存下拨户不能设为计息，上存下拨户的利息在支取归还时按合同即时计算。否则在全行统一计息时会产生重复计息。

2. 内部账户销户

该交易用于网点将根据本部门实际情况自行开设的内部账户销户的业务处理。内部账户销户分两步：先结清余额做关闭处理，隔日再做销账处理。注意：当日有交易的综合户不能销账；网点自行开设的内部账户可以销户，全行统一开设的内部账户不允许销户。

（三）账户维护

（1）账户部分冻结：部分冻结的金额必须小于等于账户当前余额。

（2）账户部分解冻：提前解冻金额必须和部分冻结金额匹配。

（3）账户冻结：账户冻结是全部冻结，冻结后资金只进不出。

（4）账户解冻：到冻结截止日，系统做自动解冻。

（5）冲销户：冲销户仅限冲定期销户（含通知存款）。

（6）睡眠户激活：对于一年内未发生业务的账户，系统自动做睡眠户处理，挂久悬未取账户，客户发生业务时必须进行睡眠户激活处理。

（四）交易维护

1. 冲账

通过输入错账日期、错账交易流水，系统自动冲账，手工做冲账传票。冲账时只能冲本网点交易，过起息日的账务一律不自动调整积数，需手工调整。冲账只冲销流水号，不冲凭证信息。

2. 补账

补账必须有借方、贷方，借贷方合计金额要相等且不能多借多贷，不补凭证信息。

3. 串户冲正

必须红蓝字账务同时处理，红字账务必须在原交易中有对应的账务，不能多借多贷，不补凭证信息。

三、特殊日期业务

商业银行对公业务系统中根据银行业的特点在特殊日期的业务都有统一的规范，进行规定的会计事项，这些特殊日期主要包括：月末、季末、结息日和年终决算日等，特殊日期的业务处理如下：

（一）月末

按照有关规定，商业银行每逢月末都要汇总编制并打印财务报表（财务报表的格式、表头、表体内容如表6－4所示）。具体汇总编制的报表如下：

（1）网点、支行、市行打印月报表。

（2）营业网点打印总账科目表、本月开销户清单。

（二）季末

按照有关规定，季末主要是结转各分支机构到总行的账务，根据会计制度规定，主要账务及相关会计处理如下：

1. 关于利润结转

利润结转时的会计分录为：

借：损益类科目——各收入科目

　　贷：本年利润

借：本年利润

　　贷：损益类科目——各支出科目

2. 有关利润上划

商业银行各级分支机构利润划转是系统自动将“本年利润”科目余额通过“辖内往来”科目上划总行财会部。

如该分支机构是盈利性质，则会计分录为：

借：本年利润

　　贷：辖内往来

总行财会部收到时，会计分录为：

借：辖内往来

　　贷：本年利润

如该分支机构是亏损性质，则会计分录相反。

3. 报表打印

网点、支行、市行结转账务后，打印季报表。

（三）结息日

结息日是指商业银行为存款、贷款账户结计利息的时间。一般对公存款账户每季结息，贷款账户每月结息，时间都为季（或月）的20日。市行中心机房日终后，将结计的利息账务结转并转作次日（季或月21日）的账务。

（1）存款结息系统自动完成利息支出科目和活期存款科目的对转，由中心机房打印计息传票，由各营业网点次日领取。

（2）贷款结息系统自动对每个贷款账户计算利息，并到对应存款账户扣收利息，如果扣收不成功则计入应收未收息科目；满足以下条件的计提表外：如果该贷款账户半年内未收到利息，计提表外；贷款转呆滞后统一计提表外，但呆账贷款不在表内外计提应收利息；如果某贷款账户应收未收息已进入表外，则以后全部在表外核算。

贷款结息计息清单和计息传票由支行机房统一打印。

（四）年终决算日

商业银行统一将每年12月31日规定为年度决算日。在这一日全行统一办理年度决算，如遇节假日，仍以该日为年度决算日。

1. 试算平衡

在年度决算前，根据11月总账编制试算平衡表。

2. 年度决算日的工作

（1）处理全部损益账务；

（2）预轧账：完成清算、计提利息；

（3）年终轧账：完成利润结转（同季度利润结转）、利润分配（将“本年利润”全部转入“利润分配——未分配利润”科目）。

3. 年度决算日的报表

年度决算完毕后，商业银行打印年度决算报表，包括：资产负债表、业务状况报告表（年计表）、损益明细表、损益表、利润分配表、应收应付款明细表、业务量表。

本章小结

1. 商业银行综合业务仿真实训系统中对公业务的系统特点有核心会计制度、综合柜员制度、客户化管理思想、面向业务、数据大集中等。

2. 账户编排体系包括客户号、账号、内部账号、业务代码等的编排规则及其系统自动生成内容。

3. 对公会计业务的实验操作中重点关注几个专用术语：柜员号、凭证号码、凭证出库、凭证入库、钱箱号、轧账、同城票据交换、资金清算、退票、开销户等。

4. 凭证领用采取从市行到支行、支行到网点的二级分配体系。支行到市行领用凭证时，市行财会部必须将凭证的起始号码输入中心机房的管理机内，并进行分配操作，将凭证分配到各支行营业部。

5. 对公业务处理包括三个层次：营业网点、管辖单位（支行）、管理单位（市行）。其中营业网点的业务主要包括：存款业务、贷款业务和结算业务。

6. 对公存款业务主要包括开户、存取款业务、结清、销户等；对公贷款业务分为：企业一般贷款和个人消费贷款。对公结算业务包括：辖内通存、同城交换、联行业务等。

7. 对公会计业务中的特殊业务主要包括：查询业务、维护业务、固定资产业务、无形资产业务、递延资产摊销业务、应付利息业务、呆账准备金、坏账准备金的计提业务、所得税业务、特殊日期业务等。

8. 资金清算在市行清算中心处理，采用汇差清算方式，每账务日做一次清算处理，自动入账。各清算行完成清算后与市行清算中心自动对账，确保资金清算的正确进行。

9. 凡参加联网的营业网点均可相互代办指定范围内的业务，即通存通兑业务。在发生通存通兑业务时，进行业务的营业网点为“业务行”，发生通存通兑业务的对公存款账户所在行为“账务行”。从业务的角度出发，通存通兑可以分为“本代他收”“本代他付”“他代本收”“他代本付”四种情况。

复习思考题

1. 商业银行对公业务系统中对公业务实验的系统有哪些特点？

哪些功能？

2. 对公客户号、基本账户账号、业务钱箱号码等是如何生成的？编排时有何特点？

3. 对公会计业务使用的凭证有哪些？凭证号码是如何编排的？

4. 如何理解对公会计业务的日常操作流程？试举例说明？

5. 对公会计存贷业务有哪些实验项目？如何进行会计处理？

6. 对公会计的结算业务有哪些实验项目？如何进行会计处理？

7. 如何进行客户号或账号、凭证号码的查询？

8. 如何进行资金汇划清算业务操作和会计处理？

9. 什么是通存通兑？如何进行会计处理？

10. 对公会计业务有哪些特殊的日期？

实验作业

1. 熟悉并掌握对公客户号和账号的编排方法和特点。

2. 熟悉对公业务教学案例的内容、流程和实验要点。

3. 熟练进行对公业务初始登录和初始操作。

第七章 商业银行对公业务实验

【知识目标】

◇理解对公业务日初与日终处理的意义、方法与规范

◇理解单位存款账户的类别及实验原理

◇理解掌握企业贷款、个人贷款的业务规范及实验原理

◇理解掌握结算业务类别及基本规范

◇掌握通用记账的方法与原理

【素养目标】

◇掌握贷款发放流程和会计审核监督方法，培养学生的流程意识和风险意识

◇理解银行结算原则和结算纪律，培养学生尊重行业规范，敬畏市场的良好习惯

【技能目标】

◇掌握凭证业务和现金业务的操作规范

◇掌握对公存贷业务的基本操作流程和业务规范

◇掌握个人贷款业务的操作流程、业务规范

◇掌握辖内业务、同城业务、特约汇款业务等实验操作

◇掌握特殊业务中专业术语的含义及操作流程

【导入案例】

宁波银行：个人信息验证风控平台

为保护储户的个人信息安全，商业银行在个人身份信息验证方面要求日益增加，一方面对客户身份的有效识别是打击银行卡诈骗的重要环节；另一方面，商业银行接入的外部信息验证渠道在要素、更新周期、运行时间上不尽相同。为此，从2021年10月起，宁波银行着

手接入城市商业银行风险管理平台（以下简称“城银平台”），通过对原有身份验证渠道的整合，打造“个人信息验证风控平台”，平台提供手机号和证件信息两类验证服务，对内连接本行核心业务系统，对外连接外部信息验证接口，实现以下三类功能：一是建立统一行内数据处理中台，整合内外部业务接口，统一信息验证和储存的规则标准；二是设置智能参数，根据业务优先级、查验时间、发起渠道选择对应的查验系统并反馈对应要素；三是在保证系统可靠性、可用性和高性能的基础上，灵活配置核验要素，实现个性化开发。

在系统建设过程中，适逢疫情期间，为了确保项目能够及时、顺畅地完成上线，宁波银行指派专人对接，积极联系城银平台清算业务人员，做好系统接入层面的协议签约等相关准备工作；同时，由总行运营部牵头，联合总行金融科技部组建了专项工作沟通小组，涵盖业务、开发、流程设计人员，项目组人员配备 A/B 岗，以防止疫情被困可以及时补位，共同做好行内接入安排工作。

自 2021 年 6 月开始建设，该平台已逐步完成了身份证件在柜面、手机号码在移动助手，以及柜面的投产上线，月均业务量均在 15 万笔左右，总体运行情况良好。截至 2022 年 9 月，宁波银行不仅手机号码实名认证 100% 通过该平台处理，而且实现了行内数据存储规则的统一。下阶段，宁波银行将继续实施个人身份信息验证的改造，即结合目前接入渠道的特点，实现系统自动根据交易时间、业务种类选择相关途径，并实现标准化反馈。后续宁波银行将进一步与城银平台深入合作，探索更多的个人身份信息场景化及线上化应用，以更好做好客户服务和风险防控。

（资料来源：搜狐财经，2023 年 4 月 12 日，2022 年度城市金融服务优秀案例评选：年度十大优秀案例奖，经整理而成）

商业银行综合业务仿真实训平台中对公业务的实验内容包括两大模块：通用模块和业务模块。通用模块由通用记账、信息维护、内部账户维护、交易信息维护、凭证管理、钱箱管理、操作员管理等内容构成，是从事商业银行对公各项存贷业务、结算业务必须进行的、常用的实验操作，体现着对公业务、核心会计、面向客户和数据大集中的设计理念和系统特点。业务模块由商业银行的存款、贷款和结算业务三大业务所构成，它涵盖了商业银行经营管理中的主要业务种类和管理内容，是商业银行的核心业务和盈利来源。实验操作不仅要求学生要熟练掌握各项业务的具体操作方法，还要将所学基本理论、基础知识与实验操作结合起来，正确把握实验项目的理论含义和操作要领，达到理论联系实际的实验目的。

第一节 日初业务实验

商业银行对公业务实验的日初业务处理包括：总行会计部门的凭证领入与凭证下发、支行或网点行的凭证领用与凭证出库、现金出库等实验项目。下面分别介绍其实验操作：

一、总行会计部门

商业银行对公业务的凭证采取自上而下下发，自下而上领取的办法。凭证由上级行统一印制、管理，各分支机构统一领用。总行会计部门的凭证管理通过“凭证领入”和“凭证下发”两个操作步骤分发凭证。总行会计记账员登录总行操作界面（交易部门为0001）后，以K0001身份进行凭证业务操作。

（一）凭证领入

总行会计记账员登录总行界面后，点击“通用模块”按钮，选择“凭证管理”，进入“凭证领用”界面，如图7－1所示。

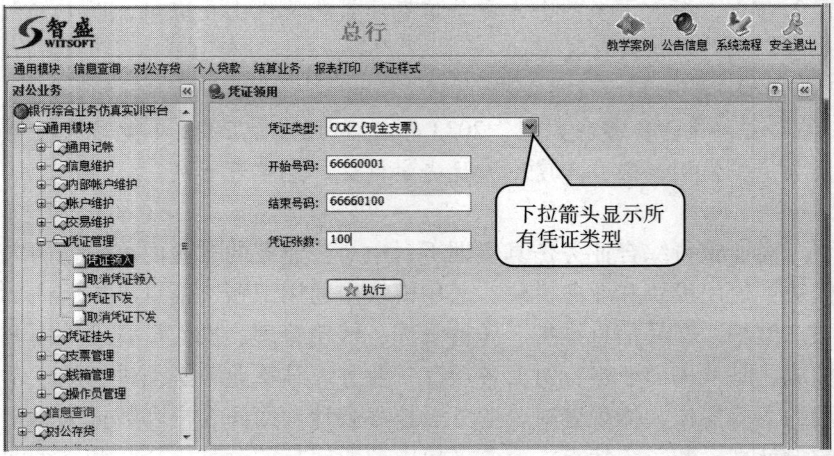

图7－1 总行会计记账员领用凭证

图7－1中，总行会计记账员领用的凭证类型有：CCKZ现金支票、TCKZ转账支票、PYCK内部往来科目报单、YHBP本票、TYHK特约汇款证、TYHP特约联行汇票、YHHP银行承兑汇票、SYHP商

业承兑汇票、CNFX 单位定期存款开户证实书、QYJB 全国联行邮划借方报单、QYDB 全国联行邮划贷方报单、QDDB 全国联行电划贷方报单、TYJB 特约联行邮划借方报单、TYDB 特约联行邮划贷方报单、TTDB 特约联行电划贷方报单、DWDQ 单位可转让定期存单、GQZM 股权证明书、GHHP 代理工行汇票、JHHP 代理建行汇票、JHWT 建行汇票委托书等。

（1）柜员按照对公业务交易所需，点击“凭证类型”按钮，选择要领用的凭证。

（2）输入凭证的开始号码、结束号码、凭证张数等信息，凭证领入数量与起始号码匹配，以张计数。

（3）核对无误后，点击“执行”“确认”按钮，完成凭证领用操作。然后再进入下一种凭证领用操作界面。

需要注意的事项：对公业务凭证由总行柜员按照规定的编排方式编制凭证号码，所有的凭证号码由 8 位数字组成，且开始号码与结束号码的间隔为领用张数，现金支票和转账支票必须按照整本 25 张领用，编排凭证号码时，开始号码的后两位必须是“25”的倍数加“1”，结束号码的后两位必须是“25”的倍数，凭证的间隔为 25 张。

（二）凭证下发

总行会计记账员把领用的凭证按照分支机构的行号依次下发时，点击“通用模块→凭证管理→凭证下发”按钮，进入凭证下发界面，如图 7－2 所示。

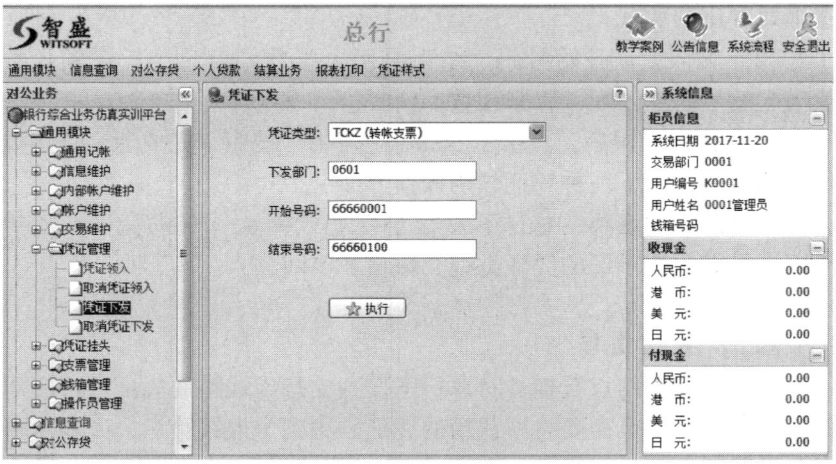

图 7－2　总行会计记账员下发凭证

图 7－2 中，总行会计记账员按照凭证类型把领入的凭证下发到支行（或网点行），领入的凭证类型、张数与下发的凭证类型、张数要完全一致。

（1）柜员进入凭证下发界面，点击“凭证类型”按钮，选择要领用的凭证。

（2）输入下发部门行号、凭证开始号码、结束号码等信息。

（3）核对无误后，点击“执行”“确认”按钮，完成凭证领用操作。然后再进入下一种凭证下发操作界面。

需要注意的事项：总行会计记账员下发凭证后，则退出总行操作界面。

二、支行或网点行

商业银行对公会计业务中，柜员登录支行（或网点行）操作系统后，以支行会计记账员的身份领取总行下发的凭证到支行库钱箱，再由柜员通过凭证出库，领入柜员个人钱箱。凭证出库到柜员钱箱后，则可以利用这些凭证从事对公业务的相应业务操作。支行或网点行的凭证业务操作有“凭证领用”与“凭证出库”两部分，柜员通过选择“通用模块”，可以进入相应操作界面。

（一）凭证领用

柜员从总行领用下发的凭证时，点击“通用模块→凭证管理→凭证领入”按钮，进入凭证领用操作界面，并按照如下顺序操作：

（1）柜员进入本支行凭证领入界面，点击“凭证类型”按钮，选择要领用的凭证。

（2）输入凭证开始号码、结束号码、张数等信息，凭证领入数量与起始号码要匹配，以张计数。

（3）核对无误后，点击“执行”“确认”按钮，完成凭证领用操作。然后再进入下一种凭证领用操作界面。

需要注意的事项：总行下发给支行（或网点行）的凭证，支行或网点行必须按下发的凭证类型、数量和区间领入。

（二）凭证出库

该交易用于网点行柜员对总行下发到支行库钱箱的凭证进行领用的业务处理，柜员需要将库钱箱的凭证领用到个人钱箱后，方能从事对公存贷业务的具体操作。柜员点击“通用模块→钱箱管理→凭证出库”按钮，则进入凭证出库操作界面，如图 7－3 所示。

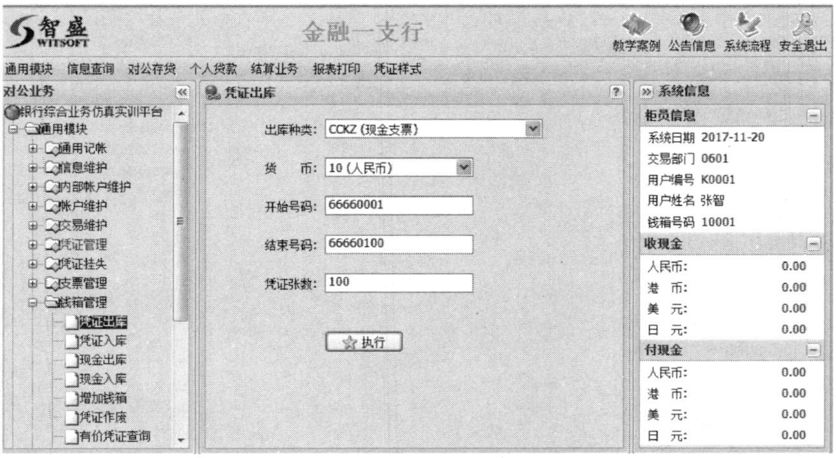

图 7－3　凭证出库

图 7－3 中，支行柜员将库钱箱的凭证出库到柜员个人钱箱，凭证的类型同总行下发的一致，出库凭证的数量与区间按照支行的统一分配处理。

（1）柜员进入凭证出库界面，点击“出库种类”按钮，选择要出库的凭证。

（2）选择货币，输入凭证开始号码、结束号码、凭证张数等信息。

（3）核对无误后，点击“执行”“确认”按钮，完成凭证领用操作。然后再进入下一种凭证领用操作界面。

需要注意的事项：

①柜员领用凭证出库操作完成后，该批凭证进入相应柜员钱箱。

②柜员领用出库的凭证是重要空白凭证，需要按照每张一元人民币计收凭证款项。

三、现金出库

支行对公业务柜员需要从库钱箱领用现金到个人钱箱才能从事现金业务。柜员通过“通用模块”进行领用现金出库到个人钱箱的业务操作，点击“钱箱管理”按钮，则进入“现金出库”操作界面，并按照如下顺序操作，如图 7－4 所示。

（1）柜员进入现金出库界面，点击“凭证类别”按钮，选择现金出库使用的凭证。

（2）选择货币，输入凭证号码、金额等信息。

（3）核对无误后，点击“执行”“确认”按钮，完成现金出库的操作。

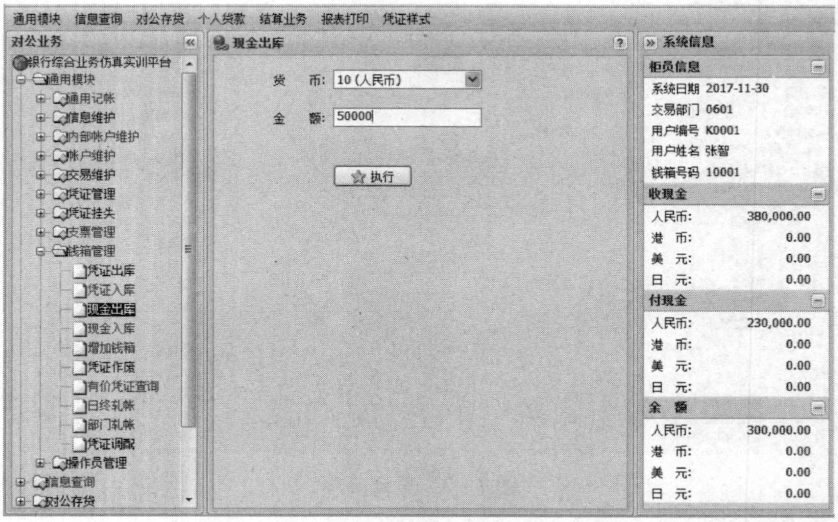

图 7－4　现金出库

需要注意的事项：

①对公柜员第一次登录本界面做现金出库操作时，因部门钱箱无现金，此操作无法进行。可在日终业务结束，营业现金入库后再操作。

②在此项业务操作前，柜员可先查询部门钱箱的现金数额。若部门钱箱显示现金余额为“0”，则柜员的此项操作系统就会提示“不能透支”；若部门钱箱有现金余额，则可以继续操作现金出库业务。柜员查询部门钱箱时，通过“部门轧账”进行操作。

③若柜员钱箱已有足够的现金，则日初处理时不必再做现金出库操作了。

④柜员领用现金出库操作完成后，该批现金进入相应柜员钱箱。

第二节　对公日常业务实验

商业银行对公业务系统中，日常业务和通用业务种类繁多，要求各异，不同类别都有不同的操作流程和规定，柜员在实验操作时要注意识别，按照规程操作。下面具体介绍日常操作业务和一般通用业务的实验内容：

一、日常操作实验

商业银行对公业务实验中，日常发生业务最频繁的是开立账户、同城交换、退出系统等，在对公业务的各个业务环节都会涉及这几项业务操作，是对公核心业务的操作关键所在。

（一）日常开立账户

1. 开立客户号

客户首次来银行办理对公业务，柜员必须首先进行“新开客户”的业务操作，为客户开立对公客户号。若该客户已经有对公客户号和预开账户，则可直接办理业务。

2. 开立存款账户

客户开立对公客户号后，办理具体业务之前，柜员需要进行“开存款账户”的业务操作，为客户预开存款账户。该操作不涉及账务处理，只是开立一个预设账户，账户的状态为“预开户”。客户可在当时或日后通过多种方式激活该账户，激活的方式有活期、定期现金存款、账户转账、转存等。

（二）日常同城交换

1. 支行营业部

（1）受理客户存入票据业务。营业开始办理业务后，收到客户存入的转账支票时，操作员进行“提出代付录入”和“提出代收录入”的业务操作，将票据相关信息录入系统，并换人复核，完成记账处理。

（2）办理提入票据业务。上午 9 时左右，交换员从人行回来后，综合员审核提入代付和提入代收票据（一交票据），无误后在系统内进行“提入代付录入复核”和“提入代收录入复核”的业务操作。

①如有提入对方行的退票，则在系统内进行“提出代付退票”或“提出代收退票”的业务操作，并做好记录。

②如遇有需退票的，则电话通知对方行后在系统内进行“提入代付退票”和“提入代收退票”的业务操作，做好记录后将票据交交换员。

③如接到对方行电话通知退票，则在登记“退票登记簿”后进行“提出代付暂缓入账”的业务操作。

（3）场次切换业务。中午交换员进行二次交换前，操作员进行“交换场次切换”的业务操作，将交换场次切换为“2”，根据实际核打票据（当日二交前所有能参加二交的提出票据）的数据录入相关要素，执行后如果与系统内数据相符，则完成场次切换，如若不符则失败。须重新查找原因，再次进行场次切换。

（4）办理二交票据提入业务。下午交换员从人行回来后，操作员再进行如（2）的业务操作（二交票据）。

（5）进行“提出代付批量入账”的业务操作。将上场次所有已交换未暂缓的提出代付票据进行批量入账，即一交提出代付批量入账。

（6）切换交换场次。下午 4 时左右，操作员再进行一次“切换交换场次”的业务操作，将交换场次切换为次日“1”场。

（7）进行如（5）的业务操作，二交提出代付批量入账。

（8）同城资金清算业务。每天要进行两次“同城资金清算”的业务处理，分别清算当天一交和二交的提出提入差额。该交易操作时间不固定，只要该场提出提入业务均已完成，当天的任何时间进行清算都可以。

2. 营业网点

（1）办理提出票据业务。早上开始办理业务后，收到客户存入的转账支票时，柜员进行“提出代付录入”和“提出代收录入”的业务操作，将票据相关信息录入系统，并换人复核，完成记账处理。

（2）交换场次切换。上午 10 时左右操作员进行“交换场次切换”的业务操作，将交换场次切换为“2”，根据实际核打票据（当日二交前所有能参加二交的提出票据）的数据录入相关要素，执行后如果与系统内数据相符，则完成场次切换，如若不符则失败。须重新查找原因，再次进行场次切换。完成后将该批提出票据送支行营业部。

（3）办理提入票据业务。综合员审核提入代付和提入代收票据（一交票据），无误后在系统内进行“提入代付录入复核”和“提入代收录入复核”的业务操作，即时入账。

①如有提入对方行的退票，则在系统内进行“提出代付退票”或“提出代收退票”的业务操作，并做好记录。

②如遇有需退票的，则电话通知对方行后在系统内进行“提入代付退票”和“提入代收退票”的业务操作，做好记录后将票据交给交换员。

③如接到对方行电话通知退票，则登记“退票登记簿”后进行“提出代付暂缓入账”的业务操作。

（4）办理提出代付批量入账。中午 11 时或下午 2 时左右，操作员进行“提出代付批量入账”的业务操作，将上场次前所有已交换未暂缓的提出代付支票进行批量入账，即时入客户账户。

（5）切换交换场次。下午 3 时左右，进行“切换交换场次”的业务操作，将交换场次切换为次日“1”场，进行如（2）项的操作。

（6）办理提入二交票据业务。重复进行如（3）项的业务操作（二交票据）。

（7）下午4时左右，再进行一次如（4）的操作，即时入客户账户。

（8）同城资金清算业务。每天要进行两次“同城资金清算”的业务处理，分别清算当天一交和二交的提出提入差额。该交易操作时间不固定，只要该场提出提入业务均已完成，在当天的任何时间进行清算都可以。

（三）日常退出系统

结束一天的业务后，柜员要进行日终处理，包括尾箱平账、现金入库、库钱箱轧账、柜员平账、部门平账五项内容。

1. 尾箱平账

利用钱箱轧账可以查询现金及凭证数。柜员将钱箱轧账后打印出“柜员钱箱轧账单”，包括当日该柜员现金、凭证的领用、上缴、入库、出库及余额数。该项操作每天可多次使用。

2. 现金入库

柜员钱箱中的现金入库，必须保证柜员轧账时柜员钱箱为零。

3. 库钱箱轧账

库钱箱轧账打印出的“库钱箱轧账单”和柜员钱箱轧账单反映的内容和种类是一样的，只是反映的主体不同，一个是库钱箱，一个柜员钱箱。每天可以多次使用。

4. 柜员平账

柜员轧账打印出的“柜员轧账单”，包括该柜员当日活动的借贷方发生额、开销户数及余额。原则上每天只能操作一次。

5. 部门平账

网点轧账打印出“网点轧账单”，反映网点科目结账。每天只能操作一次。网点轧账后不可以再进行业务操作。如果有问题需要操作，必须由市行中心机房解锁。轧账完成后，结束全天业务日终处理。

二、日常操作流程

每日柜员开始进行对公业务操作，打开计算机，登录对公业务界面，输入交易部门号、柜员号、钱箱号（柜员业务不涉及现金或重要空白凭证业务的收付可以不输入），系统校验成功后进入实验操作主界面，界面左端是实验模块，右端显示柜员号、柜员姓名、钱箱号码，以及登录系统时间。

系统采用菜单式和交易码并行的方式。柜员办理业务时可以从主界面到子界面层层打开，进入子菜单，根据本次实验任务选择子菜单的实验项目，进行实验操作。

对公业务的日常操作流程大体为：业务受理→审核凭证及其他资料→收款→相关业务交易→必要的授权→配款或转账→核对签章→交客户回单→系统后台记录套账。个别特殊业务的操作流程执行具体规定，视实际情况略有增减。

对公业务日常操作时，为了顺利完成实验任务，可以随时查看柜员钱箱和部门钱箱的现金和凭证的类别和数量，适时进行调整、调配，这项活动可以进行若干次。

对于操作中使用的客户号码、证件类别及证件号码、账号、凭证号码、交易流水号，以及借据号、合同号等信息，也可以随时通过“信息查询”功能获得所需要的信息。

日终轧账包括柜员钱箱轧账、柜员轧账和网点轧账三部分。其中：柜员轧账是指当日柜员把所做的所有业务，按照科目的借贷方发生额、笔数，进行现金转账汇总。该项操作每日可多次使用。需要注意的是，柜员轧账后不可以再进行业务操作，如果尚有业务需要处理，必须进行柜员平账解除，才可以继续做业务。网点轧账后不可进行本网点的业务操作。如果尚有业务需要处理，必须由市行中心机房解锁，再做柜员平账解除，才可以继续做业务。网点轧账必须在所有柜员均完成柜员轧账后才可以操作。

三、日常业务实验规则

（1）在使用支票的业务窗口，录入支票号码，对于尚未出售给客户的支票，包括支票的领用、下发、出售必须严格输入支票的批号和支票号码。

（2）系统运行初期，由于对客户手中的支票无法全额登记，则对支票号码不进行控制，凭证类型选择“其他”。对新出售的支票，必须严格在电脑中登记。系统运行一段时间后，启动对支票的控制系统，必须录入全部 8 位数字的支票号码。

（3）进行具体业务操作时，若该交易不需要录入密码，请在界面找到“印鉴类别”项，选择：C（无限制）或 D（印鉴）。

（4）所有复核业务需换人进行操作。新系统下所有操作员同时既是记账员又是复核员，复核时不必退出系统，直接将票据交另一操作员复核即可。

（5）操作界面上写有“F9 复核…”的，需由高级别操作员进行授权后方可执行。

（6）如果存单或存折出现打印歪斜、重叠或跳格时，应收回原存单（或折），另换新存单（或折）打印。

（7）任何时候，若打印出现故障不能再进行处理，请先退出本系统后再进入，进行“重打最后交易”的操作，补打故障前未打印的交易。

（8）任何时候，若与主机通讯出现故障，系统报错，退出本系统后再进入。若出现故障很长时间，并且系统不报错，直接关机后再重新进入。

第三节 对公存贷实验

商业银行对公存贷业务的实验是从开立对公客户号、存款账户开始的。账户开立后，单位客户能够在银行办理的对公存贷业务有：一般活期或临时存款业务、定期存款业务、转账业务、贷款管理和企业贷款业务等。下面具体介绍对公存贷业务的实验操作。

一、新开户业务

在商业银行对公业务系统中账户的开立业务包括新开客户号、预开存款账户、开账户（激活账户）三部分。

（一）新开客户号

商业银行对公业务采用客户号管理方式。单位客户在银行开立账户时，首先必须新开客户号。按规定的开户要求，客户要向银行提供单位全称、营业执照等详细信息，柜员审核无误后，通过“对公存贷”模块，进入新开客户号操作界面。

1. 登录界面

客户进入对公存贷界面后，点击“对公存贷→新开户业务→新开客户号”按钮，进入新开客户号界面。

2. 操作说明

（1）柜员录入“企业性质”“行业类别”“客户名称”“证件类别”“证件号码”“客户号”“地址”“电话号码”等客户详细信息。

（2）“企业性质”包括：001 全民所有制、002 集体企业、003 个体户、004 合资企业、005 股份制、006 有限责任、007 个人独资、008 合伙企业、009 其他。其中：个人户选择 003 个体户，事业单位选择 009 其他。

（3）“行业类别”包括：工业、商业、建筑业、农业、保险业、单位其他、行政事业等。

（4）“客户名称”必须如实录入，企业户名必须严格按照营业执照全称录入，个人名称按照有效身份证录入。

（5）“证件类别”包括：G 营业执照、A 身份证、Z 其他，其中：公司户选择 G 营业执照；个人户选择 A 身份证；事业单位等选择 Z 其他。

（6）“证件号码”根据证件类别录入相应营业执照号码、身份证号码及其他号码。

（7）“地址”有三栏，如果一个地址较长，第一栏长度不够，余下的可录入到第二栏、第三栏。

（8）以上各项为必输项目，其他项目由各网点根据需要自行选择录入。

（9）检查无误后，点击“执行”按钮，系统自动生成客户号，需要记录。

需要注意的事项：单位客户营业执照在同一银行系统只能开立一个客户号，所以开立的客户号是全行唯一的，同城异地都可以使用。

（二）预开存款账户

对于已经在银行开立过客户号的单位客户，办理存贷业务时，必须先预开一个存款账户。“预开户”状态的账户不计入当天的开户数及总户数，预开账户也不涉及金额交易。

1. 登录界面

客户进入对公存贷界面后，点击“对公存贷→对公存款→开存款账户”按钮，进入预开账号界面，如图 7 – 5 所示。

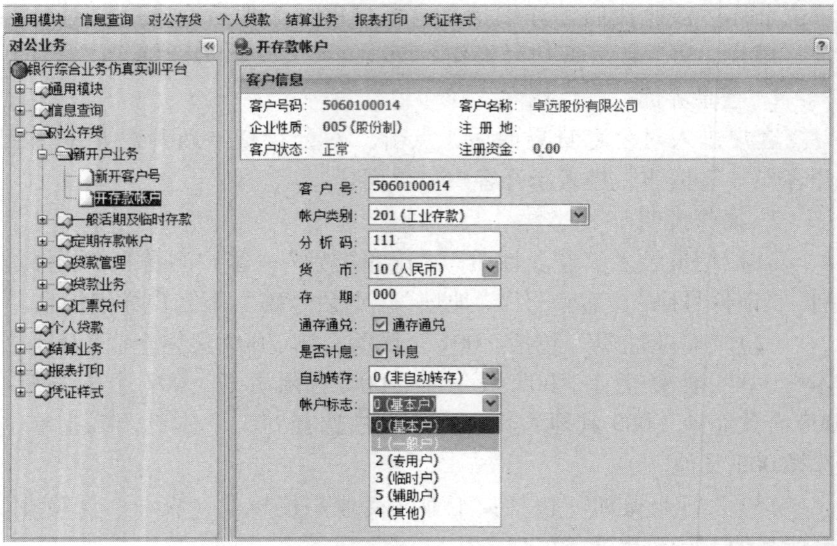

图 7 – 5 预开存款账户

2. 操作说明

（1）柜员录入“客户号”“账户类别”“分析码”“存期”“通存通兑”“是否计息”“自动转存”“账户标志”等信息。

（2）“客户号”根据已开号码录入，回车后，界面上部将出现客户基本信息，包括客户号码、客户名称、企业性质、客户状态、注册地、注册资金。

（3）“分析码”为任意三位数字。

（4）“账户类别”包括：201 工业存款、202 商业存款、203 建筑企业存款、204 农业存款、205 城镇集体企业存款、206 乡镇企业存款、207 三资企业存款、208 私营企业及个体户存款、209 其他企业存款、210 单位其他存款、212 保险公司存款、213 行政事业单位存款、221 一年期（含）以下单位定期、223 通知存款、224 单位大额可转让定期存单、235 财政预算存款、236 财政预算外存款、249 同业一般存款、260 临时存款、411 委托存款。

（5）“存期”栏中录入存期代码。存期代码采用 3 位数字编码。（编码规则前已述及，此处不再重复）该项只对定期存款、大额可转让定期存款有效，基本存款账户、一般活期存款或临时存款不必录入。第一次预开户存期代码输入“000”。

（6）“通存通兑”仅限一般活期或临时存款户使用，系统默认为通存通兑。

（7）“是否计息”项，除财政性存款外，均选择“是”。

（8）“自动转存”仅限定期户使用，系统自动默认为非自动转存。

（9）“账户标志”包括：0 基本户、1 一般户、2 专用户、3 临时户、4 其他、5 辅助户。一个客户在同一银行只能开立一个基本账户，非一般活期只能选择 4 其他。

（10）检查无误后，点击“执行”按钮后提交，系统自动生成 15 位数字的对公账号。

需要注意的事项：系统允许在一个客户号下每个对公存款科目开设 100 个分户，但已有基本账户的客户，系统将拒绝再开立基本账户。定期存款开户时，账户标志必须选择“专用户”。

（三）开账户（激活账户）

柜员接受客户委托办理开立存款账户时，开立存款账户的前提是该账户已经预开，否则应先进入“预开账户”的操作。预开账户是为了激活账户，属于该账户的实际开立，需要实际存入款项，即新开户金的存入。

在账户的激活中，基本存款账户、一般活期存款、临时存款账户和定期存款账户的存入方式有很大区别，其中一般活期存款、临时存款账户新开户金存入可采用多种方式，可以通过“表内通用记账”“贷款发放”“账户转账”“现金存款”等模块转入或存入资金，而定期存款账户只能采取“现金存入”或“转账存入”的方式。

二、基本存款账户

基本存款账户是商业银行对公存款账户的核准类账户，是经中国人民银行核准后核发开户登记证开立的。单位存款人只能根据营业执照选择一家商业银行的一个营业机构开立一个基本存款账户，用于转账结算和现金收付。存款人日常经营活动的资金收付及其工资、奖金和现金支取，也应通过该账户办理。因此，该账户的实验操作涉及对公业务的所有模块，是极为重要的实验项目。

基本存款账户的操作实验开始于账户开立后的激活账户存入款项业务与支票出售业务，此处仅介绍这两项，其他业务的实验参见不同模块使用该账户时的相应操作。

（一）存入款项业务

存入基本存款账户的款项可以转账存入他行付款票据，也可以现金存入。票据存入业务的处理在后文介绍，本系统以现金存入方式激活基本存款账户。客户存入现金时，柜员清点现金无误后，按照如下顺序操作：

1. 登录界面

柜员进入对公存贷界面后，点击“对公存贷→一般活期及临时存款→现金存款”按钮，进入现金存款操作界面，如图 7－6 所示。

2. 操作说明

（1）柜员录入该客户的相关“账号”“金额”等信息。其中，“账号”录入回车后，系统在界面的上方显示出该账户的信息，如账户名称、账户类别、账户性质、状态等，柜员核对后方可继续录入下项。

（2）核对无误后，点击“执行”按钮，在系统提示下完成现金存款操作。

需要注意的事项：该业务是系统面向业务的实验操作，操作完成后，由系统自动记录账务，账务处理在后台完成，柜员不需做此项记录操作。

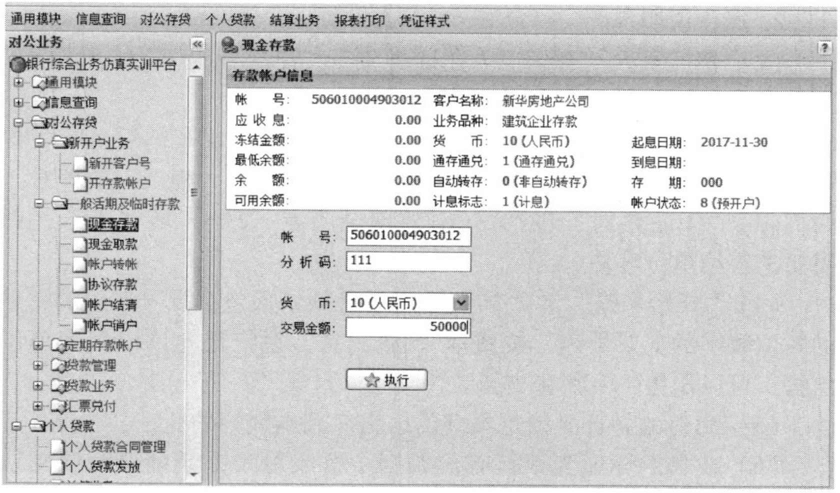

图 7 -6　现金存款

（二）支票出售业务

基本存款账户日常业务结算的主要工具是支票，包括现金支票和转账支票两类，其中：支票上印有“现金”字样的为现金支票，现金支票只能支取现金；支票上印有“转账”字样的为转账支票，转账支票只能用于转账。单位存款人申请购买支票时向银行提出申请，银行柜员受理后，选择“通用模块”，进入“支票管理”界面，具体操作顺序如下：

1. 登录界面

柜员在支票管理界面下，点击“通用模块→支票管理→支票出售”按钮，进入支票出售界面，如图 7 -7 所示。

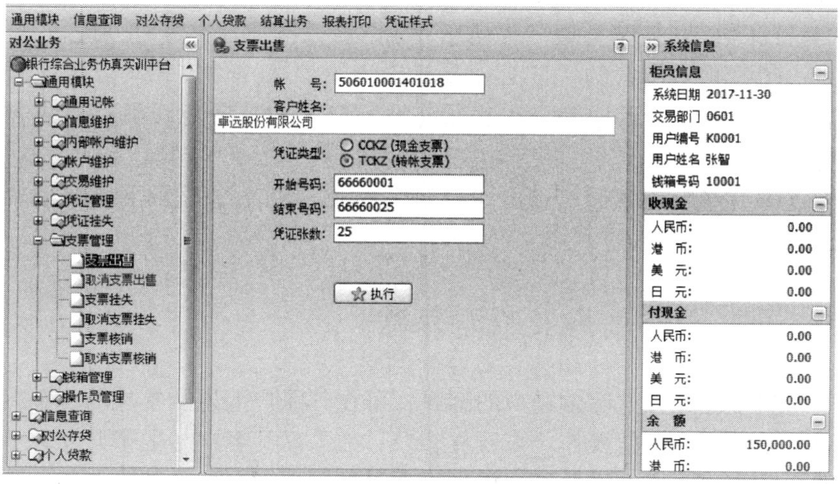

图 7 -7　支票出售

2. 操作说明

（1）柜员录入“账号”“凭证类别”“开始号码”“结束号码”“凭证张数”“缴费类型”等信息。

（2）“账号”必须是本部门对公基本账户，按回车键后系统将检索输出对应的账户名称、账户类别、余额、状态等，柜员需要核对。

（3）“凭证类别”包括：CCKZ 现金支票、TCKZ 转账支票，都需要出售给单位客户。

（4）“开始号码”和“结束号码”必须录入包括批号在内的完整的 8 位数字的支票号码，按整本 25 张出售，系统也允许以张为单位出售，可以出售 1 ~ 25 张支票。

（5）出售的凭证必须是本部门已出库到本钱箱的凭证。

（6）出售的凭证为银行有价票据，按照每张 1 元计费为该支票的出售款项。

（7）核对无误后，点击“执行”按钮，在系统提示下完成支票出售操作。

（三）取消支票出售

该交易用于对凭证出售取消的业务处理。当单位客户因某种原因取消出售支票业务时，柜员通过“通用模块”，选择“支票管理”界面，办理取消支票出售的操作。

1. 登录界面

柜员登录支票管理界面后，点击“通用模块→支票管理→取消支票出售”按钮，进入取消支票出售的操作界面。

2. 操作说明

（1）柜员录入“账号”“凭证类别”“开始号码”“结束号码”“凭证张数”“缴费类型”等信息，录入要素同凭证出售时一致。

（2）取消出售的凭证必须是已出售给该账户的支票。取消出售后，该支票状态返回到未出售状态，并红字冲减原记账科目付出发生额。

（3）核对无误后，点击“执行”按钮，在系统提示下完成取消支票出售操作。

三、一般活期及临时存款

对于已经开立存款账户的客户，可在其账户上进行常规的现金存取款、转账及其他操作。未开立客户号或虽已开客户号但未开立存款账户的客户，应在进行开户操作后方可继续办理存取、转账业务。现金存取款、转账业务是本系统中面向业务的操作，柜员办理一笔业务，只需根据有关凭证记录一笔账务，系统自动生成相应账务处理，不需柜员再继续做账。

（一）现金存款

该交易主要用于激活预开存款账户或续存的业务处理，所有的账户都可以使用。

需要注意的事项："现金存款"业务的实验操作与"二、（一）存入款项业务"相同，此处不再重复。

（二）现金取款

单位客户需要取款时，需要持现金支票到银行办理取款业务。柜员通过"对公存贷"，选择"一般活期或临时存款"界面，办理现金取款操作，如图7－8所示。

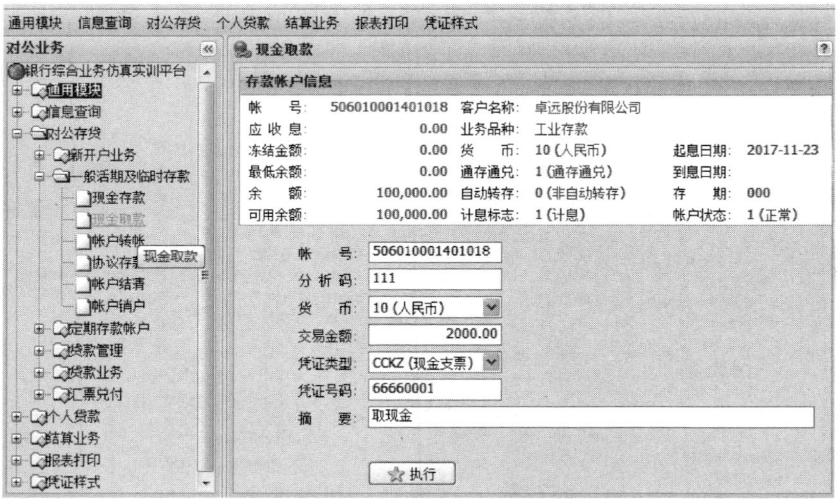

图7－8 现金支票取款

1. 登录界面

柜员登录一般活期及临时存款界面后，点击"对公存贷→一般活期及临时存款→现金取款"按钮，进入现金取款的操作界面。

2. 操作说明

（1）柜员录入"账号""金额""凭证类型""支票号码"等信息。

（2）"账号"必须是在本行开户的对公一般活期账户，且必须是出售过现金支票的账户。

（3）"凭证类型"包括CCKZ现金支票和其他。选择现金支票时，系统自动检索支票号码与账户的对应关系，并自动核销。使用非系统管理的现金支票时，选择其他。

（4）“支票号码”可以只录入最后四位，如果系统检索后提示有重复，则录入完整的8位号码。

（5）核对无误后，点击“执行”按钮，在系统提示下完成现金取款操作。

（三）账户转账

该交易用于同一网点行内各存款账户间的转账业务，也可以使用在预开户激活时。同一网点行的转账支票不用通过票据交换，由网点行柜员审核转账支票无误后即可办理转账。柜员通过“对公存贷”，选择“一般活期或临时存款”界面，办理账户转账操作。

1. 登录界面

柜员登录一般活期及临时存款界面后，点击“对公存贷→一般活期及临时存款→账户转账”按钮，进入账户转账操作界面，如图7－9所示。

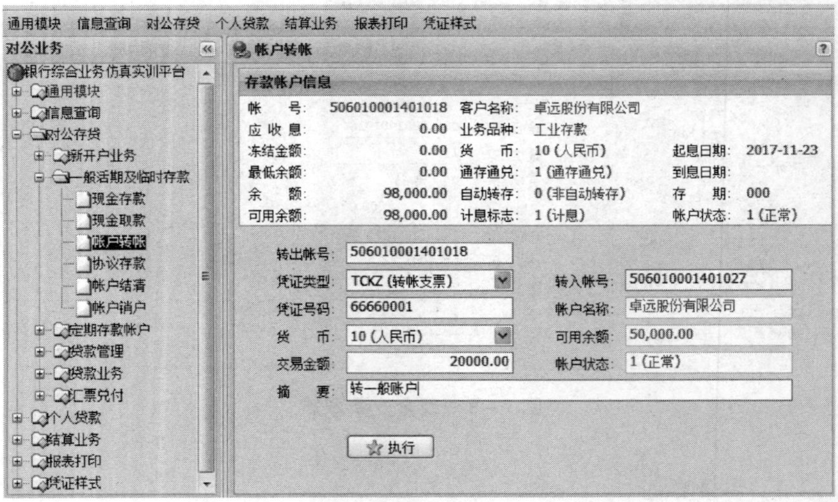

图7－9 账户转账

2. 操作说明

（1）柜员录入“转出账号”“凭证类型”“支票号”“金额”“转入账号”等信息。

（2）“转出账号”是本行开户的基本存款账户或一般活期及临时存款（必须是支票户）。

（3）“凭证类型”包括TCKZ转账支票和其他。选择转账支票时，系统自动检索支票号码与账户的对应关系，并自动核销。当使用非系统管理的转账支票时，选择其他。

（4）“支票号码”为出售的转账支票的其中一张，8位数字。

（5）“转入账户”必须是本行开户的一般活期或临时存款账户。该账户必须显示为“预开户”或“正常”状态，不能为“结清”或“关闭”状态。

（6）核对无误后，点击“执行”按钮，在系统提示下完成账户转账操作。

需要注意的事项：该交易仅用于本行开户单位活期存款账户间转账业务的处理。

（四）协议存款

该交易用于将一般活期存款户设定为协议存款账户，同时要设定协议金额，或对原有协议存款账户进行信息维护和账户取消操作的业务处理。柜员通过“对公存贷”，选择“一般活期或临时存款”界面，办理协议存款业务的操作。

1. 登录界面

柜员登录一般活期及临时存款界面后，点击“对公存贷→一般活期及临时存款→协议存款”按钮，进入协议存款操作界面，并按照如下顺序操作：

2. 操作说明

（1）柜员录入“账号”“额度金额”“到期日”等信息。

（2）“账号”必须是本行一般对公活期存款账户或协议存款账户。

（3）“额度金额”可以超过账面余额。将一般活期存款账户设置为协议存款账户时，直接录入相关信息即可；对原协议存款账户进行信息维护时，直接对相关信息进行修改即可；将原协议存款账户取消时，在“额度金额”中录入“0”或该项不录入即可。

（4）协定存款账户设定的当日起，若存款余额超过设定金额，则系统自动将超过部分的积数累积到协定利率积数，结息时对正常部分的积数和协定部分的积数分别计息。

（5）协定存款到期后，若没有进行取消协定操作，则系统默认为继续执行协定。

（6）检查无误后，点击“执行”按钮，在系统提示下完成协议存款操作。

（五）账户结清

一般活期存款进行销户前，必须进行账户结清。系统自动按当天该存款种类的挂牌利率进行计息，把利息转入活期存款账户。但是临时存款户不计息，可直接取款进行销户。

1. 登录界面

柜员登录一般活期及临时存款界面后，点击“对公存贷→一般活期及临时存款→账户结清”按钮，进入账户结清操作界面，并按照如下顺序操作：

2. 操作说明

（1）柜员录入“账号”后，按回车键可以查看该账户信息，核对相符后执行。

（2）账户结清后当日必须进行销户，否则平账时无法通过。

（3）核对无误后，点击“执行”按钮，在系统提示下完成账户结清操作，并打印该户利息清单。

（六）账户销户

进行销户的账户，必须是已经结清且余额为零的一般活期存款或余额为零的临时存款账户，即账户结清后需要立即将余额转出的账户。

1. 登录界面

柜员登录一般活期及临时存款界面后，点击“对公存贷→一般活期及临时存款账户→账户销户”界面，进入账户销户的操作界面。

2. 操作说明

（1）柜员录入账号后，按回车键则可查看该账户信息。

（2）核对无误后，点击“执行”按钮，在系统提示下完成账户销户操作，并打印该账户分户账。

需要注意的事项：进行销户后，该账户剩余支票将全部核销，并关闭账户。

四、定期存款账户

当单位客户账户有多余暂时闲置资金时，为了获取更多的利息收入，可选择向开户银行申请开立定期存款账户。定期存款账户开立时是“预开户”状态，实验操作参见“新开户业务”，当申请存入款项时转为“正常”状态。定期存款存入款项的方式，包括：转账存入和现金存入两种，下面分别介绍其实验操作。

（一）新开户金转账存款

单位存款客户以转账存款存入定期款项时，应提交转账支票和定期存款单给银行柜员。柜员审核无误后，通过“对公存贷”模块，选择“定期存款”按钮，进入定期存款新开户转账存款操作界面。

1. 登录界面

柜员登录定期存款账户界面后，点击“对公存贷→定期存款账户→新开户转账存款”按钮，进入新开户转账存款界面，如图7-10所示。

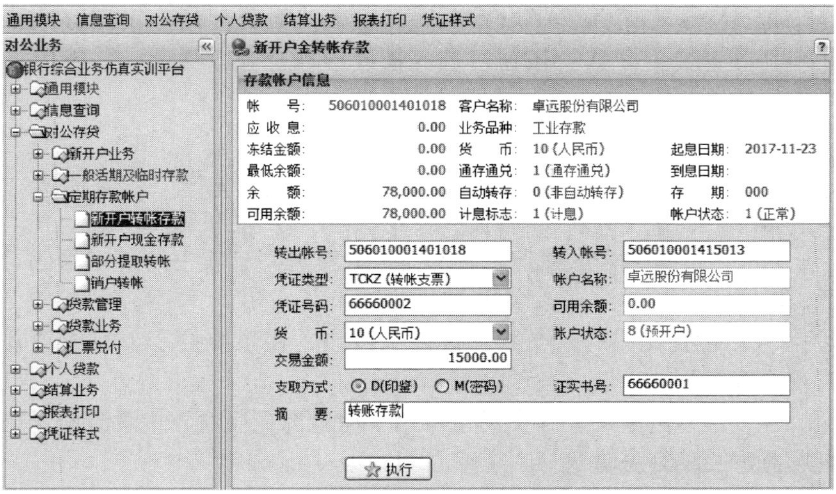

图7-10　新开户转账存款

2. 操作说明

（1）录入“转出账号”“凭证类型”“转出支票号”“金额”“转入账号”“证实书号”等信息。

（2）“转出账号”必须为基本存款账户或一般活期存款或临时存款账户，且必须是出售支票账户。

（3）“凭证类型”包括TCKZ转账支票和其他。选择转账支票时，系统自动检索支票号码与账户的对应关系，并自动核销。当使用非系统管理的转账支票时，选择其他。

（4）“转出支票号”为出售的转账支票的其中一张，8位数字。

（5）“转入账号”必须为定期存款或通知存款等账户，状态必须是“预开户”。

（6）“证实书号”按照“单位定期存款开户证实书”凭证号码录入，8位数字。

（7）检查无误后，点击“执行”按钮，在系统提示下完成新开户转账存款操作。

需要注意的事项：该交易也可用于通过转账方式激活预开定期存款账户的业务处理。

（二）新开户现金存款

单位存款客户以转账存款方式存入定期款项时，应提交现金和定期存款单给银行柜员。柜员审核无误后，通过“对公存贷”模块，选择“定期存款”按钮，进入定期存款新开户现金存款操作界面。

1. 登录界面

柜员登录定期存款账户界面后，点击“对公存贷→定期存款账户→新开户现金存款”按钮，进入新开户现金存款界面，并按照如下顺序操作：

2. 操作说明

（1）柜员录入必输项“账号”“证实书号”“金额”等信息。

（2）“账号”必须是本行开户的对公存款定期存款账户。

（3）“证实书号”按照“单位定期存款开户证实书”凭证号码录入，8 位数字。

（4）检查无误后，点击“执行”按钮，在系统提示下完成新开户现金存款操作。

需要注意的事项：该交易也可用于通过现金存款方式激活预开定期存款账户的业务处理。

（三）部分提前转账

该交易用于定期存款、通知存款账户进行部分提前转账的业务处理。当客户需要提前支取部分定期存款款项时，需要提交原“单位定期存款开户证实书”，柜员审核无误后，通过“对公存贷”模块，选择“定期存款”按钮，进入定期存款部分提前转账操作界面。

1. 登录界面

柜员登录定期存款账户界面后，点击“对公存贷→定期存款账户→部分提前转账”按钮，进入定期存款部分提前支取业务界面。

2. 操作说明

（1）柜员录入“转出账号”“原证实书号”“新证实书号”“通知期”“转入账号”“金额”等信息。

（2）“转出账号”必须是本行定期存款或者通知存款账户，属于必输项。输入后点击回车键，系统自动在界面上方显示出该账户的要素，注意核对，特别是账户余额和状态。

（3）“原证实书号”是指账户对应的原存款凭证；“新证实书号”是指提前部分支取后剩余的定期存款数额。“新证实书号”生效后，“原证实书号”自动作废。

（4）“通知期”用于通知存款账户进行部分提取时需要录入的日期，分为 1 天、7 天和不通知三种，分别用 101、107、000 表示，不同的通知期计算的利率不同。

（5）“转入账号”为本行一般活期存款或临时存款账户，并且账户状态为“正常”，不能为“结清”或者“关闭”状态。

（6）系统按规定的活期存款利率计算提取部分本金的利息，本息合计后转入本行账户。

（7）检查无误后，点击“执行”按钮，在系统提示下完成部分提前支取操作，并打印利息清单。

需要注意的事项：

（1）定期存款提前支取后，原开户证实书要交回银行柜台，柜员专夹保管后，交后台监督部门处理。定期存款的剩余款项继续存入定期存款时，需要重新开设“单位定期存款开户证实书”。

（2）每个定期账户的部分提取交易只能操作一次。

（四）销户转账

该交易用于定期存款账户申请销户时的操作。定期存款到期，客户到银行申请结清销户，当柜员为客户办理销户时，通过“对公存贷”模块，选择“定期存款”按钮，进入定期存款销户操作界面。

1. 登录界面

柜员登录定期存款账户界面后，点击“对公存贷→定期存款账户→销户转账”按钮，进入定期存款销户转账业务界面，如图 7－11 所示。

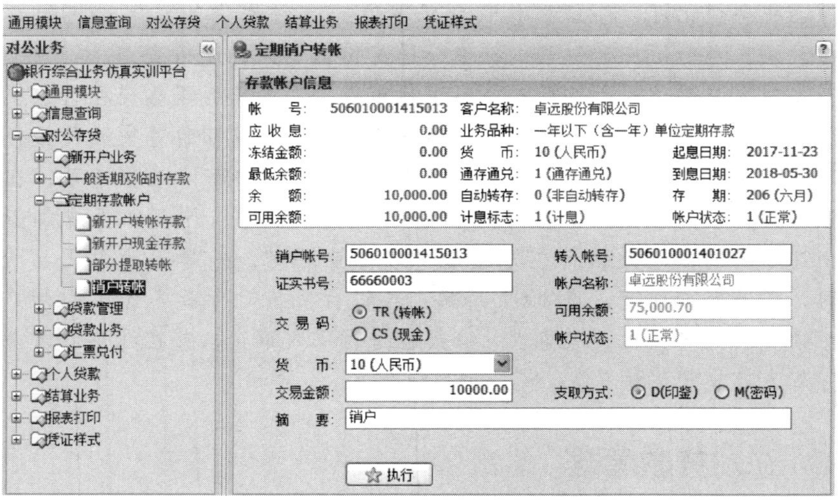

图 7－11　销户转账

2. 操作说明

（1）柜员录入“账号”“证实书号”“通知期”“转入账号”“是否节假日”“金额”等信息。

（2）“账号”必须是本行定期存款或通知存款账户，输入后，需要核对。

（3）“证实书号”按照新“单位定期存款开户证实书”凭证号码录入，8位数字。

（4）通知存款的销户需要录入“通知期”，选择“103”或者“107”。

（5）“转入账号”必须是本行一般活期存款或临时存款账户，并且账户为“正常”状态，不能为“结清”或者“关闭”状态。

（6）“是否节假日”包括1否、2是。当到期日是节假日，客户在节假日前一天办理销户，选择“是”，按到期销户计算利息。其他情况选择“否”，按提前支取计算利息。

（7）系统按规定利率计算利息，本息合计转入本行账户。

（8）检查无误后，点击“执行”按钮，在系统提示下完成销户转账操作，并打印利息清单。

需要注意的事项：客户办理销户时，必须采用转账方式。

【知识拓展7－1】

单位存款业务开户资料审核要求

商业银行受理单位开户手续时，一定要对开户单位提交的营业执照、税务登记证、组织机构代码证等开户文件原件的真实性进行审核，法人身份证应通过联网核查公民身份信息系统进行查询。

对客户单位提供的开户资料进行审查后，各银行机构应在营业执照复印件、税务登记证复印件、组织机构代码证复印件等需人民银行审核、留存的开户资料上加盖“经核对与原件一致”的审查章，在法人身份证的复印件加盖“已核查无误”审核章，凡复印件未加盖上述印章的，人民银行在办理账户核准业务时，一律不予受理。同时，按照有关规定，自2007年起，各银行机构对存款人提供的开户申请资料的真实性、完整性、合规性进行双人审查，并在开户申请书上双人签字予以确认。

五、贷款管理

银行会计部门的柜员接到信贷部门交来的客户贷款的借款凭证、贷款审批书和贷款申请书等资料，需要进行审核借款资料的合规合法性，审核无误后，按照贷款管理的相关业务流程办理借据管理、展期、放款查询、核销贷款等业务处理。需要注意的是，申请贷款时，客户必须有本行的活期存款账户，作为放贷、收贷、收息时使用的唯一对应账户。该账户必须处于“正常”状态（非结清、关闭）。

（一）贷款借据管理

单位客户申请贷款时，必须在银行会计部门录入借据，才能进一步办理贷款发放等业务。柜员通过“对公存贷”模块，选择“贷款管理”，进入贷款借据管理操作界面。该界面包括借据录入和借据维护两部分业务，具体实验操作如下：

1. 借据录入

借据录入是放贷前银行会计部门把经过信贷部门审核并批准的贷款借据录入系统的业务处理。如果系统与信贷系统有接口，借据从信贷系统自动进入本系统，则不需要操作此功能。

（1）登录界面。柜员登录贷款管理界面后，点击“对公存贷→贷款管理→贷款借据管理”按钮，进入界面后，点击“新建→贷款借据录入”按钮，则进入录入贷款借据的操作界面，如图 7 - 12 所示。

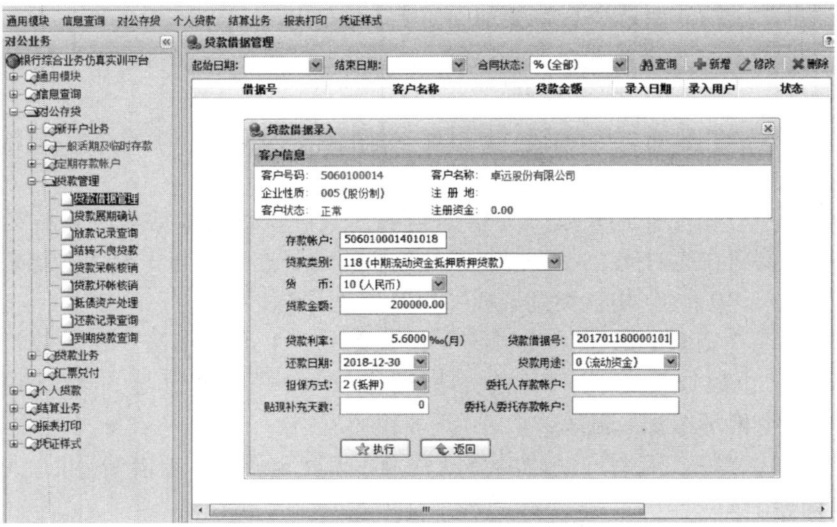

图 7 - 12　贷款借据录入

（2）操作说明。

①柜员录入“存款账户”“贷款类别”“贷款金额”“贷款利率”“还款日期”“担保方式”“贴现补充天数”“贷款借据号”“贷款用

途”“委托人存款账户”“委托人委托存款账户”等信息。

②“存款账户”是借款人在银行的存款账户，该账户必须在本支行所属网点开户。输入后点击回车键，系统自动检索输出该账户对应户名，柜员注意核对。

③“贷款类别”包括：123 工业短期信用贷款、124 商业短期信用贷款、125 建筑业短期信用贷款、126 农业短期信用贷款、127 乡镇企业短期信用贷款、128 三资企业短期信用贷款、129 私营个体短期信用贷款、130 其他短期信用贷款、131 工业短期保证贷款、132 商业短期保证贷款、133 建筑业短期保证贷款、134 农业短期保证贷款、135 乡镇企业短期保证贷款、136 三资企业短期保证贷款、137 私营及个体短期保证贷款、138 其他短期保证贷款、139 工业短期抵押质押贷款、140 商业短期抵押质押贷款、141 建筑业短期抵押质押贷款、142 农业短期抵押质押贷款、143 乡镇企业短期抵押质押贷款、144 三资企业短期抵押质押贷款、145 私营个体短期抵押质押贷款、146 其他短期抵押质押贷款、147 技术改造信用贷款、148 基本建设信用贷款、149 银团联合信用贷款、150 其他中长期信用贷款、151 技术改造保证贷款、152 基本建设保证贷款、153 银团联合保证贷款、154 住房开发保证贷款、155 其他中长期保证贷款、156 技术改造抵押质押贷款、157 基本建设抵押质押贷款、158 银团联合抵押质押贷款、159 其他中长期抵押质押贷款、412 委托贷款、161 贴现等，根据本次贷款需要选择贷款类别。

④输入“贷款利率”时必须与“贷款类别”一致；输入“还款日期”时必须与“贷款利率”一致。

⑤“担保方式”包括：1 担保、2 抵押、3 质押，根据本次贷款类别选择。

⑥“贴现补充天数”为票据到期，从付款行付款后至到达收款行的款项在途时间，一般情况下外地票据的补充天数为 3 天，本地票据录入“0”。当贷款类别选择“贴现”时录入。

⑦“贷款借据号”按照统一格式编排：4 位数年号 +2 位数行号 +2 位数贷款类别 +5 位数合同顺序号 +2 位数借据号，共 15 位数，由柜员编排后输入。

⑧“贷款用途”包括 1 流动资金、2 固定资金、3 借新还旧、0 其他用途。

⑨“委托人存款账户”为委托人在该行开立的存款账户，当贷款类别选择“委托贷款”时录入。

⑩“委托人委托存款账户”为委托人进行委托贷款时，为借款单位新开立的委托存款账户，专门用于委托存款，当贷款类别选择“委托贷款”时录入。

（3）检查无误后，点击“执行”按钮，在系统提示下完成贷款借据录入的操作，并打印贷款借据。

2. 借据维护

当借款人借款资料有变化时，柜员通过进行借据维护，可以修改贷款借据的信息。如系统与信贷系统接口，借据从信贷系统自动进入本系统，不需要操作此功能。

（1）登录界面。柜员登录贷款管理界面后，点击“对公存贷→贷款管理→贷款借据管理→查询”按钮，选中需要维护的借据，进入贷款借据维护操作界面。

（2）操作说明。

①录入查询的条件：“录入起始日期”“录入结束日期”“合同状态”“合同部门”等可选项，选择其中的一项或几项进行模糊查询。

②“合同状态”包括：0 未审批、1 已审批、2 已放贷、3 已还贷、4 转逾期、5 转表外、9 已删除、% 全部。

③若要对输出借据进行审阅和修改，选择其中一条记录，然后双击，系统将输出该借据的明细信息。操作员可直接对有关栏目进行修改，其中合同号、贷款借据号不能修改。只能修改未发放的贷款借据信息。

需要说明的事项：该项操作必须在放贷前对所录入的贷款借据在当日进行修改，且必须由原操作员进行修改。一旦贷款已经发放，则不能再进行修改维护的业务操作。

（二）贷款展期确认

贷款展期是客户因某种原因不能按期归还到期借款本息，经向银行信贷部门申请，同意该项贷款到期前可以展期后，银行会计部门办理贷款展期的业务操作。需要注意的是，展期操作只能在贷款到期前一个月内处理。

1. 登录界面

柜员登录贷款管理界面后，点击“对公存贷→贷款管理→贷款展期确认”按钮，进入贷款展期操作界面。

2. 操作说明

（1）柜员录入“贷款借据号”“贷款余额”“原到期日”“新到期日”“新利率”等信息。

（2）“贷款借据号”对应的贷款性质必须是正常贷款，一笔贷款只能办理一次展期。

（3）短期贷款的展期期限累计不得超过原贷款的期限；中长期贷款的展期期限累计不得超过 3 年；已转逾期的贷款不能再转为

展期。

（4）“新利率”为贷款展期期限与原贷款期限累计期限相对应的利率，且展期利率由系统按新的贷款期限控制利率档次。

3. 检查无误后，点击“执行”按钮，在系统提示下完成贷款展期确认操作。

（三）放款查询

当单位客户需要放款情况时，柜员可以通过“对公存贷”模块，选择“贷款管理”查询贷款业务的放款详细信息。

1. 登录界面

柜员登录贷款管理界面后，点击“对公存贷→贷款业务→放款查询”按钮，进入放款查询操作界面。

2. 操作说明

（1）柜员录入“存款账户”信息，该账户为贷款账户对应的存款账户，查询放款情况。

（2）核对无误后，点击“执行”按钮，在系统提示下完成放款查询的操作。

（四）结转不良贷款

当客户贷款到期不能归还本息时，该项贷款则转为“不良贷款”。柜员办理不良贷款结转时，通过“对公存贷”模块，选择“贷款业务”，进行不良贷款结转的实验操作。

1. 登录界面

柜员登录贷款业务界面后，点击“对公存贷→贷款业务→结转不良贷款”按钮，进入结转不良贷款的操作界面。

2. 操作说明

（1）柜员录入“贷款账号”“贷款金额”“逾期类别”等信息。输入后点击回车键，系统在该界面的上方显示该贷款账户的主要信息，注意核对。

（2）“贷款账号”可以是本支行任一网点的对公贷款账户。

（3）“贷款金额”是指该贷款账户的尚欠余额。

（4）“逾期类别”包括：162 一般逾期、163 呆滞贷款、164 呆账贷款等，柜员根据实际情况选择。

（5）核对无误后，点击“执行”按钮，在系统提示下完成结转不良贷款的操作。

需要注意的事项：

（1）不良贷款包括逾期贷款、呆账贷款和呆滞贷款账户，该项业务仅用于贷款逾期时进行结转的业务处理。

（2）贷款转逾期后，不允许再转回正常贷款。

（3）结转的贷款科目不能大于结转后的贷款科目。

（五）呆账核销

呆账核销业务是贷款呆账经有关部门批准后进行核销时的业务处理。该项业务操作即是要完成贷款和呆账准备金之间的对转。

1. 登录界面

柜员登录贷款管理界面后，点击“对公存贷→贷款管理→呆账核销”按钮，进入呆账核销的操作界面。

2. 操作说明

（1）柜员录入“贷款账号”“核销金额”等信息。

（2）“贷款账号”可以是本支行任一网点的呆账贷款账户，柜员点击回车键后注意核对贷款账户信息。

（3）核对无误后，点击“执行”按钮，在系统提示下完成呆账核销的操作。

（六）坏账核销

贷款到期时，不能归还的应收利息需要通过“坏账核销”进行处理。坏账核销用于贷款坏账经有关部门批准后进行核销的业务处理，即完成贷款表内应收利息和坏账准备金之间对转。

1. 登录界面

柜员登录贷款管理界面后，点击“对公存贷→贷款管理→坏账核销”按钮，进入坏账核销的操作界面。

2. 操作说明

（1）柜员录入“存款账号”“明细序号”“核销金额”等信息。

（2）“存款账号”为贷款账户唯一对应的存款账号，可以是在贷款账户所属支行任一网点开户，也是贷款还本付息的账户。

（3）“明细序号”可在“应收利息明细查询”中查询。

（4）核对无误后，点击“执行”按钮，在系统提示下完成坏账核销的操作。

（七）抵债资产处理

该交易用于受偿抵债资产时银行的业务处理。即在有关审批手续齐备的情况下，完成该贷款账户的本金、表内外应收利息和待处理抵债资产对转。

1. 登录界面

柜员登录贷款管理界面后，点击“对公存贷→贷款管理→抵债资产处理”按钮，进入抵债资产处理业务的操作界面。

2. 操作说明

（1）柜员录入“贷款账号”“作价金额”等信息。

（2）“贷款账号”可以是本支行任一网点开立的贷款账户。

（3）核对无误后，点击“执行”按钮，在系统提示下完成抵债资产处理的操作。

（八）还款查询

当需要查询借款人还贷的详细信息时，可以通过“贷款管理”选择“还款查询”，查询某一存款账户下所有贷款的还贷明细。

1. 登录界面

柜员登录贷款管理界面后，点击“对公存贷→贷款管理→还款查询”按钮，进入还款查询的操作界面。

2. 操作说明

（1）柜员录入“存款账户”信息，该账户为贷款账户唯一对应的存款账户。回车后核对存款账户的信息。

（2）核对无误后，点击“执行”按钮，在系统提示下完成查询还款的操作。

（九）到期贷款查询

对于将要到期的贷款，柜员要经常检查到期的情况。通过“贷款管理”选择“到期贷款查询”，可以查询在某段时间内到期的贷款借据。

1. 登录系统界面

柜员登录贷款管理界面后，点击“对公存贷→贷款管理→到期贷款查询”按钮，进入到期贷款查询的操作界面。

2. 操作说明

（1）柜员录入“起始日期”“贷款类别”“到期天数”等信息。

（2）“起始日期”，“到期天数”，查询在起始日期到（起始日期+到期天数）内到期的贷款；若不输入“起始日期”，一般系统默认为从当天起，30 天内到期的贷款。

（3）“贷款类别”与贷款借据录入相同。如选择查询“全部”，则指所有贷款类型。

（4）核对无误后，点击“执行”按钮，在系统提示下完成到期贷款查询的操作。

六、贷款业务

贷款借据录入后，当日银行办理贷款的发放手续。柜员审核相关资料并放款后，贷款业务则按照合同发放给借款人使用。在规定的还款期限，柜员要收取借款人的还款，直至贷款到期全部收回本息。因此，贷款业务的操作项目包括“贷款发放”“部分还贷”“全部还贷”“单个账户自动收息”“拆笔自动收息”等，下面分别介绍其实验操作。

（一）贷款发放

柜员审核借据无误及相关贷款资料后，办理贷款发放手续，若为抵押质押贷款，柜员需将抵、质押品开户、编号、归档，然后贷款卡专夹保管，发放贷款。

1. 登录界面

柜员登录贷款业务界面后，点击“对公存贷→贷款业务→贷款发放”按钮，进入对公客户贷款发放操作界面，如图7－13所示。

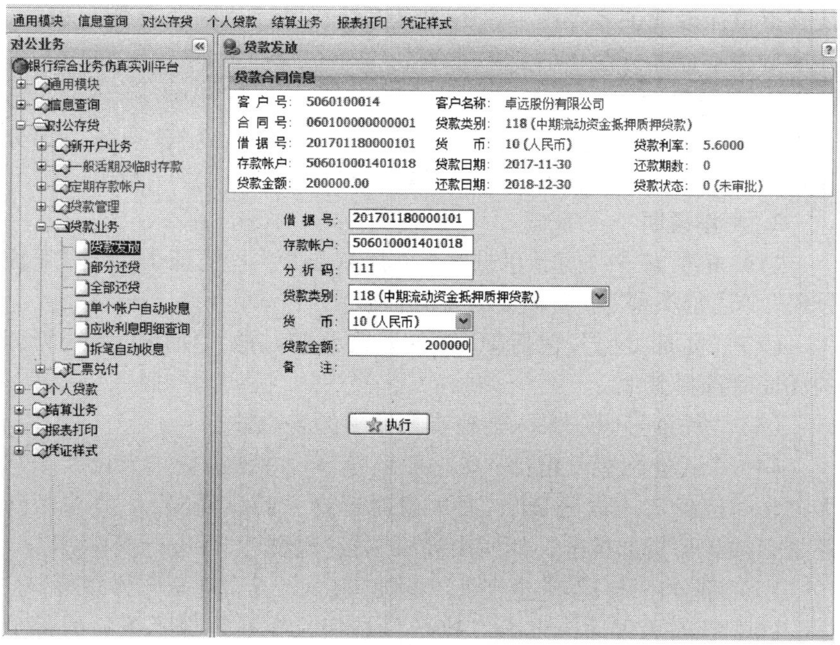

图7－13 贷款发放

2. 操作说明

（1）柜员录入“贷款借据号”“存款账户”“贷款类别”“贷款金额”等信息。

（2）“存款账户”是贷款账户所属支行或任一网点存款账户，允许跨网点放贷。

（3）“贷款类别”与贷款借据录入相同。

（4）“贷款金额”必须与贷款借据金额一致，全额放贷。

（5）贷款借据号输入后，系统自动产生贷款账号，注意核对。

（6）核对无误后，点击“执行”按钮，在系统提示下完成贷款发放操作，贷款款项划入对应的存款账户之内。

需要注意的事项：

（1）贷款必须在录入借据的当天发放，如果当天贷款未发放，该借据自动作废。必须重新填写借据才能继续办理业务，但系统中仍保留该笔借据记录。

（2）在银行对公业务中，给企业发放贷款应经信贷部门的审批后才能发放。本系统的贷款管理主要是处理贷款业务中的会计账务处理，不作贷款审批处理。

（二）部分还贷

部分还贷是指借款人归还部分本金时的交易，银行柜员受理后，认真审核还款凭证各项内容，审核无误后，通过“对公存贷”模块，办理贷款本金部分偿还的业务处理。

1. 登录界面

柜员登录贷款业务界面后，点击“对公存贷→贷款业务→部分还贷”按钮，进入对公客户部分还贷操作界面。

2. 操作说明

（1）柜员录入“贷款借据号”“存款账户”“凭证类型”“凭证号码”“还贷类型”“还款金额”等信息。

（2）“凭证类型”包括 TCKZ 转账支票和其他，使用非系统管理的凭证时选择其他。

（3）“凭证号码”录入转账支票完整的 8 位数字。

（4）“还贷类型”包括：0 一般还贷、1 特殊还贷。当贷款账户无欠息时选择“一般还贷”，有欠息时选择“特殊还贷”。其中特殊还贷必须经信贷部批准，然后由高级别柜员复核方可进行操作。

（5）部分还贷只作本金收取，否则应转入“全部还贷”界面操作。

（6）核对无误后，点击“执行”按钮，在系统提示下完成部分还贷操作。

（三）全部还贷

贷款到期借款人全部归还贷款本息时，需要提交借据、还款凭证及转账支票等资料。银行柜员受理后，认真审核还款凭证各项内容，审核无误后，通过“对公存贷”模块，办理贷款本金全部偿还的业务处理。

1. 登录界面

柜员登录贷款业务界面后，点击“对公存贷→贷款业务→全部还贷”按钮，进入贷款全部归还的操作界面，如图 7－14 所示。

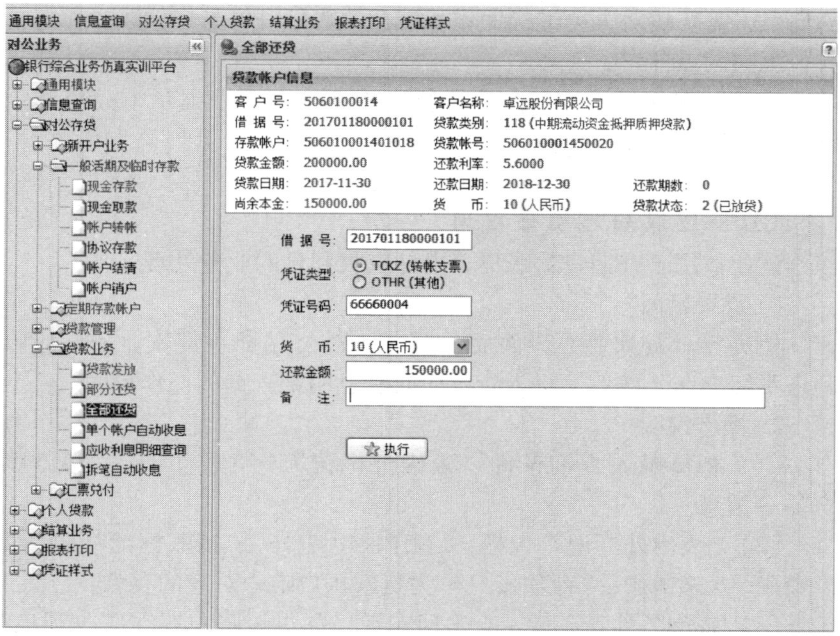

图 7－14 全部还贷

2. 操作说明

（1）柜员录入“贷款借据号”“凭证类型”“支票号”“还款金额”等信息。

（2）“凭证类型”包括 TCKZ 转账支票、OTHR 其他，使用非系统管理的支票时选择其他。

（3）“凭证号码”录入转账支票的完整的 8 位数字。

（4）核对无误后，点击“执行”按钮，在系统提示下完成全部还贷操作。

需要注意的事项：

（1）全部还贷账户不能有应收未收利息。

（2）全部还贷的还款金额应等于贷款余额（利随本清），否则，应转入“部分还贷”界面进行操作。

（四）单个账户自动收息

该业务是系统对单个贷款账户应收未收利息进行收取的业务处理。

1. 登录界面

柜员登录贷款业务界面后，点击“对公存贷→贷款业务→单个账户自动收息”按钮，进入单个贷款账户自动收息的操作界面。

2. 操作说明

（1）柜员录入“存款账号”后按回车键，系统生成该存款账户的信息，需要核对方可继续操作。该存款账号可以与贷款账户在同一支行不同网点开户。

（2）核对无误后，点击“执行”按钮，在系统提示下完成单个账户自动收息操作。

（五）应收利息明细查询

该业务用于查询贷款账户表内外应收利息的业务处理。

1. 登录界面

柜员登录贷款业务界面后，点击“对公存贷→贷款业务→应收利息明细查询”按钮，进入贷款应收利息明细查询的操作界面。

2. 操作说明

（1）柜员录入查询条件“表内外标记”“销账标记”“存款账户”等信息。

（2）“表内外标记”包括：1 表内、0 表外，“销账标记”包括 1 已销账、0 未销账，“存款账户”为贷款账户唯一对应的存款户。

（3）查询条件录入后，点击回车键，如果该账户存在应收利息，将输出其应收利息的有关信息：明细序号、贷款账号、开始日期、结束日期、利息金额、销账日期。

（4）查询无误后，点击“执行”按钮，在系统提示下完成应收利息明细查询操作。

（六）拆笔自动收息

该业务用于手工对单个贷款账户应收未收利息进行拆分收息的业务处理。

1. 登录界面

柜员登录贷款业务界面后，点击“对公存贷→贷款业务→拆笔自动收息”按钮，进入贷款拆笔自动收息的操作界面。

2. 操作说明

（1）柜员录入“存款账号”“表内表外”“明细序号”“收息金额”等信息。

（2）“存款账号”是贷款账户唯一对应的存款账户，可以是与贷款账户同一支行或同一支行不同网点的账户。

（3）“表内表外”包括：1 表内、0 表外，根据本业务特点选择。

（4）“明细序号”是指该客户贷款应收未收息的顺序号，是本业务用来把一笔应收未收息拆成若干笔应收未收息的标记。可在应收利息明细查询中查询。

（5）点击“执行”按钮成功后，系统自动生成拆笔序号，编排方式为最大序号加1：序号为10的应收未收息第一笔拆息序号为11，第二笔为12，依次类推。

七、汇票兑付

商业汇票是出票人签发，委托付款人在指定日期无条件支付确定的金额给收款人或者持票人的票据。商业汇票按照承兑人的不同分为银行承兑汇票和商业承兑汇票两种。商业汇票开出后，可以此支付结算款项，汇票到期时，柜员要向汇票承兑人收取票款。待收到持票人的收款通知，经柜员审核票据无误后，办理汇票兑付的业务操作。

（一）商业汇票承兑

单位客户向银行申请使用银行承兑汇票，银行审核同意后，从该客户基本存款账户扣收手续费和保证金后，办理商业汇票承兑的业务操作。

1. 登录界面

柜员登录对公存贷界面后，点击“对公存贷→贷款业务→商业汇票承兑”按钮，进入商业汇票承兑操作界面，如图7－15所示。

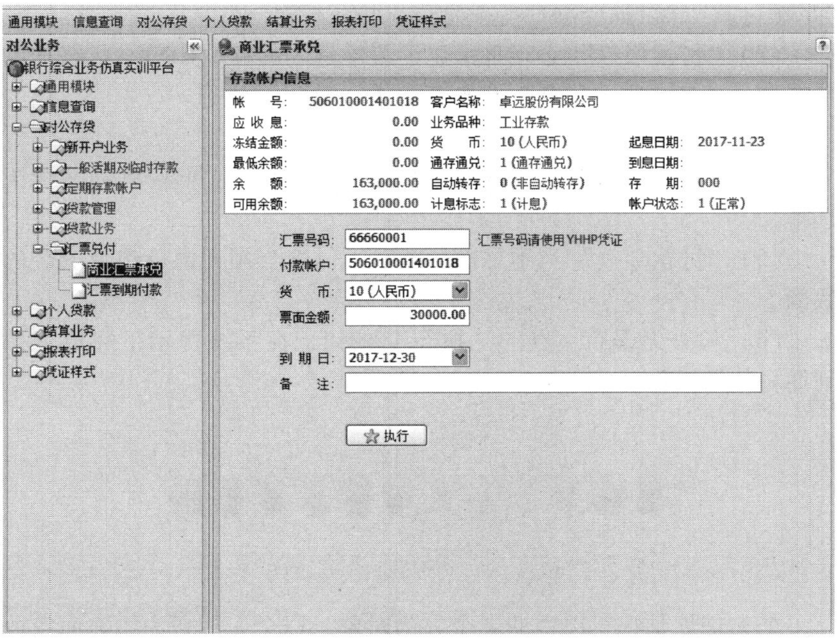

图7－15 商业汇票承兑

2. 操作说明

（1）柜员录入“汇票号”“付款账户”“票面金额”“到期日”等信息，根据实际汇票录入后，注意核对信息。

（2）“汇票号”为银行承兑汇票的凭证号码，由 8 位数字构成。

（3）“付款账户”为汇票申请人（及付款人）在本支行或同一支行网点的存款账户。

（4）核对无误后，点击“执行”按钮，在系统提示下完成商业汇票承兑操作。

需要注意的事项：

银行向汇票申请人收取的承兑手续费一般按照汇票面额的万分之五计收；保证金在汇票到期承兑后，将全部退回给汇票申请人。

（二）汇票到期付款

单位客户签发的商业汇票到期后，持票人到银行办理汇票兑付手续，柜员审核无误后，办理见票付款的业务处理。

1. 登录界面

柜员登录对公存贷界面后，点击“对公存贷→贷款业务→汇票到期付款”按钮，进入商业汇票到期付款的操作界面。

2. 操作说明

（1）柜员录入“汇票号”“付款账户”“应解账户”“票面金额”“足额付款”“付款金额”等信息后，注意核对。

（2）“付款账户”必须是承兑汇票申请人的存款账户，且账户的状态显示“正常”，不能是“结清”或“关闭”状态。

（3）“应解账户”为应解汇款的临时存款账户。

（4）“足额付款”可选择 1 是、0 否。柜员根据实际付款情况选择。

（5）“付款金额”当不足额付款时，付款金额为银行垫付资金的数额。

（6）检查无误后，点击“执行”按钮，在系统提示下完成汇票到期付款的操作。

第四节　个人贷款业务实验

个人贷款是银行以消费者个人为对象，以个人消费为用途而发放的贷款。个人消费贷款是在商业银行传统贷款业务的基础上，为适应银行业日趋激烈的竞争和满足消费者的需求而发展起来的一项贷款业务。本节实验内容主要分为两项：消费贷款（住房按揭贷款或汽车贷款）和助学贷款。

一、消费贷款

对公业务的消费贷款实行贷款合同管理制度，贷款借据录入、维护、贷款发放、回收，都要严格按照贷款合同的规定规范操作，具体实验操作如下：

（一）个人贷款合同管理

银行信贷部门签订消费贷款合同后，将借款人的申请书、有效证件、抵质押物品证明等资料交到银行会计部门，会计部门审核无误后，于放贷前将经信贷部门审核并批准的个人消费贷款借据录入系统。

1. 登录界面

柜员登录个人贷款界面，点击“个人贷款→个人贷款借据管理→新增个人贷款合同管理”按钮，进入新增个人贷款合同管理界面，如图 7－16 所示。

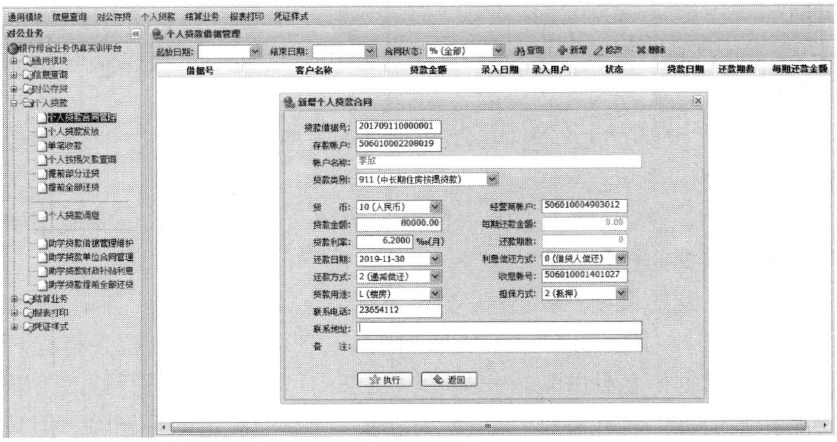

图 7－16　个人贷款合同录入借据

2. 操作说明

（1）柜员录入“借据号”“存款账户”“贷款类别”“贷款金额”“贷款利率”“还款日期”“还款方式”“类别”“经销商账户”“利息偿还方式”“收息账号”“担保方式”“联系电话”“联系地址”等信息。

（2）“借据号”按照统一格式编排：4 位年号＋2 位行号＋2 位

贷款类别 +5 位贷款合同顺序号 +2 位借据号。或者根据信贷部门下发的借据号录入。

（3）“存款账户”为该贷款人在银行任一网点所开立的储蓄活期存款账号，回车后在操作界面的上方显示出对应账户名称，柜员注意核对。

（4）“贷款类别”包括：901 住房按揭贷款，902 再交易住房贷款，903 住房装修贷款，904 汽车消费贷款，905 助学贷款，906 大宗耐用品贷款，907 旅游消费贷款，908 婚丧嫁娶贷款，909 医疗贷款，910 其他短期个人消费贷款，911 住房按揭贷款，912 再交易住房贷款，913 住房装修贷款，914 汽车消费贷款，915 助学贷款，916 大宗耐用品贷款，917 旅游消费贷款，918 婚丧嫁娶贷款，919 医疗贷款，920 其他中长期个人消费贷款等。

（5）“贷款利率”和“还款日期”必须与“贷款类别”相一致。

（6）“还款方式”包括：0 一次性偿还、1 等额、2 递减等。

（7）“贷款种类”包括楼房、汽车等，根据贷款类别选择。

（8）“经销商账号”经销商在银行开立的存款账号，如汽车贷款是汽车经销商的存款账号。

（9）“利息偿还方式”包括：0 借贷人偿还、1 第三方偿还。当贷款为电脑等无息贷款时选择 1 第三方偿还，此种方式由经销商偿还利息。

（10）“收息账号”在“利息偿还方式”选择第三方偿还时录入经销商的收息账号。

（11）“担保方式”包括：1 担保、2 质押、3 抵押等，选择时要跟贷款类别一致。

（12）检查无误后，点击“执行”按钮，在系统提示下完成消费贷款录入借据的操作。

需要注意的事项：

（1）若要对输出借据中某项进行修改，可通过左右箭头将光标移动到该借据信息处并双击，显示其明细，可根据需要进行修改。若要删除某借据，将光标移动到该条信息，按 Delete 键即可删除。但只能对贷款尚未发放的借据进行删除，且只能由柜员进行修改。

（2）个人贷款的对象是个人客户，贷款合同中的关联还款账户，即“存款账户”必须是个人存款。若该借款人尚无本行客户号和存款账户，需要先进行“新开户业务”的处理，新开存款账户后才能操作本项业务。

（二）个人消费贷款发放

柜员开出借据审核无误后，办理消费贷款发放手续，若为抵押质押贷款，柜员需将抵、质押品开户、编号、归档，然后将贷款卡专夹保管，发放贷款。

1. 登录界面

柜员登录消费贷款界面后，点击“个人贷款→个人贷款发放”按钮，进入个人贷款发放的操作界面，按照如下顺序操作：

2. 操作说明

（1）柜员录入“借据号”“分析码”“货币”“贷款金额”“经营商账号”等信息，这些信息要与个人贷款借据一致，注意核对。

（2）检查无误后，点击“执行”按钮，在系统提示下完成贷款发放的操作。

（三）单笔收息

银行根据个人贷款合同向借款人收取利息时，做如下操作：

1. 登录界面

柜员登录消费贷款界面后，点击“个人贷款→单笔收息”按钮，进入个人贷款单笔收息业务操作界面。

2. 操作说明

（1）柜员录入“借据号”“欠款期数”“罚息标志”“本金利息标志”“金额”等信息。回车后核对该界面上方的显示内容。

（2）“欠款期数”是需单笔扣款的欠款期数。

（3）“罚息标志”包括：0 不收罚息、1 收罚息，根据该笔借款做出选择。

（4）“本金利息标志”包括：a 本金、1 利息，根据该笔借款做出选择。

（5）检查无误后，点击“执行”按钮，在系统提示下完成贷款单笔收息的操作。

（四）个人按揭欠款查询

对于个人按揭贷款，柜员要检查欠款的数额和具体时间，柜员查询时的操作如下：

1. 登录界面

柜员登录消费贷款界面后，点击“个人贷款业务→个人按揭欠款查询”按钮，进入个人按揭贷款查询业务操作界面。

2. 操作说明

（1）柜员录入查询条件：“起始借据号”“起始日期”“终止日期”“贷款状态”“期数”等，可录入其中的一项或几项进行模糊查询。

（2）“贷款状态”包括：1 欠款、2 已扣款、3 表内欠息、4 表外欠息、5 表外欠息还款。

（3）查询无误后，点击“执行”按钮，在系统提示下完成查询操作。

（五）提前部分还贷

个人贷款客户要求提前归还部分贷款本息时，需向柜员提交还款凭证、借据等材料，审核无误后，柜员按照如下程序对贷款本金部分偿还业务进行处理。

1. 登录界面

柜员登录消费贷款界面后，点击“个人贷款业务→提前部分还贷”按钮，进入个人贷款提前部分还贷操作界面，如图 7－17 所示。

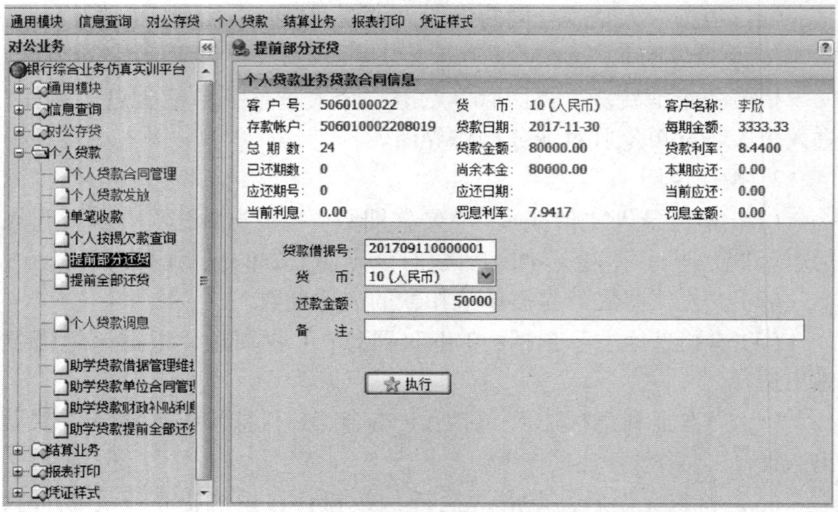

图 7－17　个人贷款提前部分还贷

2. 操作说明

（1）柜员录入“贷款借据号”“还款金额”等信息，点击回车后注意核对该界面上方显示的贷款借据内容。

（2）客户提前部分还贷需要交纳一定金额的“赔偿金”，该金额作为营业外收入直接在通用记账界面进行操作，贷记“营业外收入”。

（3）交易执行成功的同时，系统自动对该贷款户进行计提利息的业务处理。

（六）提前全部还贷

个人贷款客户需要提前全部归还贷款本息时，柜员需要检查还款凭证、借据，并通过系统后台结计利息，审核无误后，按照如下顺序进行操作。

1. 登录界面

柜员登录消费贷款界面后，点击“个人贷款→提前全部还贷”按钮，进入个人贷款提前全部还贷界面。

2. 操作说明

（1）柜员录入“借据号”“还款金额”等信息，注意核对借据。

（2）客户提前全部还贷需要交纳一定金额的“赔偿金”，该金额作为营业外收入直接在通用记账界面进行操作。

（3）检查无误后，点击“执行”按钮，在系统提示下完成个人贷款全部还贷的操作。

（七）个人贷款调息

如遇人民银行调整贷款利率，银行柜员要在调息当年年初（1 月 1 日）将个人贷款的贷款利率调整为新利率。操作顺序如下：

1. 登录界面

柜员登录消费贷款界面后，点击“个人贷款→个人贷款调息”按钮，进入个人贷款调息业务操作界面。

2. 操作说明

（1）柜员录入“贷款借据号”“贷款类别”“科目号”“货币”“新贷款利率”“调整比率”“起始日期”等信息，注意核对信息要与借据内容一致。

（2）“调整比率”按照新旧利率的差额与旧利率之比计算。

（3）检查无误后，点击“执行”按钮，在系统提示下完成个人贷款调息操作。

二、助学贷款

大学生助学贷款一般有四类：国家助学贷款；生源地信用助学贷款；高校利用国家财政资金对学生办理的无息借款；一般性商业助学贷款。其中，国家助学贷款资助力度和规模最大，是助学贷款的主要内容。国家助学贷款是由政府主导、财政贴息，银行、教育行政部门与高校共同操作的专门帮助高校贫困家庭学生的银行贷款。借款学生不需要办理贷款担保或抵押，但需要承诺按期还款，并承担相关法律责任。本节就以国家助学贷款为例，介绍助学贷款的实验操作。

（一）助学贷款单位合同录入

银行信贷部门与大学生借款人签订助学贷款合同后，将有关贷款资料移转银行会计部门。会计部门审核贷款资料无误后，对助学贷款进行借据管理，录入单位合同信息。

1. 登录界面

柜员登录消费贷款界面后，点击“个人贷款→助学消费贷款→助学贷款单位合同录入”按钮，进入助学贷款单位合同录入操作界面，如图 7－18 所示。

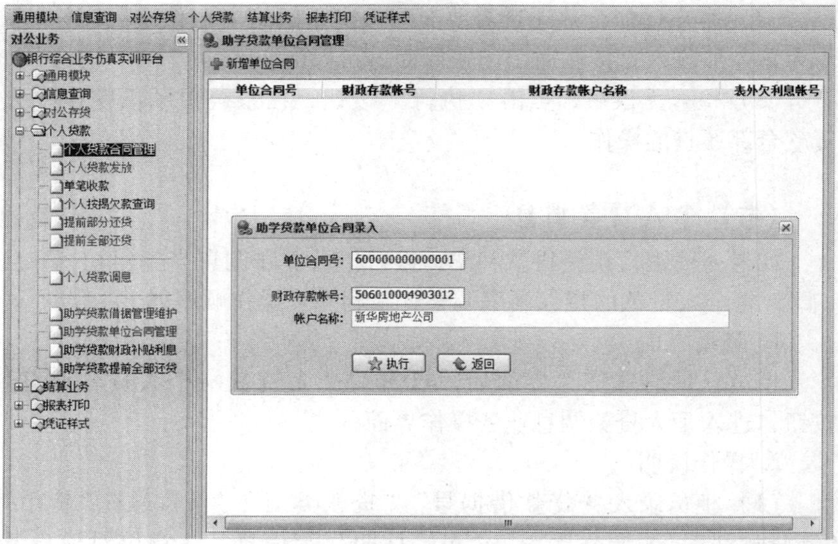

图 7－18　助学贷款单位合同录入

2. 操作说明

（1）柜员点击“新增”，进入操作界面，录入要素为“单位合同号”“财政存款账号”等信息。

（2）输入完成后，点击“执行”按钮，在系统提示下完成单位合同录入的操作。

需要注意的事项：该项业务必须在放贷前把经信贷部门审核并批准的有关助学贷款信息录入，录入的信息须与贷款合同一致。

（二）助学贷款借据管理维护

该项业务用于放贷前对于贷款借据信息发生的变化进行维护、修改。按照如下顺序操作：

1. 登录界面

柜员登录消费贷款界面后，点击“个人贷款→助学消费贷款→助学贷款借据管理维护”按钮，进入助学贷款借据管理维护操作界面。

2. 操作说明

(1) 柜员在操作界面，录入单位合同号，点击“查询”按钮，可查询到已经录入的贷款合同，选中并双击可进入维护。

(2) 检查无误后，点击“执行”按钮，在系统提示下完成贷款单笔收息的操作。

(三) 新增个人助学贷款合同

贷款借据、单位合同录入完成后，柜员为借款人签开个人助学贷款合同，做“新增”处理，按照如下顺序操作：

1. 登录界面

柜员登录消费贷款界面后，点击“个人贷款→助学消费贷款→助学贷款管理”按钮，进入助学贷款合同管理操作界面。

2. 操作说明

(1) 柜员点击“新建”按钮，进入个人助学贷款合同录入界面。

(2) 录入新的贷款合同，录入“贷款借据号”“单位合同号”“还款日期”“还款方式”等信息，这些信息要与借据一致，注意核对。

(3) 检查无误后，点击“执行”按钮，在系统提示下完成个人助学贷款合同的操作。

需要注意的事项：个人助学贷款的对象是个人客户（一般是大学生），贷款合同中的关联还款账户，即“存款账户”必须是个人存款。若该借款人尚无本行客户号和存款账户，需要先进行“新开户业务”的处理，新开存款账户后才能操作本项业务。

(四) 助学贷款财政补贴利息

柜员为借款人办理财政补贴利息业务时，按照如下顺序操作：

1. 登录界面

柜员登录消费贷款界面后，点击“个人贷款→助学消费贷款→助学贷款财政补贴利息”按钮，进入个人助学贷款财政补贴利息业务的操作界面。

2. 操作说明

(1) 柜员录入“单位合同号”“应还金额”等信息，注意核对与合同的一致性。

(2) 核对无误后，点击“执行”按钮，在系统提示下完成财政补贴利息的操作。

(五) 助学贷款全部提前还贷

借款人提前归还助学贷款本息时，柜员审核相关的还贷资料、还贷凭证无误后，办理助学贷款提前全部还贷的业务处理。

1. 登录界面

柜员登录消费贷款界面后，点击“个人贷款→助学消费贷款→助学贷款提前全部还贷”按钮，进入助学贷款提前全部还贷界面，如图 7－19 所示。

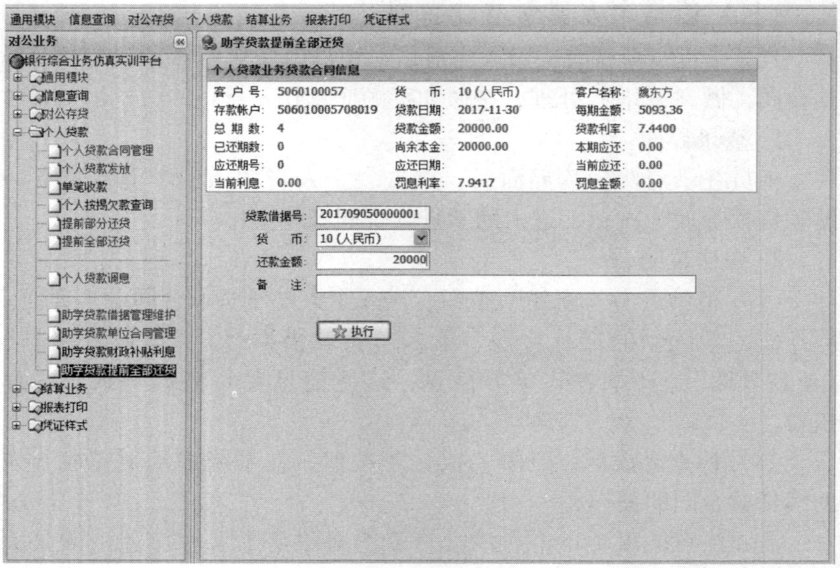

图 7－19　助学贷款全部提前还贷

2. 操作说明

（1）柜员录入“贷款借据号”“货币”“还款金额”“备注”等信息，录入完成后，注意核对。

（2）检查无误后，点击“执行”按钮，在系统提示下完成提前全部还贷的操作。

【知识拓展 7－2】

国家助学贷款的申请与还款规定

1. 国家助学贷款申请流程

国家助学贷款的申请流程为：学生提出申请→学校进行初审→银行开展审批→双方签订合同→银行发放贷款→毕业后开始偿还贷款。

注意：商业银行不直接受理在校学生的贷款申请。申请贷款的学生，须在新学年开学前后 10 日内凭本人有效证件向所在学校指定部门提出贷款申请，领取并如实填写《国家助学贷款申请表》《申请国家助学贷款承诺书》等有关材料。

2. 申请国家助学贷款条件

具有完全的民事行为能力（未成年人须由其法定监护人书面同意）；诚实守信，遵纪守法，无违法违纪行为；学习刻苦，能够正常完成学业；因家庭困难，在校期间所能获得的收入不足以支付完成学业所需基本费用（包括学费、住宿费、基本生活费）；由所在学校审查同意；符合中国人民银行公布的《贷款通则》中规定的其他条件。

3. 申请国家助学贷款的材料

申请人需要提供的材料有：本人及家庭经济状况的必要资料（一般包括本人书面申请、家庭经济情况调查表、街道或乡级以上的困难证明、担保人的担保书及本人的现实表现等），承诺有关还贷的责任条款，提供还贷担保人。

4. 国家助学贷款还款方式

可供归还国家助学贷款的还款方式有以下几种：

（1）学生毕业前，一次或分次还清；

（2）学生毕业后，由其所在的工作单位将全部贷款一次垫还给发放贷款的部门；

（3）毕业生见习期满后，在二到五年内由所在单位从其工资中逐月扣还；

（4）毕业生工作的所在单位，可视其工作表现，决定减免垫还的贷款；

（5）对于贷款的学生，因触犯国家法律、校纪，而被学校开除学籍、勒令退学或学生自动退学的，应由学生家长负责归还全部贷款。

5. 国家助学贷款期限、利率、额度

大学生每人每学年最高不超过8000元。最长期限为10年。利率在校期间由财政贴息，毕业后由借款人自行承担（按央行现行的基准利率执行）。

第五节　结算业务实验

结算业务是商业银行代客户清偿债权债务、收付款项的一项传统业务。是商业银行的一项业务量大、收益稳定的典型中间业务。本节实验内容主要包括：辖内业务、同城票据交换业务和特约汇款证业务三项。

一、辖内业务

辖内业务是商业银行各支行网点之间发生的通存通兑业务，当客户在同辖内银行开户后，都可以在辖内任意联网银行办理通存通兑业务。辖内业务的实验内容包括：辖内现金通存、转账通存、现金通兑与转账通兑业务，具体实验操作如下：

（一）辖内通存

同一银行系统的商业银行间可以进行辖内现金通存或转账通存业务。当柜员收到客户申请办理通存业务时，按照通存方式的不同，实验操作如下：

1. 辖内现金通存录入

他行客户在本行任一联网网点以现金方式存入款项时，柜员为此办理现金通存业务，交易完成后款项能即时入账。具体操作如下：

（1）登录界面。柜员登录辖内通存业务界面时，点击“结算业务→辖内通存→现金通存录入”按钮，进入辖内现金通存录入操作界面，如图7－20所示。

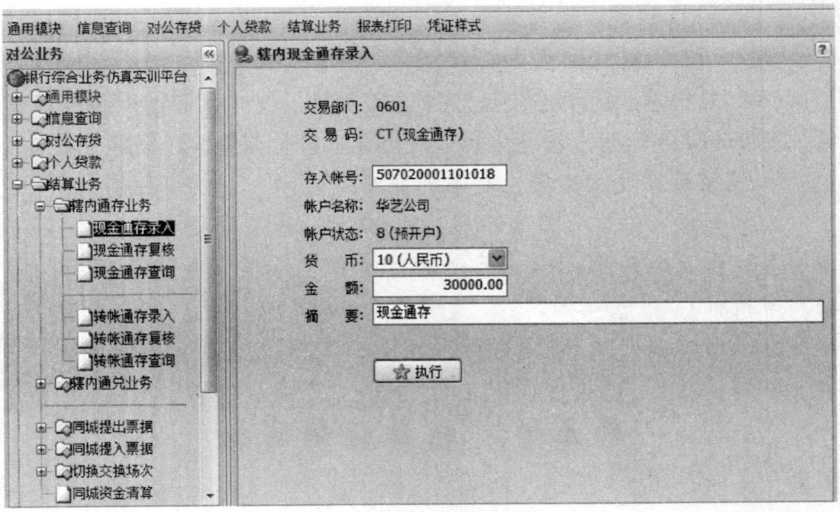

图7－20　辖内现金通存录入

（2）操作说明。

①柜员录入“存入账号”“金额”等信息，注意核对是否为同一联网行通存客户。

②“存入账号”为在本行任一网点开户的对公存款账户，根据

客户填写的现金交款单录入，按回车键后自动显示该账号对应账户名称和账户状态。

（3）检查无误后，点击“执行”按钮，在系统提示下完成辖内通存录入的操作。

需要注意的事项：本交易完成后必须换人复核，才能即时入账。

2. 辖内现金通存复核

辖内现金通存录入业务完成后，必须由另一柜员复核完成操作。

（1）登录界面。柜员登录辖内通存业务界面，点击“结算业务→辖内通存→辖内现金通存复核”按钮，进入辖内现金通存复核操作界面。

（2）操作说明。

①柜员录入的信息同“现金通存录入”，不再重复。

②当辖内通存业务复核完成后发现错误时，要进行联行错账调整处理，重新录入错账交易并复核，金额处录入等额负数。

③进行联行错账调整处理，必须在所通存金额未被使用的情况下进行，即转入账户余额大于等于调账金额。

④联行错账调整要起红字报单。

（3）核对无误后，点击“执行”按钮，在系统提示下完成辖内通存录入复核的操作。

3. 辖内现金通存查询

对已录入且未复核的现金通存业务需要进行修改或删除时，可通过“辖内现金通存查询”界面处理；已复核的业务，发现错误时则不能再修改，只能进行联行错账调整处理。同时，该界面还可用于对本网点行所有现金通存业务的查询。

（1）登录界面。柜员登录辖内通存业务界面时，点击“结算业务→辖内通存→辖内现金通存查询”按钮，进入辖内现金通存录入操作界面。

（2）操作说明。

①柜员录入查询条件，包括：“报单状态”“录入日期”“复核日期”等可选项，可以通过其中的一条或几条进行模糊查询。

②“报单状态”包括：0 录入、1 复核等。

③查询条件录入完毕后回车，系统显示符合条件的所有记录，通过左右箭头可选定某条记录，回车后对该记录进行明细查询或修改，按 Delete 键并选择 1 删除当前记录。

需要注意的事项：该业务只能对未复核的报单进行维护和删除，且该项操作只能由原操作员进行。

4. 辖内转账通存录入

当收付款人为银行不同网点但属于联网对公客户，付款人持转账支票在本开户网点行办理通存业务，向在他行开户的客户存入款项时，该转账支票不需要通过同城票据交换，在网点行直接审核，交易成功后，即时入收款人账户。具体操作如下：

（1）登录界面。柜员登录辖内通存业务界面后，点击“结算业务→辖内通存→辖内转账通存录入”按钮，进入辖内转账通存录入操作界面，如图 7－21 所示。

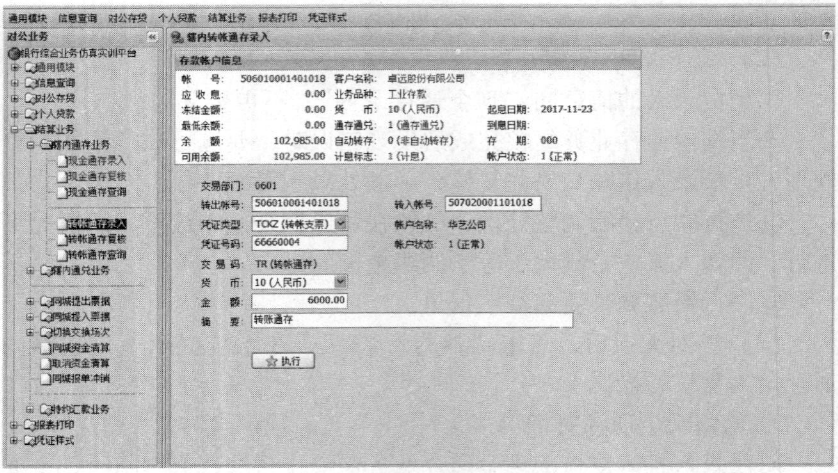

图 7－21　辖内转账通存录入

（2）操作说明。

①柜员录入“转出账号”“凭证类型”“凭证号码”“金额”“转入账号”等信息。

②“转出账号”为付款人付款账号，转出账户必须是本网点行一般活期或临时存款账户。

③“凭证类别”包括：TCKZ 转账支票、XHDH 信汇电汇、OTHR 其他，使用非系统管理的转账支票时选“其他”。

④如果是 TCKZ 转账支票，则输入“凭证号码”，8 位数字。

⑤“转入账号”为收款人存款账号，必须是银行非本行一般活期或临时存款账户。录入后按回车键，自动显示出转入账户名称和账户状态，注意核对。

⑥本交易完成后必须换人复核。

（3）检查无误后，点击“执行”按钮，在系统提示下完成辖内转账通存业务的操作。

5. 辖内转账通存复核

转账通存录入业务完成后，必须由另一柜员完成复核操作。

（1）登录界面。柜员登录辖内通存业务界面时，点击“结算业务→辖内通存→转账通存复核”按钮，进入辖内转账通存复核操作界面。

（2）操作说明。

①柜员录入的信息同“转账通存录入”，不再重复。

②当辖内通存业务复核完成后发现错误时，要进行联行错账调整处理，重新录入错账交易并复核，金额处录入等额负数即可。

③进行联行错账调整处理，必须在所通存金额未被使用的情况下进行，即转入账户余额大于等于调账金额。

④联行错账调整要起红字报单。

（3）检查无误后，点击“执行”按钮，在系统提示下完成转账通存复核的操作。

6. 辖内转账通存查询

当已录入且未复核的转账通存业务进行修改或删除时，可通过该界面进行查询后办理。已复核的业务，发生错误时不能修改，只能进行联行错账调整处理。同时，还可用于对本网点行所有转账通存业务的查询。

（1）登录界面。柜员登录辖内通存业务界面时，点击“结算业务→辖内通存→转账通存查询”按钮，进入辖内转账通存查询操作界面。

（2）操作说明。转账通存查询与现金通存查询的实验操作基本相同，此处不再重复。

（二）辖内通兑

同一银行系统的商业银行间可以实现辖内现金或转账通兑业务。当柜员收到客户申请办理通兑业务时，按照通兑方式的不同，实验操作如下：

1. 辖内现金通兑录入

辖内任一联网网点行的客户都可在银行办理现金通兑业务。当柜员收到他行开户需要兑付现金的申请时，审核无误为其办理业务，该项业务完成后即时入账。

（1）登录界面。柜员登录辖内通兑业务界面时，点击“结算业务→辖内通兑→现金通兑录入”按钮，进入辖内现金通兑录入操作界面，如图7－22所示。

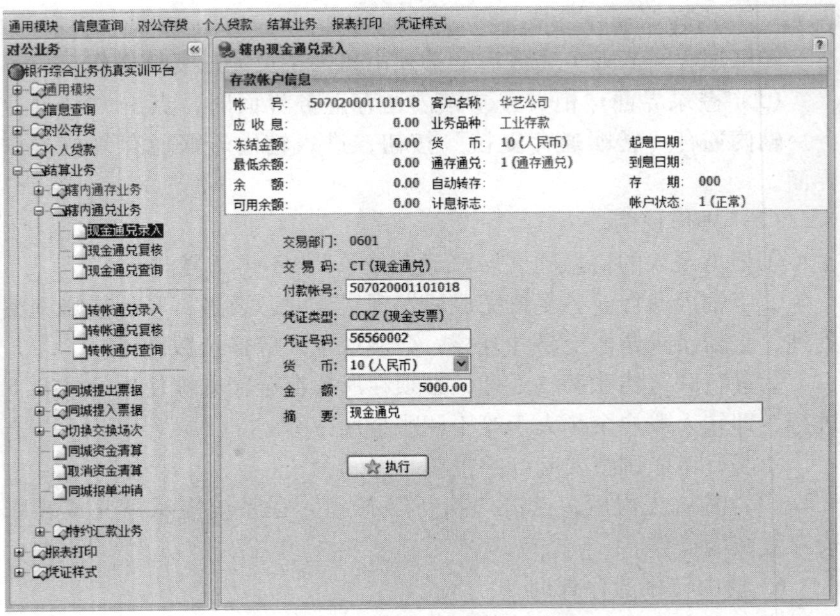

图 7－22　辖内现金通兑录入

（2）操作说明。

①柜员录入“付款账号”“金额”等信息，注意核对。

②“付款账号”为在本行任一网点开户的对公存款账户，根据客户填写的现金交款单录入，回车后自动显示该账号对应账户名称和账户状态。

③本交易完成后必须换人复核。

（3）核对无误后，点击“执行”按钮，在系统提示下完成现金通兑录入的操作。

2. 辖内现金通兑复核

辖内现金通兑录入业务完成后，由另一柜员完成复核操作。

（1）登录界面。柜员登录辖内通兑业务界面时，点击“结算业务→辖内通兑→辖内现金通兑复核”按钮，进入辖内现金通兑录入操作界面。

（2）操作说明。

①柜员录入的信息与“现金通兑录入”相同，不再重复。

②当辖内通兑业务复核完成后发现错误时，要进行联行错账调整处理，重新录入错账交易并复核，金额处录入等额负数即可。

③进行联行错账调整处理，必须在所通兑金额未被使用的情况下进行，即转入账户余额大于等于调账金额。

④联行错账调整要起红字报单。

（3）检查无误后，点击“执行”按钮，在系统提示下完成现金通兑复核的操作。

3. 辖内现金通兑查询维护

该业务可用于对本网点行所有现金通兑业务的查询。查询后，只能对已录入且未复核的现金通兑业务进行修改或删除；而已复核的业务发生错误时，则不能修改，只能进行联行错账调整处理。

（1）登录界面。柜员登录辖内通兑业务界面时，点击“结算业务→辖内通兑→现金通兑查询”按钮，进入辖内现金通兑查询的操作界面。

（2）操作说明。

①录入查询的条件，包括：“报单状态”“录入日期”“复核日期”等均为可选项，录入其中的一条或几条进行模糊查询。

②“报单状态”包括：0 录入、1 复核等。

③查询条件录入完毕后点击回车键，系统显示符合条件的所有记录，通过左右箭头可选定某条记录，回车后对该记录进行明细查询或修改，按 Delete 键并选择 1 删除当前记录。

（3）检查无误后，点击“执行”按钮，在系统提示下完成现金通兑查询的操作。

需要注意的事项：该业务操作只能对未复核的报单进行维护和删除，且只能由原柜员进行操作。

4. 辖内转账通兑录入

当收付款人为银行不同网点但联网的对公客户，收款人持转账支票在本开户网点申请通兑业务时，柜员审核无误或为其办理通兑手续。由于是辖内联行之间的业务，该转账支票不需通过同城票据交换，在网点行直接完成审核，交易成功后，即时扣划付款人账户资金。

（1）登录界面。柜员登录辖内通兑业务界面时，点击“结算业务→辖内通兑→转账通兑录入”按钮，进入辖内转账通兑录入操作界面，如图 7－23 所示。

（2）操作说明。

①柜员录入“付款账号”“凭证类型”“凭证号码”“金额”“收款账号”等信息，注意核对。

②“付款账号”必须是银行非本行一般活期或临时存款账户。

③“凭证类别”包括：TCKZ 转账支票或其他。若是转账支票，输入“凭证号码”，由 8 位数字组成。

④“收款账号”必须是银行本行一般活期或临时存款账户。录入后点击回车键，系统自动显示转入账户名称和账户状态。

⑤本交易完成后必须换人复核。

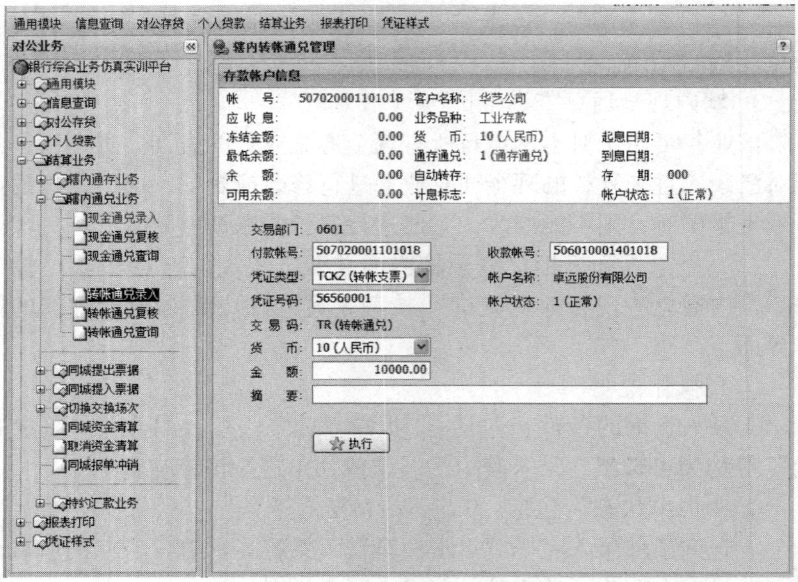

图 7－23 辖内转账通兑录入

（3）检查无误后，点击“执行”按钮，在系统提示下完成转账通兑录入的操作。

5. 辖内转账通兑复核

转账通兑录入业务完成后，必须由另一柜员完成复核操作。

（1）登录界面。柜员登录辖内通兑业务界面时，点击“结算业务→辖内通兑→转账通兑复核”按钮，进入辖内转账通兑复核的操作界面。

（2）操作说明。

①柜员录入的信息与“转账通兑录入”相同，不再重复。

②当辖内通兑业务复核完成后发现错误时，要进行联行错账调整处理，重新录入错账交易并复核，金额处录入等额负数即可。

③进行联行错账调整处理，必须在所通兑金额未被使用的情况下进行，即收款账户余额大于等于调账金额。

④联行错账调整要起红字报单。

（3）检查无误后，点击“执行”按钮，在系统提示下完成转账通兑复核的操作。

6. 辖内转账通兑查询

该业务可用于对本网点行所有转账通兑业务的查询。查询后，只能对已录入且未复核的转账通兑业务进行修改或删除；而已复核的业务发生错误时，则不能修改，只能进行联行错账调整处理。

（1）登录界面。柜员登录辖内通兑业务界面时，点击“结算业务→辖内通兑→转账通兑查询”按钮，进入辖内转账通兑查询的操作界面。

（2）操作说明。转账通兑查询的操作与现金通兑查询的实验操作基本相同，此处不再重复。

二、同城业务

同城业务是指各商业银行在同城范围内进行的往来结算业务，需要通过同城票据交换中心进行票据交换后才能完成结算事项。同城业务主要包括：提出票据业务、提入票据业务和特约汇款业务。

（一）提出票据业务

由票据业务的发起方办理提出票据业务，提出业务可以是代付票据也可以是代收票据，通过报单管理系统，提交同城票据交换中心，交换成功后才能办理入账。

1. 提出代付报单管理

（1）同城提出代付录入。柜员收到本行客户存入的转账支票或汇票等票据时，录入相关票据信息。其中：票据收款人为本行开户单位。银行柜员受理后，为其办理同城票据交换，并按照如下顺序操作：

①柜员登录提出票据业务界面后，点击“结算业务→提出票据业务→提出代付报单管理→提出代付录入”按钮，进入同城提出代付录入操作界面，如图7－24所示。

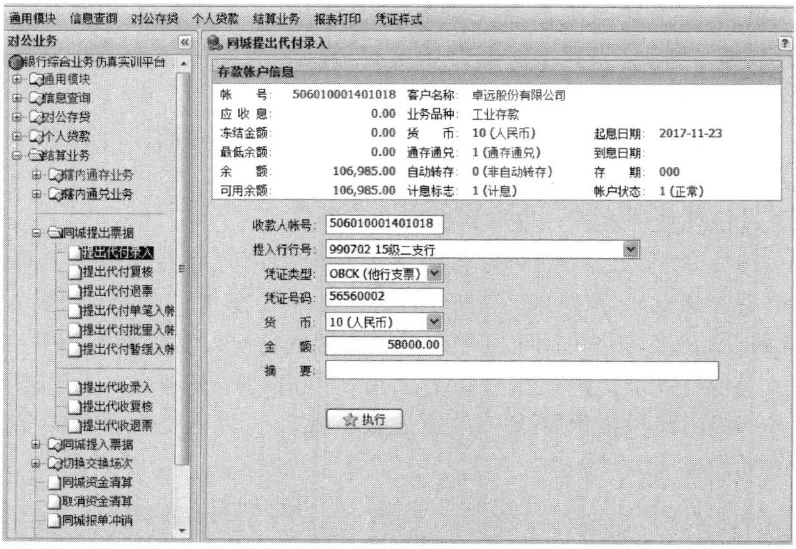

图7－24　同城提出代付录入

②柜员录入“收款账号”“提入行号”“凭证类别”“凭证号码”“金额”等信息。其中：“收款账号”是在本行开户的对公存款账户；“提入行号”为对方行行号，录入后点击回车键，将自动显示对应行名称；“凭证类别”包括：OBCK 他行支票、OBPO 他行汇票、XHDH 信汇电汇、OTHR 其他等，根据业务选择。

③该交易必须换人复核，才能进行票据交换。

④核对无误后，点击“执行”按钮，完成同城提出代付票据的操作。

（2）报单复核。提出代付录入业务完成后，需要由另一柜员完成复核操作。复核无误后，该笔款项完成预记账。操作顺序如下：

①柜员登录提出票据业务界面后，点击“结算业务→提出票据业务→提出代付报单管理→报单复核”按钮，进入报单复核操作界面。

②柜员录入的信息与“提出代付录入”的信息相同，此处不再重复。

（3）报单退票。银行提出转账支票被对方行电话通知退票，并且所退票据已通过交换到达银行时，需要进行提入提出代付退票的业务处理，完成后该报单的状态由“暂缓”修改为“退票”。

①柜员登录提出票据业务界面后，点击“结算业务→提出票据业务→提出代付报单管理→报单退票”按钮，进入提入报单退票的操作界面。

②柜员录入“提出日期”“金额”等可选信息，按回车键后将自动显示出符合条件的已提出代付报单，可通过左右箭头选定某条记录，回车查看其明细信息，核对无误后录入“退票提入日期”和“退票提入场次”，其中：退票场次必须晚于原提出场次，并且是已切换未清差的场次。

③点击“执行”按钮后，自动返回输出信息界面，可看到该笔报单状态栏已经修改为“退票”状态。

④该项业务在下一场次切换后方可操作。

（4）单笔入账。当对方行电话退票但抵用时间后未退回，可办理单笔入账的业务处理。完成后将该报单状态由“暂缓”修改为“入账”。该业务也可用于某账户单独入账的情况。实验操作如下：

①柜员登录提出票据业务界面后，点击“结算业务→提出票据业务→提出代付报单管理→单笔入账”按钮，进入提出报单单笔入账的操作界面。

②柜员录入“录入日期”“金额”等可选项目，点击回车键后自动显示出符合条件的已提出代付报单，通过左右箭头可选定某条记录，回车查看其明细信息，注意核对。

③核对无误后，点击“执行”按钮，返回输出信息界面，可看到该笔报单状态已经修改为“入账”状态。

④该笔业务在下一场次切换后方可操作。

（5）批量入账。当提出代付票据到抵用时间后批量入账时，柜员通过批量入账进行业务处理，完成后将票据状态修改为“入账”状态。

①柜员登录提出票据业务界面后，点击“结算业务→提出票据业务→提出代付报单管理→批量入账”按钮，进入提出报单批量入账的操作界面。

②柜员录入“交换日期”“交换场次”等信息，其中：“交换场次”必须是已切换的场次数字。

③点击“执行”按钮后，系统显示对应场次的“待确认笔数”和“金额”，与实际数据核对无误后，再次点击“执行”按钮，系统自动返回该场次入账执行情况，输出“总笔数”“金额”“成功笔数”“金额”“失败笔数”“金额”等信息。

④核对无误后，点击“执行”按钮，完成同城批量入账的操作。

（6）暂缓入账。当提出代付票据在抵用时间内接到对方行电话退票时，通过“暂缓入账”进行业务处理。

①柜员登录提出票据业务界面后，点击“结算业务→提出票据业务→提出代付报单管理→提出代付暂缓入账”按钮，进入提出报单暂缓入账的操作界面。

②柜员录入“提出日期”“金额”等可选项目，回车后显示出符合条件的已提出代付报单，通过左右箭头可选定某条记录，点击回车键后查看其明细数据，进行核对。

（7）核对无误后，点击“执行”按钮，可观察到该报单状态已经修改为“暂缓”状态。

2. 提出代收报单管理

（1）同城提出代收录入。当柜员收到本行开户的单位客户交来的转账支票或银行汇票等票据时，录入相关的票据信息。其中：票据付款人在本行开户，因结算需要开出票据，委托本行将款项向他行客户支付。柜员审核票据无误后，按如下顺序操作：

①柜员登录提出票据业务界面后，点击“结算业务→提出票据业务→提出代收报单位管理→提出代收录入”按钮，进入提出代收录入的操作界面，如图 7 – 25 所示。

②柜员录入“付款账号”“提入行号”“凭证类别”“凭证号码”“金额”等信息。其中：“付款账号”是本行活期存款账户，根据代收票据录入后，按回车键后将自动显示对应付款人名称；“提入行号”为对方行行号，录入后回车，系统自动显示对应行名称；“交易

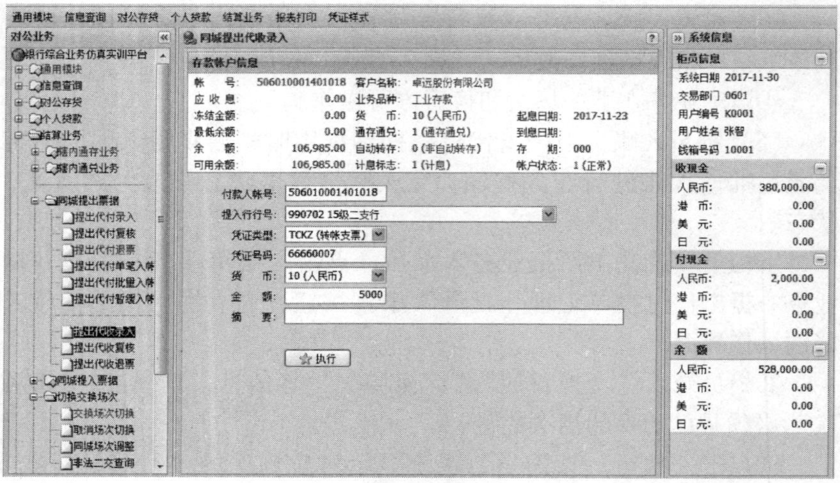

图 7－25　同城提出代收录入

码”包括转账、税款等，根据业务选择；“凭证类别”包括：TCKZ 转账支票、XHDH 信汇电汇、OTHR 其他等，若是转账支票，输入 8 位数字的凭证号码。

③该交易必须换人复核后才能入账。

④核对无误后，点击“执行”按钮，完成同城提出代收票据的操作。

（2）提出代收复核。提出代收录入业务完成后，必须由另一柜员完成复核操作。复核无误后，该笔款项才能完成账务处理。

①柜员登录提出票据业务界面后，点击“结算业务→提出票据业务→提出代收报单位管理→提出代收复核”按钮，进入提出代收复核的操作界面。

②柜员录入的信息与“提出代收录入”的信息相同，此处不再重复。

（3）提出代收退票。当银行提出票据被对方行退票，且所退票据已通过交换到达银行时，柜员通过提入提出代收退票进行业务处理，完成后该报单的状态修改为“退票”状态。

①柜员登录提出票据业务界面后，点击“结算业务→提出票据业务→提出代收报单位管理→提出代收退票”按钮，进入提出代收退票的操作界面。

②柜员录入“提出日期”“提出场次”等可选项目，回车后显示符合条件的已提出代付报单，通过左右箭头可选定某条记录，点击回车键后查看其明细，进行核对。

③核对无误后，录入“退票提入日期”和“退票提入场次”，其中：退票场次必须晚于原提出场次，并且是已切换未清差的场次。

④再次“执行”后，返回到输出界面，可观察到该报单状态已经修改为“退票”。

⑤该业务在下一场次切换后方可操作。

（二）提入票据业务

办理提入票据业务的是票据业务的收受行。当票据管理员从同城票据交换中心提回本行开户单位需要收付款项的票据业务时，柜员审核票据相关信息后，办理提入票据业务的实验操作。

1. 提入代付业务

当柜员收到通过同城票据交换提入的本行付款票据（转账支票或汇票）时，录入相关票据信息，录入完成后系统后台进行账务处理。其中：票据付款人是本行开户单位。具体实验操作如下：

（1）柜员登录提入票据业务界面后，点击“结算业务→提入票据业务→提入代付”按钮，进入提入代付操作界面。

（2）柜员录入“提入日期”“票交场次”“凭证类别”“凭证号码”“金额”“付款账号”“收款账号”“收款人名称”“提出行号”等信息。

其中“收款账号”“收款人名称”“提出行号”为可选项，他行客户信息；“凭证类别”必须为本行凭证，包括：TCKZ 转账支票、OTHR 其他。若使用非系统管理的凭证时选择“其他”；若使用 TCKZ 转账支票，必须输入 8 位数字的“凭证号码”。“付款账号”是本行对公存款账号，点击回车键后系统自动显示出对应付款人名称，注意核对。

（3）核对无误后，点击“执行”按钮，在系统提示下完成提入票据录入的操作。

2. 提入代收业务

当柜员收到通过同城票据交换提入的本行收款票据（进账单或其他收款凭证）时，录入相关票据信息，录入完成后系统后台进行账务处理。其中：票据收款人是本行开户单位。具体实验操作如下：

（1）柜员登录提入票据业务界面后，点击“结算业务→同城业务→提入票据业务→提入代收”按钮，进入提入代收录入操作界面。

（2）柜员录入“提入日期”“票交场次”“凭证类别”“凭证号码”“挂账标志”“金额”“收款账号”“付款账号”“付款人名称”“提出行号”等信息。

其中“付款账号”“付款人名称”“提出行号”为可选项目，为同城他行信息；“凭证类别”包括：OJZD 进账单和 OTHR 其他，根据需要选择；“挂账标志”包括：0 不挂账、1 挂账，提入代收不能及时退票的选择挂账；“收款账号”是本行对公客户一般活期存款账号，按回车键后显示对应账户名称。

（3）核对无误后，点击“执行”按钮，在系统提示下完成提入票据录入的操作。

3. 提入代付退票

当本行提入票据因逾期、余额不足等原因需退回对方行时，进行提入代付票据退票的业务处理。按照如下顺序操作：

（1）柜员登录提入票据业务界面后，点击“结算业务→同城业务→提入票据业务→提入代付退票”按钮，进入提入代付退票操作界面。

（2）柜员录入“提入日期”“票交场次”“凭证类别”“凭证号码”“金额”“付款账号”“收款账号”“收款人名称”“提出行号”“摘要”等信息。

其中“收款账号”“收款人名称”为可选项目，为他行客户信息。“提出行号”为对方行行号，必须输入；“凭证类别”必须为本部门凭证，包括 TCKZ 转账支票、OTHR 其他，若使用非系统管理的凭证是选择“其他”；若是 TCKZ 转账支票，必须输入 8 位数字的“凭证号码”；“付款账号”是本行活期存款账号，点击回车后显示对应付款人的名称；“摘要”处要录入退票原因。

（3）核对无误后，点击“执行”按钮，在系统提示下完成提入票据退票的操作。

4. 提入代收退票

当本行提入票据因账号不符、预留印鉴不清等原因需退回对方行时，柜员通过提入代收票据退票办理业务处理。具体实验操作如下：

（1）柜员登录提入票据业务界面后，点击“结算业务→同城业务→提入票据业务→提入代收退票”按钮，进入提入代收退票操作界面。

（2）柜员录入“提入日期”“票交场次”“凭证类别”“凭证号码”“挂账标志”“金额”“收款账号”“付款账号”“付款人名称”“提出行号”“摘要”等信息。其中“付款账号”“付款人名称”等可选项目。

其中：“录入日期”选择当天日期，如果是以前挂账的提入代收退票，则录入该退票以前提入时的日期和场次；“凭证类别”包括：OJZD 进账单和 OTHR 其他；“凭证号码”可以不检查；“挂账标志”包括：0 不挂账、1 挂账，可选择；“收款账号”是本行对公存款账户，回车后显示对应的账户名称；“提出行号”为对方行行号，回车后显示对应行名称；“摘要”处录入退票原因。

（3）核对无误后，点击“执行”按钮，在系统提示下完成提入票据退票的操作。

（三）切换交换场次

1. 交换场次切换

当银行将复核过的报单送给票据交换员参加同城票据交换前，需要进行票据交换场次切换的操作。具体实验操作如下：

（1）柜员登录切换交换场次界面后，点击“结算业务→同城业务→切换交换场次→交换场次切换”按钮，进入票据交换场次切换的操作界面，如图7－26所示。

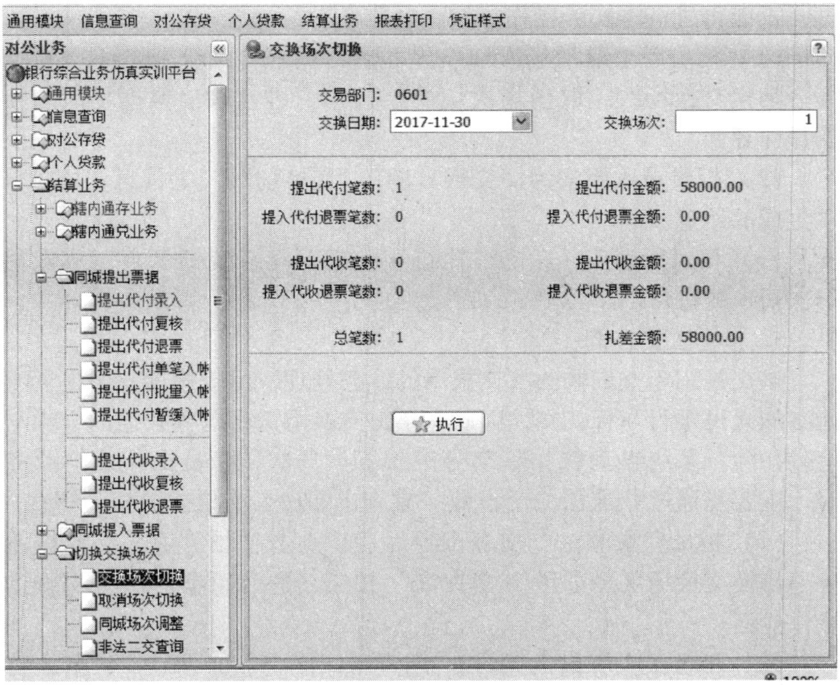

图7－26　交换场次切换

（2）柜员录入“交换日期”“交换场次”“提出代付笔数”“金额”“提入代付退票笔数”“金额”“提出代收笔数”“金额”“提入代收退票笔数”“金额”“总笔数”“轧差金额”等信息，并注意核对信息的完整性。

（3）“交换场次”随时间不同而不同：如果下午进行场次切换，录入的日期为下一工作日，场次为“1”，即提出的是次日上午一交票据；如果上午进行场次交换，录入日期为当日，场次为“2”，即提出的是当日下午二交票据；年终决算时，最多可以做“4”场票据交换。

（4）若有提入无提出的业务发生时，先进行场次切换（报空盘，场次输入为负，分别是-1、-2、-3和-4)，再处理提入的业务。

(5) 笔数和金额均应根据核打的实际票据录入，点击“执行”按钮后若与系统内录入的数据相符则完成切换。“总笔数”是所有提出票据笔数之和，必须输入。

(6)“轧差金额”的计算公式为：提出代付+提入代付退票-提出代收-提入代收退票。计算结果借差为正数，贷差为负数。

2. 取消场次切换

需要取消票据交换场次切换时，进行该项操作。取消场次切换完成后，场次恢复为上场。但若该场次的提入票据或该场次已清差的票据，不能再进行本实验操作。

(1) 柜员登录取消场次切换界面后，点击“结算业务→同城业务→切换交换场次→取消场次切换”按钮，进入取消票据场次切换的操作界面。

(2) 柜员录入要素为“交换日期”“交换场次”等信息，核对自动生成的信息。

(3) 核对无误后，点击“执行”按钮，在系统提示下完成取消场次切换的操作。

3. 非法二交查询

该交易用于查询非法二交报单的业务处理，由于边远地区银行不能参加人民银行当日二交，因此在票据交换前需将这些票据的金额与笔数扣除，系统自动将扣除部分滚入下一场次，柜员操作这项业务时，主要是通过“非法二交查询”查询出非法二交票据的相关信息。

(1) 柜员登录非法二交查询界面后，点击“结算业务→同城业务→切换交换场次→非法二交查询”按钮，进入票据非法二交查询操作界面。

(2) 柜员录入查询的条件：“业务部门”“报单种类”“录入日期”等信息，查看非法二交票据的明细信息。

(3) 检查无误后，点击“执行”按钮，完成非法二交查询的操作。

4. 同城业务查询

当需要查询同城业务报单的信息时，柜员可通过“同城业务查询”进行操作。

(1) 柜员登录同城业务查询界面后，点击“结算业务→同城业务→切换交换场次→同城业务查询”按钮，进入同城业务查询的操作界面。

(2) 柜员录入“报单种类”“录入日期”“报单状态”“交换场次”“交换日期”等可选项目信息，选择其中一条或几条进行模糊查询。其中：“报单种类”包括：0提出代付、1提出代收、2提入代付、3 提入代收、全部等；“报单状态”包括：0 录入、1 交换、2 入账、3 退票、4 复核、5 暂缓、9 冲销、全部等，以上信息可以通过左右箭头对输出的报单进行选择，选定后按回车键则可查询其明细内容。

（3）核对无误后，点击“执行”按钮，在系统提示下完成同城业务查询的操作。

（四）同城资金清算

该项业务包括同城资金清算和取消同城资金清算两部分实验操作。

1. 同城资金清算

当对同场次提入提出资金差额进行清算时，所清算的票据必须为当日完成交换的票据。

（1）柜员登录同城资金清算界面后，点击“结算业务→同城业务→同城资金清算→同城资金清算”按钮，进入同城资金清算的操作界面。

（2）柜员录入“交换日期”、“交换场次”、“提出借方笔数”及金额、“提出贷方笔数”及金额、“提入贷方笔数”及金额、“提入借方笔数”及金额、“总笔数”、“轧差金额”等信息。其中：“总笔数”是所有提出提入票据笔数之和；“提入借贷方金额”“提出借贷方金额”“轧差金额”的计算公式如下：

提出借方 = 本场提出代付 + 本场提出的以前场次提入代付退票（银行收款）

提出贷方 = 本场提出代收 + 本场提出的以前场次提入代收退票（银行付款）

提入借方 = 本场提入代付 + 本场提入的以前场次提出代付退票（银行付款）

提入贷方 = 本场提入代收 + 本场提出的以前场次提出代收退票（银行收款）

轧差金额 = 提出借方 + 提入贷方 − 提出贷方 − 提入借方

（3）笔数和金额必须根据交换员提供的数据录入，执行后若与系统内数据相符则完成清算。若不相符则系统会做出相应提示，调整后重新清算。

（4）核对无误后，点击“执行”按钮，在系统提示下完成同城资金清算的操作。

2. 取消同城资金清算

当本行发现提入票据录入有误或发现其他错误信息时，则可以进行“取消资金清算”的业务处理。需要注意的是：本操作只能取消当日场次的同城资金清算。

（1）柜员登录同城资金清算界面后，点击“结算业务→同城业务→同城资金清算→取消资金清算”按钮，进入取消资金清算的操作界面。

（2）柜员录入“交换日期”“交换场次”等信息，按回车键后核对显示的明细信息。

（3）核对无误后，点击“执行”按钮，在系统提示下完成取消资金清算的操作。

（五）报单查询维护

该项业务包括报单查询、报单冲销和场次调整等实验操作。

1. 报单查询

当需要查询同城业务报单的详细信息时，可通过“报单查询”进行业务处理。

（1）柜员登录报单查询界面后，点击“结算业务→同城业务→报单查询”按钮，进入报单查询的操作界面。

（2）柜员录入查询的条件：“报单种类”“录入日期”“报单状态”“交换场次”“交换日期”等信息，可选择其中一条或几条进行模糊查询。其中：“报单种类”包括：0 提出代付、1 提出代收、2 提入代付、3 提入代收、全部；“报单状态”包括：0 录入、1 交换、2 入账、3 退票、4 复核、5 暂缓、9 冲销、全部等，以上信息可以通过左右箭头对输出的报单进行选择，选定后按回车键可查询其明细内容。

（3）检查无误后，点击“执行”按钮，在系统提示下完成报单查询的操作。

2. 报单冲销

当出现提出尚未切换或提入但尚未清差划拨的报单时，需要通过“报单冲销”进行业务处理。

（1）柜员登录报单维护界面后，点击“结算业务→同城业务→报单维护→报单冲销”按钮，进入报单冲销的操作界面。

（2）柜员录入“报单种类”“录入日期”“报单状态”“交换场次”“交换日期”等可选项目信息，可以通过左右箭头选定要冲销的某条报单，回车后系统提示：0 取消、1 确认，选择“确认”后冲销该报单。

需要注意的事项：

①该项业务只能对报单进行删除，不能修改。

②提出代付代收状态为“录入”时，可以在此界面随意删除。

③提出代付、代收状态为“复核”时，系统已完成记账处理，删除后，生成红字账务。

④状态为“入账”的报单可以冲销回交换状态，隔日必须手工红字冲账传票。

⑤已清差的提入票据不能冲销。

3. 场次调整

当票据切换了交换场次但未到人民银行交换，发现提出票据有误或要追加票据时，通过“场次调整”进行业务处理。需要注意的是：该业务只能补报已复核的报单。

（1）柜员登录报单维护界面后，点击“结算业务→同城业务→报单维护→场次调整”按钮，进入场次调整的操作界面。

（2）柜员录入“报单种类”“录入日期”“报单状态”“交换场次”“交换日期”等可选项的信息，选定输出项目中的一项后按回车键，则可以查看其明细信息。

（3）界面下方的“维护类别”包括：0 取消单笔交换、1 补报单笔交换。有需要取消的报单时选择 0，有需要追加的报单时选择 1。

（4）核对无误后，点击“执行”按钮，在系统提示下完成场次调整的操作。

【知识拓展 7 -3】

同城票据交换业务的基本要求

同城票据交换分为提出业务和提入业务，其基本要求如下：

（1）同城交换业务遵循“分散提出、集中提回、集中清算”的原则进行业务处理。

（2）同城交换业务遵循属地管理原则，由当地人民银行管理，各行应该按当地人民银行要求进行票据交换及资金清算处理。

（3）提出网点经办柜员根据《支付结算办法》及有关规定审核提出票据的真实性、合法性、完整性和准确性。

（4）严格按照交换规定时间进行账务处理，有退票应该及时提出，不得压票、无理退票、延误场次。

（5）经办人员应做好提出分包、提入入账回单、挂账通知书、托收回来的退票凭证的交接手续。

（6）交换提入的退票应及时进行账务处理，通知客户，退票支付客户时，与客户办理交接手续。

（7）每日只进行一场交换清算的，隔日必须退票。隔日未退票的，提出行于隔日清算完毕后（即提出票据后第二天清算完毕后）入账。

（8）每日进行两场交换清算的，隔场必须退票。隔场未退票的，提出行于提出票据后第二场清算完毕后入账。

(9) 超过规定的退票时间后不允许再退票。

三、特约汇款业务

特约汇款业务是指电子联行业务中的一项常见业务，用于异地联行间发生的代收代付等结算业务，该业务以“特约汇款证”为凭证，办理签发行和接收行的联行邮划或者电划业务。具体业务操作如下：

（一）签发特约汇款证

当联行业务的签发行受理汇款人递交的“特约汇款证”委托书时，需要对其资料进行审核。审查无误后，柜员根据特约汇款证委托书所列要素录入相关信息。

1. 登录界面

柜员登录特约汇款业务界面后，点击“结算业务→特约汇款业务→签发特约汇款证”按钮，进入签发特约汇款证的操作界面，如图 7－27 所示。

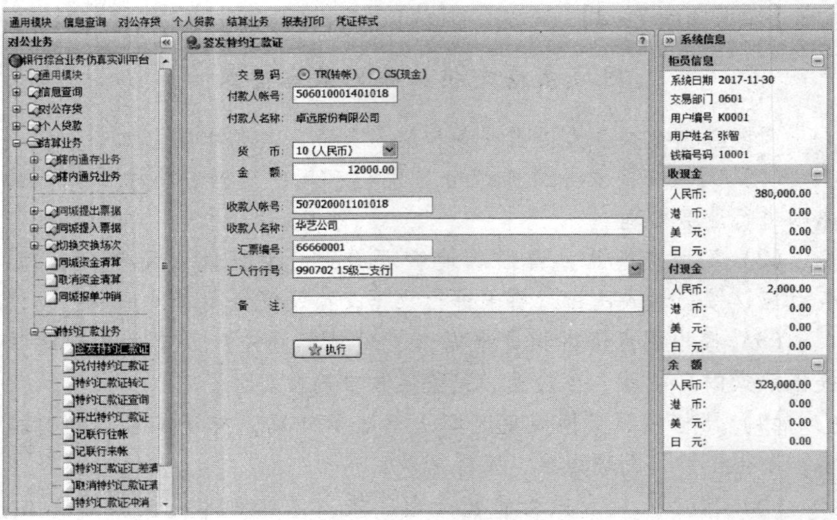

图 7－27　签发特约汇款证

2. 操作说明

(1) 柜员录入“付款人账号”“金额”“收款人账号”“汇票编号”“汇入行行号”等信息。其中：“付款账号”为在本行开户的对公存款账户，输入后回车核对在该界面上方显示的账户信息；“收款人账号”为异地联行开户的客户账户；“汇入行行号”为异地联行行号。“汇票编号”是“特约汇款证”的 8 位数字的凭证号码。

（2）特约汇款证的有效期一个月，按次月对日计算，到期日为例假顺延。

（3）需在兑付地指定行支取现金的，交易码为“CS（现金）”，否则交易码为“TR（转账）”。

（4）汇款证签发起始金额必须大于人民币500元。

3. 核对无误后，点击“执行”按钮，在系统提示下完成签发特约汇款证的操作。

（二）兑付特约汇款证

当联行业务的接收行收到本行客户交来的“特约汇款证”要求兑付款项时，柜员审核无误后，办理兑付手续。其中：特约汇款证的付款人为异地联行开户；持票人为本行开户单位。

1. 登录界面

柜员登录特约汇款业务界面后，点击“结算业务→特约汇款业务→兑付特约汇款证”按钮，进入兑付特约汇款证的操作界面，如图7－28所示。

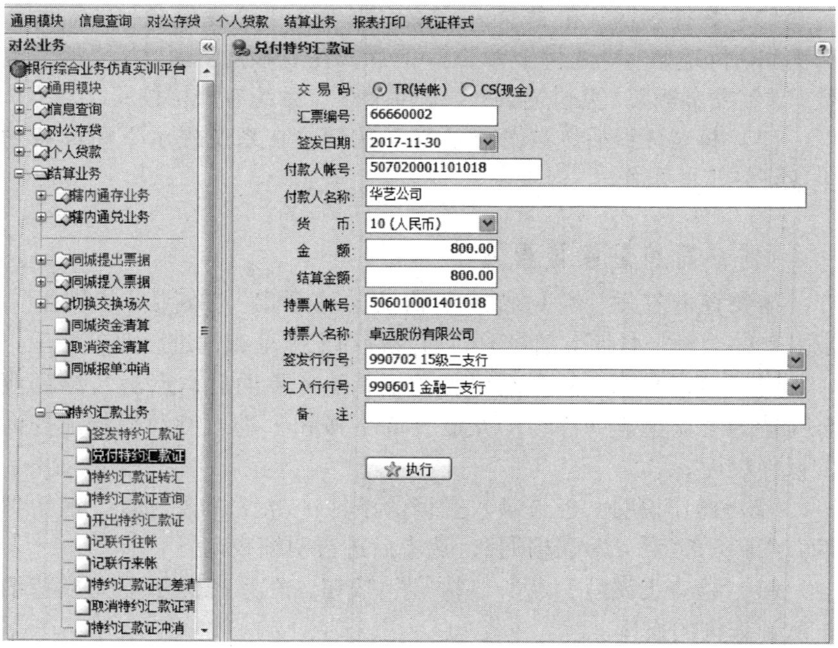

图7－28　兑付特约汇款证

2. 操作说明

（1）柜员录入“汇票编号”“签发日期”“付款人账号”“付款人名称”“币种”“金额”“结算金额”“持票人账号”“持票人名称”

“签发行号”“签发行名”“汇入行行号”“汇入行行名”“备注”等信息。其中：“签发日期”为当日之前交易日期，期限一个月，遇法定假期顺延；“结算金额”要小于汇款证金额；“签发行名”为异地联行名称；“汇入行行号”本行行号、持票人账号为本行对公一般活期存款账户。

（2）兑付支取现金时，交易码为“CS（现金）”，否则交易码为“TR（转账）”。

3. 核对无误后，点击“执行”按钮，在系统提示下完成兑付特约汇款证的操作。

（三）特约汇款证转汇

当日有联行汇款业务发生时，柜员需要统计当日本支行签发笔数、金额，以及兑付笔数、金额，以实现网点与市行之间的清差划拨操作。

（1）登录界面。柜员登录特约汇款业务界面后，点击“结算业务→特约汇款业务→特约汇款证转汇”按钮，进入特约汇款证转汇的操作界面。

（2）操作说明。柜员录入“交易日期”“签发笔数”“签发金额”“兑付笔数”“兑付金额”等信息，注意核对。其中：“签发笔数”“签发金额”“兑付笔数”“兑付金额”系统有严格校验。

（3）核对无误后，点击“执行”按钮，在系统提示下完成特约汇款证转汇的操作。

（四）特约汇款证查询

需要查询签发、兑付特约汇款证的“开出”“划拨”“转汇”，以及具体金额、日期等信息时，通过特约汇款证查询进行业务处理。

（1）登录界面。柜员登录特约汇款业务界面后，点击“结算业务→特约汇款业务→特约汇款证查询”按钮，进入特约汇款证查询的操作界面。

（2）操作说明。柜员录入查询的条件：“汇款证性质”“起始日期”“业务部门”等可选项目，选中后进行明细查询。

（3）检查无误后，点击“执行”按钮，在系统提示下完成特约汇款证查询的操作。

（五）开出特约汇款证

当完成“特约汇款证转汇”业务操作后，柜员可正式开出特约汇款证。操作完成后，汇票的状态就由“转汇”变为“开出”，从而汇款正式生效。

（1）登录界面。柜员登录特约汇款业务界面后，点击“结算业务→特约汇款业务→开出特约汇款证”按钮，进入开出特约汇款证的操作界面。

（2）操作说明。柜员录入“开出网点”信息，点击“开出”按钮后，系统显示正式开出的汇票信息。同时，市行授权柜员可以通过此界面把下属网点行的汇款证逐一开出。

（3）核对无误后，点击“执行”按钮，在系统提示下完成开出特约汇款证的操作。

（六）记联行往来账

当日，签发行、接收行都要统计联行往来业务涉及的总金额、总笔数，进行联行往来记账处理，包括签发行登记联行往账和接收行登记联行来账。

1. 记联行往账

签发行要统计“开出特约汇款证”的总金额、总笔数，进行记联行往账的业务处理，如图 7－29 所示。

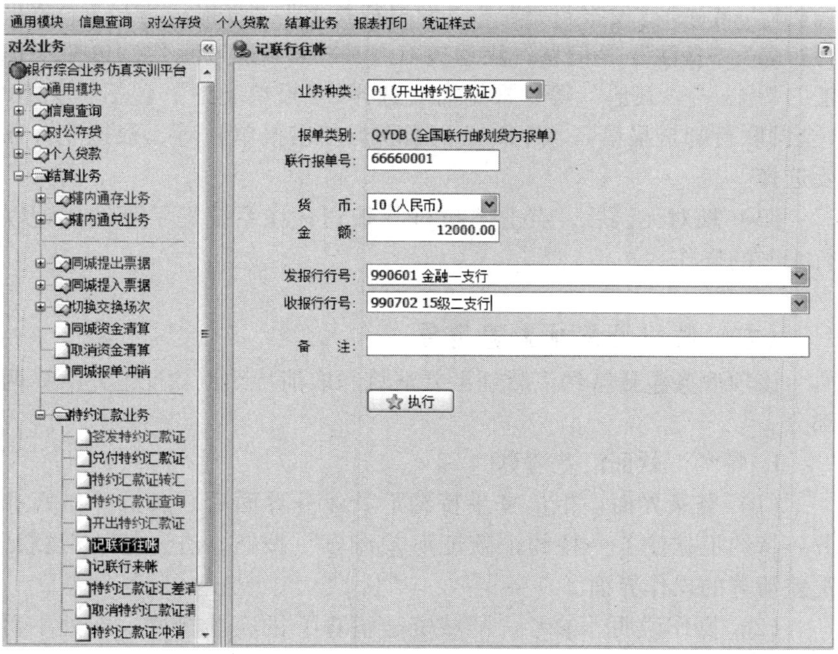

图 7－29 记联行往账

（1）登录界面。柜员登录特约汇款业务界面后，点击“结算业务→特约汇款业务→记联行往账”按钮，进入记联行往账的操作界面。

（2）操作说明。柜员录入“业务种类”“报单类型”“联行报单号”“币种”“金额”“发报行行号”“发报行行名”“收报行行号”“收报行行名”“备注”等信息。其中：业务种类包括“开出特约汇款”“兑付特约汇款”“电汇”“信汇”等，根据需要选择；“报单类型”包括：QYDB（全国联行邮贷报单）、QYJB（全国联行邮借报单）等，根据业务需要选择。

（3）核对无误后，点击“执行”按钮，在系统提示下完成记联行往账的操作。

2. 记联行来账

接收行统计“兑付特约汇款证”的金额、笔数，进行记联行来账的业务处理。需要注意的是，完成兑付后汇款证金额要与兑付金额的资金结转。

（1）登录界面。柜员登录特约汇款业务界面后，点击“结算业务→特约汇款业务→记联行来账”按钮，进入记联行来账的操作界面。

（2）操作说明。柜员录入“业务种类”“报单类型”“联行报单号”“币种”“金额”“收款人账号”“收款人名称”“付款人账号”“付款人名称”“发报行行号”“发报行行名”“收报行行号”“收报行行名”“备注”等信息，注意核对。其中：“业务种类”包括“信汇”“电汇”“其他”等，根据需要选择；“报单类型”包括：QYDB（全国联行邮贷报单）、QYJB（全国联行邮借报单）等，根据业务需要选择。

（3）核对无误后，点击“执行”按钮，在系统提示下完成记联行来账的操作。

（七）特约汇款证汇差清算

该项业务包括特约汇款证汇差清算和取消特约汇款证汇差清算两部分。

1. 特约汇款证汇差清算

（1）登录界面。柜员登录特约汇款业务界面后，点击“结算业务→特约汇款业务→特约汇款证汇差清算”按钮，进入特约汇款证汇差清算的操作界面。

（2）操作说明。参考“同城资金清算”的实验操作，此处不再重复。

2. 取消特约汇款证汇差清算

（1）登录界面。柜员登录特约汇款业务界面后，点击“结算业务→特约汇款业务→取消特约汇款证汇差清算”按钮，进入取消特约汇款证汇差清算的操作界面。

（2）操作说明。参考“取消同城资金清算”实验操作，此处不再重复。

第六节 通用模块实验

通用模块是商业银行综合业务仿真实训系统的对公特殊业务，也是对公业务实验的常用业务，其实验项目贯穿全部对公业务实验的全过程。主要实验内容包括：通用记账、信息与账户维护、交易维护、凭证管理、支票管理、操作员管理、钱箱管理等。实验操作时要注意把握各专业术语的含义、实验方法与基本操作原理。

一、通用记账

通用记账业务包括表内通用记账和表外通用记账两部分。柜员通过“通用模块”选择“通用记账”项目进行实验操作。

（一）表内通用记账

表内通用记账用于综合类账户（内部账户，账号的首位数字为“9”）记账的业务处理。表内记账遵循借贷记账法的规则，借贷必须相等。具体实验操作如下：

（1）登录界面。柜员登录通用记账界面后，点击“通用模块→通用记账→表内通用记账”按钮，进入表内通用记账操作界面。

（2）操作说明。

①柜员录入“交易码”“账号”“凭证类别”“凭证号”“借贷”“金额”等信息。其中：“交易码”包括：TR 转账、CS 现金、ST 冲转等，根据需要选择；“账号”为业务周转金账户，录入账号后系统自动显示对应账户名称；“凭证类别”包括：CCKZ 现金支票、TCKZ 转账支票、OTHER 其他。选择一定的凭证类别（除其他）时，必须录入相应的 8 位数字的凭证号码。

②柜员选择“借贷”标志并分别录入借、贷方金额后，该界面上方出现对应记录及借贷差额，按回车键确认入账。需要注意的是：借方和贷方账号、金额分别输入后，才能确认。即当“借贷差额”为零时，套账方允许提交。

③若柜员发现已录入的记录有误时，在执行前可在上部方框中选择该记录，按回车键后可回到原录入状态，可以对其进行修改。或者选定记录后按 Delete 键删除，再重新录入。

（3）检查无误后，点击“执行”按钮，在系统提示下完成表内通用记账的操作。

（二）表外通用记账

柜员对于不需要进行管理的重要空白凭证（除支票、单位定期存款开户证实书外）等有价单证收到时，通过表外科目记账。表外项目记账时，遵循收付记账法的记账规则，单边记账处理。

（1）登录界面。柜员登录通用记账界面后，点击“通用模块→通用记账→表外通用记账”按钮，进入表外通用记账操作界面，如图 7－30 所示。

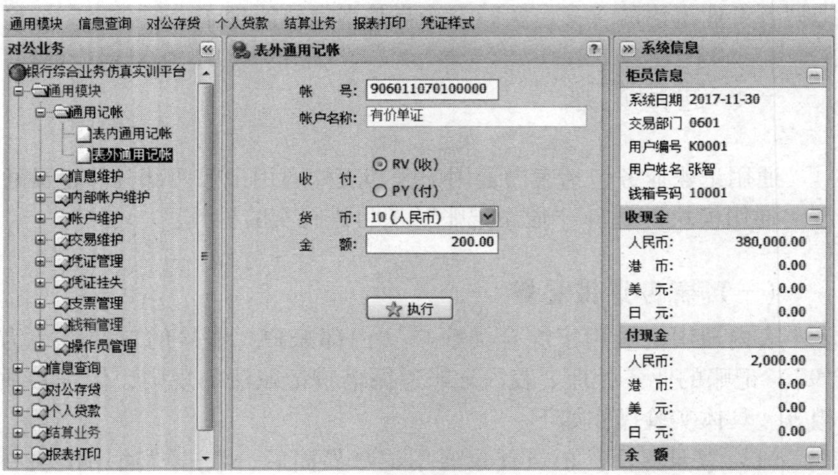

图 7－30 表外通用记账

（2）操作说明。柜员录入“账号”“收付”“金额”等信息。其中：“账号”为表外账户的内部账号，录入后按回车键，系统自动显示对应账户名称；“收付”是指记账符号“收”“付”。

（3）检查无误后，点击“执行”按钮，在系统提示下完成表外通用记账的操作。

二、信息维护

信息维护业务包括：公司客户维护、表内账户信息维护和表外账户信息维护等业务的实验操作。

（一）公司客户维护

对全行所有客户的常规信息进行维护、修改时，通过信息维护界面进行业务处理。需要注意的是，本业务可以对全行所有客户的相关信息进行修改、维护，但由于本业务属于特殊业务，维护时需要经上级部门授权后方可操作。

（1）登录界面。柜员登录信息维护界面后，点击“通用模块→信息维护→公司客户维护”按钮，进入表内公司客户维护的操作界面。

（2）操作说明。

①柜员录入“客户号”后按回车键，系统将输出该客户的有关信息。

②除“客户号”“企业性质”“客户名称”“证件类别”以外其他信息都可以进行维护。其中：身份证号码的维护不能与系统已有的号码重复。

（3）检查无误后，点击“执行”按钮，在系统提示下完成公司客户维护的操作。

（二）表内账户信息维护

当本行对公客户表内账户的基本信息发生变化时，可通过“表内账户信息维护”进行修改维护处理。需要注意的是，本业务属于特殊业务，维护时需经上级部门授权后方可操作。

（1）登录界面。柜员登录信息维护界面后，点击“通用模块→信息维护→表内账户信息维护”按钮，进入表内账户信息维护的操作界面。

（2）操作说明。

①柜员录入“账号”后按回车键，系统将输出该账户的有关信息，注意核对，该账户为本行开户客户的表内账号。

②柜员在该界面内可对“账户名称”“通存通兑标志”“自动转存标志”“最低余额”“透支额度”“账户标志”等信息进行维护。其中：“账户标志”的维护不能与系统已有的基本户重复。

（3）核对无误后，点击“执行”按钮，在系统提示下完成表内账户信息维护的操作。

（三）表外账户信息维护

当表外账户开户名称录入错误时，需要通过“表外账户信息维护”界面进行修改的业务处理。

（1）登录界面。柜员登录信息维护界面后，点击“通用模块→信息维护→表外账户信息维护”按钮，进入表外账户信息维护操作界面。

（2）操作说明。

①柜员录入“账号”信息后按回车键，系统将输出该账户的有

关信息，注意核对，该账户必须是本行的表外账号。

②本业务只能维护、修改“账户名称”。

（3）核对无误后，点击“执行”按钮，在系统提示下完成表外账户信息维护的操作。

三、内部账户维护

内部账户维护业务包括：综合账户开户、内部账户销户等业务的实验操作。

（一）综合账户开户

综合账户，亦称内部账户，是银行内部各分支行发生资金、账项划转、拨付、借入等业务时使用的账户。综合账户的账号由15位数字组成，其编排顺序是：第1位数字为“9”+4位数字部门号+2位数字币种+3位数字业务代码+5位数字账号后缀所组成。

（1）登录界面。柜员登录内部账户维护界面后，点击“通用模块→内部账户维护→综合账户开户”按钮，进入综合账户开户的操作界面，如图7-31所示。

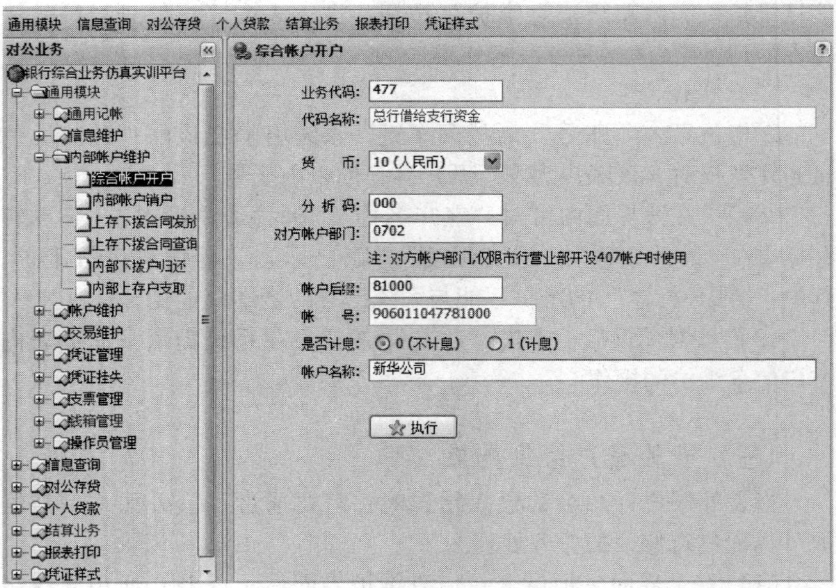

图7-31　综合账户开户

（2）操作说明。

①柜员录入“业务代码”“对方账户部门”“账户后缀”“账户

名称”等信息。其中：“业务代码”为银行内部使用的3位科目代码，录入后回车，系统将自动显示对应代码名称；“对方账户部门”仅限市行营业部开设“上存下拨账户”时使用，其他情况不必录入；“账户后缀”由各网点在允许范围内（会计业务规范中规定）自己选择。回车后系统自动显示该业务代码及账户后缀所对应的15位数字的内部账号（此项一般情况下可不输）。如系统自动生成的账号不能用时，可以此项输入一个指定账号后缀；“账户名称”由各网点根据所设“账户后缀”自行注解。

②录入“计息标志”，设置综合账户是否要计息。需要注意的是，上存下拨户不能设为计息，上存下拨户的利息在支取归还时按合同即时计算。否则在全行统一计息时会产生重复计息。

（3）检查无误后，点击“执行”按钮，在系统提示下完成综合账户开户的操作。

（二）内部账户销户

当本行根据实际情况自行开设的内部账户销户时，可通过“内部账户销户”界面完成业务处理。需要注意的是，网点自行开设的内部账户可以销户，全行统一开设的内部账户不允许销户。实验操作如下：

（1）登录界面。柜员登录内部账户维护界面后，点击“通用模块→内部账户维护→内部账户销户”按钮，进入内部账户销户操作界面。

（2）操作说明。

①柜员录入“销户账号”和“销户状态”等信息，注意核对。其中：“销户账号”为本行内部账户，录入后按回车键，系统检索输出对应的账户名称；“销户状态”包括关闭和销账，关闭后该账户不可再使用，隔日销账后可重新使用该账户后缀开立新账户。

②进行销户的账户必须无余额、无积数，输入账号后注意查看。

（3）检查无误后，点击“执行”按钮，在系统提示下完成内部账户销户的操作。

四、账户维护

账户维护业务主要包括：账户部分冻结、账户部分解冻、账户冻结、账户解冻、冲销户、睡眠户激活等实验操作。

（一）账户部分冻结

本行对公客户因某种原因，如立案调查、工商罚款等被要求将存款账户部分冻结款项时，柜员需要根据有关材料进行业务处理。实验操作如下：

（1）登录界面。柜员登录账户维护界面后，点击“通用模块→账户维护→账户部分冻结”按钮，进入账户部分冻结的操作界面，如图7－32所示。

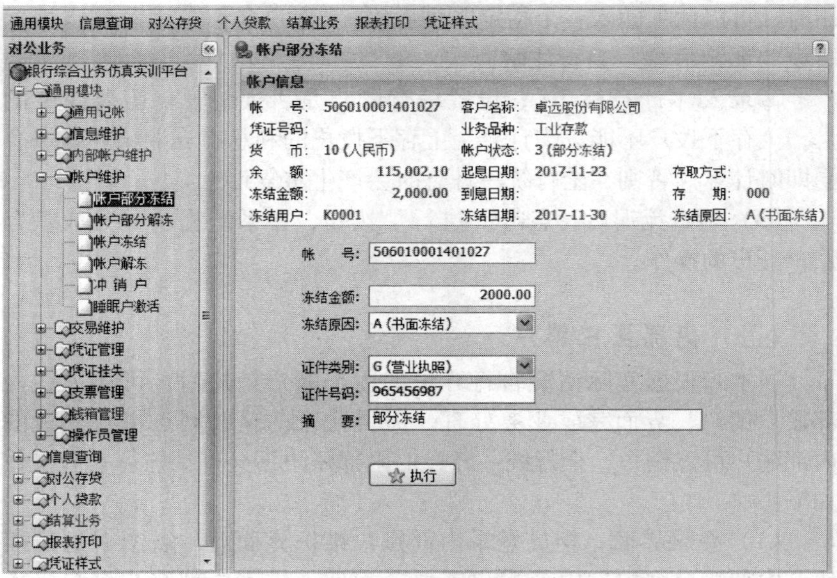

图7－32 账户部分冻结

（2）操作说明。

①柜员录入“账号”“冻结截止日”“冻结金额”“冻结原因”“证件类别”“证件号码”“摘要”等信息。其中：“账号”必须是本行对公活期存款账户；“冻结金额”必须小于或等于账面余额，多次部分冻结，冻结金额累加；“摘要”处需要录入冻结执行部门或其他备注事项。

②关于“冻结原因”，包括：A书面冻结、B立案冻结、C抵押冻结、D待处理错账、E其他冻结、F信用卡冻结，需要根据实际情况选择。

③“证件类别”为冻结执行人的证件，包括：G营业执照、Z其他、A身份证、B护照。如果选择了“证件类别”，则必须录入对应“证件号码”。

（3）检查无误后，点击“执行”按钮，在系统提示下完成账户部分冻结的操作。

需要注意的事项：部分冻结的账户，到期后系统将进行自动解冻，解冻后则可正常使用。

（二）账户部分解冻

当本行对公客户部分冻结账户未到冻结截止日而进行解冻时，柜员审核相关材料后办理账户部分解冻的业务处理。实验操作如下：

（1）登录界面。柜员登录账户维护界面后，点击“通用模块→特殊业务→账户维护→账户部分解冻”按钮，进入账户部分解冻的操作界面。

（2）操作说明。

①柜员录入“账号”“解冻金额”“证件类别”“证件号码”“摘要”等信息。其中：“账号”必须是本部门已部分冻结账户，按回车键后，该界面上方显示出该账户的信息，注意核对；“摘要”处需要录入其他备注事项。

②“解冻金额”必须等于该账户部分冻结时的冻结金额。如果屏幕上方账户信息中“冻结金额”为累加金额，则解冻必须分次进行，分别录入每次部分冻结的金额。

③“证件类别”“证件号码”为解冻执行人的证件类别、号码，必须与账户冻结时的证件类别、号码一致。

（3）检查无误后，点击“执行”按钮，在系统提示下完成账户部分解冻的操作。

（三）账户冻结

当本行对公客户因某种原因存款账户被全部冻结时，柜员根据有关材料，审核无误后，办理“账户冻结”的业务处理。实验操作如下：

（1）登录界面。柜员登录账户维护界面后，点击“通用模块→账户维护→账户冻结”按钮，进入账户冻结的操作界面。

（2）操作说明。

①柜员录入“账号”“冻结截止日”“冻结原因”“摘要”等信息。其中：“账号”必须为本行对公活期存款账户，被冻结的账户，回车后注意核对；“冻结原因”包括：A 书面冻结、B 立案冻结、C 抵押冻结、D 待处理错账、E 其他冻结、F 信用卡冻结等，需要根据实际情况选择；“摘要”为其他备注事项。

②冻结业务处理完成后，该账户被全部冻结，只进不出。冻结期间内如有进账，立即转为冻结状态。

（3）检查无误后，点击“执行”按钮，在系统提示下完成账户冻结的操作。

需要注意的事项：冻结账户到期后，系统将自动解冻，该账户可以正常使用。

（四）账户解冻

当本行对公客户的冻结账户未到冻结截止日而进行解冻时，通过“账户解冻”进行业务处理。实验操作如下：

（1）登录界面。柜员登录账户维护界面后，点击“通用模块→账户维护→账户解冻”按钮，进入账户解冻操作界面。

（2）操作说明。柜员录入“账号”“证件类别”“证件号码”“摘要”等信息。其中：“账号”必须为本行对公冻结账户；“证件类别”“证件号码”为解冻执行人的证件类别，必须与冻结时的信息一致；“摘要”为其他备注事项。

（3）检查无误后，点击“执行”按钮，在系统提示下完成账户解冻的操作。

（五）冲销户

当对公客户申请将已销户的账户重新激活时，柜员可通过“冲销户”进行业务处理，实验操作如下：

（1）系统界面的进入。柜员登录账户维护界面后，点击“通用模块→账户维护→冲销户”按钮，进入冲销户的操作界面。

（2）操作说明。

①柜员录入“账号”后点击回车键，界面上部将显示该账户的有关信息，柜员必须将其与实际账户信息进行核对，无误后方可继续操作。

②冲销户是对已销户账户进行的销户操作，该账户必须为“关闭”状态。

③该交易完成后原销户时作废的凭证也重新被激活，可以正常使用。

（3）核对无误后，点击“执行”按钮，在系统提示下完成冲销户的操作，该账户状态由“关闭”改为“正常”。

（六）睡眠户激活

当已处于睡眠户状态的账户需要重新激活时，可以通过“睡眠户激活”进行业务处理。

（1）系统界面的进入。柜员登录通用记账界面后，点击“通用模块→账户维护→睡眠户激活”按钮，进入表内通用记账操作界面。

（2）操作说明。柜员录入“账号”“证件类别”“证件号码”等信息。其中：“账号”必须为本部门对公账号，且该账户必须为“睡眠”状态，即一年或一年以上没有业务活动的账户；“证件类别”包括：G 营业执照、Z 其他、A 身份证、B 护照等，证件类别必须与证件号码一致。

（3）检查无误后，点击“执行”按钮，在系统提示下完成睡眠户激活业务的操作。

需要注意的事项：由于实验系统不能自动将账户转为睡眠户，睡眠户的激活处理都要通过“通用记账”处理，此功能没有实际作用。

五、交易维护

交易维护包括：冲账、补账、串户冲补账及差额冲正等业务处理，实验操作如下：

（一）冲账

当柜员记录账务发现有误时，由于系统中账务处理采用套账制，错账不允许抹账，所以必须通过账务冲账来完成业务处理。

（1）登录界面。柜员登录交易维护界面后，点击“通用模块→交易维护→冲账”按钮，进入冲账业务操作界面。

（2）操作说明。

①录入“错账日期”和“流水号”并回车，系统将检索输出该业务记录的有关信息，操作员将其与实际账务信息核对，无误后方可确认执行。其中“流水号”为错账的交易流水。

②系统自动调整账户的利率积数。若因余额不足、积数无法调整等情况，系统将予以提示，必须进行手工调整积数或暂时不进行冲账。

③系统允许隔日冲账，隔日冲账交易需手工填制红字传票。

（3）检查无误后，点击“执行”按钮，在系统提示下完成冲账业务的操作。

（二）补账

当柜员发现当日记账错误，可以用补账方法完善账户记录时，可通过“补账”进行业务处理。

（1）登录界面。柜员登录交易维护界面后，点击“通用模块→交易维护→补账”按钮，进入补账业务操作界面。

（2）操作说明。

①柜员录入“错账日期”“错账流水”“交易码”“账号”“借贷”“金额”等信息。其中“错账流水”为错账的交易流水，“交易码”包括：TR 转账和 CS 现金。

②录入错账信息后，开始录入补账的账务记录，其记录方法与通用记账方法一样（套账记录）。

③非当日记账错误用补账方法，才可进行积数调整。

（3）检查无误后，点击“执行”按钮，在系统提示下完成补账的操作。

（三）串户冲补账

当柜员发现账务记录串户时，可通过“串户冲补账”的业务处理。

（1）登录界面。柜员登录交易维护界面后，点击“通用模块→交易维护→串户冲补账”按钮，进入串户冲补账操作界面。

（2）操作说明。

①柜员录入“错账日期”“错账流水”“交易码”“借贷”“账号”“红蓝字”“金额”等信息。其中：“错账流水”为错账的交易流水；“交易码”包括：TR 转账，“红蓝字”包括 D 蓝、C 红。

②串户冲补账是进行串户的单边冲补账，录入“错账日期”和“错账流水”后，开始录入分录信息。首先在“借贷”中选择要冲补账一方的借贷标志，然后分别录入错误和正确的账号、红蓝标志及金额。“红蓝字”中错误账号选择红，正确账号选择蓝，红蓝金额应一致。

③本功能实现冲补账同时完成，允许一红多蓝或一蓝多红，同时单边冲补账也弥补了冲套账的缺点。

（3）检查无误后，点击“执行”按钮，在系统提示下完成串户冲补账的操作。

（四）差额冲正

该业务用于交易金额出错后冲补账的业务处理，可以实现差额更正与冲补账项目的同时完成。

（1）登录界面。柜员登录交易维护界面后，点击“通用模块→交易维护→差额冲正”按钮，进入差额冲正业务的操作界面。

（2）操作说明。

①柜员录入“错账日期”“错账流水”“交易码”“借贷”“账号”“红蓝字”“金额”等信息。其中“错账流水”为错账的交易流水，“交易码”包括：TR 转账，“红蓝字”包括：D 蓝、C 红。

②差额冲正是进行差额的冲补账，录入“错账日期”和“错账流水”后，开始录入分录信息。首先在“借贷”中选择要冲补账一方的借贷标志，然后分别录入账号、红蓝标志及金额。“红蓝字”中差额为负时选择红，差额为正时选择蓝。

（3）检查无误后，点击“执行”按钮，在系统提示下完成差额冲正的操作。

六、凭证管理

对公业务的凭证管理包括：日初业务的凭证领入、取消凭证领入、凭证下发、取消凭证下发、凭证出库；日终业务的凭证入库；日常业务的凭证挂失、解挂、换凭证等项目。由于日初业务前已述及，日终业务后面单独介绍，此处仅介绍日常业务中的凭证管理业务。

（一）凭证挂失

当对公客户的凭证（定期存单、通知存款存单等）丢失时，应及时到银行办理挂失申请。柜员审核无误后，为其办理凭证挂失的业务处理，如图 7－33 所示。

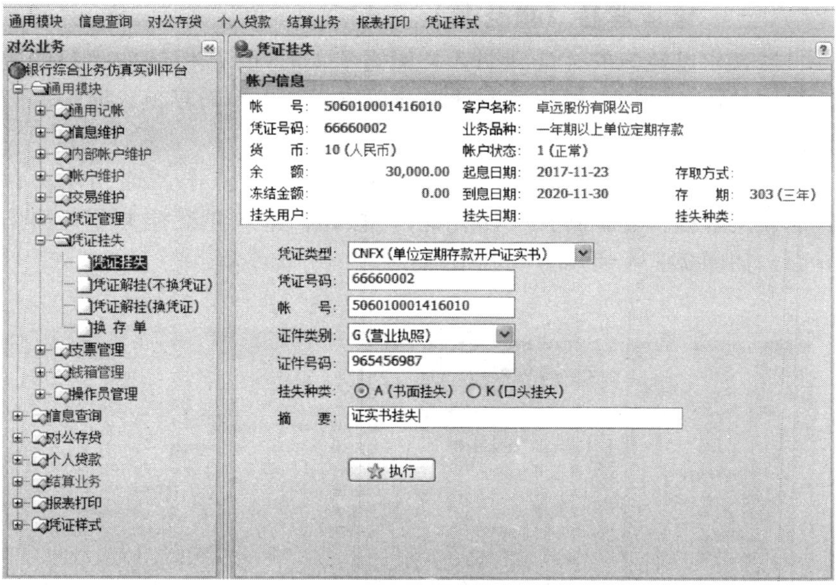

图 7－33　凭证挂失

（1）登录界面。柜员登录凭证管理界面后，点击“通用模块→凭证挂失解挂→凭证挂失”按钮，进入凭证挂失业务操作界面。

（2）操作说明。柜员录入“账号”“证件类别”“证件号码”“挂失种类”等信息。其中：“账号”必须是本行对公存款账号；“证件类别”包括：G 营业执照、Z 其他、A 身份证、B 护照，根据实际情况选择；“挂失种类”包括：A 书面挂失、K 口头挂失等，一般选择 A 书面挂失。

（3）检查无误后，点击“执行”按钮，在系统提示下完成凭证挂失的操作。

（二）凭证解挂（不换凭证）

当客户已挂失凭证又找回时，银行柜员对该凭证进行解挂，解挂后不换新凭证，系统自动激活原凭证正常使用。

（1）登录界面。柜员登录凭证管理界面后，点击“通用模块→凭证挂失解挂→凭证解挂（不换凭证）”按钮，进入凭证解挂业务操作界面。

（2）操作说明。柜员录入“账号”“证件类别”“证件号码”“挂失种类”等信息。这些信息的审核与凭证挂失时相同。

（3）检查无误后，点击“执行”按钮，在系统提示下完成凭证解挂的操作。

（三）凭证解挂（换凭证）

当客户已挂失的凭证到期（一般为7天时间），柜员为此办理凭证解挂的业务处理。解挂后原挂失存单作废，更换新存单，原存单信息自动转入新存单。

（1）登录界面。柜员登录交易维护界面后，点击“通用模块→凭证挂失解挂→凭证解挂（换凭证）”按钮，进入凭证挂失业务操作界面，如图7－34所示。

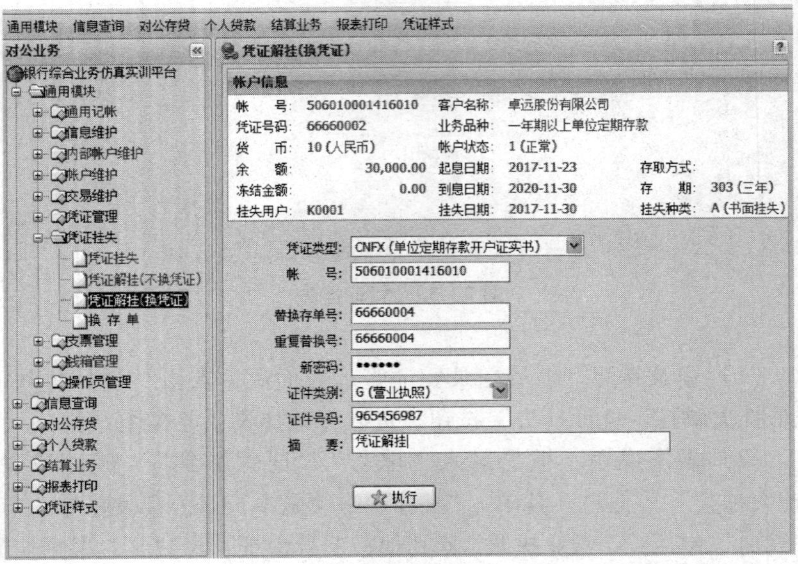

图7－34 凭证解挂

（2）操作说明。柜员录入“账号”“替换存单号”“重复存单号”“证件类别”“证件号码”等信息。其中：“账号”为原挂失存单对应的对公存款账号；“替换存单号”为一张新存单，凭证号码为8位数字；“证件类别”同原挂失凭证。

（3）检查无误后，点击“执行”按钮，在系统提示下完成凭证解挂（换凭证）的操作。

（四）换存单

当对公客户的存单因污损、毁坏等原因需要更换新存单时，银行柜员为其办理“换存单”的业务处理。

（1）登录界面。柜员登录凭证管理界面后，点击“通用模块→凭证挂失解挂→换存单”按钮，进入换存单业务的操作界面。

（2）操作说明。

柜员录入“账号”“原存单号”“替换存单号”“重复”“证件类别”“证件号码”等信息，其中：“账号”为原存单对应的对公存款账号；“替换存单号”为一张新存单，凭证号码为8位数字；“证件类别”同原挂失凭证。

（3）检查无误后，点击“执行”按钮，在系统提示下完成表换存单的操作。

七、支票管理

支票管理业务包括：支票出售、取消支票出售、支票挂失、取消支票挂失以及支票核销等项目。由于支票出售、取消支票出售在本章第三节已述，此处仅介绍另三项支票管理业务的实验操作。

（一）支票挂失

当已出售但客户尚未使用的支票丢失后，客户及时到银行办理挂失手续，柜员审核后通过“支票挂失”为其进行业务处理。

（1）登录界面。柜员登录支票管理界面后，点击“通用模块→支票管理→支票挂失”按钮，进入支票挂失业务操作界面。

（2）操作说明。

①柜员录入“账号”“凭证类别”“挂失种类”“开始号码”“结束号码”等信息，注意核对。其中：“账号”必须是本部门对公活期存款账户，录入后按回车键，系统将检索输出对应的账户名称。

②“凭证类别”包括：现金支票、转账支票等，根据实际选择。支票的“开始号码”“结束号码”必须录入包括批号在内的完整的8位号码，要与出售给该客户的支票号码一致。

（3）检查无误后，点击“执行”按钮，在系统提示下完成支票挂失的操作。

（二）取消支票挂失

当客户已经挂失的支票又重新找回时，到银行申请办理支票解挂业务，柜员受理审核无误后，在“取消支票挂失”界面进行业务处理。

（1）登录界面。柜员登录支票管理界面后，点击“通用模块→支票管理→取消支票挂失”按钮，进入取消支票挂失业务的操作界面。

（2）操作说明。柜员录入“账号”“凭证类别”“挂失种类”“开始号码”“结束号码”等信息，对这些信息的审核与“支票挂失”相同。

（3）检查无误后，点击“执行”按钮，在系统提示下完成取消支票解挂的操作，解挂完成后，该支票又可以重新正常使用。

（三）支票核销

当柜员将需作废凭证进行手工核销时，通过“支票核销”进行业务处理。核销的凭证必须是该账户未使用的凭证，核销后不能再使用。

（1）登录界面。柜员登录支票管理界面后，点击“通用模块→支票管理→支票核销”按钮，进入支票核销操作界面。

（2）操作说明。柜员录入“账号”“凭证类别”“核销种类”“开始号码”“结束号码”等信息，这些信息的审核与“支票挂失”相同。

（3）检查无误后，点击“执行”按钮，在系统提示下完成支票核销的操作。

（四）取消支票核销

当柜员已核销的凭证又取消核销时，柜员办理该项业务处理。

（1）登录界面。柜员登录支票管理界面后，点击“通用模块→支票管理→取消支票核销”按钮，进入取消支票核销的操作界面。

（2）操作说明。柜员录入“账号”“凭证类别”“核销种类”“开始号码”“结束号码”等信息，这些信息的审核与“支票核销”相同。

（3）检查无误后，点击“执行”按钮，在系统提示下完成取消支票核销的操作，取消支票核销后该支票可再继续正常使用。

八、操作员管理

操作员管理业务包括：操作员密码修改、操作员密码挂失两部分的实验操作。

（一）操作员密码修改

操作员对应有唯一的密码，每次进入系统时，系统将校验密码，为确保操作安全，操作员应定期修改自己的登录密码（即操作密码）。

（1）登录界面。柜员登录操作员管理界面后，点击“通用模块→操作员管理→操作员密码修改”按钮，进入操作员密码修改操作界面。

（2）操作说明。

①柜员录入“操作员”“卡号”“旧密码”“新密码”“新密码重复”等信息。其中：“操作员”录入要修改密码的操作员号码；“卡号”为操作员对应柜员卡卡号，没有柜员卡的可不必录入卡号。

②柜员分别录入旧密码、新密码等，点击“执行”按钮，系统进行校验，校验正确则密码修改成功。新密码修改后，老密码不再有效。

（二）操作员密码挂失

（1）登录界面。柜员登录操作员管理界面后，点击“通用模块→操作员管理→操作员密码挂失”按钮，进入操作员密码挂失的操作界面。

（2）操作说明。柜员录入“操作员”“摘要”等信息。其中：“操作员”录入要挂失密码的操作员号码；挂失后如要解挂必须由系统中心机房处理。

（3）检查无误后，点击“执行”按钮，在系统提示下完成操作员密码挂失的操作。

九、钱箱管理

对公业务中的钱箱包括库钱箱和柜员钱箱两级，钱箱管理包括对两级钱箱的管理内容。对公业务中支行或网点、柜员的现金和重要空白凭证都存放在钱箱，因此，钱箱管理包括：现金出库、现金入库；凭证出库、凭证入库、重要空白凭证查询，以及增加钱箱、钱箱轧账等业务处理。由于现金与凭证出库业务属于对公日初业务，现金与凭证入库属于对公日终业务，此处不再重复，仅介绍另外项目的实验操作。

（一）增加钱箱

柜员做本行具体业务时，需要获得本行钱箱号码，柜员通过“增加钱箱”进行业务处理。

（1）登录界面。柜员登录钱箱管理界面后，点击“通用模块→钱箱管理→增加钱箱”按钮，进入增加钱箱操作界面。

（2）操作说明。柜员录入“钱箱号”“钱箱名称”等信息。其中：“钱箱号”的编码方式由财会部统一规定，按支行编号；“钱箱名称”为该钱箱对应的标识。

（3）检查无误后，点击“执行”按钮，在系统提示下完成增加钱箱的操作。

（二）有价证券查询

当柜员要对本人钱箱有价凭证期初余额、当日出入库、收付数额及余额情况进行查询时，通过本界面业务处理。

（1）登录界面。柜员登录钱箱管理界面后，点击“通用模块→钱箱管理→有价凭证查询”按钮，进入有价证券查询的操作界面，如图7－35所示。

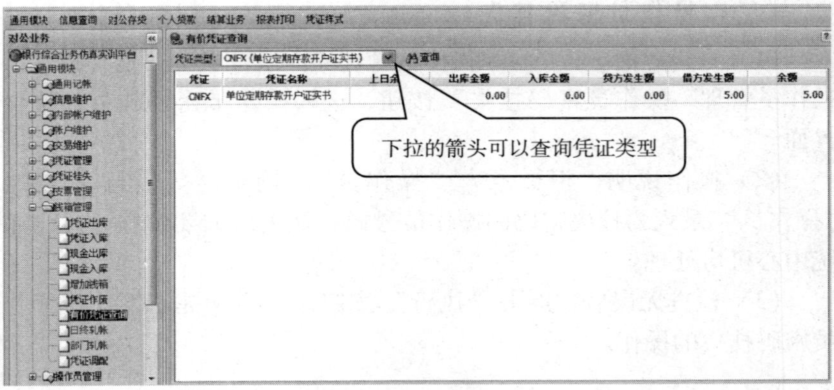

图7－35　有价证券查询

（2）操作说明。柜员录入“查询种类”，包括：CCKZ现金支票、TCKZ转账支票、PYCK内部往来科目报单、YHBP本票、TYHK特约汇款证、TYHP特约联行汇票、YHHP银行承兑汇票、SYHP商业承兑汇票、CNFX单位定期存款开户证实书、QYJB全国联行邮划借方报单、QYDB全国联行邮划贷方报单、QDDB全国联行电划贷方报单、TYJB特约联行邮划借方报单、TYDB特约联行邮划贷方报单、TTDB特约联行电划贷方报单、DWDQ单位可转让定期存单、GQZM股权证明书、GHHP代理工行汇票、JHHP代理建行汇票、JHWT建行汇票委托书等，根据实际需要选择。

（3）检查无误后，点击“执行”按钮，在系统提示下完成有价证券查询的操作。

（三）凭证作废

柜员钱箱中凭证作废的业务处理。被作废凭证必须是尚未出售的凭证，作废时，必须首先进行“凭证入库”的操作，将欲作废凭证入库到网点库钱箱，然后退出系统不输入钱箱号重新登录，才可以进行凭证作废处理。

（1）登录界面。柜员登录凭证管理界面后，点击“通用模块→钱箱管理→凭证作废”按钮，进入凭证作废的操作界面。

（2）操作说明。柜员录入“凭证种类”“开始号码”“结束号码”等信息。其中：“凭证种类”与“有价证券查询”一致；“开始号码”“结束号码”必须录入包括批号在内完整的8位数字的凭证号码。

（3）检查无误后，点击“执行”按钮，在系统提示下完成凭证作废的操作。

第七节 信息查询实验

商业银行综合业务仿真实训系统中的信息查询业务实验主要包括：客户信息查询、账户信息查询、凭证信息查询和交易信息查询四项内容。

一、客户信息查询

当柜员需要查询本行对公客户其客户号的综合信息、明细信息时，通过“客户信息查询”进行业务处理。

（一）客户综合查询

1. 登录界面

柜员登录客户信息查询界面后，点击“信息查询→客户查询→客户综合查询”按钮，进入客户综合查询操作界面，如图7－36所示。

2. 操作说明

（1）柜员录入“客户名称”“证件类型”“证件号码”“开户起始日”“开户结束日”“起始客户号”等信息，录入项目均为可选项，可以录入其中的一条或几条进行模糊查询，它们之间为并且关系，录入查询条件后回车，可以输出所有符合条件的客户信息。其中：“证

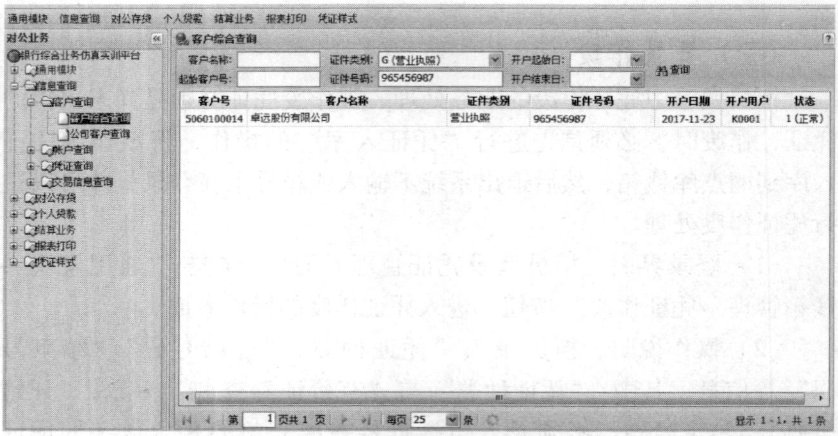

图 7 – 36 客户信息查询

件类型”包括：G 营业执照、A 身份证、Z 其他等，“证件号码”要与此一致。

（2）检查无误后，点击“查询”按钮，则可查询到该客户信息的明细情况。

（二）公司客户查询

1. 登录界面

柜员登录客户查询界面后，点击“信息查询→客户查询→公司客户查询”按钮，进入公司客户查询操作界面。

2. 操作说明

录入“客户号”后，回车后核对，点击“查询”按钮，系统输出该客户明细常规信息。

二、账户信息查询

当柜员需要查询本行对公客户的表内、表外账户的综合信息、明细信息时，通过“账户信息查询”进行业务处理。

（一）表内账户综合查询

1. 登录界面

柜员登录账户查询界面后，点击“信息查询→账户查询→表内账户综合查询”按钮，进入表内账户综合查询操作界面，如图 7 – 37 所示。

图 7－37　账户信息查询

2. 操作说明

（1）柜员录入点击“查询方式”选项：“科目”“客户号/账号”“客户名”。选定其一后录入相对应科目、客户号或客户名。

（2）检查无误后，点击“查询”按钮，则可查询该信息的明细情况，且只能查询本行表内账户的综合信息。

（二）表内账户明细查询

1. 登录界面

柜员登录账户信息查询界面后，点击“信息查询→账户查询→表内账户明细查询”按钮，进入表内账户明细查询操作界面。

2. 操作说明

柜员录入需要查询的 15 位数字的账号后，点击“查询”按钮，系统输出对应账户明细信息，且只能是本行表内账户明细信息。

（三）表外账户综合查询

1. 登录界面

柜员登录账户查询界面后，点击“信息查询→账户查询→表外账户综合查询”按钮，进入表外账户综合查询操作界面。

2. 操作说明

（1）柜员录入查询的条件：“起始账号”“开户起始日”“开户结束日”等可选项，可以录入其中的一条或几条进行模糊查询。

（2）检查无误后，点击“查询”按钮，则可查询该信息的明细情况，且只能查询本部门表外账户综合信息。

（四）表外账户明细查询

1. 登录界面

柜员登录账户查询界面后，点击“信息查询→账户查询→表外账户明细查询”按钮，进入表外账户明细查询操作界面。

2. 操作说明

柜员录入“账号”，该账户必须是本行的表外账号，点击“查询”按钮，系统则显示该账户明细信息。

（五）账户积数查询

1. 登录界面

柜员登录账户查询界面后，点击“信息查询→账户查询→账户积数查询”按钮，进入账户积数查询操作界面。

2. 操作说明

柜员录入查询条件：“起始账号”“账户科目”等可选项，可以其中的一条或几条进行模糊查询，且只能查询本行的账户积数信息。

（六）冻结查询

（1）登录界面。柜员登录账户查询界面后，点击“信息查询→账户查询→冻结查询”按钮，进入冻结查询操作界面。

（2）操作说明。柜员录入查询的条件：“账户部门”“冻结用户”“冻结起始日”“冻结结束日”等可选项，可以其中的一条或几条进行模糊查询，且只能查询本行冻结账户信息。

（3）检查无误后，点击“查询”按钮，则可查询出该账户的冻结明细信息。

三、凭证信息查询

当柜员需要查询本行对公客户的凭证号码、使用明细等信息时，通过“凭证信息查询”进行业务处理。

（一）凭证综合查询

柜员查询除支票外其他所有凭证的号码及明细信息时，实验操作如下：

（1）登录界面。柜员登录凭证查询界面后，点击“信息查询→凭证查询→凭证综合查询”按钮，进入凭证综合查询操作界面，如图 7－38 所示。

（2）操作说明。

①柜员选择“凭证类别”，录入查询条件“客户号”“起始凭证号”“起始日期”“终止日期”，以及“钱箱号”等信息，其中：“钱箱号”为必输项，其他查询条件可选择一项或几项录入。

图 7－38　凭证信息查询

②“凭证类别”包括：PYCK 内部往来科目报单、YHBP 本票、TYHK 特约汇款证、TYHP 特约联行汇票、YHHP 银行承兑汇票、SYHP 商业承兑汇票、CNFX 单位定期存款开户证实书、QYJB 全国联行邮划借方报单、QYDB 全国联行邮划贷方报单、QDDB 全国联行电划贷方报单、TYJB 特约联行邮划借方报单、TYDB 特约联行邮划贷方报单、TTDB 特约联行电划贷方报单、DWDQ 单位可转让定期存单、GQZM 股权证明书、GHHP 代理工行汇票、JHHP 代理建行汇票、JHWT 建行汇票委托书等，根据实际需要选择凭证类型。

（3）检查无误后，点击“查询”按钮，则可查询到所需要的明细信息。

（二）已出售支票查询（凭证号）

当柜员查询已出售凭证所属账户的信息时，实验操作如下：

（1）登录界面。柜员登录凭证查询界面后，点击“信息查询→凭证查询→已出售支票查询（凭证号）”按钮，进入已出售支票查询操作界面。

（2）操作说明。柜员选择“凭证类别”后，录入“凭证号”信息，其中：“凭证类别”包括：CCKZ 现金支票、TCKZ 转账支票；“凭证号”必须是已出售支票的号码。

（3）检查无误后，点击“查询”按钮，系统则可显示已出售支票的对应账户信息。

（三）已出售支票查询（账号）

当柜员查询对公客户存款账户对应出售的支票信息时，实验操作如下：

（1）登录界面。柜员登录凭证查询界面后，点击“信息查询→凭证查询→已出售支票查询（账号）”按钮，进入已出售支票查询操作界面。

(2) 操作说明。柜员选择“凭证类别”后，录入“账号”信息，其中：“凭证类别”包括：CCKZ 现金支票、TCKZ 转账支票；“账号”必须是本行对公存款账户。

(3) 检查无误后，点击“查询”按钮，系统则可显示对公账户的对应凭证信息。

（四）支票库存查询

当柜员查询本行支票领用、出库及剩余数量等信息时，实验操作如下：

(1) 登录界面。柜员登录凭证查询界面后，点击“信息查询→凭证查询→支票库存查询”按钮，进入支票库存查询操作界面。

(2) 操作说明。柜员选择“支票种类”按钮，“支票种类”包括：CCKZ 现金支票、TCKZ 转账支票。

(3) 检查无误后，点击“查询”按钮，则可显示出该支票的明细信息。

（五）凭证下发查询

当柜员查询上级行下发支票的信息时，实验操作如下：

(1) 登录界面。柜员登录凭证查询界面后，点击“信息查询→凭证查询→凭证下发查询”按钮，进入凭证下发查询的操作界面。

(2) 操作说明。柜员录入要素为“凭证类别”“查询部门”的信息，其中：“凭证类别”包括：CCKZ 现金支票、TCKZ 转账支票；“查询部门”为本行行号。

(3) 检查无误后，点击“查询”按钮，则可查询到上级行对本行的凭证下发信息。

四、交易信息查询

当柜员需要查询本行各操作员的交易信息时，可通过“交易信息查询”进行业务处理。

（一）交易综合查询

当柜员查询本行选定日期的所有交易时，实验操作如下：

1. 登录界面

柜员登录交易信息查询界面后，点击“信息查询→交易信息查询→交易综合查询”按钮，进入交易综合查询操作界面，如图 7－39 所示。

图 7-39　客户信息查询

2. 操作说明

（1）柜员录入“交易日期”“交易种类”“交易账号”“交易用户”“交易金额”“起始流水号”“终止流水号”等信息，其中：“交易日期”默认为当日，可根据实际情况录入所需日期；“交易种类”包括：01 正常、02 已冲账、03 已补账等，根据实际选择。除“交易日期”外其他均为可选项，可以选择其中一条或几条进行模糊查询。

（2）通过选择不同的交易用户，可查询出不同操作员的交易记录。

（3）录入查询条件后，点击“查询”按钮，系统则可输出按照流水号排序的交易信息。

（4）通过左右箭头将光标移动到某条记录上并回车，可显示该记录对应的套账明细，即会计分录。

（二）交易账务查询

当柜员查询单笔交易的套账信息，即会计分录时，实验操作如下：

（1）登录界面。柜员登录交易户信息查询界面后，点击“信息查询→交易信息查询→交易账务查询”按钮，进入交易账务查询的操作界面。

（2）操作说明。

①柜员录入“交易日期”“交易流水号”“账号”“科目号”“交易码”“交易金额”“操作员”等信息。其中：“交易日期”为必输项；“交易码”包括：全部、TR 转账、CS 现金等，根据实际选择。除“交易日期”外其他信息均为可选项，可以选择其中一条或几条进行模糊查询。

②选择不同经办用户，可查询不同操作员的交易记录。

（3）检查无误后，点击“查询”按钮，则可查询该交易的账务明细信息。

（三）账户账务查询

当柜员需要查询某账户选定日期内所有交易的信息时，实验操作如下：

（1）登录界面。柜员登录交易信息查询界面后，点击“信息查询→交易查询→账户账务查询”按钮，进入账务查询操作界面。

（2）操作说明。柜员录入“账号”“交易起始日期”等信息。其中“账号”必须录入包括后缀的完整的15位号码，且为本行对公账户。

（3）检查无误后，点击“查询”按钮，则可查询账务账户的明细信息。

（四）开销户查询

（1）登录界面。柜员登录交易信息查询界面后，点击“信息查询→交易信息查询→开销户查询”按钮，进入开销户查询操作界面。

（2）操作说明。柜员录入“查询类别”“账号”“起始日期”“结束日期”等信息，其中：“查询类别”包括：1开户、0销户，根据实际选择。录入项目均为可选项，可以根据其中的一条或几条进行模糊查询。

（3）检查无误后，点击“查询”按钮，则可查询到开销户的明细信息。

（五）支票交易查询

当柜员查询已出售给客户账户，并进行过交易活动的支票信息时，实验操作如下：

（1）登录界面。柜员登录交易信息查询界面后，点击“信息查询→交易查询→支票交易查询”按钮，进入支票交易查询操作界面。

（2）操作说明。柜员录入“凭证类别”“凭证号码”“开始日期”等信息，其中：“凭证类别”包括：CCKZ现金支票、TCKZ转账支票等，“凭证号码”与此对应，8位数字。

（3）检查无误后，点击“查询”按钮，则可查询到该支票的明细信息。

第八节　对公日终业务实验

每日营业终了时，柜员需要按照有关规定整理凭证、印章，钞券捆扎，进行日终轧账。轧平当日账务后，进行账实核对，核对现金与重要空白凭证，核对无误后，上缴个人钱箱的现金、重要空白凭证，待主管柜员对各柜员钱箱清点确认后，完成日终平账，移交平账报告表及交易清单，并交主管柜员复核，然后，柜员办理签退手续，退出系统。

一、日终轧账

柜员查看当日本人所做业务，或对本人钱箱内的现金、重要空白凭证进行管理，以及日终核对、轧平当日账务时，可以通过“日终轧账”进行业务处理。

1. 登录界面

柜员登录钱箱管理界面后，点击“通用模块→钱箱管理→日终轧账”按钮，进入日终轧账的操作界面，如图 7－40 所示。

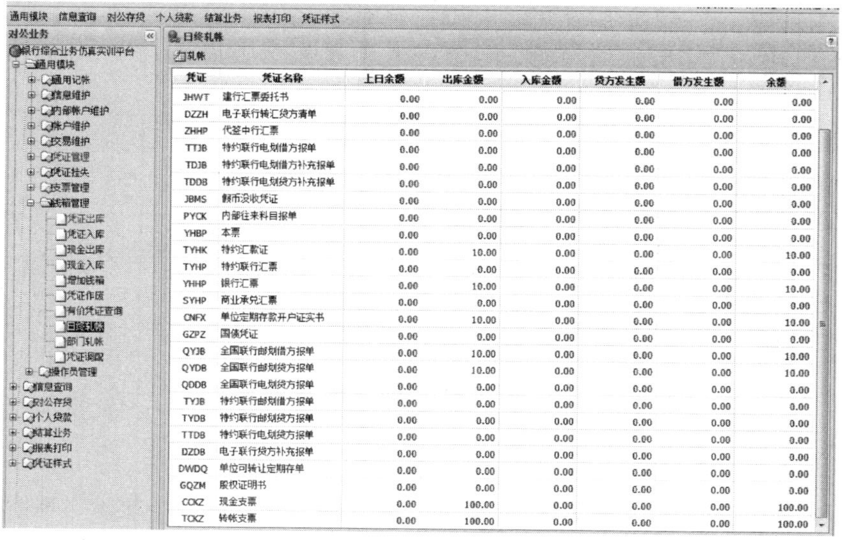

凭证	凭证名称	上日余额	出库金额	入库金额	贷方发生额	借方发生额	余额
JHWT	建行汇票委托书	0.00	0.00	0.00	0.00	0.00	0.00
DZZH	电子联行转汇贷方清单	0.00	0.00	0.00	0.00	0.00	0.00
ZHHP	代签中行汇票	0.00	0.00	0.00	0.00	0.00	0.00
TTJB	特约联行电划借方报单	0.00	0.00	0.00	0.00	0.00	0.00
TDJB	特约联行电划借方补充报单	0.00	0.00	0.00	0.00	0.00	0.00
TDDB	特约联行电划贷方补充报单	0.00	0.00	0.00	0.00	0.00	0.00
JBMS	假币没收凭证	0.00	0.00	0.00	0.00	0.00	0.00
PYCK	内部往来科目报单	0.00	0.00	0.00	0.00	0.00	0.00
YHBP	本票	0.00	0.00	0.00	0.00	0.00	0.00
TYHK	特约汇款证	0.00	10.00	0.00	0.00	0.00	10.00
TYHP	特约联行汇票	0.00	0.00	0.00	0.00	0.00	0.00
YHHP	银行汇票	0.00	10.00	0.00	0.00	0.00	10.00
SYHP	商业承兑汇票	0.00	0.00	0.00	0.00	0.00	0.00
CNFX	单位定期存款开户证实书	0.00	10.00	0.00	0.00	0.00	10.00
GZPZ	国债凭证	0.00	0.00	0.00	0.00	0.00	0.00
QYJB	全国联行邮划借方报单	0.00	10.00	0.00	0.00	0.00	10.00
QYDB	全国联行邮划贷方报单	0.00	10.00	0.00	0.00	0.00	10.00
QDDB	全国联行电划贷方报单	0.00	0.00	0.00	0.00	0.00	0.00
TYJB	特约联行邮划借方报单	0.00	0.00	0.00	0.00	0.00	0.00
TYDB	特约联行邮划贷方报单	0.00	0.00	0.00	0.00	0.00	0.00
TTDB	特约联行电划贷方报单	0.00	0.00	0.00	0.00	0.00	0.00
DZDB	电子联行贷方补充报单	0.00	0.00	0.00	0.00	0.00	0.00
DWDQ	单位可转让定期存单	0.00	0.00	0.00	0.00	0.00	0.00
GQZM	股权证明书	0.00	0.00	0.00	0.00	0.00	0.00
CCKZ	现金支票	0.00	100.00	0.00	0.00	0.00	100.00
TCKZ	转帐支票	0.00	100.00	0.00	0.00	0.00	100.00

图 7－40　日终轧账

2. 操作说明

柜员进入“日终扎账”界面后，点击“轧账”按钮，系统显示出柜员钱箱的现金、凭证的总信息，包括：凭证代码、凭证名称、上日余额、出库金额、入库金额、借方发生额、贷方发生额、余额等，供柜员查看、核对。

需要注意的事项：本项轧账每日可多次进行，方便柜员随时核对个人钱箱中的现金及凭证。

二、凭证入库

对已出库到柜员钱箱的重要空白凭证，营业终了时，根据凭证与相关登记簿进行的账实核对结果，柜员将个人钱箱中未用完的凭证上缴支行（或网点行）库钱箱。柜员的操作如下：

1. 登录界面

柜员登录钱箱管理界面后，点击“通用模块→钱箱管理→凭证入库”按钮，进入凭证入库操作界面，如图 7－41 所示。

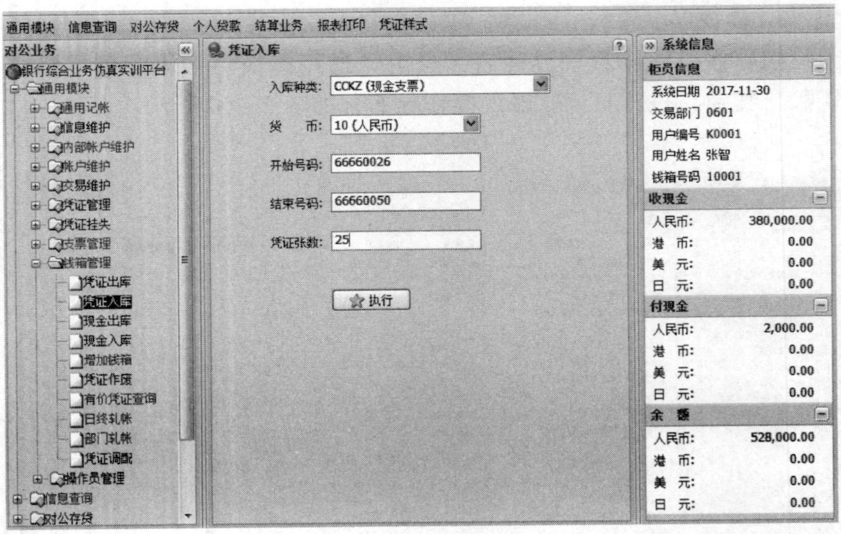

图 7－41 凭证入库

2. 操作说明

柜员录入“入库种类”“起始号码”“结束号码”“金额”等信息，其中：“入库种类”与凭证出库时的种类相同；凭证“起始号码”“结束号码”必须录入包括批号在内的完整的 8 位数字；“金额”处录入凭证数量，凭证不控制数量，以张为单位，每张 1 元人民币。

需要注意的事项：现金支票或转账支票入库时，必须整本 25 张入库。

三、现金入库

日终轧账时，柜员要把个人钱箱的现金按券别进行整理清点，并核对实物与钱箱的余额，以确保账实相等，券别完全一致。核对无误后，柜员将个人钱箱的这批现金上缴到支行（或网点行）库钱箱。柜员现金入库的操作如下：

1. 登录界面

柜员登录钱箱管理界面后，点击“通用模块→钱箱管理→现金入库”按钮，进入现金入库的操作界面，如图 7－42 所示。

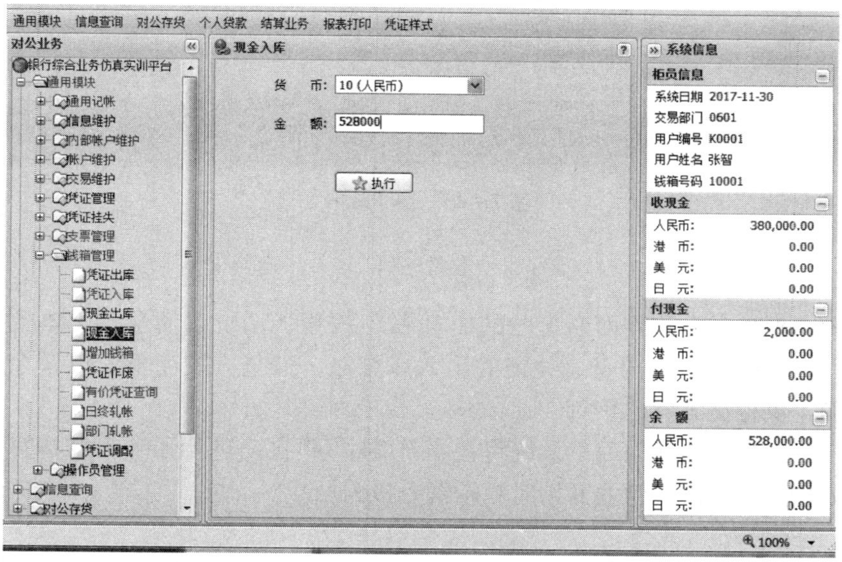

图 7－42　现金入库

2. 操作说明

柜员录入“货币”“金额”等信息后，点击“执行”按钮，完成现金入库的实验操作。

四、部门轧账

柜员将当日交易的现金、重要空白凭证入库后，进行本支行（或网点行）的日终结算，通过“部门轧账”的操作查看部门钱箱中的现金和凭证的情况，并打印当日营业报表。

1. 登录界面

柜员登录钱箱管理界面后，点击“通用模块→钱箱管理→部门轧账”按钮，进入部门轧账的操作界面，如图 7－43 所示。

凭证	凭证名称	上日余额	出库金额	入库金额	贷方发生额	借方发生额	余额
JHWT	建行汇票委托书	0.00	0.00	0.00	0.00	0.00	0.00
DZZH	电子联行转汇贷方清单	0.00	0.00	0.00	0.00	0.00	0.00
ZHHP	代签中行汇票	0.00	0.00	0.00	0.00	0.00	0.00
TTJB	特约联行电划借方报单	0.00	0.00	0.00	0.00	0.00	0.00
TDJB	特约联行电划借方补充报单	0.00	0.00	0.00	0.00	0.00	0.00
TDDB	特约联行电划贷方补充报单	0.00	0.00	0.00	0.00	0.00	0.00
JBMS	假币没收凭证	0.00	0.00	0.00	0.00	0.00	0.00
PYCK	内部往来科目报单	0.00	0.00	0.00	0.00	0.00	0.00
YHBP	本票	0.00	0.00	0.00	0.00	0.00	0.00
TYHK	特约汇款证	0.00	0.00	0.00	0.00	0.00	0.00
TYHP	特约联行汇票	0.00	0.00	0.00	0.00	0.00	0.00
YHHP	银行汇票	0.00	0.00	0.00	0.00	0.00	0.00
SYHP	商业承兑汇票	0.00	0.00	0.00	0.00	0.00	0.00
CNFX	单位定期存款开户证实书	0.00	0.00	0.00	0.00	0.00	0.00
GZPZ	国债凭证	0.00	0.00	0.00	0.00	0.00	0.00
QYJB	全国联行邮划借方报单	0.00	0.00	0.00	0.00	0.00	0.00
QYDB	全国联行邮划贷方报单	0.00	0.00	0.00	0.00	0.00	0.00
QDDB	全国联行电划贷方报单	0.00	0.00	0.00	0.00	0.00	0.00
TYJB	特约联行邮划借方报单	0.00	0.00	0.00	0.00	0.00	0.00
TYDB	特约联行邮划贷方报单	0.00	0.00	0.00	0.00	0.00	0.00
TTDB	特约联行电划贷方报单	0.00	0.00	0.00	0.00	0.00	0.00
DZDB	电子联行贷方补充报单	0.00	0.00	0.00	0.00	0.00	0.00
DWDQ	单位可转让定期存单	0.00	0.00	0.00	0.00	0.00	0.00
GQZM	股权证明书	0.00	0.00	0.00	0.00	0.00	0.00
CCKZ	现金支票	0.00	0.00	0.00	0.00	0.00	0.00
TCKZ	转帐支票	0.00	0.00	0.00	0.00	0.00	0.00

图 7－43 部门轧账

2. 操作说明

柜员点击该界面左上角的“轧账”按钮，系统自动显示出本支行钱箱中所有的现金、凭证的出入库金额、借贷方发生额，以及余额，供柜员查看、核对。

柜员核对无误后，系统将在当日 24：00 自动进行账务日结清算处理，并于次日营业开始时打印营业报表。

本章小结

商业银行对公业务的实验内容包括两个模块：通用模块和业务模块。前者是商业银行对公各项存贷业务、结算业务必须进行的、常用的实验操作，体现着对公业务面向业务、核心会计、面向客户和数据大集中的设计理念和系统特点。后者涵盖了商业银行经营管理中的主要业务种类和管理内容，是商业银行的核心业务和盈利来源。

1. 对公业务的临柜柜员首次登录本系统，为避免他人修改登录密码及个人资料，同时也方便教师根据学生姓名及学号统计及查询实验成绩，首先应修改个人资料，并要增加钱箱，获得进行对公从事业务操作必需的柜员个人钱箱。

2. 对公日初处理是营业开始时柜员需要进行的一系列业务操作。

主要包括领用凭证、凭证出库、现金出库等实验操作。

3. 存贷业务是对公业务中非常重要的核心业务。实验内容主要包括：新开户业务、一般活期及临时存款业务、定期存款业务、贷款管理、贷款业务、汇票兑付等业务。所有的业务操作必须先从开立对公客户号、存款账户开始，是进行存贷业务实验操作的起点和核心所在。

4. 个人贷款业务是指消费者贷款业务，是银行以消费者个人为对象，以个人消费为用途而发放的贷款。实验内容包括：一般消费贷款（做个人住房按揭贷款或做汽车贷款）和助学贷款的开立借据、借据维护、发放贷款、贷款展期、贷款归还等业务。

5. 辖内业务是指商业银行各支行网点之间实现辖内通存通兑业务，即客户可在银行任一联网网点进行通存通兑，交易完成后即时入账。同城业务是处理不同商业银行之间的转账结算业务，同城业务需要通过票据交换中心进行票据交换。联行业务通过特约汇款证进行，是系统内异地间联行所进行的代收代付等业务活动而发生的联行往来业务。

6. 对公特殊业务是处理通用记账、内部账户维护、信息维护、凭证管理、凭证挂失、钱箱管理等业务的实验项目。通用记账的方法与原理，特殊业务中各专业术语的含义是非常重要的内容。

7. 对公日终处理是柜员在当天营业终止后必须要进行的业务操作。主要是上缴未使用的重要空白凭证、现金入库及打印营业日报表等。部门轧账是指商业银行支行营业网点进行日终结账处理，日终轧账是指支行对公柜员对当天本人处理的对公业务进行日终结账处理。

8. 信息查询业务是商业银行对公实验中一些重要信息需要查找、核对、统计时进行的实验项目。其实验内容包括：客户信息查询、账户信息查询、凭证信息查询和交易信息查询四项业务。

复习思考题

1. 商业银行对公业务实验系统有什么特点？如何理解？
2. 如何理解增加尾箱业务？尾箱轧账有何作用？
3. 如何理解凭证领用、凭证下发、凭证出库等的业务规范和流程？
4. 商业银行对公业务的账户有哪些种类？
5. 如何理解对公客户号、存款账号在商业银行业务经营中的作用？
6. 如何理解辖内通存通兑业务的含义？有哪些主要流程？
7. 如何理解同城票据交换业务？提出行、提入行的交换各有什么规定？
8. 如何理解日终现金入库、重要空白凭证入库业务？

实验作业

1. 练习日初业务中的总行领用凭证、下发凭证；支行领入凭证、凭证出库的操作。

2. 熟悉并掌握对公客户号、存款账的开立与使用。

3. 熟悉对公业务教学案例，完成对公存贷业务的实验操作。

4. 熟练进行个人贷款业务的实验操作。

5. 熟悉结算业务的教学案例，完成各项业务操作。

6. 掌握并练习对公特殊业务的实验操作。

7. 完成对公业务的日终处理实验操作。

第八章 实验案例与疑难解答

【知识目标】

◇理解个人银行业务实验操作的基本机理与理论内涵

◇理解对公业务操作的基本机理与理论内涵

【素养目标】

◇了解实验操作中典型疑难问题的解答，锻炼专业技能，提升职业素养

【技能目标】

◇掌握个人银行业务教学案例中要求完成的所有业务操作

◇掌握对公业务教学案例中要求完成的所有业务操作

商业银行综合业务仿真实训系统的实验项目，基本涵盖了商业银行个人银行业务、对公会计业务的所有业务操作。实验案例在覆盖所有业务的前提下精选出每个实验项目的关键性、代表性业务，经场景设计、虚拟对象、业务、数据、流程等方面的精心编制，形成了可供学生实验操作的教学案例，也体现了商业银行综合业务的核心内容。学生通过对实验案例的操作，可以熟练掌握商业银行综合业务的操作流程、业务规范、业务处理，领会操作要点的理论内涵与运作机理，加深对基础知识与基本理论的理解，从而达到理论联系实际，再提高理论认知和实际操作能力的实验目的。

对于学生在实验操作中普遍存在的、共性的疑难问题，本章也做了汇总和解答，能够对顺利进行实验操作有所裨益。

第一节 个人银行业务实验案例

商业银行个人银行业务的实验操作中，学生以支行或网点行普通

柜员、管理柜员、柜台组长、银行客户等多重身份，以不同的角色利用实验案例进行实验操作，从而达到全面熟悉掌握个人银行业务操作要点，理解实验项目基本机理与理论内涵的实验目的。

一、实验案例的使用说明

实验案例使用时，学生按照实验案例的操作说明和操作流程，完成每个教学案例实验任务后，系统将会根据操作员的实验操作结果，给出实验得分值。学生通过查看系统评定的分值，可以了解自己当前的实验得分情况。系统最终评定的分值将作为任课教师对参与实验学生最终的成绩评价依据。

实验案例的项目栏，包括：案例名称、操作说明、分值、得分、在线演示、实验操作等项目类别，学生操作时，按照实际需要选择使用。实验案例的基本构成如图 8－1 所示。

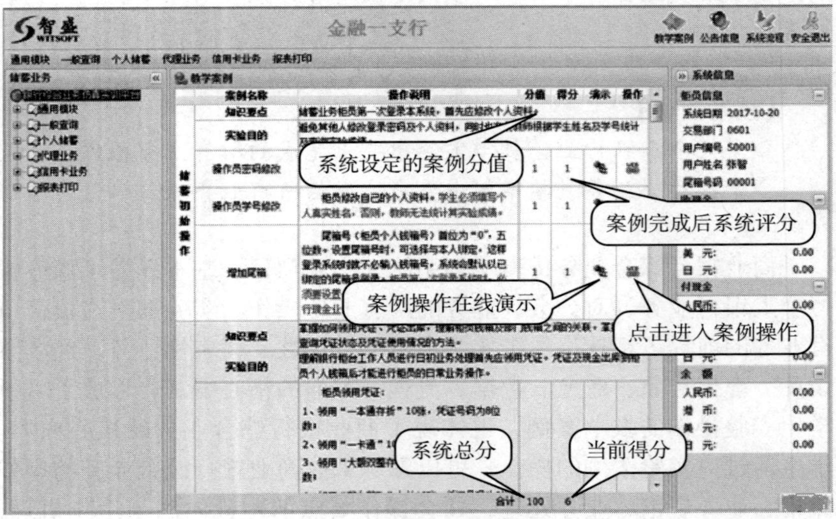

图 8－1　个人银行业务实验案例图示

二、实验案例的教学内容

个人银行业务的实验案例，按照个人银行每日的业务流程设计，主要包括储蓄初始操作、储蓄日初操作、储蓄日常业务操作、特殊业务操作、代理业务操作、信用卡业务操作与日终业务操作七个模块的实验内容，并在每个实验模块介绍了本实验项目的知识要点和实验目的，以便于学生实验操作时学习和掌握。

（一）储蓄初始操作

储蓄初始操作的实验案例内容如表 8－1 所示。

表 8－1　　储蓄初始操作

案例名称	操作说明	操作	分值
知识要点	个人银行业务柜员第一次登录系统，首先应该修改个人资料		
实验目的	避免其他人修改登录密码及个人资料。同时也方便教师根据学生姓名及学号统计及查询实验成绩		
操作员密码修改	修改学生的个人资料	通用模块→操作员管理	1
操作员学号修改		通用模块→操作员管理	1
增加尾箱		通用模块→钱箱管理→增加尾箱	1

（二）储蓄日初业务操作

储蓄日初业务操作的实验案例如表 8－2 所示。

表 8－2　　储蓄柜员日初操作

案例名称	操作说明	操作	分值
知识要点	掌握如何领用凭证。理解凭证出库、柜员钱箱及部门钱箱之间的关联。掌握如何进行凭证出库及查询凭证状态的方法		
实验目的	理解银行柜台工作人员进行日初业务处理的流程设计：先领用凭证，凭证及现金再出库到柜员个人钱箱后才能进行柜员的日常业务操作		
凭证领用	1. 领用“一本通存折”“一卡通”“大额双整存单”“整存整取存单”“出入库凭证”“普通存折”“定活两便存单”等凭证各 10 张，凭证号码为 8 位数字。 2. 领用“普通支票”25 张，凭证号码为 10 位数字，开始号码为 25 的倍数 +1，结束号码为 25 的倍数。 3. 领用“信用卡”10 张，凭证号码为 16 位数字，编排方式为：8989（4 位）+ 部门号（4 位）+ 顺序号（8 位）。 注意事项： 1. 柜员第一次使用本系统时，必须要先领用凭证。 2. 凭证“开始号码”与“结束号码”不能与其他柜员领取的号码相同。自己领用的凭证号码应记下，以便接下来的业务操作使用。 3. 如果钱箱中已有以上各种凭证，日初处理时可不再领用凭证	通用模块→凭证管理→凭证领用	3
重要空白凭证出库	领用了多少张凭证就出库多少张凭证，1 张凭证为人民币 1 元。 注意事项：出库凭证超过领用凭证数量时，系统会显示“余额不足”。“重要空白凭证出库”是指柜员要从网点库钱箱出库到柜员钱箱	通用模块→钱箱管理→重要空白凭证出库	1

续表

案例名称	操作说明	操作	分值
现金出库	如果部门钱箱中的现金为0，柜员进行此项操作时，系统会提示“不能透支”，所以此项操作可留到日终处理后再进行	通用模块→钱箱管理→现金出库	1
凭证综合查询	查询已领用并已出库凭证的状态	一般查询→凭证查询→凭证综合查询	0
重要空白凭证查询	查询个人钱箱（也称为尾箱）重要空白凭证的使用情况及其余额	通用模块→钱箱管理→重要空白凭证查询	0
尾箱轧账	查看柜员个人钱箱中现金及凭证情况。如果柜员个人钱箱的现金余额为“0”，则无法提取现金	通用模块→钱箱管理→尾箱轧账	0

（三）储蓄日常业务操作

储蓄日常业务操作的实验案例如表8－3所示。

表8－3　　储蓄日常业务操作

案例名称	操作说明	操作	分值
知识要点	理解商业银行面向客户的客户化管理思想，掌握如何为个人储蓄客户开立客户号及活期存款账户、整存整取账户、定活两便账户，如何进行存取款业务操作，理解商业银行个人业务处理的业务规范和操作流程。掌握存本取息、通知存款、普通支票的业务规范及操作流程。熟悉教育储蓄、一卡通及凭证业务的规范及操作流程		
实验目的	学会开立客户号及相关账户开户、存取款操作的方法，体会普通柜员角色的业务处理过程。学会个人客户的存本取息、通知存款、普通支票业务处理方法。理解相关的专业术语。掌握一卡通及凭证等的处理方法		
新开客户号	1. 新开普通客户号：柜员为初次来行办理开户业务的个人客户开设普通客户号1个。 2. 开一卡通（或一本通）客户号：为某客户开设一卡通（或一本通）客户号1个，注意一卡通或者一本通选择后使用的凭证不同。 3. 客户的1个身份证号只能在本支行开立1个普通客户号及1个一卡通（或一本通）客户号。 注意事项： 1. 输入个人客户的基本资料后，系统会自动生成1个客户号，记下此客户号。 2. 业务完成后需打印相关开户凭证，留底存档，以备查询	1. 个人储蓄→客户管理→开普通客户。 2. 个人储蓄→客户管理→开一卡通/一本通客户	4

续表

案例名称	操作说明	操作	分值
活期储蓄	1. 用上一步操作生成的普通客户号为该客户开设普通存折存款账户及一卡通（或一本通）存款账户各 1 个，开户存款金额各为 5000 元。 2. 某客户的普通活期存款账户存款 2000 元，一卡通（或一本通）活期存款账户存款 8000 元。 3. 某客户的普通活期存款账户取款 1000 元，一卡通（或一本通）活期存款账户取款 2000 元。 注意事项： 1. 活期储蓄账号共 15 位数字，由前 10 位的客户号和后 5 位的账号后缀（即子户号）共同组成。其中账号后缀前 4 位为顺序号，第 5 位为校验位。 2. 业务完成后打印普通存折。 3. 活期储蓄业务不做销户业务	个人储蓄→活期储蓄	7
整存整取	1. 为某客户开设普通整存整取账号 1 个，开户金额为 2000 元，存期为 3 个月。 2. 对普通整存整取账号提前支取 1000 元。 3. 为某客户开设一卡通（或一本通）整存整取账号 1 个，开户金额为 6000 元，存期为 1 年。 4. 对一卡通（或一本通）整存整取账户提前支取 1500 元。 注意事项： 1. 客户号仍为之前开设的普通客户号和一卡通（或一本通）客户号。 2. 注意账户后缀的改变	个人储蓄→整存整取	4
定活两便	1. 为某客户开设普通定活两便账户 1 个，开户金额为 2500 元。 2. 为某客户开设一卡通（或一本通）定活两便账户 1 个，开户金额为 3000 元。 3. 将普通定活两便账户销户。 4. 将一卡通（或一本通）定活两便账户销户。 注意事项： 1. 用普通客户号开立定活两便账户 2. 用一卡通（或一本通）客户号开立定活两便账户	个人储蓄→定活两便	5
零存整取	1. 为某客户开设普通零存整取账户 1 个，存期为 1 年，开户金额为 3000 元。 2. 普通零存整取账户存款 3000 元。 3. 普通零存整取账户销户。 4. 为某客户开设一卡通（或一本通）零存整取账户 1 个，开户金额为 2000 元。 5. 将一卡通（或一本通）零存整取账户销户。 注意事项： 1. 用普通客户号开立零存整取账户。 2. 用一卡通（或一本通）客户号开立零存整取账户。 3. 存折号为普通存折凭证号码	个人储蓄→零存整取	7

续表

案例名称	操作说明	操作	分值
存本取息	1. 为某客户开设存本取息账号 1 个，开户金额为 10000 元，存期为 1 年（输入存期代码：301），取息间隔为 1 个月。 2. 为某客户存本取息销户。 3. 为某客户开设一卡通（或一本通）存本取息账户 1 个，开户金额为 20000 元。 4. 将一卡通（或一本通）存本取息账户销户。 注意事项： 1. 用普通客户号开立存本取息账户。 2. 用一卡通（或一本通）客户号开立存本取息账户。 3. 存折号为普通存折凭证号码	个人储蓄→存本取息	3
通知存款	1. 为某客户开设普通通知存款账户 1 个，开户金额为 80000 元。 2. 普通通知存款部分支取 5000 元，通知期为 101 或 107。 3. 普通通知存款账户销户，将该账户余额全部取出，通知期为 101 或 107。 4. 为某客户开设一卡通（或一本通）通知存款账户 1 个，开户金额为 60000 元。 5. 一卡通通知存款支取 10000 元。 6. 将一卡通（或一本通）通知存款账户销户。 注意事项： 1. 用普通客户号开立通知存款账户。 2. 用一卡通（或一本通）客户号开立通知存款账户。 3. 存折号为普通存折凭证号，通知存款起存金额为 5 万元，超出 5 万元的业务操作要输入其他柜员的柜员号及密码进行复核	个人储蓄→通知存款	6
普通支票	1. 为某客户开设普通支票账户 1 个，开户金额为 30000 元。 2. 向普通支票账户存入现金 3000 元。 3. 将之前已出库的 25 张支票出售给该支票账户。 4. 从该支票账户中用支票取款 1000 元。 5. 对该支票账户进行结清操作。 6. 对该支票账户进行销户操作。 注意事项： 1. 客户号为普通客户号。 2. 支票出售为 1 元/张，系统会自动从某客户的个人支票账户中扣除此费用。 3. 普通支票的销户处理，包含三个步骤，即账户结清—取款—销户	个人储蓄→普通支票	8

续表

案例名称	操作说明	操作	分值
教育储蓄	1. 为某客户开立普通教育储蓄账户 1 个，开户金额为 1000 元，存期为 1 年。 2. 向普通教育储蓄账户存入现金 1000 元。 3. 将该普通教育储蓄账户进行销户处理。 4. 为某客户开设一卡通（或一本通）教育储蓄存款账户 1 个，开户金额为 1500 元。 5. 一卡通教育储蓄存款 1500 元。 6. 将一卡通（或一本通）教育储蓄存款账户销户。 注意事项： 1. 普通教育储蓄使用普通客户号，存折号码使用普通存折凭证号。 2. 用一卡通（或一本通）客户号开立教育储蓄账户	个人储蓄→教育储蓄	3
一卡通业务	1. 一卡通（或一本通）换凭证：凭证类型选一卡通（或一本通），输入原凭证号及替换凭证号。 2. 一卡通（或一本通）挂失。 3. 一卡通（或一本通）解挂（不换凭证）。 4. 一卡通（或一本通）解挂（换凭证）。 5. 一卡通（或一本通）密码修改。 注意事项： 1. 挂失后的一卡通需要 7 天后才能进行解挂操作。 2. 凭证类型注意选择“一卡通”或者“一本通”，客户号与此对应	个人储蓄→一卡通	6
凭证业务	1. 将某客户普通存折进行换存折操作。 2. 将某客户整存整取存单进行换存单操作。 3. 某客户整存整取存单已遗失，对其进行挂失操作。 4. 某客户已挂失的存单又重新找到了，要对已挂失的存单解挂（不换凭证）。 5. 某客户的普通存折账号解挂，并替换原来的存折。 6. 对某客户的整存整取存单解挂（换存单）。 7. 修改某客户活期存款账户的密码。 注意事项：凭证业务是对存折或存单等凭证进行挂失或解挂操作，实际操作是注意选择对应的凭证类型	个人储蓄→凭证业务	8

（四）个人储蓄特殊业务

个人储蓄特殊业务的实验案例如表 8－4 所示。

表 8－4　　个人储蓄特殊业务

案例名称	操作说明	操作	分值
知识要点	理解表内记账及表外记账的含义		
实验目的	掌握通用记账的方法，学会如何对账户及交易进行维护		

续表

案例名称	操作说明	操作	分值
表内通用记账	1. 借方账号为：9＋交易部门编号＋1010100000；凭证类型：无；凭证号码：空；借贷：借；金额：1000 元。 2. 贷方账号为：9＋交易部门编号＋10101＋柜员钱箱号；凭证类型：无；凭证号码：空；借贷：贷；金额 1000 元。 注意事项：表内记账遵循借贷记账法的记账规则：借贷平衡，数额相等，否则无法操作完成	通用模块→通用记账→表内通用记账	3
表外通用记账	某客户往“普通储蓄存折库存账号（9＋交易部门编号＋1078100000）”存入 20 元，记“收”。 注意事项：在“账户查询”中查到相关的表外账户，所有的表外账户均以“9”开头	通用模块→通用记账→表外通用记账	1
信息维护	1. 私人客户维护：输入某客户的客户号，对其个人信息进行维护。 2. 表内账户信息维护：输入某客户的普通存折账号，对相关信息进行维护。 3. 表外账户信息维护：输入表外账户（9＋交易部门编号＋1078100000），对账户名称进行维护。 注意事项：在“账户查询”中查询相关账户的信息	通用模块→信息维护	2
账户维护	1. 账户部分冻结：对某客户的存款账户进行冻结操作，冻结金额为 200 元。 2. 对某客户已冻结的账户进行解冻，解冻金额为 200 元。 注意事项：对活期账户进行冻结和解冻操作	通用模块→账户维护	2
交易维护	冲账处理：往某客户的活期存款账户中存入 1000 元钱，后发现此操作有误，则从“交易查询”中查询到此笔交易的流水号，在“交易维护”中进行冲账处理，冲账后，此笔交易将被取消。 注意事项：对当天日结清算处理前操作的业务进行错账冲账处理	通用模块→交易维护	2

（五）代理业务

个人银行的代理业务的实验案例如表 8－5 所示。

表 8－5 储蓄代理业务

案例名称	操作说明	操作	分值
知识要点	代理业务主要分为两大类，一类是代扣业务，如水费、电费、电话费等；另外一类是代发业务，如代发工资		
实验目的	掌握代扣业务和代发业务的业务流程及业务规范，学会如何操作这两项业务		
代扣业务	1. 代理合同管理： 代理类别：水费托收、电费托收 代理收付账号：9＋交易部门编号＋1040700001 客户名称：×××供水公司 2. 代理批量管理： 输入系统自动生成的代理合同号，总笔数为 1，总金额为 200 元，其他项不用填。 3. 批量明细管理： 输入代理合同号及批量号（代理交易序号），涉及对象账号为×××的活期存款账号，涉及对象标志为某客户，涉及金额为 200 元。 4. 逐笔代收（有代理清单）： 按业务操作要求填入所有项目，收款金额为 200 元，执行后完成代收扣款操作。 5. 批量托收（代扣）： 输入合同号、批量号、总笔数为 1，总金额为 200，执行后完成整个代扣业务。 注意事项： 1. 新建代理合同时记录系统自动生成的“代理合同号”。 2. 新建代理批理后记录“代理交易序号”	1. 代理业务→代理合同管理→新建代理合同录入 2. 代理业务→代理批量管理→新建批量录入 3. 代理业务→代理明细管理→新建明细录入 4. 代理业务→逐笔代收 5. 代理业务→批量托收	5
代发业务	1. 代理合同新建： 代理类别：代发工资 代理收付账号：9＋交易部门编号＋1040700001 客户名称：××科技有限公司 2. 代理批量管理： 输入系统自动生成的代理合同号，总笔数为 1，总金额为 2000 元，其他项不用填。 3. 批量明细管理： 输入代理合同号及批量号（代理交易序号），涉及对象账号为某客户的活期存款账号，涉及对象标志为某客户，涉及金额为 2000 元。 4. 批量托收（代发）： 输入合同号、批量号、总笔数为 1，总金额为 2000 元，执行后完成整个代发业务	1. 代理业务→代理合同管理→新建代理合同录入 2. 代理业务→代理批量管理→新建批量录入 3. 代理业务→代理明细管理→新建明细录入 4. 代理业务→批量托付	4

（六）信用卡业务

信用卡业务的实验案例如表 8－6 所示。

表 8 – 6　　信用卡业务

案例名称	操作说明	操作	分值
知识要点	信用卡是具有消费信用、存取现金和转账结算等功能的信用支付工具。信用卡是一种贷记卡，先消费再还款		
实验目的	掌握信用卡开卡操作流程、信用卡还款及取现等业务操作方法		
信用卡开户	为某客户开立一张信用卡，并设置关联还款账户。 注意事项：信用卡为“贷记卡”，客户可以从信用卡中透支取现，透支金额应在规定的还款期内还款，否则银行将按贷款利率收取利息	信用卡业务→信用卡开户	1
信用卡存现	某客户来银行办理信用卡存款业务，存入金额为人民币 5000 元。 注意事项：信用卡存现要存足信用卡使用款项	信用卡业务→信用卡存现	1
信用卡取现	柜员为客户办理信用卡取现业务，从其信用卡账户中取现金 2000 元。 注意事项：信用卡取现金额不能超过预借现金金额	信用卡业务→信用卡取现	1
信用卡查询	1. 信用卡明细查询。 2. 信用卡交易查询	一般查询→其他交易查询	0

（七）个人储蓄日终业务处理

个人储蓄日终业务的实验案例如表 8 – 7 所示。

表 8 – 7　　储蓄日终处理业务

案例名称	说明	操作	分值
知识要点	储蓄日终业务处理是柜员在当天营业终止后必须要进行的业务操作。业务有上缴未使用的重要空白凭证、现金入库及打印营业日报表等。部门轧账是指商业银行支行营业网点进行日终结账处理，尾箱轧账是指支行柜员对当天本人处理的业务进行日终结账处理		
实验目的	掌握日终处理的方法。理解重要空白凭证及现金入库的意义，理解部门轧账及尾箱轧账的含义及区别		
重要空白凭证入库	每天日终处理时，银行柜员必须将柜员个人钱箱中未使用的重要空白凭证进行“凭证入库”。 注意事项：做实验项目时，学生应学会并理解此项操作，但不必每天将未使用的凭证进行凭证入库操作	通用模块→钱箱管理→重要空白凭证入库	1

续表

案例名称	说明	操作	分值
现金入库	柜员查询其个人钱箱中的现金余额，将其全部入库到部门钱箱中。 注意事项：柜员要查询部门钱箱中现金余额的变化情况。也可以留一部分现金，以备下一个交易日对客户作取款操作	通用模块→钱箱管理→现金入库	1
尾箱轧账	柜员查看个人钱箱当日凭证及现金借贷情况	通用模块→钱箱管理→尾箱轧账	1
部门轧账	柜员查看支行的部门钱箱当日凭证及现金使用情况。 注意事项：本系统会在当日 24：00 时自动进行账务日结清算处理。所以当日的营业报表可在第二天进行打印输出	通用模块→钱箱管理→部门轧账	1

第二节 对公业务实验案例

商业银行对公业务的实验操作中，学生以支行（或网点行）会计记账员、会计柜台组长、总行会计记账员、单位客户、个人客户等多重身份，以不同的角色利用实验案例进行实验操作，从而达到全面熟悉掌握对公会计业务操作要点，理解实验项目基本机理与理论内涵的实验目的。

一、实验案例的使用说明

学生使用实验案例时，根据实验案例的实验目的、要求和操作流程，完成每个教学案例的实验任务后，系统将会根据操作员的实验操作结果，给出实验得分值。学生通过查看系统评定的分值，了解自己当前的实验情况。系统最终评定的分值也将作为任课教师对参与本系统实验学生最终的成绩评价依据。

实验案例的项目栏，包括：案例名称、操作说明、分值、得分、在线演示、实验操作等项目类别，学生操作时，按照实际需要选择使用。实验案例的基本构成与个人储蓄业务基本相同，此处略。

二、实验案例的教学内容

商业银行对公业务的实验案例，按照对公业务每日的业务流程设计，主要包括：对公初始操作、对公日初操作、对公存贷业务操作、个人贷款业务操作、结算业务操作、对公特殊业务操作与日终业务操作七个模块的实验内容，并在每个实验模块介绍了本实验项目的知识要点和实验目的，以便于学生实验操作时学习和掌握。

（一）对公业务初始操作

对公业务初始操作的实验案例如表 8－8 所示。

表 8－8　　对公业务初始操作

案例名称	操作说明	操作	分值
操作员密码修改	修改操作员的个人资料	通用模块→操作员管理	1
操作员学号修改		通用模块→操作员管理	1
增加钱箱		通用模块→钱箱管理→增加钱箱	1
知识要点	柜员第一次登录系统时，必须要设置一个钱箱号，否则，无法领用凭证及进行现金业务		
实验目的	避免其他人修改登录密码及个人资料，同时也方便教师根据学生姓名及学号统计及查询实验成绩		

（二）对公会计柜员日初处理

对公业务日初处理的实验案例如表 8－9 所示。

表 8－9　　对公业务日初处理

案例名称	操作说明	操作	分值
知识要点	理解对公业务日初处理操作的意义		
实验目的	掌握凭证领用、凭证下发、凭证出库、现金出库等操作规范和操作流程		
总行领用及下发凭证	1. 会计记账员领用“现金支票”“转账支票”各一本 25 张，凭证号码为 8 位数。 2. 会计记账员领用“银行承兑汇票”“特约汇款证”“单位定期存款开户证实书”“全国联行邮划贷方报单”“全国联行邮划借方报单”，凭证号码为 8 位数。 3. 会计记账员下发“现金支票”“转账支票”各一本 25 张，凭证号码为 8 位数。 4. 会计记账员下发“银行承兑汇票”“特约汇款证”“单位定期存款开户证实书”“全国联行邮划贷方报单”“全国联行邮划借方报单”，等凭证各 10 张，凭证号码为 8 位数。 注意事项：对公业务的凭证必须以总行会计记账员身份（k0001）到总行（部门编号：0001）去领用，再下发到支行，支行方可领用并出库	通用模块→凭证管理→凭证领用 通用模块→凭证管理→凭证下发	2

续表

案例名称	操作说明	操作	分值
支行领用凭证及凭证出库	1. 柜员将从总行（0001）下发到支行（或网点行）的凭证领用到部门钱箱。 2. 柜员从部门钱箱把凭证出库到柜员个人钱箱中	通用模块→凭证管理→凭证领用 通用模块→钱箱管理→凭证出库	2
现金出库	柜员现金出库 20000 元。 注意事项：第一次做现金出库，因部门钱箱无现金，此操作无法进行。可在日终处理后，当日营业现金已入库后再操作	通用模块→钱箱管理→现金出库	1

（三）对公业务日常操作

对公业务的日常操作包括对公存贷业务和个人贷款业务两部分，其实验案例如表 8－10、表 8－11 所示。

表 8－10　　　　对公业务日常操作——对公存贷业务

案例名称	操作说明	操作	分值
知识要点	理解对公基本账户、定期账户、汇票业务的含义。理解对公客户号的意义		
实验目的	掌握对公存贷业务中各项业务的基本操作流程和业务规范，达到可以熟练操作开立对公基本账户、一般对公存取款、贷款业务处理、汇票兑付等业务的目的		
新开户业务	1. 新开客户号：柜员为某科技有限公司新一个开客户号。 2. 新开基本存款账户：为某科技有限公司开对公存款“基本账户”1 个（账户类别：工业存款；分析码：任意 3 个数字；存期：000；账户标志：基本户。其他项按默认内容。） 3. 新开活期存款账户：柜员为某科技有限公司新开“一般活期或临时存款账户”1 个（账户类别：工业存款；分析码：任意三个数字；存期：000；账户标志：一般户或临时户。其他项按默认内容）。 4. 新开定期存款账户：为某科技有限公司开立对公“一年以内定期存款”账户 1 个；“一年以上定期存款”账户 1 个（账户类别：定期存款；分析码：任意 3 个数字；存期：206、301；账户标志：专用户。其他项按默认内容。） 注意事项：一个企业只能有 1 个“基本账户”，此账户需在人民银行备案，该账户可以从事转账、提取现金业务	对公存贷→新开户业务→新开客户号 对公存贷→新开户业务→开存款账户	4

续表

案例名称	操作说明	操作	分值
基本账户现金存取业务	1. 支票出售：把现金支票、转账支票各 1 本 25 张出售给某科技有限公司。 2. 现金存款：某科技有限公司出纳到本支行柜台存入现金 200000 元到其基本账户里。 3. 现金取款：某科技有限公司出纳开出现金支票 1 张，到本支行柜台从该公司基本账户中提取现金 1000 元。 注意事项：在进行此案例操作前应将已出库的支票出售给某科技有限公司	通用模块→支票管理→支票出售 对公存贷→基本存款→现金存款 对公存贷→基本存款→现金取款	4
一般活期及临时存款	1. 现金存款：某科技有限公司出纳到将现金 20000 元存入一般活期及临时存款账户。 2. 账户转账：某科技有限公司开出转账支票 1 张，用于支付往来货款 1800 元，收款方为本支行开户的对公存款客户（转出账户为某科技有限公司基本账户，转入账户为其他公司在本支行开设的对公存款基本账户或一般存款账户）	对公存贷→一般活期及临时存款→现金存款 对公存贷→一般活期及临时存款→账户转账	3
定期存款账户	1. 新开户金转账存款：从某科技有限公司基本存款账户中转出 50000 元到某科技有限公司定期存款账户； 2. 新开户金现金存款：存入 100000 元现金到某科技有限公司定期存款账户； 3. 部分提取转账：从某科技有限公司定期存款账户提前支取 8000 元（通知期为 101 或 107）； 4. 销户转账：将某科技有限公司定期存款账户进行销户处理，该账户余额全部转账取出。 注意事项：柜员应为某科技有限公司开立两个定期存款账户，1 个用于转账存入资金，1 个用于现金存入资金	对公存贷→定期存款→新开户金转账存款 对公存贷→定期存款→新开户金现金存款 对公存贷→定期存款→部分提前转账 对公存贷→定期存款→销户转账	4
贷款业务	1. 贷款借据管理：为某科技有限公司新建借据。存款账户为某科技有限公司的基本账户，贷款类别为“中期流动资金抵押质押贷款”，贷款金额为 500000 元，贷款利率为 5‰，担保方式为抵押，贷款借据号为 15 位数。 2. 贷款发放：将某科技有限公司的 500000 元贷款发放（借据号为上一步操作所用借据号）。 3. 部分还贷：将上一笔贷款部分还贷 200000 元； 4. 贷款展期确认：将上一笔贷款的还款期限延长 3 个月。 5. 全部还贷：将上一笔贷款全部贷款还清。 注意事项：在银行业务中，给企业发放贷款应经信贷部门的审批后才能发放。本系统的贷款管理主要是处理贷款业务中的会计账务处理，不作贷款审批	对公存贷→贷款借据管理→新开借据录入 对公存贷→贷款业务→发放贷款业务 对公存贷→贷款业务→部分还贷 对公存贷→贷款业务→贷款展期确认 对公存贷→贷款业务→全部还贷	7

续表

案例名称	操作说明	操作	分值
汇票兑付	1. 商业汇票承兑：某科技有限公司出纳到本支行申请开出一张票面金额为5000元的银行承兑商业汇票； 2. 汇票到期付款：持有某科技有限公司所开出汇票的持票人到本行要求兑付票款。 注意事项：申请开出汇票后按票面金额100%扣除保证金，手续费为票面金额万分之五，汇票到期兑付将保证金退回给汇票申请人	对公存贷→商业汇票承兑 对公存贷→汇票到期兑付	4

表8-11　　对公业务日常操作——个人贷款业务

案例名称	操作说明	操作	分值
知识要点	理解个人贷款中的住房抵押业务及助学贷款业务的含义		
实验目的	掌握个人贷款业务及助学款贷业务的操作流程及业务规范		
消费贷款	1. 新开贷款借据管理：新建某客户消费贷款合同管理，贷款借据号为15位数，存款账号为×××在本支行开设的个人活期存款账户，贷款类别为“中长期住房按揭贷款”，贷款金额为80000元，贷款月利率为5.79‰，还款日期1年以上，贷款用途为楼房，经营商账户为房产商在本支行开立的对公活期存款账户，担保方式为质押、抵押、保证。 2. 发放贷款业务：发放某客户的个人消费贷款。 3. 个人消费贷款调息：将某客户的个人消费贷款月利率由5.79‰调整到6.37‰，调整比例为10%。 4. 提前部分还贷：某客户提前部分还贷10000元； 5. 全部还贷：单位客户提前全部还清所有贷款余额70000元。 注意事项：存款账户为本行个人活期存款账户，经营商账户为在本行开户的对公活期存款账户	个人贷款→贷款借据管理 个人贷款→发放贷款业务 个人贷款→提前部分还贷 个人贷款→全部还贷	6
助学贷款	1. 助学贷款单位合同管理：为某单位新建助学贷款合同。 2. 助学贷款合同管理：为某单位新建助学贷款借据（贷款借据号为15位数字，贷款类别为“短期助学贷款”，贷款金额为6000元，贷款利率为3‰，贷款用途为“其他”）。 3. 助学贷款借据管理维护：将上两步操作生成的贷款借据号及单位合同号录入，还款日期为1年以内； 4. 个人贷款发放：录入借据号及贷款金额，经营商账户为某单位对公活期存款账户，确认后将贷款发放到某单位账户上。 5. 助学贷款提前全部还贷：录入某单位的借据号及还款金额，将此笔助学贷款全部提前还清。 注意事项：助学贷款的借据生成及贷款发放均在“个人贷款业务”的相应模块中操作完成	个人贷款→助学贷款单位合同录入 个人贷款→助学贷款借据管理 个人贷款→新增助学贷款合同 个人贷款→发放贷款业务 个人贷款→助学贷款提前全部还贷	5

（四）对公结算业务操作

对公结算业务的实验案例如表 8－12 所示。

表 8－12　　对公结算业务

案例名称		操作说明	操作	分值
辖内业务	知识要点	理解结算业务中辖内业务及同城业务之间的区别		
	实验目的	掌握结算业务中各种业务的操作流程及业务规范。熟练操作辖内通存通兑业务。掌握同城业务中支票转账、托收、票据交换、场次切换等操作流程		
	1. 现金通存管理	某软件技术有限公司是在本行其他支行网点开户的对公存款账户客户，该公司出纳到本支行网点存入现金 28000 元。 注意事项： （1）操作本案例前，应先在其他支行网点为某软件技术有限公司开立一个对公基本账户，并购买支票。 （2）复核操作时需要换其他柜员操作	结算业务→辖内业务→现金通存管理	2
	2. 转账通存管理	某科技有限公司为本支行开户客户，该公司通过转账支票向某软件技术有限公司（本行其他支行网点开户客户）支付一笔金额为 2000 元的货款。“转出账号”为某科技有限公司的对公账户，“转入账号”为某软件技术有限公司的对公账户	结算业务→辖内业务→转账通存管理	2
	3. 现金通兑管理	某软件技术有限公司（本行其他支行网点开户客户）出纳到本支行柜台办理支取现金 1000 元	结算业务→辖内业务→现金通兑管理	2
	4. 转账通兑管理	某软件技术有限公司（本行其他支行网点开户客户）向某科技有限公司（本支行开户客户）开出 1 张支付 2120 元的支票，用于支付货款。其中付款人账号为某软件技术有限公司对公活期账户，收款人账号为某科技有限公司（本支行开户客户）对公活期账户	结算业务→辖内业务→转账通兑管理	2
同城业务	1. 提出代付业务	某科技有限公司（本支行开户客户）持有 1 张其他公司（开户行：工商银行某支行）开出的票面金额为 58000 元的转账支票，某科技有限公司出纳持该支票到本支行办理支票入账。 注意事项：凭证号码为他行开出的支票号码，本系统不校验	结算业务→同城业务→提出代付业务	2
	2. 提出代付退票	某科技有限公司（本支行开户客户）持有 1 张其他公司（开户行：工商银行某支行）开出的票面金额为 6000 元的转账支票，某科技有限公司出纳持该支票到本支行办理支票入账手续，经场次切换后支票还未作入账操作，此时同城票据交易中心发现该支票有问题，退回本支行，本支行做退票处理。 注意事项：未入账的支票才可以做退票处理	结算业务→同城业务→提出代付业务→提出代付退票	2

续表

案例名称		操作说明	操作	分值
同城业务	3. 提出代收业务	某科技有限公司（本支行开户客户）开出1张票面金额为1200元的转账支行给某软件技术有限公司（开户行：中国银行市分行某支行），用于支付货款。某软件技术有限公司出纳持该支票到本支行网点办理进账。经票据交换中心交换后再传递到本支行网点，本支行网点柜员按票面金额从深圳某科技有限公司中扣除对应金额。 注意事项：当天场次切换操作完成后，经同城票据交换中心交换回来的支票才可以进行提出代收业务处理	结算业务→同城业务→提出代收业务	2
	4. 提出代收退票	某科技有限公司（本支行开户客户）开出1张票面金额为500元的转账支票给某软件技术有限公司（开户行：工商银行市分行某支行），经场次切换后，该支票经票据交据中心传递到本支行网点，本支行柜员做“同城提出代收录入”及“报单复核”后从某科技有限公司账户上记借方500元（支付）。后本支行柜员发现该支票有问题，要做退票处理。 注意事项：退票时输入的场次应大于提出代收切换的场次。空场次切换为－1，－2，－3	结算业务→同城业务→提出代收业务→提出代收退票	2
	5. 提入代付业务	某科技有限公司（本支行开户客户）开出1张票面金额为2500元的转账支票给某公司（收款人），某公司开户行为工商银行分行某支行，某公司出纳持该支票到工商银行市分行某支行要求进账，工商银行市分行某支行进行账务处理后，将该支票及某公司填写的进账单一并传递至票据交换中心，经本支行场次切换后再传递到本支行，该支票经本支行柜员做“提出代付录入”账务处理后，记某科技有限公司账户借方金额2500元。 注意事项：注意与“提出代收业务”的区别在于“提出代收业务”是在本支行办理入账手续，而本业务是在他行办理的进账手续	结算业务→同城业务→提入代付业务复核	2
	6. 提入代付退票	重复上一案例操作，操作完成后，本支行网点柜员发现支票有问题，需做退票处理。 注意事项：退票处理后，系统并不会实时将退票款返回给开票人，而是应等票据交换中心返回相关退票凭证后再将退票款退回给开票人	结算业务→同城业务→提入代付业务→提入代付退票	1

续表

案例名称		操作说明	操作	分值
同城业务	7. 提入代收业务	某科技有限公司（本支行开户客户）持有1张某软件股份有限公司（开户行：工商银行某支行）开给本公司的1张票面金额为5600元的转账支票。某科技有限公司出纳持该支票到工商银行某支行办理进账手续。 手续办理完成后，该支票经工商银行某支行提交到同城票据交换中心，同城票据交换中心再传递到本支行网点，本支行网点场次切换后即可入账处理。票款转入某科技有限公司账户里。同时，本支行网点将该支票进账单回执通过下一场次切换传递到票据交换中心。 注意事项：业务录入“票交场次”为当日切换的场次	结算业务→同城业务→提入代收业务复核	2
	8. 提入代收退票	重复上一案例操作内容，将票面金额改为2000元。支票入账后，本支行网点发现该支票有误，需做退票处理。 注意事项：退票处理后系统并不会实时将已入账的票款扣除，而应等对方行通过票据交换中心返回相关凭证后再做账务处理	结算业务→同城业务→提入代收业务→提入代收退票	1
特约汇款业务	1. 签发特约汇款证	某科技有限公司（本支行开户客户）出纳到本支行柜台申请开出一张票面金额为5500元的特约汇款证。 注意事项：汇票编号为“特约汇款证”凭证号码。付款人为本支行开户客户	结算业务→特约汇款业务→签发特约汇款证	2
	2. 兑付特约汇款证	某科技有限公司（本支行开户客户）公司持有1张某市华为信息有限公司签发的汇票，票面金额为3000元。在有效期内，某科技有限公司（本支行开户客户）公司出纳持票到本支行柜台要求兑付。 注意事项：付款人为他行开户客户，系统不检验汇票编号及账号。持票人为某科技有限公司（本支行开户客户）	结算业务→特约汇款业务→兑付特约汇款证	2
	3. 特约汇款证转汇	统计当日本支行网点签发笔数金额及兑付笔数金额，实现支行网点与市行之间清差划拨操作。 注意事项：完成支行网点与市行之间的资金结算划拨操作	结算业务→特约汇款业务→特约汇款证转汇	1
	4. 开出特约汇款证	将已完成“特约汇证转汇”操作的汇票进行正式开出操作。 注意事项：此操作完成后，汇票状态由“转汇”变为“开出”，汇票正式生效	结算业务→特约汇款业务→开出特约汇款证	1

续表

案例名称		操作说明	操作	分值
特约汇款业务	5. 记联行往账	统计出“开出特约汇款证”总金额，进行“记联行往账”业务操作，报单类别为“QYDB 全国联行邮划贷方报单”，发报行为“工商银行市分某支行”，收报行为“招商银行某支行” 注意事项：处理联行汇票资金清算业务	结算业务→特约汇款业务→记联行往账	2
	6. 记联行来账	某科技有限公司（本支行开户客户）收到一笔汇款 5800 元。联行报单号为“QYDB 全国联行邮划贷方报单”凭证号，收款人账号为某科技有限公司账号，付款人为他行开户客户，系统不检验。发报行为“交通银行市分行某支行”，收报行为“报商银行某支行”。 注意事项：联行来账处理异地汇款业务	结算业务→特约汇款业务→记联行来账	2
	7. 特约汇款证汇差清算	统计出当日联行往来账的金额与笔数，执行即可完成汇差清算操作； 注意事项：由清算中心柜员完成此操作	结算业务→特约汇款业务→特约汇款证汇差清算	1
	8. 取消特约汇款证清算	将上一案例的操作取消，查询出已清算的情况，执行即完成取消清算操作。 注意事项：由清算中心柜员完成此操作	结算业务→特约汇款业务→取消特约汇款证清算	1

（五）对公特殊业务操作

对公特殊业务的实验案例如表 8－13 所示。

表 8－13　　对公特殊业务操作

案例名称		操作说明	操作	分值
知识要点		对公特殊业务是处理通用记账、账户维护、信息维护、凭证挂失解挂等业务，要求重点掌握通用记账的方法与原理，理解特殊业务中的各专业术语的含义		
实验目的		掌握特殊业务中该项业务的操作流程及业务规范		
通用记账	表内通用记账	1. 将通过代理业务收取的 2600 元转入某科技有限公司（本支行开户客户）账户中。 2. 贷方账户为某科技有限公司账户，借方账户为业务周转金账户	通用模块→通用记账→表内通用记账	1
	表外通用记账	1. 往“有价单证”表外账户中收入 12 元。有价单证表外账户为：9＋交易部门编号＋1070100000。 2. 通过“信息查询”模块查找表外账户信息	通用模块→通用记账→表外通用记账	1

续表

案例名称		操作说明	操作	分值
信息维护	信息维护	1. 输入某科技有限公司客户号，对该公司信息进行维护。 2. 输入某科技有限公司账号，对该账号进行维护。 3. 输入有价单证表外账户（9＋交易部门编号＋1070100000）账号，对该账户名称进行维护。 4. 可通过“信息查询”模块查找需要维护的账户信息	通用模块→信息维护	3
内部账户维护	1. 综合账户开户	（1）为业务代码为477的“总行借给支行资金”开立账户。 （2）可通过“信息查询”模块查到相关账户信息	通用模块→内部账户维护	1
	2. 内部账户销户	开设一个业务代码为417的“储蓄通存通兑分户”内部账户，再将其销户	通用模块→内部账户维护	1
账户维护	1. 账户部分冻结	新开一个对公存账户，并存入30000元现金，然后冻结该账户10000元，冻结原因为“立案冻结”	通用模块→账户维护	1
	2. 账户部分解冻	将上一案例冻结的账户解冻	通用模块→账户维护	1
	3. 账户冻结	将新开户的对公账户冻结	通用模块→账户维护	1
	4. 账户解冻	（1）将冻结的账户解冻； （2）在账户冻结7天以后方可以进行账户解冻操作	通用模块→账户维护	1
	5. 冲销户	新开一个对公存款账户，然后对该账户进行销户处理，现要重新启用该账户，对该账户进行“冲销户”处理，就可以重新启用该账户	通用模块→账户维护	1
	6. 睡眠户激活	长时间未使用的账户系统会自动将其置于休眠状态。通过本操作可将此类账户重新激活启用	通用模块→账户维护	1
交易维护	冲账	1. 向某科技有限公司对公存款账户里存入12000元现金，后发现此笔交易有误，记下此笔交易的错账日期和错账流水，在“冲账”模块中冲红处理此笔交易。 2. 冲账后此笔交易将消除	通用模块→交易维护→冲账	1
凭证管理	1. 凭证领用	（1）凭证下发操作要在总行（0001）完成； （2）领用1本现金支票，再取消该现金支票的领用； （3）下发1本现金支票，再取消该现金支票下发	通用模块→凭证管理	4
	2. 取消凭证领用			
	3. 凭证下发			
	4. 取消凭证下发			

续表

案例名称		操作说明	操作	分值
凭证挂失	1. 凭证挂失	为某科技有限公司（本支行开户客户）新开1个对公定期存款账户，存入现金38000元。再将此凭证挂失	通用模块→凭证挂失	1
	2. 凭证解挂（不换凭证）	将上一案例操作挂失的凭证解挂	通用模块→凭证挂失→凭证解挂	1
	3. 凭证解挂（换凭证）	（1）换一张凭证再次将此挂失，7天后再对其进行“凭证解挂（换凭证）”操作。 （2）换凭证解挂要7天后才能操作	通用模块→凭证挂失→凭证解挂	1
	4. 换存单	将某科技有限公司的定期存单用新的存单替换	通用模块→凭证挂失→换存单	1
支票管理	1. 支票出售	将1本转账支票出售给某科技有限公司	通用模块→支票管理→支票出售	1
	2. 取消支票出售	将出售给某科技有限公司的1本支票取消出售	通用模块→支票管理→取消支票出售	1
	3. 支票挂失	将已出售给某科技有限公司且未使用的某一张支票挂失	通用模块→支票管理→支票挂失	1
	4. 取消支票挂失	将已挂失的支票“取消支票挂失”，该支票又可以重新使用	通用模块→支票管理→取消支票挂失	1
	5. 支票核销	（1）给某科技有限公司公司新开1个活期存款账户，并出售1本支票给该公司，然后将该账户作销户处理，再将已出售给该公司的支票做核销处理； （2）核销支票的前提是该账户已销户	通用模块→支票管理→支票核销	1
	6. 取消支票核销	将上一个案例操作核销的支票作“取消支票核销”处理	通用模块→支票管理→取消支票核销	1

（六）对公日终处理及报表打印

对公日终处理及报表打印的实验案例如表8－14所示。

表 8－14　对公日终处理及报表打印

案例名称	操作说明	操作	分值
知识要点	理解日终轧账与部门轧账之间的区别		
实验目的	掌握如何进行日终处理的方法与流程		
日终轧账	对柜员个人钱箱进行轧账处理，查看个人钱箱中现金收付及凭证余额情况	通用模块→钱箱管理	0
凭证入库	将所有未使用的凭证均进行“凭证入库”操作，入库到部门钱箱中	通用模块→钱箱管理	1
现金入库	将个人钱箱中的现金入库到部门钱箱中	通用模块→钱箱管理	1
部门轧账	查看部门钱箱中凭证及现金情况	通用模块→钱箱管理	0
报表打印	只有实验室服务器做了日终结算处理后，才能打印当天的营业报表，否则只能在第二天才能打印前一天的营业报表	打印当天营业报表	0

第三节　疑难解答

根据实验过程中存在的一些共性的疑难问题，特作出如下解答，供参与实验者参考。

一、凭证业务

（1）领取凭证时提示必须填写的开始号码和结束号码如何得到？

答：在商业银行综合业务中，这些号码根据操作员实际的凭证号码录入到系统里。而模拟实验时无实际的凭证，所以凭证号可以根据编制规则编排后填写，但不能重复。

（2）开设账户时输入对应的“普通存折”或者“一本通存折/一卡通”凭证号码，系统提示：账户（9060110782－00027）不能透支，是什么原因？

答：所领用的凭证没有出库到柜员钱箱中。要先做“通用模块→钱箱管理→重要空白凭证出库”之后才能使用所领的凭证。

（3）在“钱箱管理→重要空白凭证出库”，领取普通存折等凭证的时候，系统提示“账户（906031078200000）不能透支”，是怎么回事？

答：说明普通存折等凭证的出库金额大于领用凭证张数。领用多少张凭证，就出库多少金额，每张 1 元，如超出所领数额就会提示透支。

（4）为什么我在进行凭证查询时会看到同一个凭证号码既是 CARD 又是 NMPS？

答：同一个号码可以是不同种类的凭证号码，查询时要输入凭证类别。

（5）在做一本通（或一卡通）整存整取时系统提示填写存折号码或存单号码之类，这些凭证号码去哪儿查询？能不能自己随便填一个？

答：不能随便填，凭证号码是通过“通用模块→凭证领用”来领取的，此业务输入的凭证号码就是当初领用时柜员自己编排的对应号码。可通过“一般查询→凭证查询”得到。

（6）做实验项目时，系统提示所填入的凭证号码“不存在”或者“已注销”是怎么回事？

答：系统提示所用凭证“不存在”，通常说明填入的凭证号码错误，需要输入正确的号码；系统提示“已注销”，特别是存单、一卡通或者一本通等凭证出现这类提示时，说明与此凭证对应的账户已经结清或者注销，可通过“一般查询→账户查询”，确认该账户是否处于“关闭”状态，若是，此时需要另换一张账户状态显示“正常”的对应凭证。

（7）做“现金出库”业务时使用什么凭证？

答：“现金出库、现金入库”使用的凭证都是出入库凭证，若出入库凭证没有做“重要空白凭证出库”的操作，就会显示“不能透支”。

（8）为什么做“现金出库”业务时，系统显示“不能透支”？

答：现金出库业务是指从支行的钱箱中领用现金到柜员钱箱；现金入库是指把现金从柜员钱箱交回支行钱箱。当支行钱箱现金余额为“0”时，操作员做“现金出库”业务，系统就会显示“不能透支”；当柜员钱箱现金余额为“0”时，操作员做“现金入库”业务，系统也会显示“不能透支”。

二、个人银行业务

（1）做新业务时总是会忘记客户号，怎么样查询客户详细资料呢？

答：可以通过“一般查询→客户综合查询”，输入 ID 号或客户名称就以查到客户号。

（2）“整存整取”业务中的要求填列的“存单号”是什么啊？如何替换？

答：是指在储蓄日初操作中从中支行钱箱领取的“整存整取存单”号码，可通过“一般查询→凭证查询”查到具体号码。该存单如要替换，可用柜员自己领用的其他整存整取凭证号替换，相当于在实际生活中客户自己去银行换存单。

（3）一卡通账户销户时会出现“（AIOM）凭证（10002001）已失效”是什么原因？

答：AIOM这是一本通凭证号，不是一卡通凭证号，注意选择正确的凭证号码。

（4）查询客户资料只能通过客户号查询吗？那岂不是要把每一个客户号码都记下来才行？能否通过其他方法，如姓名之类的查询吗？而在实际银行操作中通过刷卡就会显示全部资料，根本不需要我们填写什么客户号码，凭证号码之类的。感觉模拟业务操作和与实际银行操作之间存在很大差别。

答：查询客户资料除了客户号码，还可以通过客户名称查询的。从事实验操作时，操作员是以银行柜员的身份在做业务，而不是客户身份，参与实验的学生所做的操作是银行柜员要做的操作，这就是为什么会觉得实验操作和实际银行操作不一样的原因。在银行柜台，凭证号和客户号可通过刷卡将信息录入电脑，而学生实验时由于没有刷卡机，所以无法这样操作，只能手工录入。在实际中，当你没有带卡或存折去银行办理业务，银行柜员也是一样要手工输入这些信息的，只是你看不到他在录入什么信息而已。该系统通过这项实验，可以让学生能够更好地了解银行柜员日常的操作。

（5）系统提示“一卡通客户不能开普通账户”是什么原因？

答：这种提示说明在开普通账户时你的客户号用错了，开普通账号要用普通客户号。你可以开一个普通客户号，再去开普通账号。

（6）普通活期存款中要填的存折号是不是在普通活期开户中的存折号？

答：当你输入普通活期存款账号的时候，系统提示信息会显示该账号对应的凭证号，输入该凭证号即可。

（7）定活两便的取款在哪里取呀？只有开户和销户？难道是在销户里面取款？

答：定活两便是一种事先不约定存期，一次性存入，一次性支取的储蓄存款，即开户即是存入款项，销户即是支取的性质，所以不需要再进行存款、取款的操作。

（8）开设一本通账户时，存折号填的是我去领凭证时的顺序号码，其他的自己任意设定，但执行时弹出红字提示说：账户号（9060310782-00048）不能透支，什么原因？

答：所用的凭证没有出库到00048柜员钱箱。

（9）我在做普通存本取息（开账户）的时候遇到存期不合法的问题，请问存期的合法输入方式是什么？

答：定期储蓄业务中要求输入存期代码。存期代码共3位：第1位为数字“1”时表示以天为单位输入存期，为“2”时表示以月为单位输入存期，为“3”时表示以年为单位输入存期；后两位表示相应的存期。现系统中的定期储蓄业务存期代码共有以下几种：1天期通知存款的存期代码为“101”；7天期通知存款的存期代码为“107”；3月期定期存款的存期代码为“203”；6月期定期存款的存期代码为“206”；1年期定期存款的存期代码为“301”；2年期定期存款的存期代码为“302”；3年期定期存款的存期代码为“303”；5年期定期存款的存期代码为“305”；8年期定期存款的存期代码为“308”等。

（10）在做存本取息业务时，按要求填了存期是206，取息间隔是1月，但都说不合法，为什么？而我填303，间隔是12月时就可以，是什么原因？

答：如果有款项在一定时期内不需动用，只需定期支取利息以作生活零用，这就是“存本取息”定期储蓄存款形式。“存本取息”业务是一种一次存入本金，分次支取利息，到期支取本金的定期储蓄。其存期分别为：1年、3年、5年。且要求分期付息，不得提前支取利息。所以你做业务时选择206，代表存期为6个月，这是不合法的。只能选择1年（301）、3年（303）、5年（305）才是正确的。

（11）是否所有业务必须在0603交易部门中进行？假如我在0601交易部门中进行是否有效？

答：0601和0603是两个银行网点，在0601中做的业务记录在0603中是查不到的。但如果开户时选择的是“通存通兑”，就可以跨网点进行存取款业务操作。

（12）一卡通的账号比如006030477400010，但是当在操作“一卡通销户”和“一卡通活期存款”时，其客户号只能填写前面几位0060304774，而后面00010则无法输入，导致操作无法进行，是什么原因？

答：客户号是10位数字，如0060304774。账号是十五位数，如006030477400010，请注意该业务要求填写的项目是客户号还是账户。00010为账号后缀，有的业务要求账号和账号后缀分别填写，按提示填写到对应位置即可。

（13）为什么登录系统时提示“操作员已登录”而我还没登录？

答：有两种情况会出现这种提示，一是密码泄露，该柜员号被别人使用了。二是该柜员退出系统时没有“注销用户”，直接关闭浏览器退出系统，这种情况有时系统无法注销该柜员的登录状态，需要延时 5 分钟后才能重新登录。

（14）做“零存整取开户”业务时应该使用什么凭证？

答：普通存折，普通存折的使用业务有活期存款、零存整取、通知存款、教育储蓄和存本取息等。

（15）在做“开普通客户号”的时候，系统提示“客户证件已有客户号（0060302712）”为什么？

答：这是因为该证件已开普通客户号，不能再开了。每个证件号只能对应开设一个普通客户号、一个一卡通客户号、一个一本通客户号。

（16）通知存款可以部分提前支取吗？若通知存款开户金额是 50000 元，提前支取的通知期是 101，请问有没有错误？如果没有为何无论支取多少金额，100 元、哪怕 1 元，系统都显示“超过支取额度”呢？

答：通知存款的起存金额和该账户保有的最低存款余额为 50000 元，若账户上只有 50000 元存款时，当然不能再取了，只能销户取款。要想做通知存款取款业务，账户余额必须大于 50000 元。且通知存款只能提前支取一次，不能续存款，只能重开户。

（17）一卡通整存整取（部分提前支取）时，已经填好了全部资料，按“执行”后，系统显示“账户（0××××0526600020）超过约定取款次数”，这是什么问题？

答：整存整取不能多次提前支取，只能提前支取一次。

（18）怎样才能销去普通客户号？开一本（卡）通客户时，为什么客户号填不了，光标进不去？存折号又是什么？随便编排号码输入后也申请不了，这是怎么回事？

答：开普通客户号时不需要凭证，所以不需要销去普通客户号，系统会一直保留普通客户号。但一卡通或一本通客户号与凭证对应，可以通过“销一本（卡）通”客户号销户。客户号是系统生成的，不能自己随便填入。存折号即储蓄普通存折，就是凭证号的一种。在实际银行里凭证指的就是存折、定期存单、支票、汇票等。

三、对公会计业务

（1）我在做对公业务的凭证领入时，输入 8 位数的凭证号码，但是系统提示“系统中不存在该段凭证下发信息”，这是什么原因？

答：这是因为对公业务凭证要先由总行会计人员领用后下发给各个支行网点，各个支行网点的柜员才能去领用已下发的凭证，否则系统会提示不存在该段凭证下发信息。

（2）对公业务实验的凭证查询时，客户号是指什么？起始日期是指什么？如何才能知道已经领取了哪些凭证？领取了多少？已经用了多少？还有多少凭证？

答：客户号是指个人或单位客户在银行里的唯一识别号。客户号是面向客户的基础，系统根据客户号唯一地识别一个客户。账户中不但包含传统的账务信息，更重要的是它必须归属于一个全行唯一的客户号。客户号的引入为银行提供一个重要的角度“客户”来掌握银行的经营情况，便于实现客户理财，控制多头贷款等，为将来的客户关系管理奠定基础。根据客户号来查询凭证，可以查到该客户在本银行所使用的所有凭证。

起始日期是指查询凭证的起始日期。操作员通过“通用模块→钱箱管理→日终轧账”的操作，查询到已经领取的凭证种类和已经使用、尚未使用等信息。

(3) 用客户号开立账号时，账户号码是如何形成的？也像凭证号码一样是操作员自己编排的吗？最基本的应该开设几个账户？

答：客户号由系统自动生成，并记录下来，开立对公基本账户或结算账户时需要填写系统生成的对公客户号码，按要求将客户资料输入后，账号由系统自动生成，不需要自己编排。一个客户号最少也要开立两个账户：基本户和一般活期或临时存款户。

(4) 做定期存款业务中的“新开户金现金存款”开户时，输入定期存款账号，系统提示“该账户非预开户”，是什么意思？

答：说明操作员此时输入的账户已经是正常状态了，不需要再做新开户业务。定期存款有两种开户方式：转账存款和现金存款。如账户已经做过转账存款开户，该账户就不能再做现金存款开户，此时，操作员应重新开立定期存款账户。

(5) 定期存款业务中的“证实书号”是凭证吗？应该用哪个凭证？

答：证实书号全称为“单位定期存款开户证实书”凭证，是领取的凭证之一，类似于实际银行业务中的定期存款合同证书。

(6) 个人消费贷款业务中的客户存款账号从哪里获得？当把储蓄业务中的账号拿来使用后，系统提示“该账号不存在”，居民个人的存款不就是开立储蓄存款吗？为什么？

答：不能使用个人储蓄业务的账号，这是两个不同的登录系统。应该通过先“开立客户号”操作，客户类别选择“个人及私营企业”，然后以此客户号“开立存款账号→活期存款”，存款类别选择“个人及私营企业存款”，输入有关信息后，系统自动生成15位数的账号。

(7) 个人消费贷款业务中的“经营商账号”应该使用哪一个？可以用之前的“工业企业”基本账号吗？

答：经营商账号是指给客户提供消费服务的单位存款账号，如“住宅抵押贷款”是房地产开发商的账号、“汽车消费贷款”是汽车经销商账号，不能笼统地用“工业企业”存款账号。

（8）同城业务中的现金通存通兑业务如何操作？为什么要求换人复核？

答：柜员为客户办理“现金通存录入”“现金通兑录入”业务，客户的开户行和本支行不是同一行，所以操作完成后必须换柜员复核（现金通存、通兑复核）才能即时入账，也可登录对方支行网点查询交易记录及账户余额。

（9）做“提出代收录入”时，系统提示该支票“尚未场次交换”，是什么意思？

答：柜员所在支行的出纳持该支票到本支行网点办理进账手续时，必须先经当天场次切换操作完成后，经同城票据交换中心交换回来的支票才可以进行“提出代收业务”处理。

（10）做“联行往账”业务时，按照系统要求输入所需信息后，系统显示“签发数额大于开出数额”是怎么回事？

答：操作员签发“特约汇款证”后，需要办理“特约汇款证转汇”的操作，对汇票进行正式开出操作，然后统计出“开出特约汇款证”总金额，再进行“记联行往账”业务操作。

本章小结

1. 商业银行个人银行业务的实验案例是将实际银行中的核心业务操作编排成具体案例，通过实验，学生以商业银行普通柜员、管理柜员、柜台组长、银行客户等多重身份，以不同的角度登录本系统完成实验教学案例的实验任务，从而达到全面熟悉商业银行个人银行业务的实验目的。

2. 商业银行对公会计业务的实验操作中，学生以商业银行会计记账员、会计柜台组长、总行会计记账员、银行客户等多重身份，从不同的角度登录本系统完成对公业务实验教学案例的实验任务，从而达到全面熟悉商业银行对公会计业务的实验目的。

3. 疑难问题是将学生在实验中提出的问题经汇总后统一进行的解答，这些问题往往是实验中容易出错的关键事项，供学生们有针对性地参阅。

复习思考题

1. 通过对商业银行个人银行业务的实验操作，你作为银行综合柜员有什么收获？

2. 作为支行管理员所从事的操作项目和柜员相比，又有什么感受？

3. 试解释为什么对公业务的重要空白凭证需要通过总行统一下发？

4. 通过商业银行对公会计业务实验操作，你作为会计记账员有什么收获？

5. 作为支行管理员从事的实验项目和记会计账员相比，有什么不同？有什么新认识？

6. 通过商业银行综合业务实验有什么收获？与实际商业银行的具体业务对比，有什么新认识？

附录　会计科目及业务代码表

科目代码	科目名称	业务代码	业务代码名称
101	现金		
10101	库存现金	101	库存现金
111	存放中央银行款项		
202	通知存款		
20202	个人通知存款	827	个人通知存款
211	活期储蓄存款		
21101	活期储蓄存款	811	活期储蓄存款
21102	定活两便储蓄存款	812	定活两便储蓄存款
21103	个人支票存款	813	个人支票存款
21104	其他活期储蓄存款	814	其他活期储蓄存款
215	定期储蓄存款		
21501	整存整取储蓄存款		
2150101	一年期以下整存整取	821	一年期以下整存整取
2150102	一年期以上整存整取	822	一年期以上整存整取
21502	零存整取定期储蓄存款	823	零存整取定期储蓄
21503	存本取息储蓄存款	824	存本取息储蓄存款
21504	整存零取储蓄存款	825	整存零取储蓄存款
21505	大额可转让定期储蓄存单	826	大额可转让定期储蓄
21506	教育储蓄存款	828	教育储蓄存款
21510	其他定期储蓄存款	831	其他定期储蓄存款
260	应付利息		
26001	应付定期存款息	860	应付定期存款息
26002	应付定期储蓄存款息	861	应付定期储蓄存款息
26003	应付活期存款息	863	应付活期存款息
26004	应付活期储蓄存款息	864	应付活期储蓄存款息
26010	其他应付利息	862	其他应付利息

续表

科目代码	科目名称	业务代码	业务代码名称
265	应交税金		
26501	应交税金及附加		
26503	应交所得税		
268	应付利息税	403	应付利息税
311	本年利润		
312	利润分配		
31201	盈余公积补亏		
31202	提取盈余公积		
31203	公益金		
31204	应付利润		
31205	未分配利润		
407	系统内往来		
40701	准备金户		
40702	备付金户		
4070203	储蓄业务周转金	407	储蓄业务周转金
408	同城交换清算		
416	辖内往来汇差		
		416	清算
		417	通存通兑
		418	系统内往来
		419	同城往来
		420	全国联行
501	利息收入		
511	手续费收入		
51101	结算手续费收入	516	结算手续费收入
51102	委托业务手续费收入	517	委托业务手续费收入
51103	代理业务手续费收入	529	代理业务手续费收入
51104	证券买卖手续费收入	518	证券买卖手续费收入
51105	银行卡手续费收入	530	银行卡手续费收入
51110	其他手续费收入	519	其他手续费收入
513	其他营业收入		
51501	营业外收入		

续表

科目代码	科目名称	业务代码	业务代码名称
521	利息支出		
52101	活期存款利息支出	521	活期存款利息支出
52102	定期存款利息支出	522	定期存款利息支出
52103	活期储蓄存款利息支出	523	活期储蓄存款利息支出
52104	定期储蓄存款利息支出	524	定期储蓄存款利息支出
52105	通知存款利息支出	597	通知存款利息支出
52110	其他利息支出	525	其他利息支出
550	所得税		
131	贷款呆账准备		
134	坏账准备金		
531	提取准备金		
53101	提取呆账准备金		
53102	提取坏账准备金		
533	营业税金及附加		
702	重要空白凭证		
70201	普通存折	751	普通存折
70202	一本通存折	752	一本通存折
70203	存单	753	存单
70204	普通支票	754	普通支票
70205	现金支票	755	现金支票
70206	转账支票	756	转账支票
70207	一卡通	757	一卡通
70208	出入库凭证	758	出入库凭证

参考文献

[1] 深圳智盛商业银行综合业务软件 [M]. 深圳：操作指南，2012.

[2] 王俊籽，亓晓. 金融综合业务实验 [M]. 济南：山东人民出版社，2013.

[3] 戴国强. 商业银行经营学 [M]. 北京：高等教育出版社，2013.

[4] 程婵娟. 商业银行会计 [M]. 西安：西安交通大学出版社，2007.

[5] 张丽华，刘砚平. 商业银行经营学 [M]. 济南：山东人民出版社，2013.

[6] 刘晓潮. 商业银行综合业务实验 [M]. 北京：经济科学出版社，2008.

[7] 郭静林. 银行综合业务实验实训教程 [M]. 成都：西南财经出版社，2016.

[8] 石全虎，陈柱. 商业银行综合业务模拟实验教程 [M]. 北京：经济科学出版社，2015.

[9] 董瑞丽. 商业银行综合柜台业务 [M]. 3 版. 北京：中国金融出版社，2016.

[10] 董雷光，董建忠. 商业银行综合柜台业务 [M]. 北京：人民邮电出版社，2016.

[11] 郭静. 商业银行综合柜台业务 [M]. 北京：对外经济贸易大学出版社，2012.

[12] 任森春，左晓慧. 金融业务综合实验教程 [M]. 天津：天津大学出版社，2009.

[13] 黎贤强. 商业银行综合柜台业务 [M]. 北京：清华大学出版社，2010.

[14] 周建胜，蔡幸，黄军勇. 银行类业务综合实验教程 [M]. 北京：机械工业出版社，2015.

[15] 王海林，张玉详. Excel 财务管理建模与应用 [M]. 北京：电子工业出版社，2014.

［16］吴冲锋，陈工孟. 投资学实验教程［M］. 上海：上海交通大学出版社，2012.

［17］孙桂芳. 商业银行经营与管理［M］. 上海：立信会计出版社，2013.

［18］庄毓敏. 商业银行业务与经营［M］. 北京：中国人民大学出版社，2015.

［19］张晓艳. 商业银行管理［M］. 北京：中国金融出版社，2013.

［20］孙烨. 银行会计［M］. 上海：上海财经大学出版社，2013.

［21］陈铨亚，潘志刚. 商业银行授信管理教程［M］. 杭州：浙江大学出版社，2012.